À la fin de ce guide, vous saurez tout (ou presque !) sur l'Occitanie. Plongez à travers les grandes étapes de l'histoire de la région et découvrez ses personnages célèbres. Léchez-vous les babines en découvrant les produits du terroir et les spécialités culinaires locales. Imaginez-vous danser dans un *balèti* au son d'un accordéon. Embarquez dans les tribunes survoltées des matchs de rugby et dans celles des arènes, au cœur des traditions bouvines. Explorez l'occitan et le catalan, les deux langues parlées sur le territoire que les habitants continuent à protéger… Vous arriverez à la fin de ces pages à prononcer quelques expressions ! Fêtez les traditions catalanes ou occitanes (avec leurs animaux totémiques), et surtout… respirez l'Occitanie, sa nature, ses ressources et son environnement protégé. Bienvenue dans un beau voyage au cœur de la deuxième région la plus vaste de France.

CARNET

PATRIMOINE VIVANT ET IMMATÉRIEL : DÉFINITION

Le patrimoine va bien au-delà des monuments historiques légués par nos ancêtres, bien au-delà des spécificités géologiques naturelles et des paysages, des écosystèmes, faune et flore ainsi que des richesses du sol et du sous-sol ! La notion de «patrimoine vivant et immatériel» englobe également les pratiques sociales, culturelles et artistiques, les représentations, les connaissances et les savoir-faire et «savoir-dire» que chacun reconnaît comme faisant partie de son patrimoine. Comme pour les autres régions en France, le patrimoine d'Occitanie est constitué de tous ces éléments immatériels qui fondent l'identité de ses habitants et qui la différencient des autres régions. Les acteurs et les réseaux du Patrimoine Culturel Immatériel sont accompagnés par la Région Occitanie, qui favorise les coopérations, organise des rencontres et des évènements, et soutient sa valorisation et sa promotion.

DÉCOUVRIR

Un peu d'histoire !

Parallèlement à la Convention sur la protection du patrimoine mondial, culturel et naturel de 1972, visant essentiellement les aspects matériels, la notion de patrimoine culturel immatériel de l'humanité apparaît au début des années 1990, après la Recommandation sur la sauvegarde de la culture traditionnelle et populaire de 1989. Elle a acquis une légitimité certaine avec la Convention pour la sauvegarde du patrimoine culturel immatériel, entrée en vigueur en 2006. Par sa définition, le patrimoine culturel immatériel (PCI), ou patrimoine vivant, inclut alors les pratiques, les représentations, les expressions, les connaissances et le savoir-faire ainsi que les objets qui leur sont associés que les hommes et femmes d'un lieu reconnaissent comme faisant partie de leur patrimoine culturel. Transmis de génération en génération, il est recréé en permanence et évolue, afin d'apporter un sentiment d'identité et de continuité.

En Occitanie, le patrimoine culturel immatériel est présent naturellement dans la vie quotidienne, que ce soit par ses langues, ses arts, ses coutumes et rituels, ses événements festifs mais aussi ses savoir-faire artisanaux.

Le soutien de la Région

Outre les savoir-faire, les connaissances et les techniques de nombreux artisans d'Occitanie et les productions culturelles (chants, théâtre, danses, arts plastiques, littérature) des nombreux artistes de la région, la notion de patrimoine culturel s'est considérablement élargie ces dernières années, intégrant de plus en plus les savoir-dire (langues, mythes, légendes, toponymes...) et les pratiques sociales héritées de nos ancêtres (jeux et sports, fêtes, gastronomie).

Depuis plusieurs années, la Région soutient les acteurs départementaux, les institutions, les entreprises, les associations et les citoyens qui mènent des actions destinées à la préservation, à la promotion et au développement du patrimoine vivant et culturel. D'ailleurs, en 2022, elle a commencé à mettre en œuvre son Plan « Parlem una Cultura Viva » afin de mobiliser l'ensemble des collectivités, des associations et des habitants pour une promotion encore plus active des deux langues régionales.

La Région Occitanie est également investie dans les programmes de valorisation du patrimoine documentaire régional, ainsi que de numérisation et de diffusion, comme notamment ceux du Centre Interrégional de Documentation de l'Occitan (CIRDÓC). Elle facilite l'accès en ligne à la presse ancienne régionale et locale, aux fonds patrimoniaux d'inventaire et documentaire.

À travers ce guide, le *Petit Futé* vous fera également faire la rencontre de l'Office Public de la Langue Catalane (OPLC) mais aussi de l'Office Public de la Langue Occitane (OPLO) qui rassemblent les acteurs publics et privés œuvrant au service de l'enseignement, du développement et de l'usage régulier de la langue catalane et de la langue occitane.

HISTOIRE DE L'OCCITANIE

Bordé au nord par le Massif central et au sud par la chaîne des Pyrénées et la Méditerranée, entouré par l'Auvergne-Rhône-Alpes, la Nouvelle-Aquitaine et la région Provence-Alpes-Côte d'Azur, un large espace sud européen aux 27 siècles d'histoire, fait de multiples et subtiles complémentarités, a vu se côtoyer, s'entremêler et s'entrecroiser des peuples aux cultures, aux langues, aux coutumes et mœurs, aux traditions et aux spiritualités différentes. Les régions Languedoc-Roussillon et Midi-Pyrénées fusionnées en 2015 en la nouvelle région qu'est aujourd'hui l'Occitanie, ont de tout temps tissé des liens, communiqué et multiplié les échanges. Le Petit Futé vous emmène, dans ce carnet, au cœur de l'Histoire de l'Occitanie en vous plongeant dans les grandes étapes de sa constitution et de son évolution, entre complexité de son unité politique et dynamique sociale et culturelle actuelle.

Les grandes étapes

- **IIe siècle av. J.-C. :** la Narbonnaise est créée par Rome, avec sa capitale Narbo-Martius (Narbonne). Il s'agit de la première province de l'Empire hors de la péninsule italique. Cette période gallo-romaine voit également naître les cités de Nemausus (Nîmes) et Tolosa (Toulouse). Montpellier naît à la fin du Xe siècle.
- **1209 :** croisade contre les Albigeois, jusqu'en 1229 : cette guerre est déclenchée par le Saint-Siège de l'Église catholique pour combattre l'hérésie cathare, puis contre le Comte de Toulouse qui l'a soutenue. Elle aboutira finalement à l'annexion des terres de Toulouse au royaume de France, à la fin du XIIIe siècle.
- **XVe au XVIIIe siècle :** le Languedoc acquiert une relative autonomie grâce, paradoxalement, au rattachement à la couronne de l'ancien comté de Toulouse. Les nouveaux États du Languedoc siègent à Toulouse et à Montpellier où ils se fixent en 1736.
- **1790 :** création des départements : l'assemblée constituante définit 83 départements en France, avec la volonté d'effacer tout souvenir des anciennes provinces.
- **XIXe siècle :** redécouverte de la lyrique des Troubadours dans toute l'Europe et grand mouvement littéraire autour de Frédéric Mistral (écrivain et lexicographe français de langue d'oc). Des intellectuels et des écrivains, au contact des Catalans, font basculer la langue d'oc dans la modernité à Montpellier, Toulouse et Montauban.
- **1972 :** création des régions, qui deviennent en 1982 des collectivités à part entière au même titre que les départements ou les communes.
- **2015 :** réforme territoriale : les 22 régions françaises n'en forment plus que 13. Les régions Midi-Pyrénées et Languedoc-Roussillon se fusionnent pour former l'Occitanie et ses 13 départements.

Une région dynamique et vivante

L'Occitanie est une région qui, à la fois par ses mesures régionales et par son héritage culturel, vit intensément. Que ce soit le train à 1 €, les ordinateurs offerts aux lycéens et apprentis, les aides pour la valorisation du patrimoine, le « Budget Vert » adopté pour l'écologie... La Région est engagée pour la vie quotidienne de ses habitants et renforce depuis 2017 son engagement dans le développement économique et l'innovation ; de nombreuses opportunités d'emplois sont possibles dans l'industrie, l'aéronautique et le spatial, l'agriculture, le numérique ou les activités touristiques autour du littoral et de la montagne. Pas étonnant que chaque année 30 millions de visiteurs français et étrangers découvrent l'Occitanie ; tous sont envoûtés par les paysages et le patrimoine exceptionnels, le bien-vivre de cette terre de sport et de grands festivals, la culture en toutes saisons, et la gastronomie de qualité inégalable !

Statue de Frédéric Mistral.

GASTRONOMIE

En Occitanie, la gastronomie est un voyage tant gustatif que touristique. Puisant dans les matières premières locales, la gastronomie occitane fait référence au savoir-faire artisanal de ce vaste territoire. Seconde région agricole de France et première région pour le bio, l'Occitanie exprime sa diversité au travers de divers terroirs et spécialités culinaires devenues incontournables dans le paysage gastronomique français. Offrant qualité et gourmandise, la cuisine occitane se nourrit de produits du terroir cultivés et produits avec passion par des agriculteurs et des artisans du goût chevronnés. Emblématiques, labellisés, porteurs d'une AOC, d'AOP ou encore d'une IGP, les produits d'Occitanie sont d'une grande pluralité culturelle bâtie sur des siècles d'échanges et d'adaptations, d'assimilations et de réinventions culinaires. Les traditions, l'authenticité et l'histoire des produits et des recettes sont ici une force d'attractivité.

Les spécialités locales

Région gourmande par excellence l'Occitanie propose un large éventail de spécialités culinaires qui résument parfaitement l'identité et le patrimoine occitan, lovés entre mer et montagne, nature, culture et élevage. Vous trouverez ici quelques-unes des plus célèbres spécialités de ce vaste territoire.

La brandada : la brandade de morue est un plat typique de Nîmes même si la présence de ce poisson sur les tables du Midi semble bien incongrue puisqu'il vit dans les mers du Nord. Pour comprendre l'histoire de ce plat incontournable, il faut remonter à la grande époque de la Route du sel. Avant de partir pour leur longue campagne de pêche, les matelots de l'ouest venaient s'approvisionner en sacs de sel dans les Salins camarguais. Ils les troquaient contre le fameux poisson que l'on pouvait alors consommer dans toute la région. Un jour un Nîmois eut l'idée de broyer la chair de la morue, d'incorporer de l'huile d'olive et des aromates qui relèvent le goût, pour en faire un plat de grande renommée : la fameuse brandade était née !

© JEROME.ROMME - SHUTTERSTOCK.COM

L'Aligot.

La gardiana («gardienne» en occitan) : authentique recette de Camargue, la gardiane de taureau est un plat goûteux qui mijote durant plusieurs heures pour donner toute sa tendreté et ses saveurs à la viande AOP taureau de Camargue. Si le choix de la viande est primordial, celui du vin l'est tout autant. La viande de taureau doit mariner dans un vin rouge corsé. Les arômes de ce plat typique se marient parfaitement avec un riz sauvage de Camargue et sont encore meilleurs réchauffés le lendemain !

La garbura : de la vieille tradition de la soupe au dîner, la garbure gasconne a gardé le principe. On la retrouve sur les tables de fermes en hiver, surtout dans le sud du département. Ce plat mythique puise dans toutes les possibilités du jardin et des réserves de confits. Les spécialistes vous le diront, quand la cuiller tient droite dans le pot, c'est prêt !

Le milhàs : ce gâteau sucré, proche de la polenta, est surtout cuisiné dans le sud du Gers, là où pousse le maïs, mais aussi dans l'Aude ou encore en Haute-Garonne. Les anciens avaient pour habitude de le tremper dans la garbure lors des grandes occasions.

L'aligòt : spécialité de l'Aubrac (Auvergnats et Aveyronnais se partagent cette spécialité !), l'aligot était à l'origine le plat traditionnel des vachers. Cette grosse purée de pommes de terre mélangée à la tomme d'Aubrac et parfumée à l'ail – ce dernier permet que l'aligot se conserve mieux ! – est très copieuse. Tout l'art de l'aligot est de savoir le faire filer sans le rompre. Il se mange en été comme en hiver.

DÉCOUVRIR

La poule au pot : nul ne sait si Henri IV était vraiment fou de la poule au pot. Ni s'il a vraiment dit : « Je veux que chaque laboureur de mon royaume puisse mettre la poule au pot le dimanche. » Toujours est-il que le plat figure parmi les recettes emblématiques du Gers et de la Navarre. Pour un fumet très parfumé, préférez la poule noire d'Astarac.

L'estofinada : se prononçant « estoufinado », ce plat délicieux se mange essentiellement le long des berges du Lot. Il est préparé à base de morue, de pommes de terre, d'huile de noix, d'ail et de persil. Étrange quand on sait que la morue ne se pêche pas dans les rivières du cru ? Pas tant que ça, si l'on précise que ce sont les échanges économiques entre le Bordelais et la vallée du Lot qui ont conduit à faire connaître ce poisson. En effet, les navigateurs qui descendaient le Lot jusqu'à Bordeaux, accrochaient la morue à la remorque de leurs gabares en rentrant, et la laissaient traîner ainsi jusqu'à ce qu'elle arrive dessalée au pays.

La peirolada de Lozère : ce plat traditionnel, appelé « peyroulade » en français, consiste en une soupe d'orge perlé, agrémentée de pieds de cochon, de jarret de porc, de jambon, de légumes de saison et de pommes de terre.

Los tripons : à la fin du XIXe siècle, ce plat traditionnel du Rouergue était confectionné par les ménagères agricoles à base de tripes de veau pour le dimanche avant le départ des « pagés » (propriétaires des domaines) et de leurs domestiques pour la messe. Ils deviendront ensuite une coutume, servis lors de rencontres entre agriculteurs ou amis de divers horizons. Ce plat très local fut essentiellement conservé par des traditionalistes et on ne le trouvait plus que dans quelques maisons, où la recette était jalousement conservée. Il doit, ensuite, sa notoriété au chemin de fer, et notamment à la construction de la voie ferrée Toulouse-Rodez qui contribua à faire connaître cette spécialité hors du Rouergue où elle fut très vite adoptée comme casse-croûte du matin. Et c'est la foire-exposition de Rodez, en 1966, qui a confirmé leur renommée. Élaborés à partir de la panse de veau, les tripoux ont conquis leurs lettres de noblesse sur les marchés de l'Aveyron.

La brasucada de l'étang de Thau : plat typique du bord de mer occitan, la brasucade tire son origine du mode de cuisson des moules, soit la grillade. Celles-ci sont cuites à l'étouffée, dans un grand récipient installé au-dessus d'un feu de bois. Ce dernier est fait à partir de ceps et de sarments de vignes : c'est ce qui donne son goût si particulier à ce plat de moules.

Lo caçolet : ce généreux et succulent plat se compose, ici, invariablement de : viande de porc (longe, jarret, saucisson à cuire), de confit de canard, de lard, de saucisse de Toulouse, de collier et poitrine de mouton et de haricots blancs (de préférence tarbais). Le tout mijote à feu doux des heures et des heures puis est gratiné ; certainement pas un plat basses calories mais une pure merveille gastronomique.

Les produits du terroir

Avec des terroirs aussi riches que variés, les départements d'Occitanie ont chacun une identité très marquée. Ils regorgent de fruits, de légumes et d'élevages dont l'excellence des saveurs se mesure, pour certains, par des labels, des AOC et des AOP, et pour tous, par un savoir-faire ancré dans les traditions. Un patrimoine gustatif que les artisans d'Occitanie sont fiers de perpétuer à travers des cultures et des élevages de qualité. Cette liste n'est bien évidemment pas exhaustive !

Les oignons doux des Cévennes et de Trébons : sur les terres d'alluvions de Trébons, village situé à quelques kilomètres de Bagnères-de-Bigorre, il s'épanouit dans un microclimat intimement lié au Haut Adour. De forme oblongue, il ressemble à une quenouille de 15 à 20 cm et se distingue par sa chair tendre sans aucune acidité. Sa production manuelle et artisanale lui vaut la charte Qualité « Trébons Confiance ».

L'ail blanc de Lomagne : il a obtenu son IGP en 2008. Cultivé à Saint-Clar et dans ses environs, il présente des notes piquantes et légèrement boisées à cru. Cuit, il perd de sa vigueur et se teinte d'une douceur sucrée. L'ail violet de Cadours compte aussi dans les produits du terroir occitan. Cet ail précoce au goût prononcé est reconnaissable parmi les siens grâce à ses stries violacées sur ses caïeux.

Les huiles d'olive et les olives : dégustée à l'apéritif ou transformée en huile, l'olive est le symbole de la cuisine méditerranéenne. Les variétés les plus utilisées sont la picholine, répandue dans tout le sud de la France, mais aussi une variété locale, la lucques, un fruit vert foncé, bosselé, en forme de croissant, à noyau très petit et à la pulpe fine.

La truffe noire : pépite de l'Occitanie, c'est essentiellement la *Tuber melanosporum* qui est cultivée sur l'ensemble du territoire. Ce champignon prestigieux est en effet présent dans les 13 départements de la région occitane. Symbole de la gastronomie française, la truffe noire d'Occitanie révèle une saveur unique et complexe qui séduit de nombreux chefs.

Vous retrouverez différents marchés dédiés à ce noble champignon. Dans le Lot, fief historique de la truffe noire du Quercy, le marché de Lalbenque, marché de gros unique en France, est classé « Site Remarquable du Goût ». Dans le Gard, ce label national dore le blason de la truffe noire du Pays d'Uzès et Pont du Gard.

Le taureau de Camargue : d'un rouge intense, plus foncée que celle du bœuf, avec un goût plus prononcé, la viande de taureau se consomme grillée ou en gardiane. Consécration suprême pour les éleveurs, ils ont obtenu en 1996 une AOC « Taureau de Camargue ».

La reine-claude : Label Rouge. Avec sa belle robe de couleur verte à vert-jaune, parfois soulignée d'un peu de rouge, c'est la plus goûteuse des prunes, juteuse, ferme et parfumée à souhait.

Le pruneau d'Agen : protégé par une IGP, se plaît en Lomagne et ce sont 229 hectares qui sont consacrés à sa production. Certaines de ces prunes d'Ente finissent dans des bocaux d'armagnac, à déguster en fin de repas.

Le melon : celui du Quercy possède une AOC et une IGP. Les saveurs délicates et son goût sucré font la renommée du melon du Quercy. Toutes ses qualités sont issues d'un savoir-faire et d'un terroir. Le melon de Lectoure, cultivé depuis 1850, est protégé par une marque depuis 2016, en attendant l'obtention de l'IGP. La variété charentaise livre une chair ferme, parfumée et sucrée.

Le chasselas de Moissac : AOC et AOP. Cultivé selon des méthodes traditionnelles, c'est un raisin de table blanc, au grain fin et lumineux avec une belle couleur dorée. Le chasselas de Moissac offre des arômes sucrés, un grain croquant et une pulpe rafraîchissante. Sa saveur de fleur miellée est devenue indissociable de son terroir et du savoir-faire qui y est transmis de génération en génération.

Le haricot tarbais : avec sa robe nacrée, sa fine peau et son moelleux incomparable, le haricot tarbais est le pur produit de l'excellence, mais aussi des sols peu argileux du département. Ce sont eux qui assurent sa pauvreté en amidon, caractéristique qui le rend léger et digeste. Il a été le premier haricot à obtenir un Label Rouge et ce petit grain d'ivoire est une des fiertés de la Bigorre. Issu d'un ancêtre mexicain, il a été ramené par Christophe Colomb et implanté dans la plaine de Tarbes en 1712. Aujourd'hui, il est la base de nombreuses recettes incontournables. Sa délicatesse et son onctuosité en font le plus fin des haricots.

Le porc noir de Bigorre : cette race autochtone a bien failli disparaître. Complètement inadapté aux conditions d'élevages intensifs, le porc noir a connu un véritable déclin après la Seconde Guerre mondiale. Il faut dire que ce qu'aime par-dessus tout cet animal aux pattes fines et à la robe brune, c'est pâturer librement dans les prairies et les sous-bois, à la recherche de glands, de châtaignes, de racines et de céréales. Un programme de sauvetage de la race a été mis en place en 1980 et des éleveurs se sont attachés à les préserver dans leur milieu naturel d'origine. Aujourd'hui, il est un des fleurons de la gastronomie locale. Produit phare, le jambon noir de Bigorre est unique et exceptionnel, tant par son goût que par ses méthodes pointues de fabrication : il doit être affiné aux pieds des Pyrénées, recouvert d'un sel doux issu des salines du Bassin de l'Adour qui lui donne un arôme subtil et une couleur particulière. Après une période de repos froid, son séchage naturel est compris entre 18 et 24 mois minimum. Avec le porc noir, c'est un arc-en-ciel de saveurs qui vous attend.

L'agneau de Lozère et du Quercy : l'agneau fermier du Quercy et l'agneau de Lozère, tous les deux avec une IGP, sont des produits reconnus pour leur qualité authentique. Si l'agneau de Lozère est réputé par la finesse de sa viande et sa chair à la fois rosée et soyeuse, celle de l'agneau du Quercy plaît également par sa finesse et la subtilité de ses arômes. Les grands chefs ont largement été séduits par ces produits d'exception.

Les moutons de Barèges : avec l'AOC Barèges-Gavarnie, les éleveurs garantissent à la fois une forte identité, un savoir-faire ancestral et une origine sans faille du produit. Les gourmands y verront surtout l'assurance d'une viande particulièrement savoureuse et tendre, qui ne ressemble à aucune autre. L'AOC Barèges-Gavarnie couvre le canton de Luz-Saint-Sauveur ainsi qu'une enclave de Cauterets. Elle est attribuée aux brebis de 2 à 6 ans et aux mâles châtrés ayant estivé au minimum deux fois. En hiver, les animaux sont nourris au foin, avec une production annuelle de 900 à 1 000 moutons, en déguster est un vrai privilège des Pyrénées.

Le Bœuf Fermier de l'Aubrac : cette viande de bœuf, fondante et appréciée pour la finesse de son grain, est généralement vendue sous la marque collective « Fleur d'Aubrac ».

Les fromages : l'Occitanie ne déroge pas à la règle faisant de la France le pays du fromage ! Fruit du savoir-faire et de la passion de femmes et d'hommes attachés à leur terre, la diversité des fromages occitans reflète la diversité des terroirs des 13 départements composant l'Occitanie. On compte 5 fromages AOP occitans, dont la plus ancienne en France avec le Roquefort. Les autres étant le Bleu des Causses, le Laguiole, le Pélardon et le Rocamadour. Une seule IGP est présente sur ce vaste territoire, à savoir la Tomme des Pyrénées. Parler de tous les fromages occitans reviendrait à faire un inventaire à la Prévert. Les montagnes pyrénéennes abritent la plupart des producteurs de fromages de vache. Quant aux fromages de chèvre et de brebis, ils sont légion en Occitanie. Les modes de fabrication se perpétuent de génération en génération, les saveurs sont

© MAHONY - STOCK.ADOBE.COM

Truffes noires.

authentiques, et ces fromages sont de petits bijoux du patrimoine vivant d'Occitanie que l'on vous invite à découvrir.

Les charcuteries et salaisons : on trouve bien évidemment des charcuteries dans toutes les régions de France, mais celles d'Occitanie sont particulièrement goûteuses ! D'Ariège, on ne manquera pas de goûter à la saucisse de foie (sèches ou fraîche) rendue célèbre grâce à la comptine de la marchande de Foix. On distingue aussi un jambon d'exception avec le Jambon Noir de Bigorre (AOP - Hautes-Pyrénées), et les salaisons de Lacaune IGP. En terres gasconnes, une fois le foie et les magrets prélevés, le reste du canard est transformé en saucisses fraîches, saucisses sèches, cous farcis, rillettes, pâtés. Le porc noir gascon est lui aussi largement consommé sous forme de saucisses, saucissons et jambons.

Le foie gras : d'oie ou de canard, frais, mi-cuit ou en terrine, le foie gras accompagne tous les repas de fête dans le Gers. Il faut venir en hiver pour découvrir le rituel du foie gras qui démarre dans l'un des cinq marchés au gras du département. On vient y choisir son foie frais, d'un beau beige nacré, qui doit marquer légèrement sous le pouce. On le cuisine ensuite en bocal ou en terrine, et on le cuit au sel, au lave-vaisselle ou de façon plus traditionnelle. Si le produit est fragile, les façons de l'accommoder et de la préparer sont multiples et vous trouverez sans peine un atelier de cuisine pour apprendre à le dénerver et à le préparer.

Le confit : la méthode, très ancienne, remonte à l'Antiquité. Elle aurait été importée dans le Gers par les Romains. La viande salée, cuite à feu doux pendant des heures, était ensuite mise en pot dans sa graisse de cuisson. Elle pouvait se conserver ainsi pendant longtemps. De nos jours, vous en trouverez chez tous les bons bouchers et charcutiers gersois. Il ne vous reste plus qu'à le faire réchauffer !

La châtaigne : emblématique des Cévennes, ce fruit, reconnu en AOP en 2023, est très énergétique, riche en fibres et rassasiante, elle se consomme de plusieurs façons, à savoir en bouillie, grillée au feu de bois, en soupe, en purée, en confiture et dans des gâteaux.

Les anchois de Collioure : issu d'une seule espèce, l'*Engraulis encrasicolus*, l'anchois de Collioure bénéficie d'une IGP. Savoir-faire ancestral remontant au Moyen Âge, l'activité de conservation de l'anchois par le sel y était déjà largement répandue. Vendu sous trois formes, anchois au sel, filets d'anchois en saumure et filets d'anchois à l'huile, ce produit d'exception fait le bonheur des amateurs de saveurs de la mer.

Les huîtres de Bouzigues : cultivées dans l'étang de Thau, l'huître est totalement immergée durant la totalité de son élevage, lui permettant ainsi de développer un goût iodé et salé avec une belle finalité sucrée. Les huîtres de Bouzigues se savourent crues, avec un filet de citron !

Les douceurs sucrées

Les desserts font aussi partie du patrimoine culinaire occitan. Ces spécialités trouvent leurs origines dans les campagnes, dans les repas de famille, des gourmandises souvent très simples, mais riches en saveurs !

Le gâteau à la broche : sa préparation est longue et minutieuse. C'est pour cela qu'à l'origine, on en mangeait seulement lors de fêtes et de grandes occasions. La pâte elle-même est assez proche de celle de la madeleine. La particularité du gâteau réside dans son mode de cuisson : il consiste à verser peu à peu de la pâte sur un cône de bois plein, fixé sur une broche, que l'on tourne doucement devant un feu. Il faut attendre que chaque « couche » cuise avant de verser à nouveau de la pâte et l'on obtient ainsi un gâteau en cône, d'aspect irrégulier, mais qui rappelle des souvenirs d'enfance ou de fêtes à chaque Aveyronnais.

La pompe à l'huile : derrière ce nom original se cache en fait une pâtisserie en pâte de pain. Préparée sous la forme de grande plaque plate, elle réunit des œufs, de l'huile et des amandes effilées qu'on passe au four. Le résultat est excellent et il est conseillé de la manger chaude ou pour le moins tiède.

L'échaudé : l'échaudé est le plus ancien de tous les gâteaux encore connus en Aveyron. Citée dans une charte datant de 1202, cette très ancienne spécialité biscuitière était également nommée « panis qui disunher eschandatis » (pains appelés échaudés). Ce n'est que plus tard qu'un artisan eut l'idée d'ajouter des grains d'anis à la pâte.

La recette n'a guère évolué depuis le Moyen Âge. La base est un bâton parfumé à l'anis, la forme triangulaire est donnée en rabattant les bords et un pochage à l'eau bouillante modifie la texture et l'aspect de la préparation. Cette opération rend le biscuit plus digeste, car il perd une partie de son amidon. Une fois égoutté, l'échaudé est cuit au four très chaud (à bois de préférence). Les goûts changent et s'affinent, aussi élabore-t-on aujourd'hui aussi des pâtes plus fines, plus riches, dans lesquelles sont incorporés du sucre, des œufs, ou du miel.

La flauna : c'est le dessert typique du sud Aveyron, la flaune (ou flône), adaptation du mot occitan « flan » ou « flau » est obtenue à partir d'œufs, de sucre, de farine et de recuite (ou brousse), une mousse fromagère obtenue en chauffant à 95 °C du petit lait de brebis, un produit dérivé du roquefort. Parfumée à l'eau de fleur d'oranger, elle est déposée sur une pâte brisée puis cuite au four, sous la cendre et la braise. Selon les recettes, elle comporte encore des zestes râpés d'orange et de citron et de la poudre d'amandes amères qui l'aromatisent de parfums subtils. Ce gâteau de caractère peut se déguster nature, sucré, avec de la confiture de baies d'églantine ou encore du miel de pays.

La foassa de l'Aveyron : elle est cousine de la fougasse, les deux venant de l'occitan « fogassa ». Ce gâteau connaît des variantes au sein même du département. Inutile de chercher par exemple le goût de la fouace de Laguiole ailleurs dans le département. Même chose avec celle qui est fabriquée dans le sud ou même dans le vallon de Marcillac où elle devient plus compacte et porte le nom de soleil. Cette gourmandise à base de pâte à brioche existe donc sous diverses formes : rondes, ovales, en forme de soleil (région de Marcillac) ou encore fouace coque... Elle est parfois agrémentée de fruits confits sur le dessus. Ce dessert peut être consommé aussi bien au petit-déjeuner qu'au goûter.

La crostada : la croustade vient de l'occitan « de crosta » qui signifie la croûte. À base de pommes ou de pruneaux et toujours généreusement arrosé d'armagnac, ce « gâteau » est fait à partir d'une fine pâte feuilletée, comme celle des feuilles de brick. Plusieurs couches de pâtes sont superposées, on y ajoute des fruits cuits, et on replie la pâte sur les fruits avant d'enfourner.

La violette de Toulouse : cette petite fleur odorante occupe une place particulière dans la gastronomie locale. On la retrouve transformée en de délicieux petits bonbons, en sirop et elle aromatise délicatement glaces et liqueurs.

La Biterroise : ou « de còca », le gâteau en occitan, c'est la coque de Béziers. Parfumé à la fleur d'oranger, ce délice est fourré de marmelade de pommes ou de crème pâtissière.

Lo milhasson : c'est une spécialité sucrée de Montréjeau en Haute-Garonne, de la farine de maïs ou de blé, des œufs, du sucre, du lait, de la fleur d'oranger et du rhum, que des bonnes choses simples pour un gâteau à la consistance moelleuse qui se déguste tiède ou froid.

Les rosquilles : ce petit gâteau catalan, délicatement aromatisé à l'anis et au zeste de citron, est la pâtisserie emblématique de la Catalogne Nord.

Les Berlingots de Cauterets : spécialisé dans les soins des affections respiratoires, Cauterets était réputé pour ses eaux au goût de soufre qu'il fallait boire. Un traitement efficace, mais assez mauvais au niveau des papilles. Pour faire passer l'amertume, les Cauterésiens ont eu la délicate attention de proposer une sucrerie : le berlingot était lancé. Pâte étirée et façonnée en bâtonnet, elle est ensuite découpée en petites pyramides aux couleurs chatoyantes qui varient selon les arômes. (Cassis, caramel, fraise, framboise, café, etc.)

Lo pastís : littéralement « le gâteau » en occitan, cette sorte de tourtière, garnie de pommes marinées à la vieille prune, a une pâte aussi fine qui rappelle la pastilla. Ce sont les Maures qui ont laissé la recette dans le Sud-Ouest. Traditionnellement, le pastis est un gâteau des campagnes, réalisé par les femmes d'agriculteurs, les grands-mères, pour les fêtes religieuses ou familiales. La préparation est fastidieuse,

© SHUTTERSTOCK.COM - PICTUREPIXX

Les rosquilles

la difficulté étant d'obtenir une pâte très fine qu'il faut laisser sécher pendant quatre à cinq heures tout en gardant encore de la souplesse. Le gâteau donne toutes ses saveurs lorsqu'il est servi tiède.

Les Grisettes de Montpellier : savant mélange de miel et de réglisse, ces petits bonbons ronds, spécialités de la capitale languedocienne, remontent au Moyen Âge. D'après certains historiens, la recette aurait été retrouvée dans un vieux grimoire.

Les alcools

On ne peut pas parler d'art de vivre et de bien manger en Occitanie sans faire écho à la grande terre de vins qu'est ce territoire. Ce sont 280 000 hectares de vignobles et une très grande diversité de cépages qui font d'elle la plus grande région viticole du monde. On compte ici pas moins de 44 appellations d'origine contrôlée et 36 indications géographiques protégées (IGP). Que vous aimiez les vins doux naturels, rouges, rosés ou blancs, les flocs ou l'armagnac, vous trouverez sûrement votre bonheur parmi les variétés de vins exceptionnels d'ici.

Les vins du Sud-Ouest

Se formant aux frontières des Landes et des Pyrénées-Atlantiques, les vignobles du Sud-Ouest s'élèvent jusqu'aux collines et montagnes du Massif central. Bénéficiant de la proximité de la chaîne des Pyrénées et du climat océanique, ce territoire viticole s'achève à la limite où la région Occitanie bascule en climat méditerranéen. Madiran, Côtes de Gascogne, Fronton, Cahors ou Gaillac forment les grands vins du Sud-Ouest et chaque appellation se distingue par la qualité géologique de son sol et les cépages naturels qui la caractérisent.

Les vins du Sud-Est

Implantés sur les régions naturelles du Languedoc et du Roussillon, les vignobles du sud-est s'étendent des Pyrénées orientales et se déploient face à la mer Méditerranée, tout autour du Golfe du Lion. Dans un climat méditerranéen tempéré au nord, les terroirs se côtoient d'ouest en est. Ces vins ensoleillés, marqués par leurs sols particulièrement contrastés, forment une mosaïque d'appellations où chaque terroir a ses cépages typiques, on trouve par exemple les Corbières, Minervois, Saint-Chinian, Faugères, Pic Saint Loup et bien d'autres.

Armagnacs et flocs de Gascogne

Les producteurs d'armagnac et de flocs de Gascogne se situent particulièrement dans le Gers, mais les vignobles peuvent chevaucher les limites des Landes et du Lot-et-Garonne. On y trouve trois terroirs distincts qui cohabitent : le Bas-Armagnac autour d'Eauze, la Ténarèze près de Condom et le Haut-Armagnac dans les alentours d'Auch. La production d'eau-de-vie sur le vignoble, datant du Moyen Âge, s'obtient par distillation de vins blancs issus de cépages typiques des Côtes de Gascogne. Après la distillation en alambic, on passe au vieillissement en « pièces » de chêne, puis une fois assemblés, et selon l'âge du plus jeune qui les compose, les armagnacs se classent en catégories (VS, VSOP, XO, Hors d'Âge et XO Premium). On ajoute à ce classement les armagnacs millésimés issus d'une même année de récolte dont ils portent la date. Deux autres appellations viennent enrichir le terroir : la Blanche d'Armagnac, directement issue de la distillation et préservée en contenant neutre fixant fruité et fraîcheur, ainsi que le floc de Gascogne, un vin de liqueur rouge ou blanc qui marie jeune armagnac et moût de raisin.

RECONNAISSANCES, CLASSEMENTS ET LABELS

Pour mettre en lumière le travail authentique et ancré dans les traditions des producteurs et des artisans du goût, des reconnaissances, des classements et des labels ont vu le jour. Des marqueurs que les consommateurs apprécient !

Produits Sud de France-l'Occitanie

C'est la marque de reconnaissance des produits d'Occitanie. Avec près de 13 800 produits, dont 7350 vins, la marque Sud de France-l'Occitanie met en lumière le meilleur des produits de l'Occitanie. Porte-parole du bien-manger, les produits Sud de France-l'Occitanie proposent au grand public une vue d'ensemble des productions régionales. Avec pas moins de 1 850 entreprises adhérentes, la marque propose un large panel de produits. Des cahiers des charges très stricts et des contrôles réguliers par un organisme indépendant garantissent une origine d'Occitanie. https://sud-de-france.com

Les Tables du Gers

Lancé en 2010, ce label regroupe un réseau de restaurateurs travaillant conjointement avec les producteurs du Gers autour des mêmes valeurs culinaires. Ils s'engagent dans une démarche de qualité, locale et responsable. Le label des Tables du Gers souligne la provenance gersoise des produits, la mise en avant des circuits courts et le respect des saveurs de saison. 33 restaurants sont labellisés et 75 producteurs gersois sont partenaires. www.lestablesdugers.fr

Label Territoire bio engagé

L'Occitanie étant la première région bio de France (également pour la viticulture bio), il lui fallait un label à la hauteur des valeurs qu'elle défend. À l'initiative d'Interbio Occitanie, association interprofessionnelle bio d'Occitanie, ce label vise à encourager, à récompenser et à mettre en valeur les collectivités qui ont réussi à atteindre les objectifs du Plan ambition bio et de la loi Egalim. www.interbio-occitanie.com

Saveurs du Tarn

Créée en 2012, cette marque a pour but d'identifier un produit transformé et/ou produit dans le Tarn. C'est une visibilité supplémentaire pour les producteurs qui trouvent dans cette marque locale une façon de gagner en productivité et en notoriété. Ce sont pas moins de 110 entreprises et 1 500 produits qui sont regroupés sous cette marque Saveurs du Tarn. www.saveursdutarn.fr

Nòu Ariège Pyrénées

Cette toute jeune marque, créée en 2021, est une véritable reconnaissance locale dont bénéficient les producteurs du département de l'Ariège. Deux appellations distinctes mettent en avant les savoir-faire des hommes et des femmes de ce territoire d'exception. Par souci de transparence envers le consommateur, la marque souligne d'une part les produits fabriqués à partir de matières premières provenant à 100 % du territoire ariégeois, et d'autre part les produits fabriqués dans l'Ariège, mais dont les ingrédients ne se trouvent pas sur le territoire. Nòu Ariège Pyrénées possédera bientôt son ambassade à Toulouse, avec un concept 100 % ariégeois. https://nou-09.fr

La marque Pays Cathare®

Née en 1992, la marque Pays Cathare®, reconnaissable à son étiquette bleue, regroupe des professionnels audois. Si les vignerons, les restaurateurs et les producteurs sont représentés, l'hôtellerie, les activités de loisirs et de découverte et les artisans d'art sont aussi regroupés sous la bannière de cette marque de qualité. Dans le milieu de la gastronomie, la marque Pays Cathare® met en lumière des produits agroalimentaires de qualité et d'exception, produits et /ou transformés dans l'Aude. www.audetourisme.com/fr/cest-quoi-laude/la-marque-pays-cathare

Le Gard, Militant du Goût

Cette démarche est une initiative du conseil départemental qui, depuis 2022, vise à mettre en lumière le patrimoine gastronomique gardois au travers de la promotion de produits d'excellence. La charte garantit aux consommateurs l'origine, la qualité et l'authenticité des produits. Ils sont la quintessence de l'agriculture gardoise, où les circuits courts et l'économie locale forment un point d'honneur. Ce label est enfin l'expression ultime du savoir-faire des artisans et des restaurateurs gardois. https://militantdugout.gard.fr

La marque de Lozère

Depuis 1998, la marque « de Lozère » promeut et valorise les produits du terroir du département de la Lozère. Éleveurs, producteurs, artisans, mais aussi entreprises agroalimentaires, ce sont plus de cent adhérents qui affichent le label de la marque collective « de Lozère » et quinze familles de produits. www.delozere.fr

HaPy Saveurs

Marque collective territoriale des Hautes-Pyrénées, HaPy Saveurs met en valeur, depuis 2015, les produits emblématiques du terroir. La marque valorise les producteurs, les restaurateurs et toute la filiale agroalimentaire haut-pyrénéenne. www.hapy-saveurs.com

MUSIQUES ET SCÈNES

Aux quatre coins de l'Occitanie, des montagnes catalanes aux plaines de l'Aubrac, du littoral méditerranéen aux confins du Gers, les traditions se célèbrent et la culture se chante. Sur scène ou dans les rues, des passionnés partagent leur talent et transmettent avec leurs mots, leurs gestes et leurs écrits, tout ce que la région a fait de mieux. Au cours de vos déambulations, lors de festivités ou durant la visite d'un écomusée, vous découvrirez des instruments typiques, des danses traditionnelles et des spectacles tantôt intimistes, tantôt renommés. Installé dans l'une des salles du territoire ou poussé à la découverte de lieux extraordinaires, vous constaterez que le premier acteur de cette richesse artistique, par leurs créativité et inventivité, ce sont les habitants de l'Occitanie. À la fois contemporaines et ancrées dans les traditions, musiques et danses font de toute évidence partie du patrimoine vivant de ce vaste territoire.

La musique et le chant

Les chants pyrénéens, véritables traditions vivantes

Du Pays basque à la Catalogne, les Pyrénées ont toujours inspiré les artistes et on ne compte plus les chants qui leur rendent hommage. La Bigorre n'échappe pas à la tradition et, en français ou en occitan, ce sont de vrais hymnes à l'amour des montagnes qui s'entonnent lors des événements sportifs, les réunions de famille ou même parfois lors des enterrements. Le temps qui passe n'y change presque rien, c'est avec la même émotion que les cantères, de l'occitan «cantèra» (chant polyphonique), ces groupes aux voix fortes, font retentir « Là-haut sur la montagne », « Le Berger d'Aure », « Maudit sia l'amor », « Eth vielh Jano de Campan » ou le célèbre « Montagnes Pyrénées ». Ces chants populaires par excellence, qui parlent aussi bien du quotidien, de l'amour, de la nostalgie que de la vie d'autrefois, ont été immortalisés par Nadau, Edmond Duplan, Alfred Roland ou encore les bien nommés Chanteurs Pyrénéens.

Des instruments caractéristiques

La cabrette : C'est Vines, village préservé de la commune de Cantoin, entre Laguiole, Chaudes-Aigues et Mur-de-Barrez, qui abrite la Maison de la cabrette et des traditions populaires de l'Aubrac, dans un beau bâtiment en pierre de pays. En 2009, André Ricros, expert en musiques traditionnelles, et André Raynal, alors maire de Cantoin, ont en effet imaginé ensemble cette maison singulière. Réunis par l'amour du pays et le respect des ancêtres, ces deux fortes personnalités ont planché pendant trois ans pour concevoir ce lieu dédié à l'Aubrac et à ses richesses, ses savoir-faire et son patrimoine culturel. Cabrettes, accordéons, vielles, mais aussi objets, documents et fonds audiovisuels… Les collections du musée réunissent aujourd'hui des dizaines d'instruments de musiques des XIXe et XXe siècles, dont plus de 200 cabrettes. Ce musée bien vivant présente aussi une reconstitution de l'atelier ancien d'un facteur de cabrette datant du XIXe siècle et un espace d'exposition temporaire. À l'intérieur, Jean-Louis Claveyrole, facteur de cabrette à Mels, et conservateur des lieux, accueille le public. Depuis 2018 et une première extension du bâtiment, les lieux abritent aussi des cornemuses du monde entier.

La boha : En Gascogne, un ensemble de musique comporte au moins une cornemuse. Il s'agit de la boha (prononcée bou-hô), qu'il ne faut pas confondre avec le bot du Val d'Aran ou la samponha des Pyrénées. Son sac est fait de cuir de chèvre ou d'agneau et porte-vent et pièce de jeu sont taillés dans le buis. La boha a bien failli disparaître en 1957 avec le décès de « Jeanty » Benquet, dernier bohaire, mais l'action croisée d'ethnomusicologues et d'artistes, à compter des années 1970, a offert à l'instrument un second souffle. Aujourd'hui, on recense pas moins de 6 facteurs de boha et des centaines de pratiquants.

L'accordéon diatonique : Cet autre instrument emblématique d'Occitanie occupe une place de choix dans les formations gasconnes. Plus petit que l'accordéon chromatique cher à André Verchuren, cet instrument se distingue aussi par ses anches. Celles-ci étant de tailles différentes, elles ne produisent pas le même son selon que l'on pousse ou tire le soufflet.

Le violon : C'est le troisième instrument indispensable pour faire danser dans les bals. Plus mélodique que la cornemuse ou l'accordéon, il donne le tempo. L'instrument, qui n'est pas gascon, a vite été adopté une fois « découvert » et parfois adapté par ceux qui ne pouvaient s'en payer un. On a ainsi retrouvé un exemplaire dont la caisse de résonance n'était autre qu'un vieux sabot de bois.

Le tambourin à cordes : Ce tambourin gascon fait son apparition dans sa forme actuelle vers le XVIIe siècle. Il s'agit d'une caisse de résonance en bois longue de 80 cm et d'un jeu de 5 à 9 cordes tendues sur la table d'harmonie. Il sert aujourd'hui la connaissance patrimoniale autant que la jeune création artistique contemporaine, à l'instar du duo féminin Cocanha, qui expérimente à partir du tambourin, tant sur disque que sur scène.

Le hautbois : La musique languedocienne était jouée dans les villages à l'occasion des fêtes et mariages, par les habitants eux-mêmes. Elle était uniquement destinée à faire danser les gens et ne s'écoutait pas le soir au coin du feu. Le hautbois le plus connu est possiblement le hautbois languedocien. Jusqu'à la Révolution, il animait les cérémonies consulaires et les réjouissances populaires organisées d'Agde à Nîmes et du piémont cévenol à la vallée de l'Hérault. Dans les années 1970, l'instrument connaît un renouveau. Il est aujourd'hui visible dans de nombreux événements tels que les carnavals et les joutes languedociennes.

Les cobles : Sur le territoire catalan, au cours des fêtes traditionnelles, il n'est pas rare d'entendre retentir le son typique d'un instrument de la région ou des « cobles », les orchestres du pays catalan. Les instruments à vent sont particulièrement nombreux sur cette partie de l'Occitanie. Lors des représentations estivales des cobles, sur les places des villages catalans, la musique traditionnelle est reine. Produite par une douzaine de musiciens, elle fait appel à des accessoires typiques tels que le flaviol, une flûte à bec, et le tambori, un petit tambourin qui se joue avec une massette (baguette en bois).

Cabrette.

Historiquement, ces instruments sont les plus anciens et les plus représentatifs de la musique populaire catalane. Dans l'orchestre, on trouve également des tible (hautbois à son aigu), tenora (hautbois à treize clefs, fabriqué à partir de bois de jujubier) et fiscorn (cuivre muni de pistons de la famille des bugles).

Le fifre : Cette petite flûte traversière, souvent taillée dans du roseau ou du sureau, possède six ou sept trous. Elle est traditionnellement jouée en Gascogne et en Languedoc et était utilisée auparavant à des fins militaires. Son utilisation s'est transmise à l'ensemble de la société et on la retrouve à présent dans des orchestres, des célébrations religieuses ou des fêtes publiques, accompagnée par des tambours.

Se canta

Si l'on s'en tient à la légende, celle-ci rapporte que cette chanson aurait été créée en 1349 par Gaston Fébus. Le comte de Foix l'aurait écrite pour sa jeune épouse, Agnès de Navarre. En réalité, le « Se canta » a très certainement été colportée par les matelots qui transportaient le pastel entre Toulouse et Nantes, du XVIe au XVIIe siècle. Hymne occitan par excellence, « Se canta » est très largement entonné dès qu'une occasion festive se présente, ainsi que dans les stades à Toulouse comme à Béziers.

Dejós ma fenèstra
Sous ma fenêtre
I a un aucelon
Il y a un petit oiseau
Tota la nuèit canta
Toute la nuit il chante
Canta sa cançon
Il chante sa chanson
Se canta que cante
S'il chante qu'il chante
Canta pas per ieu
Il ne chante pas pour moi
Canta per ma mia
Il chante pour ma mie
Qu'es al luènh de ieu
Qui est loin de moi

Les fêtes musicales et festivals d'hier et d'aujourd'hui

La musique qui anime les soirées festives est celle de la banda. Cette fanfare de rue trouve ses origines dans les années 1930 où des orchestres ambulatoires se chargeaient d'animer les rues les jours de feria. Née dans les Landes, la banda a été reprise dans toutes les régions taurines. Avec ses 20 arènes, le Gers n'échappe pas au son des cuivres, bois et percussions. Les évènements musicaux et festifs inondent l'agenda des temps forts en Occitanie. Toute l'année, plongez dans l'ambiance de festivals d'envergure locales et nationale et participez à de grandes fêtes dans l'esprit de la région : festives et conviviales !

Danse de sardane.

Les danses

Pour que ça tourne rond, dansez en carré !

Au détour d'une fête locale ou d'un festival, les danses se pratiquent majoritairement en rond et en couple, à l'époque lorsque seuls les hommes assuraient le spectacle, on appelait ça des « prouesses ». Le but était d'impressionner ces dames et, entre les sauts par-dessus les bérets et les ceintures ou les faux combats, ils y mettaient du cœur ! Très visuelles, les danses bigourdanes par exemple font la part belle au pas de polka et au pas des Pyrénées, un sautillé assez indescriptible et hypnotique qu'il vaut mieux apprécier en direct tant il est souple et rythmé. En quadrille en quatre par quatre, en quadrillé huit par huit, vous apprécierez ces démonstrations lors des *balètis* (bals traditionnels) ou des Trad'sessions. Les Pastourelles de Campan, la borrèia (la bourrée) en Aveyron ou encore la danse des treilles en Languedoc sillonnent le monde avec un talent reconnu pour que durent ces trésors d'antan, incontestable patrimoine vivant !

Des danses de partage

La sardane, la danse catalane par excellence, est traditionnellement accompagnée du son des cobles. La discipline nécessite que des danseurs forment une ronde et se tiennent par les mains, ils doivent ensuite lancer ou abaisser les bras, animant le cercle, l'agrandissant ou le réduisant, au rythme de la musique. Cette danse a acquis sa forme définitive au XIXe siècle, elle est alors pratiquée durant l'été, lors des « aplecs », des rassemblements traditionnels au cours desquels les passants peuvent rentrer dans la ronde et se mêler aux danseurs.

Lors des férias (Carcassonne, Nîmes, Béziers...), on peut aussi contempler la beauté du flamenco et de la sévillane. Ces deux danses traditionnelles originaires d'Espagne viennent souvent animer les rues en parallèle des festivités.

Pour les différencier, c'est très simple : le flamenco se danse seul et s'accompagne de claquements de mains et de pieds, tandis que la sévillane, plus joyeuse, se pratique à deux, à un ou plusieurs couples, en cercle ou en groupe.

On peut citer également la rumba catalane, aux influences et rythmes de la rumba flamenca à laquelle on va ajouter le chant catalano-andalou et des sons afrocubains, parfois mêlés de rock'n'roll, et qui donne une irrésistible envie de danser. Dans l'Hérault, c'est la danse du chevalet (appelée aussi « jeu du chevalet »), de l'occitan *chivalet* (petit cheval) qui a gagné sa place dans l'histoire locale. Élément important de la tradition, elle est partie intégrante du patrimoine immatériel du Languedoc. Cette danse essentiellement carnavalesque, qui peut revêtir des tailles et des formes différentes selon les lieux où elle se pratique, est née au Moyen Âge.

On accorde une dernière mention à la « Lo butavam », une forme de bourrée propre au Languedoc. De nouveau pratiquée aujourd'hui lors de *balètis,* elle se dansait dans une partie du Haut-Languedoc (Monts de Lacaune, Somail, Espinouse...) et dans une bande de l'Hérault allant de Bédarieux à Minerve. La musique qui l'accompagne est composée d'accordéon, d'une éventuelle bodega (instrument à vent de la famille des cornemuses) et d'une grailha (un hautbois à anche double représentatif du Bas Languedoc).

SPORT

Sur ce vaste territoire qu'est l'Occitanie, la vie était autrefois marquée par la pratique d'activités aujourd'hui devenues cultes et inscrites dans le cœur des gens d'ici. Un patrimoine qui se vit avec passion et qui se transmet de génération en génération, avec engouement et ferveur. Ces activités traditionnelles sont de véritables sports pratiqués en club et en associations, qui nécessitent endurance, réflexes et agilité. Les joutes languedociennes, la bouvine, le jeu du tambourin, les courses landaises, les falcons et les castells catalans ou encore les jeux de quille, sans oublier, bien évidemment, le rugby sont au cœur de ce patrimoine vivant. Pratiquant ou spectateur, imprégnez-vous de ces traditions en vibrant dans les arènes ou sur le Cadre Royal à Sète, ne manquez pas d'assister à un match de rugby à Ernest Wallon, et laissez-vous embarquer par la ferveur de ces pratiques populaires !

Le rugby

Pilier du rugby, l'Occitanie marque les esprits par l'excellence de ses clubs et de ses joueurs. Toulouse, capitale du rugby et terre de jeux, accueille en 2023 des matchs de la Coupe du Monde. C'est aussi avec le Stade Toulousain et ses illustres anciens et actuels joueurs que la ville rose rayonne. C'est sans compter les autres clubs de la région : le Castres Olympique, le Montpellier Hérault Rugby, l'Union Sportive Arlequins Perpignan (USAP)... La région Occitanie est celle qui compte le plus grand nombre de clubs professionnels en Top 14 (première division), mais aussi en Pro D2 (deuxième division) avec les clubs de Béziers, Colomiers, Carcassonne et Montauban.

Le rugby ici, c'est une religion ! En plus de se regarder, il se pratique partout : ce sont plus de 70 000 licenciés (sur 328 000 en France) répartis dans près de 400 clubs, qui font de la Ligue Régional de Rugby d'Occitanie la première ligue régionale de France pour le rugby à XV. Plus de 20 000 jeunes s'initient au rugby chaque année, dans l'une des centaines d'écoles de rugby réparties sur tout le territoire.

La tradition des bouvines

Lorsque vous vous baladez dans les villages de Camargue, vous ne pourrez manquer les «empègues». Ces petits dessins faits au pochoir autour des portes des maisons sont réalisés par les jeunes des villages, «les bandes», dans le cadre des fêtes votives des pays de la Petite Camargue, des Costières, et même jusqu'aux portes de Montpellier, où les traditions taurines camarguaises sont encore et toujours bien vivantes. Ces bandes de jeunes passent de maison en maison : l'habitant qui donne une participation, qu'elle soit financière ou matérielle, voit alors apposée, près de sa porte, la fameuse empègue. Les motifs évoquent les thèmes emblématiques de la Camargue : le trident, la croix de Camargue, le crochet de raseteur, mais aussi le cheval, le taureau, le flamant rose ou toute autre représentation liée aux traditions bouvines. Les habitants sont imprégnés de ces héritages traditionnels qui se traduisent notamment lors des courses camarguaises, mais aussi lors des autres festivités typiques telles que l'abrivado, le bandido ou l'encierro.

La course camarguaise. Patrimoine vivant s'il en est, les courses camarguaises ponctuent l'agenda des gens de Camargue de mars à novembre. C'est dans les arènes, dont chaque village s'enorgueillit, que les taureaux déploient leur agilité et leur force au cours de ces fêtes votives. Durant une course camarguaise, le cocardier, c'est-à-dire le taureau, affronte plusieurs *rasetaires* (occitan pour raseteurs), ces hommes qui, à l'aide d'un crochet, tentent d'ôter les attributs accrochés aux cornes de l'animal. Ficelles, cocarde et glands, une fois décrochés, donnent droit à une récompense. Force, impétuosité, agilité, brio, c'est avec emphase que l'on décrit le cocardier. C'est en effet le taureau qui est honoré pour ses actes. Un profond respect est d'ailleurs visible au sein des raseteurs, mais aussi des spectateurs venus admirer ces taureaux de Camargue. Après une retraite paisible à la manade, certains taureaux, reconnus pour leur bravoure, seront enterrés debout, la tête tournée vers la mer, avec une stèle ou une statue à leur effigie.

Les jeux traditionnels

Lo jòc de bala al tambornet. Le jeu de balle au tambourin est un jeu de balle ancestral. Aujourd'hui codifiée, pratiquée au niveau international et reconnue, cette discipline est spectaculaire et mérite bien une visite estivale. Il suffit pour cela de prendre place le long du terrain où s'affrontent deux équipes de cinq joueurs (deux au fond, deux à la corde et un au centre), chacun muni d'un tambourin, cercle de 28 cm de diamètre recouvert de peau synthétique et muni d'une poignée (comme l'instrument

de musique, mais beaucoup plus résistant) ; à l'engagement, le batteur se sert d'un battoir, tambourin plus petit monté sur un long manche. Les renvois se font comme au tennis (à la volée ou après un rebond).
Le jeu de balle au tambourin est à voir et à essayer dans les villages, notamment à Cournonterral, Saint-Martin-de-Londres, Saint-Georges-d'Orques, Gignac et Castelnau-de-Guers qui comptent de bonnes équipes.

Lo jòc de palet. Le jeu traditionnel de palet gascon compte son championnat du monde qui se tient tous les 15 août dans le hameau de Lialores, dans le département du Gers. Avec sa centaine d'amateurs, ce jeu de palet ne se pratique guère que dans quelques villages reculés du Gers ou du Lot-et-Garonne. Chaque joueur dispose de deux palets d'acier qu'il lance à six mètres pour atteindre une quille surmontée de trois pièces de monnaie. Il dispose de deux tentatives pour abattre la quille et faire tomber les pièces. Pour marquer des points, les pièces doivent être plus près du fer que du bois. Ainsi, pour chaque pièce qui se trouve plus près du palet que de la quille, le joueur marque un point. L'origine du jeu est inconnue, mais on en trouve référence sur des gravures et tableaux remontant au XVIe siècle. Il a failli disparaître complètement en 1956, lorsque le préfet du Gers l'a interdit. Le palet gascon était devenu l'objet de paris d'argent inconsidérés. Il faut attendre 1985 pour que le palet connaisse son *arreviscolada*, sa renaissance. Alain Lasserre, instituteur de Lialores, découvre le jeu et fixe ses règles pour le démarquer d'autres jeux de palet ou de quilles, tels que le palet vendéen, la malha portugaise ou la tuta espagnole. La commune inscrit le palet gascon dans son « plan de développement touristique du Lialorais » et fonde le championnat du monde de palet gascon en 1990, afin de relancer son intérêt.

Lo rampèu. Le rampeau d'Astarac est jeu traditionnel qui est malheureusement en train de sombrer dans l'oubli. Ce jeu de quilles ne compte plus qu'une trentaine de pratiquants réguliers et il faut toute l'énergie de la Fédération départementale des foyers ruraux pour qu'il soit encore de la partie. Les joueurs prennent possession d'un terrain qui offre au moins 10 m de longueur, le plus souvent la place du village. À un bout, la ligne de tir et à l'autre six quilles positionnées en T. Les trois plus petites forment une ligne parallèle à la ligne de tir, les trois plus grandes sont disposées perpendiculairement. Le joueur lance son maillet en bois de 900 g en direction des quilles, le but du jeu étant d'en faire tomber le maximum. Si le joueur les abat toutes en un seul lancer, les spectateurs s'écrient *rompèu !* et non *strike !*. Le joueur qui remporte la partie est celui qui a le plus de points et a donc fait tomber le plus de quilles en dix lancers.

Course camarguaise.

Las quilhas au malhet. Très populaire en Gascogne, le jeu de quilles au maillet comporte six quilles, un maillet et une zone de tir de 10 m. Les règles, elles, diffèrent quelque peu. Le joueur dispose de trois lancers pour faire tomber cinq quilles et marquer un point. S'il en fait tomber six, le lancer est nul et s'il en fait tomber moins de cinq, il ne marque pas de point. Les quilles sont alignées en deux rangées de trois sur un pité, un carré de ciment, les petites devant, les grandes derrières. Le pité est précédé d'une barre métallique que le maillet doit impérativement franchir, sous peine de nullité du tir. Objet de paris d'argent, le jeu a subi la même interdiction préfectorale que le palet gascon en 1956. Il a été remis au goût du jour par la Fédération départementale des foyers ruraux du Gers en 1982 avec un franc succès. Pratiqué dans toute la Gascogne, son comité national est rallié à la Fédération française de bowling et des sports de quilles. Auch compte son École de quilles au maillet et des championnats individuels ou par équipe sont organisés à travers tout le Sud-Ouest. Le site du Comité national des quilles au maillet (www.quillesmaillets.com) permet de découvrir les aptitudes physiques aussi bien que psychologiques nécessaires à la pratique de ce sport.

Las quilhas de nòu. Dans le Tarn, le jeu de quilles de neuf est un loisir très ancien. Concrètement, neuf quilles sont disposées à l'intérieur d'un carré de terre battue de 4,5 m de côté, à 2,15 m l'une de l'autre. L'objectif est d'envoyer une boule sur ces quilles, en effectuant douze figures prédéfinies, sans faire sortir cette boule du carré pour le premier lancer. Si celui-ci est réussi, le joueur peut relancer. Pour gagner, il suffit de cumuler les points en totalisant le plus de quilles.

Las quilhas de uèit/uèch (quilha avaironesa). Le jeu de quilles de huit est largement pratiqué en Aveyron. Ce sport traditionnel se pratique sur un terrain de terre battue de 30 mètres et a pour but de faire tomber 8 quilles en utilisant une des 9 quilles du jeu (dites quilles « debout ») pour la frapper avec une boule. Le sport se pratique également dans l'Hérault, la Lozère, la Haute-Garonne, le Lot, le Tarn et le Tarn-et-Garonne.

Les joutes languedociennes

Depuis des siècles, les marins et les pêcheurs ont leurs règles de chevalerie et leur tournoi, les joutes. Sur tout le littoral gardois et héraultais, au Grau-du-Roi, à Agde, à Balaruc, à Frontignan, à Mèze, à Marseillan, à Palavas, à Sète et même à Béziers, sur le canal du Midi, on voit s'affronter deux équipes, les bleus et les rouges.

Dans les joutes, les règles sont simples : deux barques et leurs solides rameurs servent de coursier aux lanciers. Campés aussi solidement que possible sur la tintaine, plateforme en hauteur à l'avant de la barque (longue de 8 m, de type « mourre de porc », avec dix rameurs), les jouteurs sont armés d'une lance de bois (2,70 m) et d'un pavois, bouclier sur lequel la lance de l'adversaire viendra frapper. Réglée par hautbois et tambours, la joute commence, les lances s'abaissent et heurtent l'adversaire qui, déséquilibré, finit dans l'eau. Le tournoi le plus réputé a lieu tous les ans à Sète, en août, pour la Saint-Louis.

La course landaise

Héritage gascon, la course landaise se pratique avec ferveur dans le Gers. Les vingt-trois arènes gersoises se situent toutes en Armagnac, sur le flanc ouest du territoire. Rassemblant un public de passionnés, les coursayres, ces derniers viennent admirer les coursières (les vaches elles-mêmes), les écarteurs et les sauteurs, sportifs de haut niveau qui se livrent à un jeu d'adresse plus qu'à un combat. Les coursières, femelles des toros bravos de corridas, pèsent entre 300 et 400 kg. Les éleveurs sélectionnent les plus combatives pour les mener à l'arène vers l'âge de trois ans. Une bonne coursière peut espérer faire carrière pendant dix ans, avant de retourner au pré pour une retraite bien méritée. Chaque vache porte un nom, une cote et les plus célèbres deviennent des « marraines ». Fédérale, reine des arènes dans les années 2000, possède même une statue à son effigie dans les rues de Dax. La franchise de ses attaques, qualifiée de noblesse en langage coursayre, suscitait le plus grand respect des toreros. On distingue deux types de toreros en course landaise : l'écarteur et le *coursayre* exécutant les sauts. Le premier porte le boléro brodé à la main et le second arbore blouse et pantalon blancs. L'écarteur attend la vache dans l'arène et l'esquive à la dernière seconde. Le *coursayre* ou le sauteur, efface la vache qui lui fonce dessus en effectuant un saut acrobatique : saut de l'ange, saut périlleux ou saut les pieds dans le béret. La saison se déroule de mars à octobre, une centaine de courses sont organisées pour départager le meilleur écarteur et le meilleur sauteur. Les arènes de Nogaro célèbrent les vaches tous les 14 juillet en remettant une « Corne d'or » à la meilleure coursière.

Renseignements : www.courselandaise.org

Les sports catalans

Les falcons. Ces pyramides humaines sont une vraie discipline sportive et traditionnelle en pays catalan ! Les falcons sont faites par *colles* (équipes), qui constituent des figures acrobatiques en forme de tours humaines en ouvrant les deux bras comme les ailes d'un oiseau. Ici, on cherche un effet esthétique avec des formes différentes et plusieurs compositions de petites figures exécutées en même temps, parfois mobiles, dont les colles accordent une importance à leur dynamisme et à leur chorégraphie, comme les *escales*, les *avets*, les *vols* et les *molinets*... Ayant évolué au fil du temps, elles restent un emblème fort des fêtes populaires catalanes et des fêtes patronales, comme lors de la Festa Major. Les falcons ont été influencées par les *castells*, avec certaines figures (*pilars*, les piliers), instruments musicaux (*gralla*, percussion de tambours) et costumes plus ou moins similaires (pantalon blanc). Lors des falcons, néanmoins, les *colles* portent toujours une chemise blanche et une *faixa* (écharpe fortement liée autour de la taille comme une ceinture) de couleur différente pour chaque équipe.

Les castells. Le *castell* (château, en catalan) est aussi une discipline sportive très ancrée dans la culture des pays catalans. La *colla castellera* (l'équipe), constituée d'adultes et parfois d'enfants, forme une tour humaine de six à dix étages avec une forme et une organisation bien définies. Ces tours humaines sont soutenues par la *pinya*, les gens tout en bas qui tiennent les gens formant la tour, pour les protéger en cas de chute, alors qu'en haut, on fait *l'aleta*, (salutation avec une main). Contrairement aux falcons, les castells sont des tours humaines statiques (à l'exception de la figure du *pilar caminant*, le pilier marchant) et chaque équipe, pantalon blanc et *faixa* noire, est reconnaissable par la couleur de sa chemise, concourant aux *concurs castellers*. Comme les falcons, les castells sont accompagnés d'une musique catalane traditionnelle à *la gralla, el flaviol* et *el timbal*.

LANGUES ET LITTÉRATURE

L'occitan et le catalan sont les langues présentes et enseignées en Occitanie, de la maternelle à l'université, que ce soit dans l'enseignement public ou dans les réseaux d'écoles associatives laïques immersives. L'occitan, que l'on pourrait croire en voie d'extinction, puise ses racines dans les langues latines et romanes et n'est pas une, mais multiple : de Limoges à Toulouse, à Marseille, à Nice et même jusqu'aux confins de Clermont-Ferrand, la langue occitane se parle, se chante et s'écrit, tout comme le catalan dans les Pyrénées-Orientales, région aussi appelée Catalogne du Nord. Toutes deux se transmettent avec fierté, comme un héritage, et méritent que l'on s'y attarde, que l'on découvre leurs origines, que l'on côtoie leurs illustres représentants, et que l'on s'essaie à prononcer quelques-unes de leurs expressions !

L'occitan, héritage del Trobrar

Actifs au Moyen Âge, entre 1000 et 1350, les troubadours étaient à la fois compositeurs, poètes et musiciens. Écrites dans une langue d'oc commune – qu'ils désignaient par les termes « provençal », « limousin » ou encore « langue romane » –, leurs œuvres avaient deux thèmes principaux : l'amour et l'actualité/le débat. La première catégorie était la plus prestigieuse, car directement liée au « fin'amor » (l'amour courtois). L'actualité était surtout traitée dans des « sirventés », des chants satiriques, polémiques courts et sans détours, qui permettaient de parler de politique, d'attaquer un ennemi ou de pleurer une disparition. La culture du troubadour a profondément influencé la poésie. Le territoire, sur lequel les troubadours se développent, s'étend des Pyrénées aux Alpes, de l'Auvergne et du Limousin jusqu'au nord de l'Espagne et de l'Italie. Après un apogée au XIIIe siècle, la disparition de cet art commença dès le XIVe siècle. Son déclin démarra avec l'arrivée de la censure de certains thèmes, notamment les amours infidèles, due à l'hypocrisie religieuse. Cette chute fut aussi encouragée par les croisades qui mettent alors à mal la stabilité sociale favorable à la création : appauvrissement des cours, disparition des mécènes… S'il reste peu de traces des textes des Xe et XIe siècles, des œuvres de l'âge d'or des troubadours (XIIe et XIIIe siècles) ont pu être sauvegardées. Au total, 450 troubadours sont arrivés jusqu'à nous, avec eux, environ 2 500 textes.

Parmi les plus connus, on peut mentionner Perdigon, Gavaudan le Vieux, Azalaïs de Porcairagues (« trobairitz », terme utilisé pour désigner une femme troubadour), Bernart Alanhan de Narbona, Bernart Sicart de Maruèjols, Guilhem de Balaun ou encore le Biterrois Matfre Ermengaud.

L'occitan de nos jours

Riche de son histoire, l'occitan fait toujours partie de ces langues d'aujourd'hui et couvre toujours une aire géographique impressionnante. Ce sont 55 000 élèves qui apprennent l'occitan de la maternelle à l'Université (Toulouse Jean-Jaurès, Montpellier Paul-Valéry), que ce soit dans l'enseignement public (bilingue ou optionnel) ou dans les réseaux d'écoles associatives laïques immersives (Calandretas). En Occitanie, 92 % des habitants de la région sont favorables au maintien ou au développement de la langue occitane (*enquête sociolinguistique de l'OPLO, 2020*) et la langue est parlée en moyenne par 7 % de la population des territoires de tradition occitane (soit environ 542 000 personnes). Si vous êtes d'ailleurs intéressé pour vous initier à l'occitan, vous retrouverez dans la suite du guide les adresses des institutions et des associations proposant l'apprentissage de la langue.

En termes de visibilité, les médias locaux, aidés par de nouvelles lois européennes, la remettent à l'honneur, tout comme de nombreuses initiatives à travers la région, à l'instar de la série télévisée *La Seria* disponible sur France TV, qui raconte l'histoire d'un jeune homme d'ici souhaitant créer la première série TV en occitan.

Le CIRDOC

Le Centre International de Recherche et Documentation OCcitanes (CIRDOC) – aussi appelé *Institut occitan de cultura* - est l'organisme public à vocation nationale et internationale chargé de la sauvegarde, de la connaissance et de la promotion de la culture occitane dans toute sa richesse et sa diversité. Le CIRDOC mène ses actions depuis la Mediatèca de Béziers dans l'Hérault et l'Etnopòle de Billère, dans les Pyrénées-Atlantiques. Il offre de nombreux outils aux chercheurs, étudiants, professionnels de l'enseignement, de la culture, du tourisme, aux collectivités et associations pour leur permettre de découvrir la culture, apprendre la langue et monter leurs projets.

L'OPLO

Avec un périmètre d'action qui s'étend du Massif central aux Pyrénées, l'Office Public de la Langue Occitane (OPLO) soutient la promotion de l'occitan et favorise l'enseignement et la transmission de la langue régionale en collaborant notamment avec la Région et des associations.

Le catalan

Le catalan est une langue romane parlée sur la côte occidentale de la mer Méditerranée sur une bande de 750 kilomètres entre Salses (dans le département des Pyrénées-Orientales - Catalogne Nord) et Guardamar del Segura, à l'extrémité sud du Pays Valencien en Espagne. En plus de la Catalogne Nord et de l'Espagne, le catalan est aussi parlé en Italie et en Andorre. La langue est considérée comme une langue-pont entre les sous-groupes ibéro-roman et gallo-roman auquel appartiennent le français et l'occitan. La connaissance du français (et de l'espagnol, du portugais…) facilite l'apprentissage du catalan et de bonnes connaissances en catalan facilitent l'apprentissage de l'espagnol et du portugais… Apparu vers l'an 900, le catalan dérive du latin vulgaire parlé dans les Pyrénées catalanes. Les premiers textes trouvés rédigés en catalan datent du XIIe siècle. En 1659, malgré la persécution et l'interdiction de parler le catalan suite à la domination de la France en Catalogne, comtés du Roussillon et de Cerdagne, le catalan reste la langue courante de toute la population. Il est finalement cultivé dans les milieux littéraires des «jeux floraux» au début du XXe siècle, connaît une expansion littéraire croissante et reprend son usage public. Aujourd'hui, le catalan est la langue officielle de 10 millions d'habitants européens, d'une culture et d'une littérature très riches, il est le pilier de l'identité catalane et de la personnalité des Pays Catalans. Dans les Pyrénées-Orientales, 37 % de la population sait parler catalan et 65 % en a la compréhension écrite ou orale ; sa pratique est un plus pour l'accès au marché du travail transfrontalier. On l'étudie également de la maternelle à l'université (dans les Universités Perpignan Via Domitia et Toulouse Jean-Jaurès), dans l'enseignement public bilingue ou optionnel mais aussi dans les Bressolas, écoles associatives catalanes immersives qui sont fréquentées par plus de 1 000 élèves (source *OPLC*).

Comme pour l'occitan, le catalan est également considéré par l'Unesco comme en danger de disparition. La Région mène une politique linguistique volontariste pour y remédier.

OPLC

L'Office Public de la Langue Catalane (OPLC) rassemble l'ensemble des acteurs publics et privés œuvrant au service de l'enseignement, et vise à la fois à la transmission, la socialisation de la langue et de la culture catalanes, afin de développer et renforcer la nécessaire diversité culturelle et linguistique régionale.

La Région soutient les langues !

Cela fait plusieurs années que la Région Occitanie a mis en œuvre une politique de soutien aux langues et cultures régionales afin de les développer, les promouvoir et les diffuser. Appel à projets pour des évènements (Total Festum, Solstice d'été/Feu de la Saint-Jean), appel à projets éducatifs et culturels en catalan et occitan (Cultura viva à l'école), aides à la création artistique régionale en langues catalane et occitane, aides à la diffusion des langues et cultures catalanes et occitanes à travers les festivals locaux, concours « Influenceurs Langues »... La Région s'engage, afin de soutenir les acteurs qui permettent le maintien des cultures et des deux langues.

La Région apporte aussi un soutien et des aides à la transmission et au développement du catalan et de l'occitan, en facilitant l'enseignement en milieu scolaire, en accompagnant l'enseignement de ces langues via des aides aux projets pédagogiques et à l'édition de matériel pédagogique, en orientant au mieux les étudiants dans leur projet professionnel (création d'un « Kit d'orientation » spécial occitan), en développant les cours pour adultes, en promouvant ces langues régionales dans le quotidien des habitants et en soutenant les professionnels de la communication.

Un peu plus largement, à travers son plan *Parlem una cultura viva / Parlons une culture vivante* aux côtés de l'OPLC, de l'OPLO et du CIRDOC, la Région renforce la présence de l'occitan et du catalan dans la vie quotidienne des habitants afin accroître l'usage des deux langues et le nombre de locuteurs : dans les gares, vous apercevrez un affichage bilingue, dans les trains régionaux, vous entendrez les annonces des lignes et des gares à la fois en français/catalan et français/occitan, dans le métro de Toulouse, vous reconnaîtrez le nom des stations répétées en occitan... Elle travaille aussi sur la création et la diffusion d'un cahier de vacances pour découvrir et s'initier aux langues et cultures occitanes et catalanes et sur une identification des lieux où l'usage d'une langue régionale est possible.

La littérature de langue occitane et catalane

Malgré le rattachement à la France, une littérature de langue occitane et catalane va perdurer jusqu'à nos jours et imprégner la culture au fer rouge. Le XVIe siècle marque un tournant pour l'écrit occitan. Alors même que la langue pourrait se retrouver cantonnée à la seule pratique orale (ordonnance de Villers-Cotterêt de 1539), un premier renouveau des lettres occitanes s'organise en terres gasconnes. Au cours des XVIIe et XVIIIe siècles, des auteurs comme Jean Roig et Josep Jaume en Roussillon, Jean-Baptiste Fabre en Languedoc, Pierre Goudouli à Toulouse (dont vous pourrez admirer la statue au centre de la place Wilson à Toulouse) ou encore Pey de Garròs, en terres gasconnes, maintiennent une tradition poétique et théâtrale en langue régionale. Un nouveau souffle apparaît à la fin du XIXe siècle, sur les traces de Mistral et de la défense du provençal. Depuis cette époque, de nombreux écrivains ont choisi d'utiliser l'occitan dans leurs écrits. On pense notamment à Louis Roumieux à Nîmes (1829-1894) et à Prosper Estieu à Castelnaudary (1860-1939). Plus récemment, la langue a connu parmi ses ambassadeurs Philadelphe de Gerde (1871-1952), Louisa Paulin (1888-1944), Joan Bodon, René Nelli, Léon Cordes, Robert Lafont, Yves Rouquette... Le catalan a lui aussi connu une importante renaissance. Celle-ci a d'abord été encouragée par des gens comme Pere Talrich (1810-1889) et Justi Pepratx (1822-1901). Ensuite, ce fut au tour d'auteurs comme Joan Amade (1878-1949), un des fondateurs de la Société d'Études Catalanes, et Josep Sebastia Pons (1886-1962) d'apporter leur pierre à l'édifice. Une troisième génération de protecteurs a veillé à la préservation de ces mots, elle avait pour représentants des artistes tels qu'Enric Guiter (1909-1994), Joan Mas i Bauzà (1928-1992) et Jordi Pere Cerda (1920-2011). Sans parler d'autres grands auteurs contemporains catalans, comme Joan-Lluís Lluís, Joan-Daniel Bezsonoff ou encore Joan-Francesc Castex-Ey.

Le XXIe siècle apporte un élan nouveau à la littérature occitane, mêlant avec habileté critique et création. C'est d'ailleurs dans les obstacles qu'elle rencontre que cette littérature puise une liberté et une capacité sans cesse renouvelées. Si le talent de certains auteurs est reconnu, à l'image de Jean Larzac, Yves Rouquette, Serge Bec et Pierre Bec, Marcelle Delpastre ou encore Jean-Luc Sauvaigo, de nouveaux auteurs excellent. Citons par exemple, Serge Javaloyès, Silvan Chabaud, Franc Bardòu ou bien Aurélia Lassaque.

LANGUES ET EXPRESSIONS

L'OCCITAN ET LE CATALAN

L'occitan et le catalan sont enseignés en école publique, au collège, au lycée, à l'université mais aussi au sein d'un réseau de Calandretas et de Bressolas.

L'occitan : basé sur une souche latine, l'occitan a connu son âge d'or du XIe au XIIIe siècle, quand les troubadours enchantaient toute l'Europe de leurs poèmes lyriques en langue d'oc. Peu à peu relégué au second plan par le français à compter du XVIe siècle (langue de cours et des élites), la pratique de l'occitan se maintient toutefois, demeurant la langue d'expression d'une majorité de la population durant des siècles. Au cours du XIXe siècle, Frédéric Mistral (prix Nobel de littérature en 1904) et le Félibrige impulsent à la langue et à la littérature en langue d'oc un réel renouveau. Aujourd'hui encore, IEO, réseau Calandreta, associations et acteurs divers contribuent à leurs côtés à faire de l'occitan une langue et une culture toujours vivantes.

Le catalan : trouvant ses origines au IXe siècle, également sur une base latine comme sa cousine la langue occitane, le catalan doit aussi sa renaissance à la littérature du XIXe siècle et à une volonté politique. Aujourd'hui, cette langue est parlée, lue et écrite par les trois quarts de la population de la Catalogne, communauté autonome du nord-est de l'Espagne. On parle aussi le catalan aux Baléares, à Valence, dans les Pyrénées-Orientales françaises (Catalogne Nord), en principauté d'Andorre et jusqu'en Sardaigne.

Prononciation

De nombreuses expressions occitanes sont toujours en usage sous leur forme d'origine, mais pour les prononcer correctement, précisons quelques règles sur le « parler occitan ».

Le A, placé à la fin d'un mot, se prononce « o » comme dans « bonne ». Exemple : *luna* (lune) se prononce « luno »

Le Ò, avec un accent grave, se prononce « o » comme dans « nord » ou « port ».

Le O, sans accent, se prononce « ou » comme dans « chou ». Exemple : *Tolosa* (Toulouse) se prononce « Toulouzo ».

Le I se prononce distinctement quand il suit les voyelles A, E et O : a-i, e-i, o-i. Exemple : *fraisse* (frêne) se dit « fraïsse ».

Le m final se prononce « n » comme dans « plane ». Exemple : *fum* (fumée) se prononce « fun ».

LH se dit « ill » comme dans « paille ». Exemple : *filha* (fille) se dit « fillo ».

NH se prononce « gn » comme dans « gagne ». Exemple : *castanha* (châtaigne) se dit « castagnio ».

R, en fin de mot, ne se prononce pas. Exemple : *cantar* (chanter) se prononce « canta ».

Enfin, pour bien prononcer l'occitan, il est important d'insister sur la tonique : l'accent tonique se situe souvent sur l'avant-dernière syllabe d'un mot, et c'est sur celui-ci qu'il faut insister la prononciation.

Expressions en occitan

« Qu'es aquò ? » : « Qu'est-ce-que-cela ? ». Une expression qui en français a donné « Quèsaco ? ».

« Aquí ! » : « Là, ici, par là ! ». Une expression scandée par les supporters de l'ASBH rugby de Béziers, « aquí aquí es Besièrs ».

« A vista de nas » : « A peu près, à vue de nez ».

« Fai me un poton ! » : « Fais-moi un poutou, un bisou ! ».

« Pichon » (prononcé *pitchou*) : « petit ».

« Patin e cofin » : « Patin et couffin ». Une expression encore très présente dans tout le sud de la France, et qui signifie « et celui-ci et celui-là ».

« *Aquò va plan !* » : « Ça va bien, tout baigne ! ».

Expressions en catalan

« Adiu ! (ou Adéu) », « Bon dia a tothom ! » : « Salut ! », « Bonjour tout le monde ! ».

« Com va ? » ou « Vas bé ? » : « Comment ça va ? », « Ça va ? ».

« La flama del Canigó encén els focs de Sant Joan » : « La flamme du Canigou allume les Feux de la Saint Jean ».

« I un tall de fogassa ! » : « Et une part de fougasse ! ».

« Que fas ? » : « Qu'est-ce que tu es en train de faire ? ».

« Apulit ! » : « Attention ! Doucement ! ».

Quelques proverbes occitans insolites

Un pèl de cabra a pas jamai estofat un lop : « Un poil de chèvre n'a jamais étouffé un loup », il ne faut pas s'inquiéter pour des broutilles.

Plourà lèu, los chots se quilhan : « Il pleuvra bientôt, les chots se quillent », la chouette qui se penche annonce la pluie. Si on se met trop en avant, il va arriver quelque chose.

S'èras demorat dins ton ostal, la bana del buon t'auria pas fach mal : « Tu aurais mieux fait de ne pas t'en mêler ».

I a un temps que trempa, un autre que destrempa : « Il y a un temps qui mouille, un autre qui sèche », après la pluie vient le beau temps.

Tot camin mena a la villa : « Tout chemin conduit à la ville », tous les chemins mènent à Rome.

Traducteurs en ligne

Revirada : https://revirada.eu

Soft Catala : https://www.softcatala.org/traductor

LES PERSONNAGES CÉLÈBRES

Quand vous pensez aux personnages célèbres d'Occitanie, peut-être pensez-vous aux artistes et figures contemporaines d'aujourd'hui, comme les rappeurs toulousains Big Flo et Oli, la chanteuse audoise Olivia Ruiz, l'international de rugby Antoine Dupont né dans les Hautes-Pyrénées, le chanteur gardois Julien Doré, le comédien perpignanais Mathieu Madénian ou encore le chef gersois Michel Sarran... Mais, il y a encore plus longtemps que cela, l'Occitanie a également vu naître de grandes figures historiques et littéraires, artistiques et scientifiques, dont certaines sont mondialement connues et dont les créations ou les actions ont définitivement marqué les esprits. De Paul Valéry à Georges Brassens, de Toulouse-Lautrec à Champollion en passant par Jean Moulin ou encore Marie Durand... Elles et ils sont l'Occitanie ! Le *Petit Futé* a parcouru le répertoire des personnalités hors du commun qui ont jalonné l'histoire de la région.

Les personnalités littéraires

Molière, le fameux dramaturge. Jean-Baptiste Poquelin a laissé un souvenir impérissable à la ville de Pézenas, dans l'Hérault. Avant d'écrire *L'Avare*, *Le malade imaginaire* ou encore *Le Bourgeois gentilhomme*, c'est à Pézenas que sa carrière débute et c'est ici qu'il rencontre le Prince de Conti en 1650. Les États Généraux du Languedoc sont organisés la même année et c'est la troupe de théâtre de Molière qui est retenue pour divertir les participants. Il fera plusieurs passages à Pézenas jusqu'en 1657. Aujourd'hui appelée la « Cité de Molière », la ville regorge de statues, d'événements et de lieux en son honneur.

Azalaïs de Portiragnes. Cette figure emblématique de Portiragnes de la seconde moitié du XIIe siècle est originaire de la région de Montpellier. Elle était *trobairitz*, une femme troubadour, et composait et jouait des vers pour la noblesse occitane. C'est l'une des premières compositrices de musique profane occidentale connues, l'une des premières ayant écrit de la musique sacrée.

Pierre Goudouli (« Godolin » ou « Goudelin ») est né en 1580 et a grandi dans une famille bourgeoise de Toulouse. Il consacra sa vie à l'écriture et devint une sorte de poète officiel. Son œuvre est rassemblée dans *Le Ramelet mondin* (*Le Petit bouquet de Toulouse*), avec des poèmes de circonstance, des poèmes de Carnaval d'inspiration rabelaisienne où il présente le personnage de Carnaval (de tradition populaire) fusionné au personnage mythologique de Silène (d'origine savante), des épigrammes, fatrasies et fantaisies... L'artiste a des qualités littéraires inégalables. Son œuvre constitue un document irremplaçable sur l'occitan toulousain du XVIIe siècle. Sa passion de la poésie l'amènera à être pensionné, à la fin de sa vie, par les Capitouls de la ville.

Olympe de Gouges, pionnière du féminisme. Née en mai 1748 à Montauban, Olympe de Gouges se retrouve veuve peu de temps après son mariage. Avide de liberté, de célébrité et très largement influencée par les événements de la Révolution française, c'est à Paris qu'on la retrouve. C'est ici qu'elle écrit ses premiers textes, dont sa célèbre *Déclaration des droits de la femme et de la citoyenne*, rédigée en 1791. Farouchement opposée à l'esclavage et à la peine de mort, elle prône avec virulence l'émancipation féminine. Elle sera condamnée à mort puis guillotinée le 3 novembre 1793 à Paris.

Molière.

© ILBUSCA - ISTOCKPHOTO.COM

Alphonse Daudet.

Paul Valéry, l'écrivain poète. Écrivain, poète et philosophe français, Ambroise Paul Toussaint Jules Valéry est né en octobre 1871 à Sète. Il se découvre très tôt une vive attirance pour la mer, mais, ne pouvant intégrer l'école navale, il se rend à Montpellier pour suivre des études de droit. L'art de la poésie l'accompagne durant quelques années, avant que sa rencontre avec André Gide ne le fasse radicalement changer d'orientation littéraire. Sa plume se penche désormais sur la pensée et le raisonnement. Il sera d'ailleurs l'un des penseurs du constructivisme. Il s'installe à Paris à la fin du XIXe siècle, où il écrit de nombreux ouvrages, avant de devenir rédacteur au ministère de la Guerre dès 1895. Renouant avec la poésie (*Le Cimetière marin*, etc.), il sera enseignant au Collège de France et membre de l'Académie française. Il décède peu après la Libération de la France, le 20 juillet 1945.

Alphonse Daudet, l'auteur des célèbres *Lettres de mon moulin* est né à Nîmes en 1840. Il grandit dans le village de Bezouce près de Nîmes. Plus tard, il devint malgré lui maître d'étude au collège d'Alès mais c'est cette expérience qui lui inspirera alors son premier roman *Le Petit Chose* en 1868. Après un voyage en Provence, il écrira *Les Lettres de mon moulin*, en 1866, qui resteront parmi les textes les plus emblématiques de la littérature française.

Antoine de Saint-Exupéry, écrivain, poète et aviateur. Né en 1900, il se forme comme pilote lors de son service militaire puis est engagé en 1926 par la compagnie Latécoère (future Aéropostale) pour transporter le courrier entre Toulouse et le Sénégal. En parallèle, il devient écrivain en s'inspirant de ses expériences en tant qu'aviateur, connaît un grand succès et reçoit le prix Fémina. Il voyage énormément grâce à ses activités de journaliste. Après son service dans l'Armée de l'Air, il part pour New York dans l'objectif de faire rentrer les États-Unis dans la guerre et devient alors l'une des voix de la résistance. C'est là-bas qu'il écrit *Le Petit Prince* et qu'il l'illustre avec ses propres dessins à l'aquarelle. Le récit sera d'abord publié à New York en 1943 puis chez Gallimard en 1946 à titre posthume, devenant un succès mondial. Le musée L'Envol des Pionniers à Toulouse l'a notamment mis à l'honneur lors d'une grande exposition temporaire en 2020 pour célébrer les 120 ans de sa naissance.

Françoise Sagan, auteure dramatique. Née dans le Lot, à Carjac, en 1935, Françoise Sagan (nom emprunté à un personnage de Proust), de son vrai nom Françoise Quoirez, connaît la gloire avec un premier roman, *Bonjour tristesse*, paru en 1953. Ce dernier, bien que jugé licencieux, est un très grand succès, publié à plusieurs milliers d'exemplaires en France comme à l'étranger. Françoise est célèbre à seulement 19 ans ! Les succès s'enchaîneront, mais la jeune femme flambe sa fortune dans les jeux, les fêtes et les belles voitures. Victime d'un très grave accident de voiture en 1957, elle reçoit un traitement dérivé de la morphine. Françoise Sagan sera dès lors dépendante aux drogues toute sa vie. Au travers de ses œuvres, elle dénonce la guerre d'Algérie et prend position pour le droit à l'avortement en 1971. La loi Veil autorisera l'avortement en 1975. Défrayant régulièrement la chronique mondaine et judiciaire, avec ses ennuis de santé et les critiques toujours acerbes, elle décède le 24 septembre 2004 d'une embolie pulmonaire.

Robert Louis Stevenson, l'écrivain écossais qui mit les Cévennes à l'honneur. Né en 1850 à Édimbourg, Stevenson est connu pour ses deux succès mondiaux *L'Île au trésor* (1883) et *L'Étrange Cas du docteur Jekyll et de M. Hyde* (1886). Il entreprend un premier voyage en France en 1875 avec un ami, puis un second en 1876 durant lequel il rencontre l'Américaine Fanny Osbourne, encore mariée. Le coup de foudre avec Stevenson la fait repartir en Californie pour obtenir le divorce mais ce dernier ne peut la suivre pour des raisons financières. Son père le menace de lui couper les vivres s'il persiste dans l'idée de ce mariage, et c'est déçu qu'il part s'isoler en Auvergne. De Monastier-sur-Gazeille, il débute alors une randonnée accompagnée d'une ânesse qui portera ses bagages. Il traversera la Lozère et le Gard (Mont Lozère et les Cévennes), un voyage de 230 km, durant lequel il écrira *Voyage avec un âne dans les Cévennes* publié en 1879. La randonnée est aujourd'hui connue comme le « Chemin de Stevenson » et est référencée comme sentier de grande randonnée GR70.

© ILBUSCA - ISTOCKPHOTO.COM

Robert Louis Stevenson.

Chanteurs, paroliers et musiciens

Charles Dumont, parolier cadurcien. Charles Dumont est un compositeur de génie né en mars 1929 à Cahors. Passionné de musique, il a été profondément marqué par le jazz et Louis Armstrong. Dans les années d'après-guerre, il crée son premier orchestre de jazz, mais après une ablation des amygdales qui se passe mal, il ne pourra plus jamais pratiquer la trompette ; il doit abandonner le jazz. Il apprend à jouer de l'orgue dans une église et découvre sa voie : il sera compositeur de chansons. Après des années d'errance, c'est une rencontre avec Piaf en 1960 qui fait décoller sa carrière. Il lui propose la chanson *Non, je ne regrette rien*, puis suivront une quarantaine de chansons parmi lesquelles *Mon Dieu* ou *Les Amants* qu'il interprète sur scène avec Piaf.

Claude Nougaro, le chanteur toulousain. Bien que non particulièrement lié à l'occitan et au catalan, le Toulousain Claude Nougaro est un artiste incontournable. Né en 1929 à Toulouse, le chanteur et poète français de variétés et de jazz était aussi un passionné de peinture et de dessin. Nougaro a baigné dans la musique par ses origines familiales et écrit ses premières chansons pour Marcel Amont et Philippe Clay à l'âge de 20 ans. En 1954, il fait ses débuts sur scène dans le cabaret parisien le Lapin Agile à Montmartre en déclamant ses poèmes, puis y chante plus tard ses propres textes, ainsi qu'au Liberty's, à La Tête de l'art et au Zèbre. Il compose de nombreuses chansons aux rythmes jazz inspirées de thèmes qui séduisent le public et sa carrière est ponctuée de plusieurs succès ; on se rappelle alors de *Le Jazz et la Java*, *Tu verras*, *Armstrong* et bien évidemment *Ô Toulouse* où il rend un bel hommage personnel à sa ville natale. D'ailleurs, le texte mêle à la fois des éléments du patrimoine matériel et immatériel de la ville rose (« l'eau verte du Canal du Midi », « les briques rouges des Minimes », la « violence des violettes », l'« église Saint-Sernin illumine le soir », le « pavé de la cité gasconne », « voici le Capitole », « À Blagnac, tes avions sont plus beaux »...). Le refrain reprend les paroles de *La Tolosenca (La Toulousaine)* écrite en occitan par Lucien Mengaud.

Boby Lapointe, prince du jeu de mots. Robert Lapointe, plus connu sous le nom de Boby Lapointe, est né à Pézenas, dans le département de l'Hérault, le 16 avril 1922. Auteur et compositeur de chansons françaises, Boby Lapointe est célèbre pour ses calembours, ses contrepèteries, ses allitérations et ses paronomases. Troubadour atypique et malicieux, il se liera d'amitié avec Georges Brassens. Il fera quelques apparitions dans des films de Truffaut et Sautet. Disparu prématurément en 1972 des suites d'un cancer, l'artiste ne possède qu'un répertoire réduit d'une cinquantaine de chansons. On se rappelle avec joie de ses titres *Ta Katie t'a quitté*, *L'Hélicon* ou *Comprend qui peut*. L'A-Musée, à Pézenas, met en lumière de façon ludique l'œuvre de l'artiste.

Georges Brassens, poète et musicien. On ne présente plus ce monstre sacré de la chanson ! Brassens est né à Sète, le 22 octobre 1921, ville qui l'inspira tout au long de sa carrière. Il s'en éloigna pour mieux y revenir. La ville accueille d'ailleurs l'espace Georges Brassens, un musée autour de l'œuvre du musicien-chanteur. Auteur prolixe, le Sétois s'est imposé comme le maître des mots au travers de ses chansons, recueils de poèmes et de romans. Accompagné de sa guitare, Brassens chante la vie, celle de son quotidien, de son enfance, de son regard incisif qu'il pose sur la société qui l'entoure. S'il ne fallait garder que quelques titres les plus populaires de l'artiste, nous prendrions *Les Copains d'abord*, écrite pour le film d'Yves Robert, *Les Copains*. *Le Gorille*, où il s'insurge contre la peine de mort, *Les Amoureux des bancs publics*, symbole du romantisme, et enfin *Chanson pour l'Auvergnat*, sortie en 1954. Brisant les conventions, sa riche discographie (196 chansons) fait de Georges Brassens un artiste unique.

Manitas de Plata, le virtuose gitan. Ricardo Bliardo est né à Sète, dans une caravane de gitans, le 7 août 1921. Remarqué lors du pèlerinage aux Saintes-Maries-de-la-Mer, jouant de la guitare avec les hommes de sa famille, Manitas de Plata («doigts de fée») popularisera le flamenco en France et dans le monde. Ce chantre de la musique gitane, qui a enflammé les soirées tropéziennes des années 1960, s'est éteint à l'âge de 93 ans. Lors de ses obsèques à Montpellier, plus d'un millier de personnes sont venues lui rendre hommage. Une statue en bronze du virtuose se tient d'ailleurs sur la place de l'Hôtel de Ville à Montpellier, et le Conservatoire de Musique de Thau Agglopôle Méditerranée porte son nom.

Martí, chanteur occitan et figure de la *Nòva cançon*. Né en 1940 à Carcassonne, Claude Marti-Salazar est un chanteur et poète de langue occitane. Il fait partie des figures de la *Nòva cançon* (Nouvelle chanson) et l'un des premiers chanteurs engagés pour la défense de la langue occitane et de son territoire. Sa notoriété est toujours très actuelle, car il représente pour beaucoup de militants occitanistes celui qui éveilla leur conscience d'identité. En 2019, l'Université de Toulouse organise une exposition nommée *La Paraula, un biais d'èsser al Mond* avec des œuvres illustrées qui mettent en scène les paroles de Martí. Aujourd'hui, il vit toujours dans le massif des Corbières, où il a été instituteur pendant plus de 20 ans. Il est également romancier et a publié de nombreux ouvrages autour de la culture occitane.

© EVERETT COLLECTION - SHUTTERSTOCK.COM

Marcelle Lender dansant le pas du Boléro, à Chilpéric, par Toulouse-Lautrec, 1895.

Rosina de Pèira, figure de la *Nòva cançon*. Née en 1933, Rosina de Pèira a pour langue maternelle la langue occitane, dans son dialecte gascon du Comminges. Aux côtés de son amie Françoise Dague, elle s'initie à la chanson traditionnelle. Cette dernière fondera d'ailleurs plus tard les Ballets occitans de Toulouse dans lesquels Rosina de Pèira dansera et chantera dans les années 1960 et 1970. Sa carrière débute alors réellement, et dans son répertoire de chansons, elle utilise les cinq grands dialectes de l'occitan (le limousin, l'auvergnat, le provençal, le languedocien et le gascon). Dès 1972, elle chante sur scène avec sa fille Martina, et elles recevront toutes les deux fois le Grand Prix International du Disque de l'Académie Charles-Cros en 1979 (avec *Cançons de Femnas*) et en 1985.

Charles Trenet, le « Fou chantant ». Né à Narbonne dans l'Aude, Charles Trenet est un célèbre auteur, compositeur et interprète. C'est grâce à Albert Bausil, un poète de Perpignan et ami de son père, qu'il découvre le théâtre, la poésie et le sens du canular. Dès 13 ans, il publie des poèmes dans le journal hebdomadaire *Le Coq catalan* sous le pseudonyme de « Charles » ou « Jacques Blondeau ». Plus tard, il vivra à Berlin puis à Paris, où il composera ses premières chansons et se familiarisera avec le cabaret. En 1933, il forme le duo « Charles et Johnny » avec le pianiste suisse Johnny Hess. Ils chantent au « Bœuf sur le toit » puis au « Fiacre ». Le duo se dissout lors du départ de Trenet pour le service militaire mais Trenet participera en solo à des galas dès 1936. Il composera à cette période ses chansons les plus célèbres telles que *Y'a d'la joie*, *Je chante* ou encore *Fleur bleue*.

Peintres et sculpteurs

Jean-Auguste-Dominique Ingres, le peintre montalbanais. Né à Montauban en 1780, il entre en 1791 à l'Académie Royale de Toulouse où il se formera en peinture et en sculpture. Il remporte le prix de Rome en 1801 avec son tableau *Achille recevant les ambassadeurs d'Agamemnon* et s'installe à l'ancien couvent des Capucines à Toulouse où il peint des portraits, notamment celui de son père, aujourd'hui exposé au musée Ingres-Bourdelle à Montauban. Il partira plus tard en Italie, de 1806 à 1824 et de 1835 à 1841 avant de se rendre à Paris, où il pourra exposer des œuvres dans de nombreuses galeries, dont lors de l'exposition universelle de 1855.

Émile-Antoine Bourdelle, le sculpteur montalbanais. Né à Montauban en 1861, il développe très jeune un talent pour la sculpture sur bois. Il obtient une bourse et entre à l'Académie des Beaux-Arts de Toulouse en 1876, puis à celle de Paris en 1884. En 1893, Auguste Rodin l'engage comme praticien et en 1900, il exécute la décoration du théâtre du musée Grévin. Cinq ans plus tard, il s'affranchit de Rodin et expose ses œuvres personnelles pour la première fois dans une galerie parisienne. Entre 1919 et 1929, on lui commande de nombreuses œuvres officielles exposées à travers le monde. On peut retrouver une partie de ses sculptures au musée Ingres-Bourdelle à Montauban.

Henri de Toulouse-Lautrec, symbole tarnais. L'illustre petit comte qu'était le peintre Henri de Toulouse-Lautrec est né à l'Hôtel du Bosc, à Albi, le 24 novembre 1864. Atteint depuis son plus jeune âge par la pycnodysostose, due à la consanguinité de ses parents, sa vie fut rythmée par de nombreux soucis de santé, notamment des fractures aux jambes, en partie responsables de sa petite taille (à peine 1,52 m). Il commence à peindre dès l'enfance, inspiré par les chevaux des prés environnants et l'art japonais. Après avoir convaincu sa mère qu'il pourrait vivre de son art, il s'installe à Paris du côté de Montmartre, et commence à peindre des nus inspirés par Edgar Degas et la vie des cabarets et théâtres parisiens, et tout particulièrement l'univers du Moulin-Rouge. Ses peintures décrivent la vie et la réalité des prostituées comme celles des médecins, des écrivains ou des sportifs. Ses œuvres les plus célèbres sont très probablement *Salon, rue des Moulins*, *Femme à sa toilette* et *Bal au Moulin-Rouge*. Il meurt à Malromé dans l'une des propriétés de sa mère, le 9 septembre 1901, de la syphilis et des suites de son alcoolisme. L'unique musée consacré à l'artiste se trouve dans sa ville natale. Les parents du peintre firent une généreuse donation de plus de mille œuvres au musée, situé au sein du splendide palais de la Berbie.

Aristide Maillol, l'artiste du Roussillon. Aristide Maillol est l'un des sculpteurs les plus célèbres de son temps. Né à Banyuls le 8 avril 1861, il s'orienta vers la peinture après avoir découvert l'œuvre de Gauguin. Ses voyages en Grèce et en Italie et son admiration pour la statuaire antique développèrent son goût pour la sculpture. Diplômé de l'École nationale supérieure des beaux-arts de Paris, il eut pour maîtres le sculpteur Antoine Bourdelle et l'illustre peintre Alexandre Cabanel. Il fut le rénovateur de la sculpture classique, osant tout, en s'éloignant de Rodin l'expressionniste, magnifiant avec pudeur dans son œuvre son thème de prédilection : le corps féminin. Ses œuvres, épurées, représentent des femmes, le plus souvent nues, au corps sensuel et aux rondeurs pulpeuses, figurant des émotions, des saisons, ou encore des éléments. Son style, d'abord onirique, se rapproche ensuite du classicisme, et son œuvre fut un modèle jusqu'à la fin de la Seconde Guerre mondiale. Il possédait à Banyuls deux ateliers, l'un dans sa demeure familiale, l'autre en pleine campagne, à quelques kilomètres du village, dans sa « métairie » au milieu des vignes. Il y meurt en 1944. Sa métairie est aujourd'hui un musée qui lui rend hommage.

Pierre Soulages, l'ambassadeur monochrome. Pierre Soulages est l'artiste contemporain le plus connu au monde. Ce fils d'artisan est d'ailleurs présent dans de nombreux musées. Né à Rodez en 1919, il a fréquenté très tôt les ateliers d'artisans de sa rue natale – bourrelier, menuisier, imprimeur, ébéniste, maréchal-ferrant – et manifesté son intérêt pour son pays et ses caractéristiques : les paysages des causses, les énigmatiques statues-menhirs et les églises romanes entre autres. Il raconte d'ailleurs que c'est à Conques, adolescent, qu'il a découvert sa vocation pour la peinture, à laquelle il décide de se consacrer tout entier. Après la guerre, Pierre Soulages, proche des artistes expressionnistes abstraits tels que Klein, Rothko, Newman ou Pollock, obtient une première reconnaissance comme artiste non figuratif. Mais c'est en 1979 que sa peinture uniformément noire, son *Outrenoir*, lui assure une notoriété universelle.

Pierre François. Né en septembre 1935 et originaire de Sète, cet artiste gérait un parc à huîtres sur l'étang de Thau tout en poursuivant sa passion de la peinture. Il commença à côtoyer le monde occitan suite à sa rencontre avec Yves Rouquette. Il illustre alors des revues, des livres et des disques. Sa rencontre avec André Benedetto l'amène à devenir ensuite peintre décorateur pour du théâtre engagé et militant et collabore avec des troupes régionales, dont le Théâtre de la Carriera, Les Bouffons du Midi et le Théâtre des Carmes. Ce passionné de la culture du Languedoc peint Sète, les joutes, le canal, le bœuf de Mèze, la pêche à la dorade... et expose ses toiles dans des galeries et chez des particuliers du monde entier.

Henri Matisse, le peintre impressionniste. Né dans le nord de la France en 1869, Matisse est une figure majeure du fauvisme et de l'impressionnisme au XXe siècle. Il donne un tournant à sa carrière en 1905 en s'installant à Collioure, dans les Pyrénées-Orientales sous les conseils de son ami et peintre Paul Signac. Il s'inspire du paysage méditerranéen pour son travail et rencontre les artistes et intellectuels locaux Étienne Terrus, Aristide Maillol, Daniel de Monfreid et André Derain, qui expérimentent ensemble une nouvelle manière de peindre. Henri Matisse et André Derain exposent leurs peintures réalisées à Collioure, au Salon d'Automne à Paris en 1905 qui seront un choc dans le milieu artistique. Le mouvement Fauvisme est alors né.

Jean Balladur, célèbre architecte. Né en 1924 en Turquie et cousin d'Édouard Balladur, ancien Premier ministre, Jean Balladur se forme en lettres et philosophie auprès de Jean-Paul Sartre avant de se tourner vers l'architecture à l'École Nationale des Beaux-Arts de Paris. Dans les années 1960, il imagine la station balnéaire de La Grande-Motte en brisant les codes de l'architecture traditionnelle et pittoresque des stations balnéaires de la côte méditerranéenne.

Il crée des terrains de sports, le Palais des Congrès, des commerces, une plage bordée d'un simple chemin piéton, un plan de plages en peigne, des façades perpendiculaires au littoral et surtout la Grande Pyramide, un immeuble spectaculaire pour de la résidence secondaire. Il imagine également la marina de Port-Camargue au Grau-du-Roi et le Stade de la Méditerranée à Béziers.

Les scientifiques

Gui de Chauliac, médecin des papes. Né en Lozère en 1298 dans le village de Chaulhac, dans une famille paysanne des monts de la Margeride. Le jeune Gui étudie la médecine à Montpellier où il devient en 1325 Maître en Médecine. Médecins des moines, des évêques puis des papes alors en Avignon, Gui de Chauliac est considéré comme le plus grand chirurgien du XIVe siècle. Pour tenter de comprendre les mécanismes de la peste, maladie alors incurable et réputée magique, il officialise l'autopsie et initie la chirurgie médicale, une profession qui jusqu'alors n'était réservée qu'aux barbiers. *La Grande chirurgie*, écrit en 1363, est le premier traité donnant un aperçu complet de l'ensemble des connaissances médicales et chirurgicales du XIVe siècle.

François Gigot de Lapeyronie, chirurgien du roi. Chirurgien barbier né à Montpellier en 1678, il sera le chirurgien du roi Louis XV. Il obtiendra de ce dernier, par l'ordonnance royale du 23 avril 1743, la séparation officielle entre chirurgiens et barbiers. Philanthrope, il convertit son château, situé sur les terres de Marigny, en hospice ouvert aux indigents. Chef de la chirurgie du Royaume, il meurt à Versailles le 24 avril 1747 après deux mois d'une fièvre accompagnée de douleurs aiguës. Il léguera la quasi-totalité de son immense richesse à différents établissements voués à l'enseignement, à l'exercice ou au perfectionnement de la chirurgie.

Personnages historiques et contemporains

Urbain V, le pape lozérien (1310-1370). Issu d'une famille noble du Gévaudan, Guillaume de Grimoard est né au château de Grizac, en Lozère, en 1310. Élève brillant, il étudie à Montpellier, puis le droit à Toulouse. Appartenant à l'ordre des Bénédictins au monastère de Chirac, il obtient en 1342 une chaire à l'université de Montpellier où il enseigne le droit canon. Légat du pape Innocent VI dès 1352, il deviendra en 1362 le sixième souverain pontife d'Avignon, sous le nom d'Urbain V. Fin diplomate dans ses missions apostoliques, il a notamment tenté de ramener la papauté à Rome, il a œuvré pour la paix dans les temps troublés comme durant la guerre de Cent Ans. Considéré comme le premier des papes humanistes, Urbain V a favorisé le développement des lettres. Parmi ses nombreuses réalisations, on peut souligner la fondation d'un monastère et du collège des Douze-Médecins à Montpellier, pour les étudiants en médecine venus du Gévaudan. Il a également institué l'université de Cracovie, à l'époque capitale de la Pologne. Il meurt en 1370 à Avignon et sera béatifié en 1870.

D'Artagnan, le guerrier gersois. De son vrai nom Charles de Batz de Castelmore, d'Artagnan est un homme de guerre, avant d'être un personnage du célèbre récit *Les Trois Mousquetaires* d'Alexandre Dumas. Né entre 1611 et 1615 en Gascogne (aujourd'hui département du Gers), on ne sait que peu de choses de cet homme historique français. Il quitte la Gascogne vers 1630 pour Paris et s'engage dans le régiment des Gardes françaises. Il décide alors d'utiliser le nom de la terre d'Artagnan (seigneurie de Bigorre), car il est le cousin germain de Pierre de Montesquiou d'Artagnan (futur maréchal de France) et sa mère est apparentée au célèbre mousquetaire Charles de Batz-Castelmore (dit le comte d'Artagnan). Il rentre ensuite chez les Mousquetaires du Roi vers 1644, servira et protégera Louis XIV, ce dernier n'étant alors qu'un enfant. Il évolue dans les « Grands Mousquetaires » et décède lors d'une guerre à Maastricht. Sa résidence famille, le château de Castelmore, se trouve près de Lupiac et chaque année, le village célèbre d'Artagnan pendant son festival estival.

Pierre-Paul Riquet, le baron de Bonrepos et fondateur du Canal du Midi. Né en 1609 à Béziers, il mène une vie de gabelou, le douanier chargé de récolter l'impôt sur le sel (la gabelle). Il s'installe à Revel en 1648 et se lance dans un gigantesque projet : réaliser un canal de jonction entre l'Atlantique et la Méditerranée. Accompagné du fontainier Pierre Campmas, il réalise ses premières études et relevés au cœur de la Montagne Noire. Il consacrera la majeure partie de sa vie à la création du canal mais meurt en 1680 à Toulouse, sans voir l'achèvement de son travail. Le Canal du Midi est inauguré et testé en 1681. Sur les traces de Riquet, on peut aujourd'hui visiter la seigneurie de Bonrepos près de Verfeil au nord-est de Toulouse, où il a fait construire en 1652 un château de la Renaissance.

Marie Durand, née en 1711, est la figure emblématique de la résistance à l'intolérance religieuse. Sa famille soutient clandestinement sa foi par la lecture quotidienne de la Bible et Pierre, son frère, pasteur clandestin itinérant en Vivarais, organise une assemblée clandestine en 1719. Dénoncé par un voisin, les soldats du roi font disparaître la mère de Marie Durand. Pierre échappe longtemps aux recherches des soldats. C'est en 1729 que l'Intendant du Roi décide de faire pression sur la famille en faisant arrêter Étienne Durand, le père de Marie, pour l'emprisonner au Fort de Brescou à Agde, dans l'Hérault. Un an plus tard, Marie, âgée de 19 ans, est arrêtée et emprisonnée à la Tour de

Constance à Aigues-Mortes, dans le Gard, avec une trentaine d'autres femmes. Elle y restera 38 ans et sera libérée en 1768.

Jean-François de La Pérouse, l'officier de marine et explorateur albigeois. Né en 1741 à Albi, dans le Tarn, Jean François de Galaup, comte de La Pérouse (ou dit La Pérouse, ou encore La Peyrouse) s'engage dans la Marine Royale lors de la guerre de Sept Ans (1756-1763). Plus tard, il prendra part à de nombreuses expéditions maritimes dont l'expédition de la baie d'Hudson destinée à détruire deux forts anglais, pendant laquelle il sera nommé Capitaine de vaisseau, à 39 ans, pour sa brillante conduite. Il apparaît alors comme l'un des plus audacieux et des plus compétents capitaines de vaisseaux de la Royale. En 1785, il est choisi par le ministre de la Marine et par Louis XVI pour diriger une expédition autour du monde, en tant que commandant, visant à compléter les découvertes du capitaine James Cook, avec les deux navires La Boussole et L'Astrolabe. Cette expédition maritime est la plus grande autour du monde jamais organisée. La Pérouse disparaît en mer en 1788 par le naufrage de ses navires sur l'archipel des Îles Salomon et malgré des années de recherches, l'épave de La Boussole ne sera finalement retrouvée qu'en 1962 par un plongeur néo-zélandais.

Jean-François Champollion est né à Figeac, dans le Lot, en 1790. Ce passionné d'Égypte antique et de langues anciennes se fascinera pendant des années par la pierre de Rosette, une stèle saisie par les Anglais lors de l'expédition d'Égypte de Napoléon Bonaparte, et y étudiera les inscriptions en essayant de les déchiffrer. Après dix ans d'étude et de travaux, il réussira à déchiffrer les hiéroglyphes et expliquera sa méthode dans une lettre adressée au secrétaire perpétuel de l'Académie royale des Inscriptions et Belles-Lettres en 1822. Il réalise son rêve en 1828 en partant en voyage en Égypte afin de vérifier la justesse de son travail sur des objets et monuments pharaoniques.

Marie-Bernarde Soubirous, la sainte de Bigorre. Bernadette Soubirous, de son vrai nom Marie-Bernarde Soubirous, est née le 7 janvier 1844 à Lourdes, dans les Pyrénées-Orientales. Vivant dans le plus grand dénuement, la petite Bernadette est une jeune fille discrète à la santé fragile. Elle ne sait ni lire ni écrire, et ne parle et ne comprend que l'occitan. Le 11 février 1858, alors qu'elle était près de la grotte de Massabielle (non loin de Lourdes), elle sent un souffle venir de la grotte, et entrevoit une « belle dame dans la pierre » toute de blanc vêtue. Au cours de l'année 1858, entre février et juillet, la Vierge Marie apparaîtra en tout dix-huit fois à la jeune Bernadette. C'est dit-on à l'occasion de la neuvième apparition mariale que Bernadette Soubirous découvre une source d'eau à proximité de la grotte. Les miracles de Bernadette Soubirous à Lourdes font

© ILBUSCA - ISTOCKPHOTO.COM

Pierre-Paul Riquet.

parler d'eux, et le 3 mars 1858 près de trois mille personnes se rendent à la grotte en compagnie de Bernadette. Lors d'une de ses apparitions, la Vierge aurait demandé, en occitan, à Bernadette que soit construite une chapelle. Le 18 janvier 1862, l'évêque de Tarbes juge réelle l'apparition de la Vierge à Bernadette. Le nombre de pèlerins afflue alors et ne cessera de croître.

C'est en juillet 1866 que Bernadette, déjà connue pour sa santé fragile, intègre la congrégation des Sœurs de la Charité à Nevers (Nièvre). Souffrant d'asthme et atteinte d'une tuberculose osseuse, ses treize années de vie nivernaise s'achèvent le 16 avril 1879 à Nevers. Elle sera béatifiée le 14 juin 1925 par le pape Pie XI et canonisée le 8 décembre 1933. Son corps, intact, repose dans une châsse de verre à l'Espace Sainte-Bernadette de Nevers.

Jean Moulin, célèbre résistant. Né le 20 juin 1899 à Béziers, dans l'Hérault, Jean Moulin est une figure phare de la Résistance lors de la Seconde Guerre mondiale. Comblé de dons, lettré, peintre de talent, administrateur prestigieux, il fait ses études de droit à l'université de Montpellier et entre dans l'administration préfectorale à la fin de la Première Guerre mondiale. En 1941, il commence ses actions de résistance et se met à la disposition du général de Gaulle à Londres. Jean Moulin mène à la fois sa vie officielle avec sa véritable identité, et parallèlement une vie clandestine de résistant. Il est arrêté à Caluire-et-Cuire près de Lyon en juin 1943 et conduit au siège de la Gestapo à Lyon où il est torturé, puis transféré à la Gestapo de Paris. Il meurt dans le train qui le transporte en Allemagne en juillet 1943.

LES ANIMAUX TOTÉMIQUES ET LÉGENDAIRES

En Occitanie, les animaux totémiques sont emblématiques d'une cité depuis le XVIe siècle. Ils font partie intégrante des fêtes traditionnelles. Conçus et animés par les habitants, ces animaux fantastiques jouent un rôle important lors des fêtes votives et des manifestations culturelles. Ainsi, de nombreux villages sont associés à un animal totem qui a sa propre légende et son histoire. Tradition majoritairement héraultaise, on recense près de 60 animaux totémiques en Occitanie, ancrés dans le cœur des habitants. Les déambulations de ces animaux totems passionnent les foules. En mettant en lumière ces animaux emblématiques, nous nous attarderons sur l'âme collective et la représentation de ce bestiaire fantastique dont la seule évocation fait écho aux géants du Nord. Représentatifs du patrimoine vivant, les animaux totémiques puisent leur énergie dans les coutumes locales, galvanisés par cet esprit de partage et de convivialité.

L'ase de Bessan - L'âne de Bessan

C'est dans le village de Bessan, toujours dans l'Hérault, qu'autour du 10 août, la population se rassemble pour les festivités liées à la Saint-Laurent et à l'Âne de Bessan. L'ase (« âne » en occitan), est l'animal totem de la ville, et il va danser durant de longues heures durant ces festivités. Les rues et les placettes de la ville sont le témoin de ces déambulations festives. Des bandes de musiciens accompagnent l'animal, et notamment les Farfelus de la Tuque, la Peña del sol, la Lyre bessanaise. Bénédiction, messe et danses traditionnelles ponctuent cette fête populaire. La légende remonte en 1533 lors de la foire de la Saint-Laurent, privilège accordé par le roi François Ier. Le plus beau des ânes fut décoré lors de cette foire puis promené dans les rues du village. L'âne s'étant échappé lors des festivités, il trouva refuge à l'intérieur de l'église de Bessan. Depuis, les Bessanais fêtent l'incident en promenant l'effigie de l'animal, jusqu'à l'église où est célébrée la messe du dimanche.

Lo biòu de Mesa - Le boeuf de Mèze

Lo biòu de Mesa, occitan pour le bœuf de Mèze, est l'un des animaux totémiques les plus connus des fêtes occitanes. C'est à l'occasion des cinq jours de fête qui animent Mèze autour du 19 août que le bœuf est particulièrement présent. Le bœuf est l'un des animaux les plus impressionnants du bestiaire fantastique héraultais. Puissant et imprévisible, il surprend les habitants et poursuit tous ceux qui se mettent sur son chemin. À l'occasion des festivités mézoises, la mise à mort symbolique du bœuf a lieu pour célébrer la Saint-Hilaire, saint patron de la ville. Les festivités débutent dès le samedi pour durer jusqu'au mardi suivant. Comme à chaque fois pour ces fêtes locales, de nombreuses animations ponctuent l'événement : bals, concerts, mais aussi rencontres sportives avec des tournois de tennis, de pétanque et de tambourin ou encore tournois nautiques. Le bœuf renaît de ses cendres lors du corso fleuri de Mèze des 1er et 8 mai suivants. À noter que le bœuf est régulièrement accompagné du Chivalet, le cheval-jupon. Il existe plusieurs légendes sur la naissance du bœuf de Mèze. L'une des plus répandues évoque un couple de paysans qui travaillait laborieusement près de l'étang de Thau. Ils possédaient deux bœufs solides pour les aider dans le travail de la terre. À force d'efforts acharnés, l'aisance et la richesse finirent par voir éclore une bourgade : Mèze était né. Le premier bœuf finit par mourir, puis le second. Les habitants gardèrent la peau de ce dernier comme relique et chaque année, la peau étalée sur un mannequin en bois était promenée dans la cité. Comme si le bœuf renaissait de ses cendres !

Lo polin de Pesenàs - Le poulain de Pézenas

Parmi la soixantaine d'animaux totémiques présents en Occitanie, le poulain de Pézenas bénéficie d'une inscription sur les listes du patrimoine culturel immatériel de l'UNESCO. C'est durant la période de carnaval que Pézenas s'anime peu à peu et l'on ressent une certaine effervescence dans les rues, les cafés et chez les habitants ! Les « machades », de petites histoires comiques dites en occitan fusent d'ailleurs au coin des rues. La fête de carnaval s'installe début février, sur quatre jours. L'animal totémique de la ville, « *lo Polin* », le poulain de Pézenas est mis à l'honneur le jour du Mardi gras. Les habitants s'enflamment alors autour de leur animal-totem qui danse et caracole dans les rues de la ville, au son de l'air du Poulain. Sur le dos du Poulain sont par ailleurs installés deux personnages, un homme et une femme nommés Estieino et Estieineta. Les Piscénois, mais aussi les touristes, revêtent costumes et masques et suivent leur totem à travers les rues. À ces déambulations s'associent des danses traditionnelles que sont la danse des Soufflets (la bufatièra) et le Feu aux fesses. En 2014, le carnaval de Pézenas a reçu le prix Best de l'Agrupaciò del Bestiari Festiu i Popular de Catalogne. Preuve s'il en est que les traditions ont une place de choix dans le patrimoine d'Occitanie, et qu'il est important de les préserver.

La légende du poulain raconte qu'en 1226, le roi Louis VIII, dit le Lion, venu asservir le Languedoc, séjourne à Pézenas. Durant les fêtes données en son honneur, la jument favorite du roi tombe malade. Devant partir à la guerre contre les Albigeois, le roi confie à regret sa jument aux consuls de la ville. À son retour, le roi, très étonné, aperçoit auprès de sa jument « Lo Polin » qu'elle avait mis bas durant son absence. Les Piscénois présentent alors le poulain au souverain, orné de rubans et de feuillages. À la demande du roi, et pour conserver et perpétuer cet événement, fut construit un poulain en bois dont le destin serait de participer à toutes les fêtes publiques.

Les personnages qui accompagnent l'animal totem ont été ajoutés plus tard. Ils représentent le maréchal de Bassompierre (proche du roi Louis XIII) et une paysanne, à cheval sur la monture pour traverser la Peyne et se rendre à Pézenas.

Les représentations culturelles des animaux totémiques

Selon la façon dont ils sont fabriqués, les animaux totémiques sont de forme, de taille et de poids différents. En ce sens, le transport de ces totems et leur manipulation s'en trouvent aussi variés. L'animal est reproduit de manière plus ou moins fidèle, mais bien souvent très stylisée. Il peut s'agir d'une représentation libre, à l'image du Drac de La Salvetat-sur-Agout (une sorte de truite géante), ou d'une hybridation totale comme pour le Tamarou de Vendargues (tête de lapin, corps de hérisson, ailes de cigale). Les animaux totémiques peuvent aussi être nommés en fonction d'un élément de leur physionomie, comme c'est le cas pour le Cocairòs de Saussan (« coa » qui veut dire « queue »).

Pour mouvoir les animaux totémiques, qui sont très souvent des structures de grandes tailles, plusieurs porteurs s'installent à l'intérieur de l'animal pour le déplacer lors des déambulations festives. Selon les légendes qui se rattachent à chaque totem, les bêtes doivent pouvoir se déplacer de façon plus ou moins dynamique. Généralement, l'animal totémique possède une tête mobile qui peut s'allonger et/ou se rétracter, sous l'impulsion d'un des porteurs. La gueule de l'animal est mobile et donne l'occasion à celui-ci de claquer de la mâchoire. Lors des déambulations des animaux totémiques, un meneur précède systématiquement la bête. Son rôle est important puisqu'il est chargé de guider l'animal et donc les porteurs dont le champ de vision, sous la structure, est particulièrement restreint. Le meneur doit aussi veiller à ce que tout se passe bien entre l'avancée de l'animal et les spectateurs. Ces derniers peuvent en effet, sous l'euphorie générale, se retrouver sur le parcours du totem. Les meneurs ont très souvent un surnom, et c'est un rôle qui se transmet, pour certains d'entre eux, de père en fils. C'est une fonction très honorifique.

Des troupes de musiciens accompagnent aussi les animaux totémiques dans leur déambulation. Ce charivari est particulièrement codifié puisque chaque animal totem possède son propre air, sa propre chanson, voire ses danses personnelles. Les musiciens sont essentiels à la vie de l'animal totémique : ils marquent en effet le pas du meneur, lui permettent de danser en rythme, et apportent toute la dynamique au cortège. Entendre la musique, c'est aussi, pour la population, le signe que les festivités vont débuter.

Préservant les traditions, la présence des animaux totémiques dans les fêtes populaires est par ailleurs une volonté intrinsèque des habitants pour lesquels ces géants conservent une valeur symbolique importante. Au-delà de la préservation d'un totem existant, depuis 10 ans, de nouveaux totems naissent et d'autres sont en préparation. Obéissant à des rituels bien précis, les processions rassemblent les habitants, toutes générations confondues. Ces manifestations sont les témoins d'une volonté de préserver un patrimoine qui tous les ans est encore bien vivant dans l'Hérault !

L'âme collective des animaux totémiques

Le patrimoine vivant d'Occitanie prend ici tout son sens. L'ensemble des animaux totémiques animent en effet les fêtes languedociennes, qu'il s'agisse des carnavals, des fêtes votives ou religieuses. C'est à travers de rituels ancestraux, liés aux légendes qui fondent leurs origines, que ces animaux totémiques prennent vie. Leur venue dans les fêtes de village a, dans ses fondements, une fonction initiatique qui recouvre deux valeurs. D'une part, c'est une forme d'exploit pour les jeunes porteurs que de soutenir ou « affronter » l'animal totémique. D'autre part, cet encensement symbolique permet d'exorciser les maux de la ville. Bien qu'ayant perdu au fil des siècles leur caractère religieux, les animaux-totems représentent la mémoire collective. Ils sont l'identité même du terroir dans lequel ils ont pris vie. Symbole physique de croyances collectives, l'animal totémique est une création commune qui prend racine dans l'histoire de chaque cité héraultaise, qui se nourrit des mythes, des contes et des légendes locales. Les animaux totémiques sont la preuve tangible que ce patrimoine, bien qu'il puisse être éphémère, est bel et bien vivant dans le quotidien des Languedociens.

Si les animaux totémiques embrasent l'âme collective des cités héraultaises, c'est qu'ils suscitent joie, bonheur et frayeurs chez les participants. Les rues s'animent et cet espace devient celui de la fête, du partage et de la convivialité. Chaque animal possède son rituel. La fête est la sienne, et la relation qu'il entretient avec les porteurs, les musiciens, le meneur et les habitants est unique. C'est aussi là un paradoxe : malgré l'universalité des croyances liées à ce bestiaire, les animaux totémiques s'approprient leurs fêtes. Ainsi, certains d'entre eux vont symboliquement manger les enfants, comme le fait le bœuf de Mèze. D'autres, comme la Tarasque de Tarascon, aiment à poursuivre les jeunes filles. C'est pourquoi les rites liés aux animaux totémiques sont intimement liés à chacun de ces géants. Et dans cette âme collective, la fête est indissociable à la présence de l'animal totémique. Ils se donnent mutuellement un sens. Une symbiose culturelle qui traduit un ancrage profond dans les traditions. Une tradition qui se transmet avec conviction d'une génération à l'autre, sans faillir.

Le diable du pont Valentre.

DÉCOUVRIR

© RAYMOND TERCAFS - SHUTTERSTOCK.COM

Gravure représentant la bête du Gévaudan.

DÉCOUVRIR

Pour protéger les plus de 60 animaux totémiques de la région Occitanie, la Fédération TOTEMIC (des totems occitans et catalans) collabore avec les populations locales et leurs élus, les acteurs du phénomène totémique (meneurs, porteurs, musiciens…), les artistes et les animateurs des politiques culturelles et patrimoniales... afin d'œuvrer à la sauvegarde de ce patrimoine culturel immatériel.

Les animaux totémiques dans les traditions occitanes

Lors du fuòc de Sant Joan (feu de la Saint Jean), les animaux totems sont là aussi présents. On assiste dans l'Hérault à des déambulations dans les rues, comme à Puisserguier avec la présence de Lo Pelicanet, le pélican (animal totem) accompagné de ses musiciens, ou à Saussan avec le coucaïrous qui est accompagné par des bandas à travers le village.

Les animaux légendaires

La Bèstia de Gavaudan (La bête du Gévaudan)

En Lozère, la légende de la bête du Gévaudan reste encore entière, 250 ans plus tard. Elle débute en 1764, dans les vallées boisées du pays du Gévaudan, sur les hauteurs sauvages du Massif central, suite au décès d'une bergère de 14 ans retrouvée mutilée. On croit alors à une attaque de loup, mais les victimes continuent de s'accumuler, de plus en plus gravement blessées. On croit alors à un animal encore plus féroce qu'un loup ordinaire, peut-être un loup-garou. Les habitants l'appelleront « La Bête ». Pendant trois ans, elle terrorisera les villages en tuant plus d'une centaine de personnes. L'histoire se répand partout en France et « La Bête » devient une obsession nationale suite aux publications d'articles sensationnalistes de François Morénas dans *le Courrier d'Avignon* fin 1764. On imagine alors « La Bête » extrêmement velue, avec le regard du diable, et même comparée au lion de Némée ainsi qu'à d'autres monstres terrifiants. Le journal rajoute aussi des témoignages de rescapés ayant fait face à la bête. Les années suivantes, de nombreuses expéditions sont menées pour traquer la bête. Durant des siècles, des hypothèses sont imaginées mais la légende continue encore aujourd'hui de fasciner les visiteurs venant découvrir la Lozère et le musée de la Bête du Gévaudan.

Le diable du Pont Valentré

À Cahors, le sublime Pont Valentré fait la renommée et la fierté de la ville. Avec ses 3 tours, ce pont médiéval est classé Monument historique et inscrit depuis 1998 au patrimoine mondial de l'UNESCO dans le cadre des Chemins de Saint-Jacques-de-Compostelle. Mais ce pont piéton a une légende, depuis juin 1308. Il est raconté que l'architecte du pont, exaspéré par la lenteur de sa construction, fit un pacte avec Satan. Le diable devait l'aider par tous les moyens dans ses travaux et s'engageait à lui obéir, avec en retour, l'âme de l'architecte une fois le pont terminé. Le pont se construit rapidement et quand il fut presque achevé, l'architecte essaya de sauver son âme avec une astuce qui permit de ralentir les ouvriers. Pour se venger, le diable envoya chaque nuit un petit diablotin retirer la dernière pierre de l'angle supérieur nord-ouest de la tour. La légende fut immortalisée par une pierre sculptée représentant le diable tentant d'arracher la pierre du pont, gardant ses doigts coincés dans les joints de la pierre.

LA NATURE EN OCCITANIE

Riche de paysages naturels et de climats variés de ses 13 départements, entre Massif central au nord et chaîne des Pyrénées au sud, la région Occitanie compte à elle seule deux parcs nationaux (Parc national des Cévennes, Parc national des Pyrénées), huit parcs naturels régionaux et un parc naturel marin (Parc marin du Golfe du Lion) situé au large des Pyrénées-Orientales. Ses 220 km de côtes méditerranéennes vous donneront des envies de farniente au soleil et ses deux réserves internationales de ciel étoilé (Pic du Midi de Bigorre, première réserve de ciel étoilé française, et le Parc national des Cévennes, plus grande réserve de ciel étoilé d'Europe) sont une invitation au rêve et à la découverte. En Occitanie, la nature règne et vous pourrez, au détour d'une forêt, d'une montagne, d'un lac ou d'une plage, entre calme et découverte de ses trésors naturels, profiter de ses ressources et de son environnement protégés.

Les parcs naturels régionaux d'Occitanie

Sur ce vaste territoire, la nature est reine ! La région Occitanie compte ainsi huit parcs naturels régionaux (PNR) classés. Ces grands espaces couvrent ainsi 23 % du territoire régional, et s'étendent sur 684 communes. Deux PNR sont actuellement en cours de création, à savoir le PNR d'Astarac, principalement dans le Gers, et le PNR Comminges Barousses Pyrénées, s'étirant sur les Hautes-Pyrénées et la Haute-Garonne. Les parcs couvriront dès lors 27 % du territoire régional. Le PNR Guarrigues de l'Uzège, dans le département du Gard, est quant à lui en émergence.

Parc naturel régional des Pyrénées ariégeoises

Le périmètre du parc naturel régional des Pyrénées ariégeoises occupe environ 40 % de la superficie du département de l'Ariège. Avec environ 2 468 km², il englobe 142 communes et 43 000 habitants. Le périmètre du PNR comprend au nord la partie ariégeoise des petites Pyrénées (Volvestre) et la moitié ouest de la chaîne du Plantaurel, limitée par la rivière Ariège, aux deux tiers nord, en zone d'avant-monts : le Séronais, le Saint-Gironnais et le Bas-Salat, au sud et au centre, des zones à caractère montagnard affirmé, structurées en vallées telles celle du Vicdessos et son affluent, le Siguer, les vallées de Saurat et de la Courbière, du col de Port et du massif des Trois-Seigneurs à Tarascon-sur-Ariège et la vallée de la Barguillère, du col des Marrous et du col del Bouich à Foix, la vallée de l'Arac, le haut Salat, le Castillonnais (vallées de la Bellongue, du Lez…). Vous découvrirez une gamme de produits ou de prestataires estampillés « Marque parc » qui respectent un cahier des charges spécifique fondé sur trois valeurs fondamentales : le lien au territoire, la dimension humaine et le respect de l'environnement.

Parc naturel régional des Causses du Quercy

Le territoire des Causses a été classé le 1er octobre 1999. Les 185 500 ha du parc s'étendent sur 95 communes, offrant des paysages à la diversité époustouflante. Le calcaire constitue la caractéristique commune aux causses du Quercy. Un calcaire qui façonne un paysage de plateaux chauds et secs doucement parsemés de combes et dolines. Des vallées nommées Ouysse, Alzou et Célé percent le sol en surface comme des veines saillantes. En dessous, les causses du Quercy, terre karstique, sont le terrain rêvé de tout spéléologue. Les paysages sont creusés par de nombreux gouffres, igues, grottes et galeries, leur permettant de descendre toujours plus loin vers le centre de la terre.

Les causses, comme le pluriel du nom le suggère, sont multiples. Les causses de Martel tout au nord précèdent ceux de Gramat et à l'extrême sud ceux de Limogne. On observe quelques variations dans les paysages, mais aussi des caractéristiques communes qui confèrent à cet ensemble une unité. Ainsi, on retrouve entre autres sur l'ensemble des causses une forte présence de chêne pubescent, de nombreuses espèces rares d'orchidées, des pruneliers et des genévriers.

Le causse est également caractérisé par la présence de brebis à lunettes noires, une race caussenarde d'ovins adaptée aux sols pauvres du causse. Si les paysages ont été peu affectés par l'activité humaine, la présence agraire a dessiné au fil des siècles des lignes par les mains des paysans. Ils ont construit des murets en pierre sèche qui délimitent de petites parcelles. Ces murets font aujourd'hui partie du patrimoine local caractéristique des paysages des causses.

Parc naturel régional du Haut-Languedoc

À cheval sur les départements du Tarn et de l'Hérault, le parc naturel régional du Haut-Languedoc s'étend sur 260 000 ha (93 communes). Son but est de protéger la faune et la flore des massifs de l'Espinouse, du Caroux, de la Montagne Noire, du Sidobre et des monts de Lacaune, plus à l'ouest. La nature y est sauvage et sa végétation contrastée. Des gorges profondes, comme celles d'Héric ou de Colombières, marquent ces paysages. On y trouve de nouveaux hôtes prospèrent comme les mouflons de Caroux. Le parc naturel est aussi un lieu de vie et le meilleur prétexte à l'exploration et à la découverte.

Parc naturel régional de la Narbonnaise en Méditerranée

Ce parc fait office de véritable jardin d'Éden pour la flore, les oiseaux et les poissons. Son territoire de 80 000 ha est composé de 8 000 ha de zones humides, 300 ha de plages et dunes, 20 000 ha de mer Méditerranée, 740 ha de salins, 24 000 ha de garrigues, 6 500 ha de forêts et 15 000 ha de vignes. Exceptionnel, le parc accueille 300 espèces d'oiseaux (sur les 514 recensées en Europe) et 2 000 espèces végétales (dont 6 d'intérêt international).

Parc naturel régional des Pyrénées catalanes

Situé à la frontière franco-espagnole, ce PNR s'étend entièrement dans le département des Pyrénées-Orientales, sur 138 000 ha. Il concerne trois régions historiques et naturelles, à fortes identités : le Conflent, le Capcir et la Cerdagne. Son caractère montagnard est marqué par la présence du Canigó, montagne emblématique des Catalans et des Pyrénées, et de quatre sommets dépassant les 2 000 m. Sa biodiversité est remarquable : 60 lacs de montagne, de nombreuses zones humides, une flore caractéristique des massifs montagneux au contact du climat méditerranéen, des animaux emblématiques (le gypaète barbu, le desman des Pyrénées, le grand tétras, l'ours...), des plantes uniques au monde telles que l'alysson des Pyrénées, etc.

Parc naturel régional des Grands Causses

Créé le 6 mai 1995, ce parc met en avant le fort intérêt naturel et patrimonial de la région millavoise : 93 communes sont réparties sur 330 000 ha. Les paysages variés autour de Millau, place centrale, reposent sur une alternance de causses (Larzac, Causse Noir, Causse Rouge ou de Sauveterre) et de gorges (Tarn, Dourbies, Jonte) où la cité occupe une « cuvette » au pied des montagnes et au confluent des rivières. L'objet du parc est avant tout de protéger et mettre en valeur le patrimoine naturel (faune et flore), de soutenir les activités traditionnelles et de veiller à un développement respectueux.

Parc naturel régional du Haut-Languedoc.

Parc naturel régional de l'Aubrac

Le classement est officiel depuis la fin du mois de mai 2018. Après des années d'études et de travaux préliminaires, l'Aubrac est le 53e parc naturel régional de France. À cheval sur trois départements – Aveyron, Cantal et Lozère –, le plateau réunissait tous les éléments pour cette labellisation. La nature y est généreuse, les paysages grandioses et le patrimoine agropastoral – bâti et culturel – tout simplement exceptionnel : vestiges ruraux médiévaux, burons, drailles et pratiques agricoles – dont la transhumance – toujours très vivantes. Cette reconnaissance célèbre donc un territoire, mais aussi ses hommes et leur savoir-faire. Les couteaux de Laguiole témoignent de productions artisanales et identitaires fortes, l'aligot et le fromage de Laguiole, de traditions gastronomiques de qualité.

Parc naturel régional Corbières-Fenouillèdes

À cheval sur les départements de l'Aude et des Pyrénées-Orientales, le parc naturel régional Corbières-Fenouillèdes est le dernier PNR créé en Occitanie. Depuis 2021, il englobe 99 communes où les Corbières et les Fenouillèdes forment un territoire singulier. Entre sa géologie exceptionnelle, ses paysages surprenants et sa proximité avec le bassin méditerranéen, le parc naturel régional Corbières-Fenouillèdes possède une biodiversité aux enjeux de conservation très fort. Des ressources naturelles dont la valorisation doit mettre en lumière la question du changement climatique dans un contexte où la transition énergétique est l'enjeu majeur de demain.

ARTISANAT

On connaît tous les couteaux de Laguiole et les poteries d'Anduze !Avec plus de 4 000 professionnels des métiers d'art, la région Occitanie bénéficie d'un patrimoine qui offre des atouts touristiques et culturels exceptionnels. Entre potiers, céramistes, artistes verriers, artistes joailliers et bijoutiers ou encore couteliers, forgerons et menuisiers, l'artisanat déploie ses talents dans d'innombrables secteurs. Quant aux marques notables d'habillement et de cosmétiques fabriquées localement, la région est riche d'hommes et de femmes passionnés et engagés. Ces métiers sont particulièrement mis en valeur à travers la Chambre de Métiers et de l'Artisanat de l'Occitanie mais aussi grâce aux labels et qualifications : Meilleur Ouvrier de France, Qualité Artisan d'art, Maître Artisan et le label Entreprise du Patrimoine Vivant, qui distingue les entreprises françaises aux savoir-faire rares, aux techniques traditionnelles ou de haute technicité. On vous fait découvrir ici tous les fleurons du Made in Occitanie !

PAGES

ARTISANAT

TERRE ET ROCHE

Du Gers au Gard, du Lot aux Pyrénées-Orientales, en passant par l'Aveyron, l'Hérault ou encore la Haute-Garonne, les artistes et artisans travaillant la terre et la roche sont nombreux. Le *Petit Futé* vous fait partir à la rencontre des céramistes et de potiers de la région Occitanie afin de découvrir leurs créations exceptionnelles exposées en galerie ou dans leur atelier-boutique mais aussi leur savoir-faire. Vous aurez même la possibilité d'apprendre, aux côtés de ces artistes, l'art de manier la terre et les techniques pour créer mille et un objets, lors de stages et d'ateliers. Parmi les artistes et artisans de la terre et de la roche, on retrouve également les sculpteurs de marbre dans l'Ariège, de l'Aude et du Gard, à découvrir lors des évènements autour du marbre, mais aussi les fameuses poteries et terres cuites du côté d'Anduze. L'Occitanie, ce sont aussi ces hommes et ces femmes qui œuvrent, à travers leur entreprise, à préserver le patrimoine bâti régional en proposant de la taille de pierre, de la maçonnerie et de la sculpture comme l'entreprise Vermorel mais aussi de la réalisation traditionnelle de bâti en pierres naturelles ou briques de décoration avec l'entreprise Briqueterie Capelle. Nombreux sont les artisans joailliers et bijoutiers qui exercent leur métier avec passion, entre tradition et modernité, autour de l'agate, de l'améthyste, de la topaze et du fameux grenat catalan. Porcelaine, maison de peinture artisanale, ou encore faïence remplissent le grand répertoire des artisans travaillant la terre, la pierre et la roche. Le *Petit Futé* vous fait également partir à la rencontre des artisans au savoir-faire ancestral et aux créations parfois étonnantes et uniques, comme Alain Soucille et sa pierre à aiguiser des Pyrénées ou encore la boutique de souvenir La Brique de Mon Païs, une briquette souvenir indélébile venue de Haute-Garonne. Parmi nos adresses, plusieurs sont labellisées «Entreprise du Patrimoine Vivant» et vous découvrirez que tous ces passionnés défendent avec ferveur les valeurs, l'esprit et le savoir-faire traditionnel de leur métier.

ATELIER TERRANOVA

6B, rue de la Tannerie - **LÉRAN**
✆ 06 21 84 88 38
www.atelier-terranova.com
Cours de poterie : 25 € adulte, 12 € enfant. Vente sur les marchés de créateurs.

Entrez dans l'univers de Terranova où les sculptures en grès illustrant la faune et la flore, soulignent l'esthétique et le culture des peuples premiers. Les pièces sont réalisées en grès colorés selon différentes techniques (modelage, tournage, etc.), puis cuites en oxydation entre 1250°C et 1280°C. Les objets et pièces en céramique créées par Terranova sont à la fois uniques, utilitaires et décoratifs. Si vous désirez apprendre les différentes techniques de modelage et d'estampage, vous pourrez assister à des ateliers de création de poterie et de céramique.

BASCHIERI CÉRAMIQUE

Le Village - **BARJAC**
✆ 06 25 16 36 69
www.baschieri-ceramique.fr
Sur rendez-vous uniquement, directement à l'atelier, en face de "La ferme au escargot" dans le village de Barjac.

C'est dans son atelier installé à Barjac, dans l'Ariège, que Marie-Line Baschieri réalise, en grés émaillé et tourné, de la vaisselle tout aussi utile qu'agréable. Réalisant de petites séries, les pièces de l'artisane sont garanties sans plomb, pour assurer un usage culinaire quotidien. Les créations de Marie-Line se distinguent par sa technique du Mocha Tea. Un décor aux engobes utilisant le principe de diffusion de la goutte d'encre dans l'eau. Les pièces offrent un décor organique, où chacun reconnaitra ici une fougère, là du corail ou encore un arbre.

LES JOURNÉES DU MARBRE

Laourere
MOULIS
www.patrimoine-moulisien.fr
En août. Agenda des animations sur le site web.

Suite à la réouverture de la carrière de marbre de Moulis en septembre 2014, l'association Patrimoine Moulisien a lancé les journées du marbre durant l'été 2015. Chaque été, les locaux et visiteurs se rassemblent autour des sculpteurs venant réaliser une œuvre en marbre sur place devant le public. À l'occasion de cet évènement, des ateliers et stages de sculpture sont organisés et des visites commentées de la marbrière sont aussi proposés. Des expositions, conférences, films, apéro-concerts et spectacles dans la marbrière animent aussi ces journées.

LES PLÉIADES

14, Rue Victor Hugo
PAMIERS
✆ 06 58 70 04 13
Ouvert du lundi au samedi. Horaires variables, voir en ligne.

Anthony et Catherine ont la tête dans les étoiles ou peut être est-ce dans la mythologie grecque, les pléiades étant les sept filles d'Atlas et de Pléioné. Cette boutique sent bon la tradition, la transmission, le savoir-faire et l'amour du travail bien fait. C'est pour cela que cet établissement va au-delà d'une simple échoppe ; elle est un atelier qui accueille artistes et artisans. On se régalera bien sûr des produits du terroir ariégeois et on ne manquera pas de tomber amoureux de ses objets faits de laine, de terre, de cuir ou de verre…

LA PAPOTERIE

1, rue Clairmatin
FOIX
✆ 06 13 79 42 88
www.ceramiquelapapoterie.fr
Boutique en ligne. Achat à l'atelier sur rdv.

C'est au pied des Pyrénées, dans la ville de Foix, que La Papoterie ouvre les portes de son atelier. Ici, les poteries utilitaires en grès sont entièrement réalisées à la main. Ce sont des pièces uniques. Il s'agit de pièces fonctionnelles, utilitaires et originales. Indissociables de votre quotidien, les créations de La Papoterie répondent à une démarche éco-responsable. Des objets artisanaux, issus des traditions potières. Cécile Bouyge travaille le grès de Saint-en-Puisaye, et réalise ses émaux à partir de matières premières locales.

CITÉ POTIÈRE

6, rue Saint-Louis
CARCASSONNE
✆ 09 50 28 97 66
Fermeture annuelle en janvier. Horaires variables, à voir sur le réseau social Facebook.

La Cité potière est une boutique associative de céramique située au cœur de la cité de Carcassonne. 21 artisanes potières se sont en effet regroupées pour vous faire découvrir leurs créations en argile, du fait main. Chaque artisane utilise une technique et une terre spécifique. Cette boutique regroupe diverses créations comme des poteries, des sculptures, des bijoux, des objets décoratifs ou encore des arts de la table. Des œuvres réalisées en grès, faïence, et porcelaine avec différentes textures comme la terre vernissée, les émaux sur grès ou la cuisson raku.

LA PIERRE À AIGUISER NATURELLE DES PYRÉNÉES

Pomiès
SAURAT
✆ 06 75 39 10 91
www.pierre-a-aiguiser-naturelle.com
Visite sur rendez-vous

C'est en 2006 que Alain Soucille reprend l'entreprise créée par la famille Cuminetti dans les années 1900. Au pied des Pyrénées Ariègeoises siège alors fièrement la dernière fabrique de pierres à aiguiser naturelles. Dans la boutique se trouve un large choix de pierres à aiguiser (à couteaux, à faux, pour outils à bois…). C'est grâce à l'exploitation de ce grès schisteux, au grain fin et pur donnant un aiguisage parfait, que Alain donne naissance à une gamme complète d'outils.

LES MARBRIÈRES DE CAUNE

26, avenue du stade - **CAUNES-MINERVOIS**
✆ 06 33 80 71 38
www.lesmarbrieresdecaunes.fr
Visites des carrières le mercredi et le dimanche, réservation en ligne ou par tel. Visite guidée à la demande possible.

Découvrez le patrimoine marbrier géologique et historique d'exception au cœur du Minervois en partant à la visite des carrières de marbre avec l'association Les Marbrières de Caune. Lors de leurs «Safaris Marbre» ou bien de leur visite guidée à la demande, vous serez accompagné lors de cette balade et ses vingtaines de haltes. Poursuivez la visite à l'écomusée Marbre et Terroir ou à la Galerie des Sculptures. L'association y organise durant l'année la fête annuelle du marbre, un festival de sculpture, des expositions et des résidences d'artistes.

ARTISANAT

POTERIE NOT

Lieu-dit La Poterie
MAS-STES-PUELLES
✆ 04 68 23 17 01
Ouvert du lundi au vendredi, sur réservation.

Cette petite poterie familiale aux méthodes ancestrales est située au bord du Canal du Midi. Il s'agit d'une des dernières poteries artisanales du Lauragais et ici, tout est fait à la main. En passant la porte de leur atelier, vous découvrirez les frères Not tourner et confectionner avec amour cruches, vases, objets de décoration et de jardinerie ainsi que la fameuse «cassole», le plat où mijote le cassoulet. Avancez vers le four à bois centenaire où cuisent leurs créations et finissez par la salle de séchage où reposent les poteries tournées et engobées.

POTERIE AL-TERRE

place de l'Eglise
VALADY
✆ 06 87 88 67 61
www.al-terre.fr
Labellisée « Eco Défit ».

A Valady, Anne-Laure Bérodier ouvre les portes de son atelier-boutique aux artisans qui, comme elle, travaillent la terre avec passion. L'artisane façonne ses poterie en grès, et ses créations sont principalement tournées. Elle réalise ses émaux à base de cendres végétales auxquelles elle ajoute des poudres de roches comme la craie ou le kaolin. A côté de ses céramiques culinaires et décoratives, Anne-Laure propose une étonnante collection d'épis de faîtage en grès, réalisés selon ses inspirations du moment (ou selon les commandes).

AMÉLIE BONNET CÉRAMIQUE

Hauts de Balaguier
BALAGUIER-D'OLT
www.ameliebonnetceramique.com
Cours à l'année - modelage et tournage.

Céramiste, Amélie Bonnet élabore dans son atelier situé à Balaguier-d'Olt, des pièces tournées en grès utilitaires, cuites à 1280°C. Les créations de l'artisane présentent des lignes élégantes qui soulignent l'authenticité des formes. Vous les retrouverez au travers des collections Bois Bleu ou encore Noir Satiné. Aimant le partage, Amélie Bonnet dispense des ateliers et des cours dans lesquels il est possible d'appréhender la matière. L'artisane potière réalise aussi des commandes sur mesure. Des pièces uniques desquelles émanent toute la poésie de l'artiste.

TERRES CUITES DE RAUJOLLES

4, rue de la Tuilerie - **MILLAU** ✆ 05 65 60 14 03
www.terres-cuites-raujolles.fr
Boutique ouverte du lundi au vendredi de 9h15 à 12h et de 14h15 à 18h30. Le samedi matin sur rendez-vous.

Du Musée du Louvre à la Place Saint-Marc, des Monuments Historiques à la décoration d'hôtels de luxe et de villas d'exception, Les Terres Cuites de Raujolles exercent leur talent à travers le monde et à travers le temps. Cette haute maison de France créée en 1830 exerce depuis 5 générations et comptabilise 157 chantiers de palais et monuments historiques. Dans la boutique à Millau, non loin du viaduc, retrouvez leurs sublimes faïences, terres cuites, briques et vasques.

LE DON DU FEL

LE FEL
✆ 05 65 54 15 15
www.ledondufel.com
Visites guidées 7 € groupe de 10 personnes minimum, de 10h à 12h et de 14h à 16h sur réservations uniquement.

Si l'on vient jusque dans cette petite bourgade, ce n'est pas tant pour l'architecture de ce pôle européen de céramique contemporaine que pour ce qu'il abrite. Imaginé par Suzy et son compagnon, Nigel, le Don du Fel accueille les poteries d'artistes français ou européens. On y trouve aussi les pièces uniques de grès au sel façonnées par Suzy. La terre est travaillée à la main sur des tours et cuites au four, selon la technique de l'émaillage aux vapeurs de sel. Une technique à découvrir à travers des visites et des démonstrations.

VERMOREL

La Cordenade
SALLES-LA-SOURCE
✆ 05 65 67 86 00
www.sa-vermorel.com
Ouvert du lundi au jeudi de 7h30 à 17h ; le vendredi de 9h à 16h. Sur rendez-vous.

Crée en 1988 par Dominique Vermorel au cœur de l'Aveyron, l'entreprise est spécialisée dans la restauration du patrimoine bâti, la taille de pierre, la maçonnerie et la sculpture. Les chantiers de restauration de Monuments Historiques constituant une part importante de leur activité, l'entreprise a notamment travaillé sur la restauration de la Cathédrale de Rodez, le Château de Bournazel, le Château de Margon et œuvre actuellement pour la restauration des sculptures de l'exceptionnel et symbolique chantier de la Cathédrale Notre-Dame de Paris.

ATELIER BOUVIER

9, rue du Ponant
LES ANGLES
✆ 04 90 25 32 90
www.atelierbouvier.com
Sur rendez-vous.

Dans le respect des savoir-faire et des techniques traditionnelles mais aussi très contemporaines, l'Atelier Bouvier intervient depuis des décennies dans trois domaines ; la sculpture statuaire et ornementale, la restauration de sculpture et le staff, la gypserie et le moulage. L'atelier, basé aux Angles dans le Gard, a œuvré sur la réalisation de sculpture pour le théâtre de Béziers, l'église des Réformés à Marseille ou encore sur la restauration d'importants monuments comme les arènes de Nîmes, le palais Idéal du facteur Cheval et l'arc antique d'Orange.

LES ENFANTS DE BOISSET

Route de Saint-Jean du Gard - **ANDUZE**
✆ 04 66 61 80 86
https://poterie-anduze.fr
Du lundi au samedi. Été, 9h-12h/14h-19h. Hiver, ferme à 18h. Accès libre ateliers, lundi au mercredi, 9h-12h/14h-17h.

Les enfants de Boisset, c'est l'histoire d'une famille passionnée qui, de générations en générations, façonne la terre pour fabriquer le fameux vase d'Anduze. Inspirée de l'élégance des vases Médicis, la production des vases traditionnels d'Anduze est le produit phare de la poterie familiale. Le savoir-faire est néanmoins présent dans de nombreux autres modèles créés pour le jardin, des plus classiques aux plus modernes dans une variété de couleurs. Une adresse où il est possible de vous rendre en accès libre pour admirer le travail des potiers.

MARBRERIE ROUILLON

621, chemin de la Tourtugues - **ALÈS**
✆ 04 66 30 14 47
www.marbrerie-rouillon.fr
Ouvert du lundi au vendredi de 9h à 12h et de 14h à 18h ; le samedi sur rendez-vous de 10h à 12h et de 14h30 à 17h30.

Dans le Gard et depuis 1853, l'entreprise Rouillon s'est spécialisée dans le domaine de la marbrerie et de la taille de pierre. Pour des projets personnels, l'équipe vous accompagne côté cuisine et salle de bain de la conception à la pose de marbrerie. Côté taille de pierre, Marbrerie Rouillon travaille dans la restauration du patrimoine ainsi que sur des projets de création (Fontaines, escaliers, cheminées, piliers et colonnes, balustrade...). L'entreprise a également œuvré sur la restauration du Fort Vauban, de l'Hôtel Dieu et le Port Antique à Marseille.

MUSÉE DE LA POTERIE MÉDITERRANÉENNE ★

14, rue de la Fontaine
SAINT-QUENTIN-LA-POTERIE ✆ 04 66 03 65 86
www.musee-poterie-mediterranee.com
Fermé de novembre à janvier. Tarif plein 4 €, tarif réduit 2,50 €. Billet musée + tour de l'horloge 5 €.

Six salles exposant des poteries et céramiques utilitaires, dont certaines sont vieilles de deux siècles, permettent de redécouvrir la fabrication artisanale d'objets et l'univers de la terre. Car à Saint-Quentin, des potiers travaillent encore aujourd'hui la terre, perpétuant une tradition locale. La visite retrace l'histoire de la céramique sur le pourtour méditerranéen, jusqu'à l'usage de la céramique populaire. Des expositions temporaires complètent les collections permanentes.

POTERIE DE LA MADELEINE

1750, Route des Cévennes
LÉZAN
✆ 04 66 61 63 44
www.poterie.com
Ouvert du lundi au samedi de 9h30 à 19h ; le dimanche de 10h à 19h. Livraison possible.

Depuis toujours, Anduze est la capitale cévenole de la poterie. Célèbre pour ses vases à guirlandes de grande dimension, inspirés des modèles toscans de la Renaissance, la Poterie de la Madeleine a fourni autrefois maintes demeures et agrémenté quantité de parcs et de jardins. Pour les amateurs contemporains, voici l'adresse idéale pour se procurer ces pots de toutes tailles, souvent imités, jamais égalés. Vous serez séduit par les modèles classiques et la collection Lisa ne vous laissera pas indifférent avec ses formes XXL contemporaines.

POTERIE LA DRAILLE

4, rue Luxembourg
ANDUZE
✆ 04 66 61 91 27
www.poterie-la-draille.com

Béatrice Casanova est installée depuis 1983 aux portes des Cévennes, dans la cité d'Anduze. Dans son atelier, l'artisane réalise des poteries utilitaires et décoratives, tournées à la main, en faïence blanche, et déclinées en plusieurs couleurs. Ce sont toutes des pièces uniques, façonnées à la main. En dehors des sublimes vases d'Anduze, les collections de Béatrice proposent des pichets à vin et des entonnoirs à confitures, mais aussi des luminaires sous forme de soleil émaillé, des croix occitanes et huguenotes. Ne manquez pas son élevage de chats en faïence !

POTERIE LE CHENE VERT ANDUZE

Route d'Ales D910 Boisset & Gaujac
ANDUZE
✆ 04 66 61 70 24
www.poteriedanduze.com
Ouvert tous les jours en juillet août. De septembre à juin, tous les jours sauf le dimanche.

Dans cet atelier familial, les artisans potiers reproduisent avec minutie les gestes ancestraux qui ont fait la réputation des lieux et notamment le façonnage des vases d'Anduze. Du traditionnel « flammé » à la patine « antica » réalisée à la main, la poterie *Le Chêne Vert* réinvente ses collections autour du célèbre vase, tout en garantissant une fabrication française de qualité. Vous retrouverez les créations de la poterie *Le Chêne Vert* au prestigieux Château de Versailles.

POTERIE LES CORDELIERS

Place de la Gare
ANDUZE
✆ 04 66 60 79 84
www.poterie-cordeliers.com
Du lundi au vendredi 8h-12h/14h30-19h ; les week-end et jours fériés 10h-12h/14h30-18h.

La poterie Les Cordeliers entretient la tradition séculaire et les gestes nobles liés à la fabrication des vases d'Anduze. Confection de la cloche, du pied, assemblage des deux parties, finitions, séchage naturel, émaillage puis cuisson à plus de 1 000 °C. L'entreprise respecte au pied de la lettre les procédés artisanaux de la fin du XVIe siècle. Un respect des savoir-faire pour signer des vases classiques et d'autres plus contemporains. Chaque pièce est signée et numérotée dans sa partie basse, et frappée d'un sceau qui garantit son origine.

POTERIE LES TERRES ANCIENNES

76, ZA Les Mourgues
CARDET
www.poterie-lesterresanciennes.com
Atelier ouvert toute l'année. Boutique à Anduze, ouverte d'avril à septembre.

La Poterie Les Terres Anciennes façonne, dans l'atelier situé à Cardet, une collection originale de Vases d'Anduze tournés à la main, déclinés en terre rouge ou en terre noire, patinés de couleurs vives ou classiques. Pour répondre à toutes les envies, la poterie propose également des poteries contemporaines pour le jardin ou la décoration. Vous retrouverez l'ensemble de ces collections dans la boutique située à Anduze. Il est aussi possible de faire réaliser des poteries sur mesure.

POTERIE TERRE FIGUIÈRE

3, 3 route de Lézan
MASSILLARGUES-ATTUECH
✆ 04 66 60 74 12
Du lundi au vendredi : 8h à 12h et de 13h à 19h ; le week-end de 10h à 12h et de 13h à 19h. Ferme à 18h en basse saison.

Terre Figuière s'inscrit dans le cadre prestigieux des Artisans potiers de la région d'Anduze. L'entreprise s'efforce de perpétuer une tradition dans l'art de la fabrication des véritables vases d'Anduze. Avant de finir dans votre jardin, la terre est broyée, mouillée, chamottée, passée à la boudineuse, puis le potier intervient pour former le vase. Démoulé douze heures après, le vase est ensuite décoré, engobé d'un apprêt et aspergé d'oxydes de manganèse et de cuivre donnant ces teintes vertes, marron, ocre et jaune. Enfin, l'étape finale : la cuisson !

RESSOURCE

Rue de Mousselière
LES ANGLES
✆ 04 90 25 42 45
www.ressource-peintures.com
Liste des revendeurs sur le site web.

Dans le Gard, Ressource est une maison d'édition de peinture et de papier peint familiale, héritière d'un savoir-faire artisanal qui consistait à exploiter la matière naturelle des carrières d'ocre de Roussillon en Provence. L'éco-responsabilité est au cœur du processus de création ainsi qu'une fabrication sur-mesure, 100% française : chaque commande est produite à la demande pour éviter le surstockage. De la teinte la plus douce à la plus vibrante, Ressource vous invite à plonger dans un monde de couleurs où intemporalité rime avec élégance contemporaine.

LE FIGULUS

Chemin de la Maniou
L'ISLE-JOURDAIN
✆ 05 62 07 13 33
www.lefigulus.fr
Ouvert du mercredi au samedi de 14h à 18h30 ; tous les jours de 11h à 19h en été.

Hervé Guégan et son fils Nicolas sont artisans potiers et céramistes. Ils conçoivent et réalisent toutes leurs pièces à la main, de la simple tasse, jusqu'aux éléments de décoration les plus raffinés, en passant par les carrelages ou les abat-jour. Au bout de six semaines de travail en moyenne, ce sont des pièces uniques qui sortent du four. Ils proposent également à ceux qui le désireraient leurs services de rénovation, et produisent un certain nombre de créations ayant trait aux arts de la table ou, plus globalement, à la déco et à l'ornementation.

LA POTERIE D'ALEXANDRA

LAGRAULET-DU-GERS

www.lapoteriedalexandra.fr

Sur rdv à l'atelier.

Reconnue artisan d'art, la créatrice a ouvert son atelier au cœur du petit village de Lagraulet-du-Gers. Réalisées à la main, les créations de la Poterie d'Alexandra sont en céramique. Selon leurs usages, différentes terres sont utilisées, de la faïence rouge au gré de différentes couleurs. Les collections traduisent beaucoup d'authenticité dans laquelle la modernité à toute fois sa place. Cache-pot, vase, bougeoir, mug, personnalisé ou non, sans oublier les ollas, fameuses jarres poreuses destinées à être enterrées pour irriguer les racines des plantes.

LA BRIQUE DE MON PAÏS

TOULOUSE

https://monpais.fr

Consulter le site web pour la boutique en ligne et la liste des revendeurs.

La brique de terre cuite, fierté des Méridionaux, caractérise particulièrement les villes et villages du Sud de la France. Une grande partie de l'Occitanie resplendit de cette couleur rose le matin, rouge le midi et pourpre le soir, grâce au matériau de construction traditionnel local. C'est alors que Mon Païs a eu l'idée de rassembler des briquetiers locaux pour créer une belle gamme de briquettes souvenir, à retrouver dans de nombreuses boutiques de Haute-Garonne et du Tarn, ainsi qu'à Montauban. Un joli souvenir à rapporter de votre passage en Occitanie !

ASSOCIATION MARBRE ET ARTS

Avenue Gallieni

SAINT-BÉAT

✆ 06 71 02 77 42

https://www.marbre-et-arts.fr

Agenda des expositions, des stages et du festival sur le site Web.

Les bénévoles de l'association Marbre et Arts de Saint-Béat organisent chaque année au mois de juillet et pendant trois semaines le festival de la Sculpture et du Marbre. Depuis quelques années, le festival prend également place à Luchon et Saint-Bertrand-de-Comminges. Durant l'année, des stages sont aussi organisés pour s'initier ou se perfectionner aux techniques de la sculpture sur céramique, pierre, marbre ou bronze, et repartir avec son œuvre personnelle !

BRIQUETERIE CAPELLE

Route de Labruyère-Dorsa

GRÉPIAC

✆ 05 61 08 52 75

www.briqueteriecapelle.fr

Ouvert du lundi au vendredi de 8h à 12h et de 14h à 17h30.

La Briqueterie Capelle, située entre Grépiac et Labruyère-Dorse, œuvre fièrement depuis 1879 dans la région toulousaine. Transmise de génération en génération, de nombreux produits émanent de son savoir-faire historique et artisanal. Ses interventions dans la création ou la restauration sont nombreuses : réalisation de croix occitanes, croix basques, parements, encadrement de portes et fenêtre, balustrades, piliers, habillages tours de puits, cheminées ou encore fours à pain et barbecues… Elle propose également la vente de terre cuite concassée.

L'ATELIER DE STEPHANIE JOFFRE

50, boulevard du Nord - **MARTRES-TOLOSANE**

✆ 06 14 92 41 67

https://atelier.stephanie-joffre.fr

Atelier ouvert du mardi au samedi de 9h à 12h et de 14h à 18h ; le dimanche de 14h30 à 18h.

Maître Artisan en Métier d'Art et céramiste, Stéphanie Joffre bouscule les codes en travaillant la terre au point de la transformer en dentelle. Tantôt poétiques, humoristiques ou décalés, ses décors naissant font redécouvrir cet art ancestral sous un autre angle. Elle expérimente des fusions improbables entre la céramique, le plâtre, le bois, le métal. Seule, en binôme ou en groupe, Stéphanie travaille la terre en toute authenticité, respectant la matière et le rythme qu'elle impose.

FAIENCERIE CABARÉ

30, boulevard Nord

MARTRES-TOLOSANE

✆ 05 61 98 81 24

www.faiencериedart-pascalecabare.fr

Du mardi au samedi, 10h-12h/14h-18h ; le dimanche, de 15h à 18h.

La faïencerie d'Art Pascale Cabaré, perpétue, non loin des carrières d'argile pure de Martres-Tolosane, la tradition des Grands Maîtres Artisans Faïenciers d'autrefois, selon l'art du Grand Feu. Véritable alchimie entre les quatre éléments, la tradition du façonnage des pièces et des décors peints à la main date du XVIIIe siècle. Pascale Cabaré poursuit ce travail ancestral en redonnant vie à l'esprit des lieux. Les collections affichent un émail stannifère pur et lumineux, aux oxydes métalliques dont la palette est réduite, selon la technique du grand feu.

FAÏENCERIE JODRA

3, chemin de Saint-Picaud
MARTRES-TOLOSANE
✆ 05 61 98 83 32
www.faiencerie-jodra.com
Ouvert tous les jours. Entrée gratuite.

La faïencerie Jodra perpétue la tradition de la faïence à Martres-Tolosane. L'atelier est ouvert tous les jours et permet aux visiteurs de découvrir les différentes étapes de réalisation de la faïence, depuis le travail de la terre jusqu'à l'émaillage, auquel succèdera la touche finale : l'art de la peinture pour la décoration... Vous trouverez ici une large gamme de décors carctéristiques, tels que l'Ibis ou les Grotesques. C'est une excellente adresse pour tout connaître de cet artisanat délicat et pour trouver un souvenir typique de la cité faïencière.

POTERIE EVLINE VANCO

Bois Grand
LATRAPE
https://evline-vanco03.webnode.fr
Sur rdv, visite de la salle d'exposition. Cours et stages.

C'est à 45 km de Toulouse qu'Evline Vanco, native de Belgique, a installé son atelier de céramique. De colombins aplatis, de la matière étirée en plaques assemblées, de couleurs lavées ou plus tranchantes naissent des figurines aux regards malicieux et complices, aux allures pataudes. Des animaux hybrides, teintés d'humanisme. Des vases aux services à thé, les motifs en dégradés de coloris terre, ne sont pas sans rappeler l'enfance africaine de l'artisane. Celle-ci propose des cours et des stages pour apprivoiser la matière et lui donner un sens poétique.

TUILIERS - BRIQUETIERS BARTHE

945, Route de Marignac
GRATENS
✆ 05 61 98 51 01
www.barthe.fr
Ouvert du lundi au vendredi de 8h à 12h et de 14h à 18h ; le samedi de 8h à 12h.

Tuiliers et briquetiers de père en fils depuis 1772, ce sont neuf générations qui se succèdent dans ce village de la région toulousaine. En se transmettant un savoir-faire artisanal sur des générations, l'entreprise Barthe est désormais une référence en matière de qualité et de performance dans la terre cuite. L'usine, construite en 1908, fabrique de nombreux objets en terre cuite et crue, juste à côté de carrières d'argile vierges de toute pollution.

ARGILEUM

6, avenue du Monument - **SAINT-JEAN-DE-FOS**
✆ 04 67 56 41 96
www.argileum.fr
Haute saison : ouvert tous les jours 10h-19h. Musée : 6 €. Enfant : 3,50 €. Gratuit pour les moins de 10 ans. Ateliers.

Créé dans un authentique atelier du XIXe siècle, Argileum est un musée ludique qui a su rendre captivant son sujet : la céramique. D'une scénographie parfaite, tous nos sens sont mis en éveil grâce aux nouvelles technologies : projections, théâtre optique, tables de jeux... les enfants vont adorer ! Pour prolonger l'expérience, les artistes en herbe de plus de 5 ans peuvent prendre un cours de poterie. Parents, si les arts ne sont pas votre fort, vous pouvez attendre vos bambins en participant à un atelier de dégustation de vin !

ATELIER ARTUS SIFFRE

25, rue de la Foire
PÉZENAS
✆ 06 17 76 86 21
www.atelier-artus-siffre.fr
Boutique ouverte d'avril à septembre du mardi au dimanche de 10h à 19h.

Paul Artus fonde en 1947 son atelier, enchainant avec succès les expositions et les actions de promotion de l'artisanat d'art. Les pièces de l'atelier Paul Artus, faïence de Montpellier mais aussi céramique moderne, se retrouvent alors dans de nombreux lieux et demeures de l'Hérault mais aussi à travers le monde. C'est François Siffre qui représente aujourd'hui la troisième génération de faïenciers de la famille. Il est le seul désormais à perpétuer la faïence du « vieux Montpellier » qui contribua à la prospérité de la ville pendant près de 4 siècles.

ATELIER FRÉDÉRIC MATAN

Domaine des trois fontaines - **LE POUGET**
✆ 04 67 96 85 69
https://tailledepierrematan.com
Ouvert le lundi, le mardi, le jeudi et le vendredi de 8h30 à 18h ; le mercredi jusqu'à 17h30. Sur rendez-vous.

Spécialisé dans la création, l'aménagement intérieur et la restauration du patrimoine, Frédéric Matan a été élu meilleur ouvrier de France tailleur de pierre et sculpteur en 2004 après de longues années de travail et de recherche personnelle. Il crée pour les entreprises et les particuliers, mais travaille aussi régulièrement sur des monuments historiques connus. On pense par exemple à la restauration de la façade de la maison des Relations internationales Nelson Mandela à Montpellier ou encore de bâtiments haussmanniens autour de la place de la Comédie.

ATELIER ROUGE-AZUR

36, chemin de Lavène
PUÉCHABON
✆ 04 67 57 77 02
www.atelierrougeazur.fr
Exposition-vente, sauf le mercredi, de 15h à 20h, ou sur rendez-vous.

Marie-Laure Vivien travaille la terre et l'émail avec passion. Elle dit aimer la terre, les couleurs, mais aussi le blanc ! Céramiste installée à Puéchabon, la créatrice dévoile une collection de raku aux inspirations ethniques très colorées. Vases, théières, bols, assiettes, plats et soucoupes en grès présentent des formes traditionnelles empruntent d'authenticité. On aime ses personnages nés de son imagination, tantôt fantastiques comme le dragon, tantôt pleins d'humour, comme cette série de femmes au volant de voiturettes colorées.

PORCELAINE DU LOT VIREBENT

Rue de l'Usine - **PUY-L'EVÊQUE**
✆ 05 65 36 46 31
virebent.com
Ouvert du lundi au samedi de 10h à 12h et 14h à 18h. Tous les jours en été jusqu'à 19h. Livraison possible.

Depuis 1924, cette manufacture de porcelaine façonne l'artisanat français. Dans le village de Puy-l'Évêque, l'entreprise est une institution qui abrite 11 ouvriers dans 2 500 m² d'atelier. Son succès est tel que certaines pièces font partie de l'exposition permanente du célèbre musée des Arts décoratifs de Paris ; quant à sa clientèle, elle s'étale dans le monde entier. La porcelaine Virebent attise la curiosité et ouvre ses portes dans une boutique et un petit musée.

MANUFACTURE DAVID DALICHOUX

1, avenue de Verdun
PÉZENAS
✆ 06 11 57 53 67
Showroom ouvert le samedi de 10h à 12h et de 14h à 18h. Du lundi au vendredi sur rendez-vous.

Depuis plusieurs générations, le savoir-faire traditonnel de la manufacture de carreaux ciment se transmet. David Dalichoux, sacré meilleur ouvrier de France en 1997, travaille la mosaïque depuis 1992. Seul fabricant français dans son domaine, c'est avec fierté qu'il exerce dans son atelier à Pézenas, dans l'Hérault, où il crée des pièces uniques, à la demande, qui sont de véritables œuvres d'art « sans âge ». Vous pouvez retrouver son article dans son *showroom* au cœur de la ville.

LES POTIERS D'UZECH-LES-OULES

Le Bourg - **UZECH** ✆ 06 14 70 96 91
www.poterie-uzech-artisanat.com
L'été, du mercredi au dimanche de 10h à 12h et de 14h à 18h. Voir l'agenda en ligne pour la foire et les stages.

À Uzech-les-Oules, la tradition potière date du XVe siècle. Une forte activité potière y est à noter, grâce de nombreux vestiges dans la région. C'est tout naturellement que le village a été amené à accueillir Benoît Chevalley, Natacha Debouttière-Brosset et Rémy Debouttière, artisans potiers redonnant vie à l'artisanat traditionnel. Ils proposent des créations allant de la vaisselle à des pièces uniques, et organisent aussi durant l'année des stages de poterie ainsi qu'une foire.

OCCITANIE PIERRES

Saint-Henri
CAHORS
✆ 05 65 35 54 92
www.occitaniepierres.com
Ouvert du lundi au vendredi de 8h30 à 12h et de 14h à 18h. Samedi matin sur rendez-vous.

Créé en 1993, l'entreprise est reconnue pour son savoir-faire autour de la pierre naturelle depuis plus de 30 ans. Utilisant le marbre, le granit et le composite pour les créations côté cuisine et salle de bain, Occitanie Pierres utilisent également la pierre calcaire naturelle façonnée sur site pour ses nombreuses autres réalisations. L'entreprise conçoit alors dallages, pavés, terrasses, murs, parements mais aussi piscines, plages, cheminées, escaliers, fontaines, piliers, balustres… le tout livré en France et à l'international.

AGNES FARGES

Rue de Pénitents
LE MALZIEU-VILLE
✆ 04 66 31 36 03
Atelier-boutique ouvert au public.

Depuis plus de vingt ans, elle s'est installée sur la Margeride pour y travailler la terre à modeler. La créatrice produit des pièces d'un bleu superbe ou d'un vert tendre, à partir d'émaux qu'elle fabrique elle-même. Bols, vases et objets sortent de ses mains ; l'argile semble lui obéir avant de séjourner dans un four. Les formes sont utilitaires ou décoratives, allant des services de table et des entonnoirs à confiture (très pratiques…) à de charmants mobiles. Et le détour dans son atelier-magasin est une halte incontournable dans le vieux village du Malzieu.

ARTISANAT

L'ESTIRGAGNE

20, place de l'Esplanade
FLORAC TROIS RIVIÈRES
✆ 04 66 45 13 34
www.castelpotier-encevennes.com
Haute saison : du lundi au samedi 10h-19h. Dimanche, 10h-12h30

La petite boutique présente le travail du potier Daniel Castel et de son épouse Geneviève. Objets décoratifs, vaisselle ou bijoux, les formes sont en constante évolution, les théières se font ventrues, les cafetières en forme de cône sont coiffées d'un petit tortillon. Le jeu de l'émail permet à ces deux artistes de faire varier les couleurs, tandis que le feu de la cuisson révèle des cristaux, produit des craquelures et des nuances. Une grande maîtrise et ce qu'il faut d'originalité pour ce beau travail. Galerie de jarres à la corde exposées à côté du magasin.

LA POTERIE DU SENS

BÉDOUÈS-COCURÈS
✆ 06 83 41 41 08
De juin à septembre : tous les jours, 9h-12h/15h-19h. Basse saison du lundi au vendredi.

Anthony Lagarde est céramiste et fabrique, au village de Bédouès, des poteries à partir d'argile à grès de Bourgogne. Il fait lui-même ses émaux à partir de matériaux locaux, comme la dolomie de Chanac, une roche qui entre dans la fabrication du verre (la carrière de Chanac fournit également Saint Gobain) ou de cendres de bois, pour rendre ses objets étanches et solides. Les pièces ainsi réalisées sont ensuite cuites à 1300° dans un four à gaz. Ses céramiques utilitaires, à l'aspect rustique et naturel se déclinent en pichets et récipients.

RÉGINE NOÉ

4, rue de l'Ancienne-Maison-Consulaire
MENDE
✆ 04 66 47 06 55
www.regine-noe.com
Boutique ouverte sur rendez-vous. Cours, stage et formation à la demande.

De la faïence au grès, Régine affectionne le tour, cet instant en fusion avec la terre. Ses pièces crues sont ensuite habillées de dentelle, de végétaux, d'oxydes et de cires d'abeille. Chaque pièce est pour elle l'expression d'une humeur, d'un instant unique. Elle aime partager sa passion et a créé ici un atelier de poterie : façonnage à la main, découverte des techniques à la masse, plaque, colombin, décoration, incrustation, empreinte, polissage... Elle reçoit ses élèves tout au long de l'année à l'occasion de cours régulier et des stages sur mesure.

BIJOUTERIE CALVET

140, Avenue Général de Gaulle
PRADES
✆ 04 68 96 07 18
www.bijouterie-calvet.com
Ouvert du mardi au samedi de 9h à 12h et de 14h à 19h. Visite gratuite de l'atelier et du musée.

La Bijouterie Calvet, fondée en 1804, est le plus ancien atelier de bijouterie du département. Cette enseigne membre de la Confrérie du Grenat de Perpignan et de l'Institut du Grenat vous convie à une visite de l'atelier de fabrication traditionnelle et authentique de bijoux en grenat catalan et la visite du musée. Le grenat de Perpignan est emblématique des Pyrénées Orientales. La tradition catalane, fidèlement suivi par la bijouterie Calvet, veut que le bijou soit impérativement en or 18 carats. Réparation, transformation de bijoux et créations sur mesure.

BONAFOS BIJOUTIERS

40, rue Traverse-de-Pia
PERPIGNAN
✆ 04 68 52 38 62
Basse saison, du mardi au samedi 9h-12h et 14h-18h. Haute saison, du mardi au samedi 9h-12h et 14h-19h.

Entreprise familiale créée en 1965 par Louis Bonafos, ce sont aujourd'hui ses deux fils, Marcel et Didier Bonafos, qui, côte à côte dans leur atelier, perpétuent le savoir-faire du Grenat Catalan. C'est dans la plus pure tradition qu'ils exécutent les gestes ancestraux pour donner au grenat toutes ses lettres de noblesse catalane. Une boutique-atelier, certes un peu excentrée, mais qui a gardé une âme d'antan. De vrais artisans-bijoutiers, qui fabriquent non seulement des bijoux, mais également font les transformations et réparations.

AU GRENAT DE TAUTAVEL

15, avenue Jean-Jaurès
TAUTAVEL
✆ 04 68 29 45 87
Du lundi au vendredi de 10h à 12h30 et de 15h30 à 19h ; Le samedi matin de 10h à 12h30

Offrez-vous le cœur palpitant de la Catalogne, offrez-vous un grenat ! Au Grenat de Tautavel est une bijouterie-atelier, membre de la très sélective «Confrérie du Grenat de Perpignan», qui garantit un montage traditionnel et conforme à la charte de la confrérie. Dans ce même esprit, vous serez accueillis pour visiter le mini-musée. En plus du grenat monté sur or 18 carats, vous aurez accès à de nombreux bijoux en argent avec des pierres fines telles que l'agate, l'améthyste, la topaze... N'hésitez surtout pas à y pénétrer, la beauté des bijoux est impressionnante.

JOYAUX CATALANS - MANUFACTURE DU GRENAT

62, avenue Guy-Malé - **PRADES**
✆ 04 68 96 21 03
www.joyaux-catalans.fr
Visites guidées. Entrée 3€ pour les adultes, gratuit pour les enfants. Ouvert du mardi au samedi.

La famille Privat est spécialiste du grenat catalan depuis 1945. Un circuit vous mène du hall d'expo (400 m²) où sont exposés d'anciens outils, à la mine de grenat reconstituée. Un guide vous accompagne et vous raconte l'histoire de ce bijou. Une vidéo vous en dira davantage sur les processus de fabrication : le grenat est une pierre mythique qui symbolise culturellement la Catalogne et représente vérité et fidélité. Enfin, les ateliers où la famille Privat travaille devant vous.

MAXIME CREUZET ROMEU - ARTISTE JOAILLIER

9, rue Font-Froide - **PERPIGNAN**
✆ 04 68 34 16 94
www.legrenatdeperpignan.fr
Du lundi au vendredi de 9h à 12h et de 14h à 19h ; Le samedi sur rendez-vous.

Diplômé de l'Ecole du Louvres et de l'Institut National de Gemmologie, Maxime fait ses armes dans l'atelier de la prestigieuse Maison Boucheron. Il a repris désormais l'atelier familial (son père, joaillier a été président de la Confrérie du Grenat pendant 22 ans), Maxime offre un travail sur mesure et personnalisé avec des bijoux aux formes inventives et contemporaines. Il crée, transforme et répare et croyez-nous, son savoir-faire exceptionnel et peu égalé devient accessible.

L'ESCALE CÉRAMIQUE

14, rue des Carmes
MONTAUBAN
✆ 09 80 59 49 72
Ouvert du mardi au samedi, 10h-13h/14h-19h.

Installé à Montauban, l'Escale Céramique est la dernière boutique ouverte par l'association *Terres Neuves du Sud Ouest*. 12 artisans potiers et céramistes sont regroupés au sein de cette boutique d'objets céramiques artisanaux. Vous accueillant à tour de rôle, vous pourrez retrouver ici des pièces entièrement réalisées à la main. Bols, tasses, pichets, huiliers, cache-pots, jardinières, sculptures, tableaux et bijoux céramiques ne sont que quelques exemples de ce que vous trouverez ici. Les techniques de chaque potier représente un savoir-faire traditionnel.

LE POT À L'ENVERS

Place Durand de Bredon
MOISSAC
✆ 05 63 39 82 51
Ouvert de mars à décembre.

C'est juste à côté de la célèbre abbaye de Moissac que la boutique associative Le Pot à l'Envers vous ouvre ses portes. 12 céramistes et potiers du sud-ouest exposent dans cette galerie-boutique leurs créations artisanales. Vous accueillant à tour de rôle, ils vous feront découvrir leurs collections : vaisselle, bijoux, sculptures, décoration, luminaires, objets pour le jardin, mangeoires à oiseaux, nichoirs, mille et une idées de cadeaux pour vous faire plaisir. Régulièrement, des céramistes sont invités à exposer leurs œuvres dans la boutique.

LES POTERIES D'ALBI

112, avenue Albert-Thomas - **ALBI**
✆ 05 63 60 71 00
www.lespoteriesdalbi.fr
Ouvert du lundi au vendredi de 8h30 à 12h et de 14h à 19h ; le samedi de 10h à 12h et de 14h à 19h. Boutique en ligne.

Les Poteries d'Albi créée en 1891 est le spécialiste de référence en matière de terre cuite émaillée en France. Briquetiers depuis 6 générations, ils vous invitent à découvrir des poteries de tous les styles, en terre ou vernissée, aux couleurs chaudes typiques du Sud. L'atelier décline les formes à travers plus de 800 modèles uniques qu'il présente dans son showroom, entièrement conçues, créées et fabriquées ici, à la main, que l'on imagine déjà orner notre terrasse ! L'entreprise a également développé la marque Clair de Terre, et propose du sur-mesure.

TERRES CUITES D'OCCITANIE

Le Simou
ALBINE
✆ 05 63 98 32 08
https://terrescuitesoccitanie.com
Ouvert du lundi au jeudi de 8h à 12h et de 13h30 à 17h ; le vendredi de 8h à 12h et de 13h30 à 15h.

Située dans un petit village du sud du Tarn, la manufacture s'est développée autour d'une carrière d'argile. Exploitée depuis 1878, l'argile est utilisée exclusivement dans la fabrication des produits de l'atelier de terre cuite. Dénommée aussi la briqueterie Bouisset, l'entreprise a gardé son savoir-faire traditionnel et artisanal ; de l'extraction de la terre au filage, à l'estampage, au pressage puis au coulage, au séchage et à la teinte jusqu'à la cuisson.

BOIS ET MÉTAL

Vous avez peut-être un objet, chez vous, qui vient des terres d'Occitanie ! Si ce n'est pas le cas, pas d'inquiétude, vous serez forcément amené à ramener un joli souvenir de votre visite de la région ! Ici, les entreprises au savoir-faire artisanal autour du bois et du métal, certaines labellisés EPV, sont nombreuses. Coutelleries et couteaux de Laguiole fusent en Aveyron, mais pas que ! Vous pourrez rapporter un joli couteau fait main dans le Gard, en Lozère et même dans le Lot. Vous rencontrerez sur votre chemin de nombreux artisan ferronniers qui travaillent l'art et la technique du travail du fer à la forge, à l'étampe ou au marteau et qui créent et restaurent des ouvrages de ferronnerie de la région. D'ailleurs, si le métier vous intéresse, quelques forgerons proposent des stages d'initiation à la forge.

Place au bois, où charpentiers conçoivent et réalisent autant des charpentes traditionnelles, des maisons à ossature bois, des hangars agricoles que des bâtiments publics à travers la région, mais aussi aux menuisiers spécialistes de l'aménagement intérieur qui sont eux aussi nombreux en Occitanie.

Nous vous faisons également pénétrer au cœur des papeteries locales. Avec un savoir-faire ancestral, ces entreprises réalisent le papier de la conception à la transformation en utilisant pour la plupart des fibres recyclées.

Durant votre visite, partez à la découverte de l'osier dans le Lot, où l'on fabrique des paniers de façon artisanale à la main, de la paille dans le Tarn-et-Garonne, où l'on crée des balais de paille comme au XIXe siècle, et même de la corne de vache dans l'Ariège, avec laquelle on fabrique des objets en tout genre. Vous découvrirez ici aussi des créations étonnantes autour du bois, le tout fabriqué en Occitanie : tableaux en bois avec les cartes des reliefs de sites régionaux par Boilisé, casse-tête par NKD Puzzle, création et restauration d'orgues et d'automates en bois par Le Ludion, vélo en bois par Gastaboy ou encore roulotte et tiny house par Jardin Bohème... Tant d'entreprises aux créations autant traditionnelles que modernes et originales !

ARTISANAT

COUTEAUX TISSEYRE

1, rue Jean-Jacques-Rousseau
LA BASTIDE-SUR-L'HERS ✆ 06 89 35 86 19
www.couteaux-tisseyre.com
Atelier-boutique ouvert sur rendez-vous, appeler avant.

Jean-Paul Tisseyre, meilleur ouvrier de France en 2007, est devenu l'un des meilleurs artisans d'art dans son métier. Il décline son savoir-faire dans deux marques déposées (Tisseyre et Montségur France), dessine et fabrique principalement des pièces uniques ou des petites séries (couteaux pliants ou fixes pour la randonnée, la chasse, la table ou la cuisine) qui se caractérisent par leur originalité et la grande qualité des matériaux utilisés. Il attire de nombreux collectionneurs, faisant le chemin jusqu'en Ariège pour se faire réaliser un couteau sur mesure.

COUTELLERIE SAVIGNAC

15, rue des Marchands - **FOIX**
✆ 05 61 02 90 70
www.couteau-savignac.com
Ouvert du mardi au samedi de 10h à 12h et de 14h30 à 19h. Livraison possible (vente en ligne).

La maison Savignac remonte à la deuxième moitié du XVIIIe. Les ancêtres de la famille étaient maîtres couteliers et fabriquaient des capucins, couteaux traditionnels, simples et très diffusés à l'époque. De nos jours, le capucin a évolué et est devenu un modèle exclusif, nommé « l'ariégeois ». Toute la production est locale. Les manches peuvent être en ivoire ou bois de cerf ou en os de mammouth stabilisé. Tous ces modèles sont prisés des collectionneurs. Découvrez la boutique ou commandez en ligne sur le site Internet. En face, le magasin dédié aux idées cadeau.

LA GEORGETTE

8, route de Miguet
SAINT-LIZIER
✆ 05 61 66 25 83
www.georgettes.fr
Ouvert tous les jours et les jours fériés.

La Georgette est un couvert hybride, un peu fourchette, un peu couteau, un peu cuillère, imaginé par Jean-Louis Orengo. Cet outil polyvalent, qui est aussi sacrément réussi sur le plan esthétique, tranche, tartine, pique et cueille. Taillé dans un inox épais et alimentaire, La Georgette se décline en différentes finitions : brillante, mate, métal argenté, titanium noir, or ou bronze. Il existe même une version adaptée pour les gauchers ! De nombreux grands chefs l'ont déjà adoptée, parmi lesquels Alain Ducasse ou Hélène Darroze.

BOILISÉ

10, Avenue du Champ de Mars
NARBONNE
✆ 04 68 42 12 09
www.boilise.com
Atelier ouvert au public sur rendez-vous.

Après des carrières dans le monde aéronautique, Lauren et Yohan, couple franco-brésilien attachant, décident de repenser leurs vies. Il créent alors à Narbonne une entreprise écoresponsable, en totale harmonie avec leurs convictions, concevant des tableaux originaux reprenant les cartes des reliefs de sites connus. L'utilisation du bois est pour eux évidente, tout comme le choix de fournisseurs locaux responsables et la fabrication de façon moderne et efficace. Découvrez sur internet ou à l'atelier ces cadeaux originaux personnalisable selon votre demande.

PAPETERIES LÉON MARTIN

La Forge
ENGOMER
✆ 05 61 96 81 11
www.papeteriesmartin.fr
Ouvert du lundi au vendredi de 9h à 12h et de 14h à 18h. Sur rendez-vous.

Depuis 1895 se perpétue le métier de papetier dans ce petit village ariégeois, aujourd'hui guidé par Hélène Martin. L'entreprise familiale a développé au cours des siècles un véritable savoir-faire ; les moulins à papier étaient alors légion et le papier réalisé à la main. De la conception à la production, à la transformation puis au façonnage, la société est spécialisée depuis plus d'un siècle dans la fabrication de papiers minces de 18 à 60 g/m² lisses apprêtés et minicrêpés, blancs et en couleurs, à partir de fibres vierges et de fibres recyclées.

ATELIER DRUILHET

Le Lac - **BARAQUEVILLE**
✆ 05 65 71 92 57
www.druilhet.com
Ouvert le lundi, le mardi, le jeudi et le vendredi de 8h à 12h et de 13h30 à 18h ; le mercredi jusqu'à 17h.

Cette entreprise artisanale est spécialisée dans la charpente, la menuiserie, la ferronnerie, ainsi que les aménagements intérieurs et extérieurs. C'est avec la passion du bois et l'amour du métier qu'elle a été créée en 1986 avec seulement deux salariés, et s'est multipliée par dix aujourd'hui. En plus de la restauration de menuiseries de bâtiments et de châteaux, l'Atelier Druilhet conçoit des projets de qualité s'adaptant aux besoins de tout public : création de cabanes dans les arbres, de mobilier de jardin unique ou de pergolas…

SILICORNE VALLÉE

Hameau Le Gélat
BÉLESTA
✆ 06 89 52 63 52
www.silicornevallee.com
L'été, ouvert tous les jours de 10h à 18h.

Les Américains ont leur Silicon Valley, mais l'Ariège a sa Silicorne Vallée ! Depuis 2013 à Bélesta, un petit atelier artisanal perpétue une ancienne tradition de la vallée de l'Hers. On y fabrique des objets en corne de vache, faits main avec soin et amour ; boites et contenants en corne et en bois, bijoux, porte-clés, magnets, médiators, objets pour la table ou le bureau, outils d'artisans... Arielle et Jean vous accueilleront chaleureusement dans leur atelier-boutique et vous présenteront les étapes de travail de la corne.

BENOÎT L'ARTISAN

21, allée de l'Amicale
LAGUIOLE
✆ 05 65 51 55 80
www.laguiole-benoit.com
Ouvert du lundi au samedi de 9h30 à 12h30 et de 14h à 19h.

Formé en apprentissage dans l'atelier de son père, Benoît Mijoule est devenu en plus de vingt de métier un maître en coutellerie. L'artisan a notamment créé son couteau Laguiole signature : le Tribal, un couteau contemporain aux lignes épurées qui tient bien dans la main. Maître artisan d'art, Benoît Mijoule propose aussi six visites par jour de son atelier tout au long de l'année et des personnalisation sur mesure, gravures sur lames, ressorts ou abeille. Il organise également sur réservation des stages de fabrication de couteau.

BUFFADOO

23, allée de l'Amicale - **LAGUIOLE**
✆ 06 80 06 72 04
www.buffadoo.com
Produits à découvrir à la galerie Le Taureau face à la place du Taureau (Laguiole) sur rendez-vous. Boutique en ligne.

Jérôme Roux et André Bras, responsables de la production à la forge de Laguiole, ont revisité la tradition du buffadou. Appareil emblématique des plateaux de l'Aubrac et du Gévaudan, il servait autrefois à attiser les flammes de la cheminée. Aussi utilitaire que décoratif, l'objet a été rebaptisé Buffadoo et a été remis au goût du jour avec des matériaux contemporains (acier ou aluminium et poignets en cuir). Avec deux dispositifs brevetés, il a su toutefois conserver ses sortilèges d'autrefois. Vous pouvez le découvrir à la galerie Le Taureau.

FORGE DE LAGUIOLE

Route de l'Aubrac
LAGUIOLE
✆ 05 65 48 43 34
www.forge-de-laguiole.com
Visite libre du lundi au vendredi de 9h à 12h et de 13h30 à 17h30. Boutique ouverte le samedi.

Fabriqués dans la manufacture selon la tradition coutelière qui remonte à 1828, chaque couteau de Forge De Laguiole porte la signature de leurs couteliers. C'est une centaine de couteliers qui œuvrent au quotidien au sein de la manufacture pour réaliser à la main des pièces uniques. En prenant le temps d'une visite de l'atelier, vous y découvrirez par exemple des démonstrations de montage d'un couteau ou encore le secret des manches en bois sculptés et façonnés en corne, en os, ou même en molaire de mammouth. Un vrai voyage dans le temps !

COUTELLERIE DU BARRY

4, Place du Foirail
LAGUIOLE
✆ 05 65 48 43 19
www.coutelleriedubarry.com
Ouvert du mardi au samedi de 9h30 à 12h30 et de 14h30 à 18h30.

En patois Aveyronnais, *lou barri*, signifie « le quartier ». Pourtant cette coutellerie, de plus de trente ans d'âge, a dépassé les frontières. Il faut dire que les couteaux qu'Antoine fabrique méritent d'être vus. Son secret ? L'utilisation de matériaux traditionnels bien sûr, mais aussi un savoir-faire inégalable. Les manches se font en bois d'olivier, buis, genévrier, ébène, thuya, corne de bovin et même os de girafe, croûte ou molaire de mammouth, abalone, pour la gamme Prestige. En 2020, sa fille Elodie a repris le flambeau en testant de nouvelles matières.

LA COUTELLERIE DE LAGUIOLE HONORÉ DURAND

Route de l'Aubrac - **LAGUIOLE**
✆ 05 65 51 50 14
www.layole.com
Ouvert tous les jours de 9h à 12h30 et de 14h à 18h30. Visite gratuite de l'atelier de fabrication.

Depuis trente-cinq ans, cette entreprise familiale fabrique de manière artisanale le fameux couteau de Laguiole. Elle propose des modèles de couteaux de Laguiole classiques respectant l'histoire et les traditions de l'Aubrac, mais aussi des modèles de couteaux de Laguiole plus modernes. Découvrez les stages de coutellerie ou profitez d'une visite gratuite de l'atelier pour en découvrir un peu plus sur les secrets de fabrication, mais aussi pour faire aiguiser ou graver votre couteau !

ESCALIERS BOIS DE L'AUBRAC

Les Bessières
ARGENCES EN AUBRAC
✆ 05 65 66 40 37
https://eba.fr
Ouvert du lundi au jeudi de 8h à 17h45 ; le vendredi de 8h à 17h. Sur devis.

Sur le plateau de l'Aubrac se cache EBA, créateurs d'escaliers en bois haut de gamme. Cette entreprise aveyronnaise ne transige pas sur la qualité de sa fabrication, et en visitant l'atelier, on découvre que la main de l'homme est complémentaire avec la machine. Le catalogue offre une jolie gamme de produits élégants et contemporains. Avec ses 2 000 escaliers fabriqués chaque année, la société peut se vanter de se placer 5e en capacité de production en France, l'unique en sur-mesure.

LAGUIOLE VILLAGE

2, Place du Foirail - **LAGUIOLE**
✆ 05 65 48 48 41
www.laguiolevillage.com
Ouvert du mardi au samedi de 10h à 12h30 et de 14h à 18h ; le dimanche matin. Visite gratuite de l'atelier à Espalion.

En créant Laguiole Village, dont l'atelier est situé à Espalion, Cathy et Francis se sont donné pour objectif d'allier tradition et innovation. Chaque couteau est fabriqué par un même coutelier de la première étape jusqu'à la dernière, donnant une âme et reflétant celui qui l'a façonné. Les pièces des Laguiole sont découpées au jet d'eau, permettant la création de nombreux nouveaux modèles originaux. Vous pouvez visiter l'atelier de fabrication et en découvrir plus sur leurs techniques et procédés, sans oublier de faire graver votre couteau !

LARZAC BOUL'VARD - LE COUTEAU DU LARZAC

8, place du mandarou - **MILLAU**
✆ 05 65 60 66 50
https://couteau-du-larzac.com
Ouvert du mardi au samedi de 9h30 à 12h30 et de 14h à 19h. L'été, du lundi au samedi de 9h30 à 19h.

Dans les ateliers de coutellerie L'Âme du Causse, se cachent les fabricants du couteau du Larzac. Sur ces terres chargées de légendes, ce couteau rude et authentique était autrefois le compagnon des bergers. L'atelier diversifie sont offres avec d'autres couteaux aux histoires d'antan : le Fidélis, l'Âme du Pèlerin, le Santiago, le Roquefort et l'Aveyronnais. Pour les dénicher, direction la boutique au cœur de Millau ou bien la boutique en ligne.

LE LIADOU DU VALLON

24, Tour de Ville - **MARCILLAC-VALLON**
✆ 05 65 67 15 12
www.le-liadou.com
Ouvert du mardi au samedi de 9h à 12h et de 14h à 18h. Le dimanche, d'avril à septembre de 10h à 12h30.

Le Liadou signifie « outil à lier » en occitan. Cet authentique couteau de vigneron aveyronnais, simple, robuste et fonctionnel, servait autrefois aux vignerons de Marcillac pour fendre l'osier et « lier » la vigne pour la taille en couronne. Son fabricant, situé dans l'atelier de Marcillac-Vallon, œuvre pour conserver fidèlement sa forme traditionnelle. La collection est variée ; du couteau original de 12 cm au Petit Liadou, jusqu'au Liadou de table et au Liadou tire-bouchon, il se décline aussi en différents bois nobles (buis, ébène, genévrier, olivier...)

COUTELLERIE LE CAMARGUAIS

Route d'Avignon
BEZOUCE
✆ 04 66 75 28 21
www.lecouteaucamarguais.com
Boutique physique et en ligne. Visite de la boutique pour les groupes. Stage.

Didier Lascombe, ancien raseteur a fondé en 1993 une coutellerie familiale et traditionnelle. Dans son atelier situé à Bezouce, l'artisan fabrique, à la main, le véritable couteau camarguais, dont les manches sont taillés dans des matériaux nobles et naturels : corne et bois de la région - dont le bois d'olivier. Robuste mais élégant, cet accessoire s'est rapidement imposé dans le quotidien des gens du coin, pour lequel il est devenu un compagnon authentique.

FER À MODELER

ZAE Les Catananches
MÉJANNES-LE-CLAP
www.ecoledeforge.fr
Planning des stages en ligne.

Fer à Modeler est un centre de formation, le plus grand centre privé de France dans ce domaine, où la technique millénaire de la forge est enseignée. Au cœur de la garrigue, l'école propose différents niveaux de stages initiatiques, relativement intenses, puisqu'en quelques semaines seulement, les élèves sont capables d'ouvrir leur propre atelier et de forger en totale autonomie. Plusieurs professionnels aguerris enseignent ainsi la forge, la métallerie et la coutellerie. Une transmission des savoirs qui est ouverte à tous les publics.

MOLINELLI MÉTAL

10, rue de la Bergerie
COMBAS
✆ 04 66 80 19 54
www.molinellimetal.com
Ouvert du lundi au jeudi de 7h à 16h et de 7h à 15h, sur rendez-vous.

L'entreprise naît d'une relation toute particulière entre Bruno Romano et Clément Molinelli avec une histoire de passion, de soudure, de forge, de feu, de métal, de formes et de création rassemblant les deux hommes. L'entreprise travaille à la fois sur la ferronnerie traditionnelle liée au patrimoine et la métallerie contemporaine, plus axée sur le design. Ces savoir-faire nécessitent le travail de plusieurs corps de métier : dessinateur, concepteur, forgeron... ayant œuvré par exemple sur le théâtre antique d'Orange ou sur le palais Carli à Marseille.

JARDIN BOHÈME

Route de mouchan
VIC-FEZENSAC
✆ 05 62 05 34 26
https://www.jardin-boheme.com
Ouvert du lundi au jeudi de 8h30 à 12h et de 13h à 17h ; le vendredi de 8h30 à 12h. Sur rendez-vous.

Cette petite entreprise basée dans le Gers est spécialisée dans la fabrication sur-mesure de roulottes, *tiny houses*, maison flottante, *house boat*, extension et agrandissement de maison, studios et bureaux de jardin, carrosses, poulaillers et cabanes d'enfants. Dans un engagement éco-responsable, il utilise du bois issus des forêts Pyrénéennes qu'ils traitent de manière écologique. Depuis plus de 10 ans, c'est la passion du bois qui anime toute l'équipe avec comme objectif : satisfaire le client et les faire rêver, les faire voyager à travers leurs créations.

MÉLOPÉE ♫

10, Bis Route d'Ax
PORTET-SUR-GARONNE
✆ 06 85 11 34 52
https://www.melopee.fr
Ouvert du lundi au vendredi de 9h30 à 18h. Sur rendez-vous uniquement.

Sébastien Berlinet est luthier et passionné de musique. C'est au Canada auprès de Jeremy Hamm qu'il a appris à fabriquer, régler et réparer des guitares. Il crée alors Mélopée en 2016 dans la région Toulousaine, l'atelier de lutherie spécialisé dans la fabrication de guitares et ukulélés taillés pour voyager. Fabriqués de manière artisanale, les instruments se veulent qualitatifs, avec du caractère, agréables à jouer et facilement transportables. Sébastien propose également des stages de lutherie pour réaliser soi-même son propre ukulélé personnalisable !

MUSÉE DU BOIS ET DE LA MARQUETERIE ★

13, rue Jean-Moulin - **REVEL** ✆ 05 61 81 72 10
www.museedubois.com
Basse saison : mar-ven 14h-18h et samedi 10h-13h et 14h-17h30. Haute saison : tous les jours de 11h à 18h. Entrée : 5 €.

Le musée du Bois et de la Marqueterie est installé à Revel depuis 1994. Découvrez l'histoire des artisans du bois à travers un parcours didactique, sensoriel et artistique de 2 000 m^2. Ne manquez pas la «xylothèque» qui permet de découvrir des centaines d'essences d'arbres, aux propriétés nombreuses, répertoriées et expliquées. Le musée accueille régulièrement des expositions temporaires, qui mettent en valeur la création contemporaine. Un très beau musée à ne pas manquer.

DESIGN & BOIS

13, rue Maréchal Foch
LABORDE
✆ 05 62 40 94 49
www.design-et-bois.com
Pas de boutique. Contact par téléphone ou e-mail. Informations complémentaires sur le site web.

C'est dans la passion et le respect du bois que Cyril Larrouy a repris l'atelier de son grand-père en 1995. Garant d'un savoir-faire ancestral, il propose aujourd'hui des produits toujours plus innovants et créatifs afin de répondre à la demande du marché du packaging haut de gamme. Il se fournit en bois localement et en utilisant la noblesse de ce matériau ainsi que son aspect authentique, il crée dans son atelier de belles gammes de produits : flacons de parfum en bois, bouteilles de vin et de champagne ainsi que écrins et des coffrets.

SERAL

38, Chemin de Lannedarré
LOURDES
✆ 05 62 94 04 07
www.seral-lourdes.com
Ouvert du lundi au vendredi de 8h à 12h et de 13h30 à 17h. Visite guidée l'été (5 €/adulte).

C'est au cœur de Lourdes que l'entreprise SERAL (Sociétés éditions religieuses et articles de Lourdes) fabrique depuis 1946 les médailles et les statues de Notre-Dame de Lourdes. Les fondateurs avaient pour conviction et pour engagement de permettre aux pèlerins de rapporter avec eux un objet de Lourdes, un symbole de leur dévotion. Les articles sont produits de manière artisanale et traditionnelle, demandant une attention particulière car confectionnés et décorés à la main. Des visites de l'atelier sont organisées en juin pour en apprendre plus.

CLAVECINS MARTINE ARGELLIES ♫

11 bis, rue des Soldats
MONTPELLIER
✆ 04 67 06 05 69
www.clavecins-argellies.com
Sur rendez-vous.

Martine Argellies crée son atelier en 1981. À travers ses compétences du travail du bois, de l'acoustique, de l'histoire et de la décoration du clavecin, elle « fait apprendre au bois et au fer à chanter ». Dans son atelier, elle produit ses instruments à partir de plans d'instruments des XVIIe et XVIIIe siècles, de différentes écoles de facture, dont les caisses sont produites en bois massif, dans les essences des instruments d'origine. L'atelier accueille également des concerts.

GASTABOY - VÉLO EN BOIS

VILLEVEYRAC
✆ 06 07 22 94 85
https://gastaboy.com/
Ouvert du lundi au vendredi de 8h à 12h et de 14h à 19h. Sur rendez-vous.

En créant Gastaboy, Eddy Jeantet a voulu mélanger ses deux passions : l'art du travail du bois et le cyclisme. Fils et petit-fils de menuisier, il sélectionne avec soin un bois de qualité et c'est à la main qu'il fabrique chaque vélo. Son savoir-faire lui permet de travailler sur différents métiers du bois : luthier, menuisier, charpentier, ébéniste et sculpteur. Chaque vélo est unique, artistique et a sa propre authenticité, tout en étant performant et confortable, et ayant pour but de ravir les passionnés de cyclisme et de pièces uniques.

NKD PUZZLE

462, Avenue Joseph Vallot - **LODÈVE**
✆ 09 50 55 61 24
https://nkd-puzzle.com/fr/
Ouvert du lundi au vendredi de 10h à 18h ; le samedi de 10h à 12h et de 13h à 18h. Boutique en ligne.

Entreprise sociale et éthique, NKD Puzzle conçoit à Lodève depuis 2017 des jeux, des casse-têtes et puzzles en bois. N'utilisant que des matériaux naturels français comme le bois de peuplier d'Auvergne ou de bouleau, l'entreprise s'engage dans une vraie démarche éco-responsable. L'équipe menée par Néo et Julien a été récompensée en 2021 par «le prix de la TPE» de la région Occitanie. Dans leur boutique, vous pourrez retrouver leurs produits phares qui se vendent à l'international : le kit Puzzle Box «Mécanigma» ou encore «l'Architecto».

COUTELLERIE LE LOTOIS XLVI

Auberge Beauville
ESPÉDAILLAC
✆ 06 75 21 70 96
Sur rendez-vous.

Figure du village d'Espédaillac au cœur du Lot, Stéphane Rossignol est à la tête de l'Auberge Beauville depuis près de 25 ans. Il y a créé la Coutellerie Le Lotois XLVI où il fabrique avec passion un couteau simple, sobre et élégant gravé de ses mains. Ses couteaux sont inspirés de ceux qu'il utilise en cuisine. Si vous souhaitez lui rendre visite à l'auberge ou dans son atelier en passant à Espédaillac, appelez-le avant afin d'être sûr de sa disponibilité.

COUTEAUX CHASSINT

38, rue Gambetta - **FIGEAC**
✆ 05 65 34 47 69
www.couteaux-chassint.fr
Ouvert du lundi au vendredi de 15h à 18h ; le samedi de 10h à 12h.

Dans son atelier de Figeac, Fabrice Chassint façonne des couteaux de haut vol. Fasciné par l'objet et passionné d'aviation, l'artisan conjugue ses deux violons d'Ingres dans ses créations. Son Figeac est ainsi un couteau de poche qui reproduit une hélice Breguet : une pale en bois autrefois fabriquée par l'entreprise Ratier. Monté et ajusté à la main, son manche est taillé dans différents matériaux. Le Figeac est aussi reconnaissable à sa molette crantée, qui lui donne l'aspect d'une hélice, et qui permet de déplier et refermer le couteau d'une seule main.

L'OSERAIE DU QUERCY

Le Bourg
CALVIGNAC
✆ 06 88 37 14 87
https://www.loseraieduquercy.fr
Ouvert tous les jours de 9h à 18h. Commande d'osier et de boutures possible. Appeler avant.

Au cœur du parc naturel régional des Causses du Quercy, Isabelle cultive plusieurs variétés d'osier en biodynamie. En tant que vannière, elle fabrique des paniers en osier brut et blanc sur commande et selon les techniques traditionnelles, et répare également du mobilier en rotin. Parmi ses créations, on peut compter de nombreux paniers à provisions, à champignons, à bois, des paniers à fraises, des plateaux et corbeilles, mais aussi des reproductions de paniers « usés ». Vous pouvez vous initier à la vannerie lors de ses stages pour adultes et enfants.

COUTELLERIE DES 3 CHATS

La Reule - **GINDOU**
✆ 06 20 30 03 53
https://coutelleriedes3chats.com
Ouvert du lundi au samedi à partir de 10h et à partir de 18h ; le dimanche à partir de 10h et à partir de 13h. Sur RDV.

Dans un petit village du Lot, Mathieu est installé comme coutelier depuis seize ans. Il est le créateur du Bourian, un piémontais rustique, moderne tout en étant pratique, costaud et élégant, aux différents bois nobles. Ce passionné s'est lancé aussi dans la création de nombreuses pièces uniques à son image, selon ses envies du moment. Vous pourrez retrouver ses créations en ligne et sur les marchés de la région. Vous avez des couteaux usés, démodés ou des outils à rénover ? Confiez-les à Mathieu, il vous les transformera pour un rendu comme neuf !

L'ATELIER D'A

Clamouse
CHAUDEYRAC
✆ 06 76 29 30 57
www.latelierda.fr
Stages initiation à la forge. Tarifs complets en ligne.

C'est dans la maison familliale qu'Alizon Ginoux a choisi d'installer sa forge pour concrétiser un rêve : réaliser les créations nées sur papier. Plasticienne de formation, elle découvre l'art de la forge après sa licence en arts plastiques. De bouts de métal elle fait naître des objets utilitaires et décoratifs. La sculptrice est capable de créer aussi bien un petit lézard, un dragon, un arbre à bijoux qu'un lit de princesse tout en volutes et baldaquin. N'hésitez pas à aller visiter sa boutique et pourquoi pas vous initier vous aussi !

L'ATELIER DE LA GARDABELLE - MENUISERIE BOUSQUIÉ

Langlade
BRÉNOUX
✆ 06 73 90 66 08
Sur rendez-vous.

Maître artisan en métiers d'art et menuisier ébéniste, Christophe Bousquié a plus de trente-cinq ans d'expérience. Après un passage chez les Compagnons du devoir, il s'est spécialisé dans la restauration du patrimoine bâti ancien et des monuments historiques. Il crée également des cuisines, du mobilier et des agencements intérieurs. L'Atelier Bousquié est régulièrement primé au concours Savoir-faire et Patrimoine organisé par la chambre des métiers de Lozère.

LE LOZÈRE

Lieu dit L'Hermet
SAINT-JEAN-LA-FOUILLOUSE
✆ 06 72 29 06 41
https://lelozere.fr/
Sur rendez-vous.

Artisan passionné et créateur du couteau Le Lozère, Nicolas Mourgues s'inspire de son environnement sauvage, préservée et hétérogène. Au nord de la Lozère, il crée un couteau d'exception, un « fidèle compagnon » aux lignes épurées et au mécanisme ingénieux. Yves Neveux, fondateur du premier modèle, y a laissé la signature d'un territoire d'expérience et d'expérimentation, que Nicolas Mourgues a su faire évoluer en 30 ans à travers les valeurs d'authenticité et d'innovation. Le Lozère est disponible sur la boutique en ligne et chez de nombreux revendeurs en France.

LA FORGE CATALANE

9, rue Ampère
CABESTANY
✆ 04 68 50 18 37
www.laforgecatalane.com
Ouvert du lundi au vendredi de 8h à 12h et de 14h à 19h.

C'est en 1981 que naît La Forge Catalane. Depuis plus de 30 ans, la créativité et le savoir-faire des ferronniers s'adaptent avec succès aux envies du public qui réalisent avec passion portails, portes, pergolas, escaliers, mobilier d'intérieur et d'extérieur, verrières… Le fer forgé, savamment travaillé, patiné, devient un objet convoité, intemporel, à mi-chemin entre l'art et la tradition. Aujourd'hui, les forgerons ont bien compris qu'il est possible d'allier leur savoir-faire aux nouvelles technologies, sans en changer l'essence.

ALEX ARTISAN COUTELIER

26, Grand Rue Raymond VII
CORDES-SUR-CIEL
✆ 05 63 56 10 83
www.alex-couteaux.fr
Ouvert tous les jours de 10h à 18h.

C'est lors de ses passages dans des prestigieuses maisons de coutellerie traditionnelle à Laguiole qu'Alexandre Deltour s'est formé. Dans sa boutique dans le joli village de Cordes-sur-Ciel, il propose sa propre ligne de couteaux, originaux, esthétiques et harmonieux, associant le travail du métal, des matières naturelles et des matières recyclées stabilisées. Dans sa boutique, vous trouverez des Laguiole, mais aussi de nombreuses créations, comme ses modèles de couteaux Alla Moda, en petit format et format de table, le tout forgé de ses propres mains.

LES BALAIS DE PAILLE COULOM

65, Chemin de Verdunenc
GRISOLLES
✆ 06 21 02 02 22
www.balaispaillecoulom.com
Atelier ouvert du lundi au vendredi à partir de 14h30 et à partir de 17h30.

Jean-Marc Coulom est l'héritier d'un savoir-faire artisanal datant de 1856. Il se lance dans le métier en 1987 et jusqu'en 1990, il cultivait lui-même un hectare de sorgho afin de se fournir en paille pour sa brosserie. Il participe à sa relance à Grisolles en 2021, et fidèle à son éthique, à la recherche de la qualité et de l'authenticité, il conçoit à la main ses balais dans la plus pure tradition d'antan avec une paille poussant désormais à deux pas de son atelier.

FONDERIE DE BRONZE LAURAGAISE ★

9, rue le Clos des Rieux - **BLAN**
✆ 05 63 75 22 86
www.fonderie-lauragaise.com
Showroom et atelier d'artiste ouvert du lundi au jeudi de 8h à 17h ; le vendredi de 8h à 16h.

Depuis 1979, la Fonderie de Bronze Lauragaise s'efforce à maintenir la tradition des fondeurs d'art à la cire. Étant l'une des dernières en France à exister, l'entreprise est fière de mettre à disposition cet atelier aux artistes sculpteurs de bronze, où ils peuvent travailler en étroite collaboration avec des mouleurs, des préparateurs en cire, des enrobeurs, des ciseleurs et des patineurs. Le showroom est ouvert à la visite, où sont exposées des œuvres réalisées dans tous styles.

ARTISANAT

HABILLEMENT ET ACCESSOIRES

Si vous aimez la mode, vous êtes servi en Occitanie ! Ici, nombreuses sont les entreprises de textile, d'habillement et d'accessoire qui produisent localement. Beaucoup sont d'ailleurs signées « Fabriqué en Occitanie », une signature régionale de reconnaissance créée par la Région, qui vise à faire rayonner les savoir-faire d'une communauté de fabricants engagés pour l'économie régionale et la responsabilité environnementale. D'autres sont signées « Fabriqué en Aveyron », une signature locale qui partage l'identité, l'histoire et les talents des producteurs et artisans aveyronnais. Le Petit Futé vous amène dans le monde du textile d'Occitanie, où des baskets sont fabriquées dans l'Hérault, des bottines sont faites à la main en Camargue dans le Gard et des espadrilles sont produites en pays catalan. Entre filatures textiles, utilisant mohair, alpaga, mérinos et soie dans le Tarn et manufactures de tissage de toiles dans les Pyrénées-Orientales, vous découvrirez tous les secrets des vêtements *made in* Occitanie. En Lozère, vous partirez à la découverte des jeans et des vêtements responsables de haute qualité confectionnés en Cévennes par l'Atelier Tuffery. Vous ferez un détour du côté des Pyrénées, là où quelques bergers passionnés réalisent bonnets et gants en laine des montagnes d'Ariège. Vous passerez par Caussade, véritable capitale du chapeau en France, et par Millau, capitale de la peau, du cuir et du gant, pour dégoter dans un atelier-boutique des pièces classiques, prestige, fantaisie ou personnalisables. Ils sont nombreux, les artisans du cuir, à confectionner sacs, portefeuilles, porte-monnaie et ceintures dans la région. Vous découvrirez également les accessoires originaux créés par les artisans locaux, tels que des sacs et bagages à l'allure rétro produits en Aveyron par Bleu de Chauffe, ou encore des sacs et sacoches de vélo cousues à la main par l'Atelier Vélocidade... Lors d'une visite d'un petit atelier local ou d'une manufacture, découvrez les coulisses du monde du textile occitan. Et en boutique, vous trouverez certainement un article pour vous faire plaisir ou pour offrir !

ATELIER VELOCIDADE

6, Rue Astronome Vidal
MIREPOIX
https://ateliervelocidade.com/
Boutique en ligne.

Le passionné de vélo Ricardo Vieira se lance dans la création et la fabrication de ses premiers objets lorsque son grand-père lui offre une machine à coudre pour ses 17 ans. Designer et couturier, il fonde Vélocidade en 2020 et propose des sacs et sacoches pour vélo, en toile imperméable et résistante aux rayons UV. Fabriqués localement et de ses propres mains, avec des matières premières durables et réparables, 15 modèles sont disponibles sur la boutique en ligne, ce ne sont pas moins de 779 sacs qu'il a fabriqués depuis son lancement.

LE BONNET DES MONTAGNES

2, chemin du vignadou - **ARIGNAC**
✆ 06 22 56 21 61
https://lebonnetdesmontagnes.fr/
Visite de l'atelier sur rendez-vous, appeler avant.
Boutique en ligne.

Marie a créé Le Bonnet des Montagnes en 2019 au pied des Pyrénées. Elle travaille avec un berger élevant des brebis mérinos et fabrique elle-même chaque pièce dans son atelier. En plus des bonnets sur mesure, elle propose une belle gamme de produits pour chaque besoin : le bonnet Docker au style urbain, le bonnet M'Ax qui se transforme en tour de cou, en bandeau ou en manchon chauffe-mains, mais aussi le Pyrénéen, un bonnet léger et respirant adapté au sport et aux activités de montagne. Marie propose également des formations de découverte du travail de la laine.

CHAPELLERIE SIRE

14, rue Gabriel Péri - **PAMIERS**
✆ 05 61 60 18 00
www.chapelleriesire.fr
Ouvert du mardi au vendredi de 9h30 à 12h30 et de 14h à 19h ; le samedi de 8h30 à 13h et de 14h à 19h.

On travaille du chapeau à Pamiers ! Cette maison a été fondée en 1870 et Jacqueline Sire Balança est la 5ème génération. Elle vous accueille tout sourire, avec professionnalisme et conseils adaptés pour tous les budgets. On trouve des centaines de couvre-chefs. Des chapeaux pour les cérémonies, du plus classique aux créations les plus folles, des panamas, des melons, casquettes. Bien sûr vous trouverez là le fameux béret ariégeois décliné tout en couleurs et des gants, foulards en soie, étoles... Adresse comme on les aime, pleine de charme et de tradition.

LAINES PAYSANNES

La Jalousie - **SAVERDUN**
✆ 05 61 60 96 48
https://laines-paysannes.fr/
Boutique ouverte du lundi au vendredi de 9h à 13h et de 14h à 17h. Boutique e-commerce et achat en ligne possible.

Paul et Olivia ont voulu revaloriser les laines locales des Pyrénées, précieuses ressources agricoles et artisanales, en créant Laines Paysannes. Située dans l'Ariège, l'entreprise est portée par une démarche écoresponsable en travaillant avec des éleveurs de brebis locaux, en tissant dans ses propres ateliers et en collaborant avec des partenaires dans un rayon de 350 km autour de la matière première. La marque propose des articles de mode, une collection pour la maison, des tapis, mais aussi de la laine en vrac et des fils de laine à tricoter.

PASCAL JUSOT - ARTISAN SABOTIER

Aret - **ARRIEN-EN-BETHMALE** ✆ 05 61 96 78 84
http://artisan-bois-sabots.fr
L'été, ouvert tous les jours de 15h à 19h. Visite commentée le mardi à 15h : 3 €. Hors saison : appeler avant de passer.

En Ariège, Pascal Jusot perpétue depuis quarante ans la tradition de la fabrication des sabots en bois et des sabots de Bethmale à la longue pointe effilée. Il propose également des objets de décoration sur le thème du sabot et effectue des reproductions d'objets traditionnels tels le lérou ou la cuillère à écrémer. N'hésitez pas à passer dans son atelier pour une visite commentée afin de découvrir les différentes étapes de la fabrication de ces incroyables sabots de Bethmale.

MONTCAPEL

Avenue de la gare
MONTAZELS
✆ 04 68 20 23 55
www.montcapel.com
Ouvert du lundi au jeudi : 9h-12h/13h30-17h. Vente de chapeaux.

Quelle belle histoire que la renaissance de cette chapellerie de la haute vallée de l'Aude, qui est l'ultime lieu à fabriquer, avec un savoir-faire unique et ancestral, des chapeaux en laine feutrée, depuis la matière première jusqu´au produit fini. Tel un phénix, cette entreprise retrouve un nouveau souffle grâce à un modèle coopératif. Les modèles, portés par les plus grands de ce monde, reprennent vie sous les différentes formes, et remettent au goût du jour le modiste français de haute qualité, du «made in France» exceptionnel pour toutes les bourses.

LE MOUTON À SOIE

59, avenue de Perpignan - **SIGEAN**
✆ 06 23 50 08 43
www.lemoutonasoie.fr
Voir site internet. Boutique ouverte sur rendez-vous.

Lisa Peissak cherchait des vêtements en laine et soie mélangées, adaptés à ses désirs.. N'en trouvant pas elle décide de les concevoir et de les faire fabriquer elle-même, tout en faisant des choix éthiques et écologiques forts ! Ses créations, à porter hiver comme été, sont faites de 70% de laine mérinos biologique et de 30% de soie naturelle entièrement fabriquées en France. Ces habits, à voir sur le site web, sont pratiques, colorés, adaptés à toute morphologie, destinés aux adultes et aux enfants pour lesquels sont conçus des modèles modulables. Nous on adore !

L'ATELIER DU GANTIER

21, rue Droite
MILLAU
✆ 05 65 60 81 50
www.atelierdugantier.fr
Ouvert du lundi au samedi de 9h à 12h et de 14h à 19h.

Créée en 1989, l'entreprise a pour idée de proposer des gants de ville en cuir accessibles et intemporels au plus grand nombre. Fabriqués dans le savoir-faire traditionnel, les gants ont l'exigence d'être durables, solides, confortables et réparables. En plus d'équiper les personnages de quelques films célèbres, l'Atelier du Gantier collabore avec les costumiers du célèbre parc d'attraction parisien. En plus d'un passage en boutique, profitez d'une démonstration de fabrication de gants à l'atelier, sans oublier de vous faire faire votre paire sur-mesure !

AUBRAC BOTTIER

16, avenue de St-Geniez
SAINT-CÔME-D'OLT
✆ 06 85 02 70 42
https://aubrac-bottier.fr/
Visite de l'atelier-boutique sur rendez-vous.

Frédéric Salé est passionné par le métier de bottier. Doté d'une longue expérience dans le milieu, il a créé Aubrac Bottier et fabrique à la main dans son atelier aveyronnais, au pied de l'Aubrac, des chaussures de haute qualité dans les traditions et les savoir-faire hérités des maisons les plus réputées. Il s'adresse aux consommateurs sensibles à un mode de production respectueux, local et dégageant les valeurs d'un territoire exceptionnel. Il propose du sur mesure mais aussi trois gammes de chaussures avec différents modèles : campagne, urbain et prestige.

BLEU DE CHAUFFE

MILLAU
www.bleu-de-chauffe.com
Boutique en ligne. Liste des points de vente en ligne.

Le bleu de chauffe évoque la veste en toile autrefois portée par les conducteurs de locomotives à vapeur. C'est aussi la signature choisie par une jeune maison de maroquinerie. Les créations de la marque sont inspirées des vieux sacs de métiers que trimballaient dans le temps ouvriers et artisans : postiers, plombiers ou médecins. Elles sont entièrement manufacturées en Aveyron. Les peaux sont rigoureusement sélectionnées et tannées de façon naturelle et végétale. Chaque sac est signé et daté par celui qui l'a façonné « comme une pièce unique ».

GASTON MERCIER

Domaine du Mas du Vinaigre
SAINT-LÉONS
✆ 05 65 47 60 98
www.gaston-mercier.com
Atelier et showroom ouverts du lundi au jeudi de 8h à 18h ; le vendredi de 8h à 17h.

Dressage, randonnée, obstacles, Gaston Mercier a créé une gamme complète de selles adaptées à tous les besoins. Depuis 30 ans, cette sellerie marie tradition et innovation, afin de créer du matériel toujours plus performant, respectueux de la monture et confortable pour le cavalier. En plus des selles, l'entreprise fabrique des sangles, des étriers, des étrivières, des tapis et des chabraques, des sacoches, des accessoires ainsi que des chaussettes d'équitation. Elle est classée Entreprise du patrimoine vivant et a le label « Fabriqué en Aveyron ».

MAISON FABRE GANTIER

20, avenue Gambetta
MILLAU
https://maisonfabre.com/
Boutique ouverte du lundi au vendredi de 9h à 12h (10h le samedi) et de 14h à 19h. Visite guidée sur réservation.

Depuis 1924, Maison Fabre perpétue le traditionnel savoir-faire gantier au cœur de Millau. Classiques, graphiques ou ludiques, les gants Maison Fabre sont des pièces d'exception pour une élégance incomparable. Vous pouvez visiter la manufacture abritant les ateliers de fabrication et ainsi découvrir tous les secrets de la ganterie : l'histoire de la maison, ses grandes collaborations avec la mode et le cinéma, et vous pourrez observer le travail de coupe et de couture jusqu'aux finitions. Une visite à ne pas manquer, après celle du Viaduc.

MAISON LAVABRE CADET

31, avenue Jean Jaurès
MILLAU
✆ 05 65 60 63 64
www.lavabrecadet.com
Points de vente et informations complètes sur le site web.

Récemment rachetée par la grande maison de luxe française Camille Fournet, Maison Lavabre Cadet était autrefois la marque de gants préférée d'Yves Saint Laurent. Créé en 1946, l'atelier de Millau fabrique toujours des gants sur mesure, destinés aux maisons de haute couture. L'exigence et le savoir-faire de la Maison s'accordent parfaitement avec les valeurs contemporaines du luxe à la française que recherchait Camille Fournet. On retrouve les gants Lavabre Cadet dans de nombreuses boutiques de luxe à Paris mais aussi à Tokyo, Osaka, Kyoto et Pékin.

MANUFACTURE CAUSSE GANTIER

5, boulevard des Gantières - **MILLAU**
✆ 05 65 60 03 05
https://caussegantier.com
Ouvert du lundi au vendredi de 10h à 12h et de 13h30 à 18h30. Accès libre à la boutique.

Sur les Causses, ce sont cent trente années d'histoire de gants qui s'écrivent à Millau, berceau mondial du gant. Ce lieu si particulier abrite maîtres gantiers, couturiers aux mains minutieuses et au savoir-faire unique qu'aucune machine ne peut remplacer. Dans la boutique, vous pouvez retrouver des gants haut de gamme faits sur place, mais aussi visiter les ateliers ainsi qu'un musée sur l'histoire de la maison, mettant à l'honneur des objets et des gants d'anciennes collections.

MAX CAPDEBARTHES SELLIER-MAROQUINIER

19, route de la Garcie
SAUVETERRE-DE-ROUERGUE ✆ 05 65 47 06 64
www.max-capdebarthes.fr
Boutique ouverte du lundi au vendredi de 9h à 12h30 et de 13h30 à 17h30. Visite de l'atelier sur demande.

C'est à Sauveterre-de-Rouergue, dans son village d'origine marqué par la tradition de la coutellerie, que Max Capdebarthes se lance dans la fabrication des étuis couteaux en 1987 dans son atelier. 10 ans après, il élargit son savoir-faire à la création et à la fabrication de sacs à main, de petite maroquinerie et de ceintures. Il a ouvert une boutique à Rodez en 2014 pour proposer ses créations, modernes et intemporelles, où vous y retrouverez également des accessoires de bureau.

MÉGISSERIE RICHARD

485, Boulevard de Roullens - **MILLAU**
✆ 05 65 59 26 00
www.megisserierichard.com
Sur rendez-vous. Informations complètes sur le site Web.

Depuis 1852 à Millau, la Mégisserie Richard est reconnue pour son savoir-faire dans la fabrication de cuirs d'agneaux plongés haut de gamme destinés à l'industrie du luxe pour la confection en maroquinerie, de vêtements, de chaussures et en ganterie. Alliant des procédés artisanaux à des techniques industrielles modernes, l'entreprise propose une gamme de 60 coloris de peaux d'agneaux d'origine Aveyron et d'Entrefinos d'Espagne. En 2013, l'entreprise obtient le label « Entreprise du patrimoine vivant » et, en 2023, la médaille d'argent du Leather Working Group.

PATRICE HILL'S

RODEZ
https://patricehills.com
Liste des points de vente et revendeurs sur le site web. Livraison possible (boutique en ligne).

Fondée en 2018, Patrice Hill's, ou «Les collines de Patrice» (référence indirecte au père du fondateur), conçoit des bracelets composés de matériaux de première qualité et durable, fabriqués à la main à Rodez en Aveyron. Liberté, découverte et esprit de conquête sont le parfait reflet de la marque créée par Théo, soucieux de perpétuer un savoir-faire et une qualité de production française. Parmi la collection, retrouvez les bracelets originaux en cordage, les «travel essentials» ainsi qu'une collection de bracelets plus fins, pour femmes.

LE SAC DU BERGER

Layrolle - **MARNHAGUES-ET-LATOUR**
✆ 05 65 99 36 60
www.lesacduberger.com
Ouvert du lundi au vendredi de 9h à 12h et de 14h à 18h ; le week-end et les jours fériés de 14h à 18h. Visites l'été.

Sellier, bottier, et maroquinier par-dessus tout, Jean-Pierre Romiguier, revisite depuis plus de 30 ans et dans le plus grand respect, la tradition pastorale des vieux sacs de berger. Ce bagage, ample et solide, composé de poches et compartiments, servait autrefois à transporter nourriture, onguents, outils et couteaux et à protéger les vêtements des bergers. Une conception multiséculaire que Jean-Pierre Romiguier a remis au goût du jour. Une gamme en cuir de sacs à dos, casquettes, ceintures, sandales, et en peau lainée avec des chaussons, est aussi à la vente.

TANNERIE ARNAL

27, avenue de l'abbaye
LE MONASTÈRE
✆ 05 65 67 00 66
https://tannerie-arnal.fr/
Sur rendez-vous.

Depuis 1880 en Aveyron, des générations d'artisans se succèdent dans la fabrication de cuirs de bovins tannés en végétal, chrome ou mixte à destination des artisans de la sellerie et bourrellerie, de la maroquinerie, de la chaussure, de la décoration et des intérieurs cuir. Labellisée Entreprise du Patrimoine Vivant, les savoir-faire de la tannerie Arnal sont valorisés par une recherche continue de nouveaux procédés et appuyés par le développement de nombreuses activités de création et d'artisanat. Les visites de l'atelier sont exceptionnelles.

TANNERIES PECHDO

Zone industrielle Plaine Coste
MILLAU
✆ 05 65 60 50 20
www.tanneries-pechdo.fr
Uniquement sur rendez-vous pour les professionnels.

En 1900, tanneur et figure locale, Joseph Carrière crée l'entreprise à Millau dans l'idée de produire du veau végétal blanc. Aujourd'hui, la tannerie est le spécialiste incontesté de cuirs souples et le seul fabricant de flancs de bovins en France, développant son savoir-faire vers des peaux de caprin et d'agneau. Ce sont vingt-cinq étapes industrielles au savoir-faire artisanal dans cinq ateliers qui sont nécessaires pour la création de cuir de qualité. Elle équipe aussi les industriels, la police, l'armée et les pompiers avec des vêtements et gants résistants.

L'ARSOIE-CERVIN

Route de Saint-Roman - **SUMÈNE**
✆ 04 67 81 30 12
www.cervin-store.com
Boutique en ligne. Entreprise du Patrimoine Vivant.

Cette manufacture de bas de luxe tisse sa tradition dans les Cévennes gardoises depuis 1918. L'entreprise familiale artisanale et haut de gamme, aujourd'hui aux mains de la troisième génération, tire aujourd'hui son épingle du jeu avec une fabrication française revendiquée. La maison abrite entre ses murs les derniers métiers à tisser anciens d'Europe. Un trésor rare qui lui permet de fabriquer les fameux bas Cervin « fully fashioned » 100 % soie, nylon cristal ou cachemire et qui ont conquis, entre autres, Catherine Deneuve et les danseuses du Crazy Horse.

ATELIER DE CUIR

Rue du vieux-village - **MÉJANNES-LE-CLAP**
✆ 04 66 24 41 65
cuirmejannesleclap.monsite-orange.fr/
Ouvert tous les jours, toute l'année : 10h-12h/15h-19h (tel hors saison) Fermé le week-end de janvier à fin mars.

Petit bijou de Méjannes-le-Clap : l'atelier de maroquinerie entièrement faite main de Françoise Sayet. Depuis plus de 30 ans, Françoise coupe, façonne et coud le cuir selon la grande tradition de la maroquinerie française. Ces sacs, ceintures, bracelets, étuis divers, porte-monnaie et portefeuilles rivalisent de forme et de couleur avec les articles sur mesure commandés par une clientèle fidèle. Son atelier situé rue du vieux village, face à la jolie place de la chapelle, est ouvert tous les jours. Venez la rencontrer, elle se fera un plaisir de vous accueillir !

LA BOTTE GARDIANE

296, vieille route - **AIGUES-VIVES**
✆ 04 66 73 20 85
www.labottegardiane.com
Entreprise du Patrimoine Vivant. 10h-19h du 24 décembre au 1 janvier sauf les samedis : 10h -14h et fermé les dimanches.

Créée en 1958, La Botte Gardiane est la dernière entreprise française spécialisée dans la production de bottes pour gardians camarguais. Elle conçoit et confectionne aujourd'hui des chaussures et accessoires en cuir dans son unique atelier à Aigues-Vives. Engagée vers un monde plus respectueux, elle propose des produits durables, de haute qualité et réparables, le tout fabriqué au même endroit sans aucune sous-traitance. En 2007, l'entreprise est labellisée « Entreprise du patrimoine vivant » et depuis 2018, l'atelier se visite accompagné d'un guide.

LA MAISON DU BOUTIS LES CORDELLES ★

9, place Général-Charles-de-Gaulle - **CALVISSON**
✆ 04 66 01 63 75 - www.la-maison-du-boutis.fr
Fermeture annuelle du 15 décembre au 31 janvier. Ouvert les jeudi, vendredi, samedi de 14h30 à 18h00. Adulte : 4 €.

Art du piquage décoratif, le boutis a ses terres d'origine entre Tarascon et Calvisson. Le musée du Boutis gardois, inscrit au Patrimoine culturel immatériel français abrite une collection d'œuvres du XVIIIe et XXe siècle fierté du patrimoine local, relancé notamment par les ateliers Souleïado. Ces beaux édredons confectionnés à la main étaient au nombre des pièces indispensables du trousseau d'une jeune mariée. Tout au long de l'année, démonstrations, stages et initiations.

MAISON ROUGE - MUSÉE DES VALLÉES CÉVENOLES ★

5, rue de l'Industrie (entrée piéton)
SAINT-JEAN-DU-GARD ✆ 04 66 85 10 48
www.maisonrouge-musee.fr
Fermé en janvier, ouvert le reste de l'année, horaires variables en fonctions des saisons. Adulte 8 €, enfant 6 €.

Une collection incroyable de 10 000 objets exposés donne à comprendre la vie, le savoir-faire et l'histoire des Cévennes. L'Homme et les objets qu'il a fabriqués sont au centre du discours et de la scénographie du musée. Comme un héritage, la mémoire de la filature, la plus ancienne à avoir innové et la dernière en activité en France, est sublimée par une rénovation et une extension volontairement contemporaines. Le parc met en lumière une muséographie complémentaire à celle du musée.

AHPY CRÉATIONS BLEU DE PASTEL

89, rue du Caillou gris
TOULOUSE
✆ 05 62 79 17 91
www.ahpy.fr
Points de vente ne ligne

AHPY, pour Annette Hardouin et Yves Patissier, ennoblisseur textile maître artisan, dispose d'un espace vente au cœur de la ville rose. Le bleu de pastel, technique de teinture ancestrale issue d'une plante aux fleurs jaunes, donne le bleu de pastel. Ce savoir-faire a fait la richesse de la ville de Toulouse durant la Renaissance, et est inscrit au patrimoine culturel immatériel de France. Les deux stylistes créent des pièces uniques, à partir de tissus élaborés en France.

LOULENN

https://loulenn.fr/

Boutique en ligne.

Euriel a souhaité souffler un vent de fraicheur sur la literie en 2018. Elle lance Loulenn, «LOUanges de la LAINE» pour aider à mieux dormir, en utilisant une laine française et transformée dans son atelier du Sud-Est de la France dans un but de réduire la consommation d'énergie fossile. Dans une démarche éco-responsable avec un système de consigne, le concept est simple : on achète sa Couette Infinie en ligne, on y passe ses plus belles nuits puis on la renvoie gratuitement lorsqu'on estime qu'elle est en fin de vie, avec un bon d'achat en retour.

MAISON PANTUNA

VILLENEUVE-LÈS-BÉZIERS

✆ 04 83 43 38 83

https://maisonpantuna.com/

Boutique en ligne. Voir sur le site web pour les revendeurs

Maison Pantuna est née suite à la rencontre d'Hervé et Benoît Barba avec François Roques. Ensemble, ils créent des baskets au cuir solide et durable à partir de déchets de la mer. Leurs 3 modèles ont une histoire. Le modèle «Camina» (signifiant «marcher» en occitan) est authentique et robuste. «Marage» (signifiant «plage» en occitan) est un modèle minimaliste et épuré et le modèle «Virado» (signifiant «randonnée» en provençal) est le plus sportif de leur collection. La boutique en ligne proposent d'autres articles de mode fabriqués à partir de cuir de thon.

ÔDAIM

10, Pont de Cazaux

CAZAUX-LAYRISSE

✆ 06 75 10 18 99

https://odaim.fr

Atelier-boutique ouvert le mardi et du jeudi au samedi de 15h à 18h ; le mercredi de 15h30 à 18h.

Installée aux pieds des montagnes luchonnaises, Aurélie a créé Ôdaim en 2011. Elle confectionne à la main dans son atelier de jolis sacs et accessoires haut de gamme et colorés, alliant le savoir-faire du luxe à la française et la modernité. Dans sa gamme de sacs, plus d'une dizaine de ses créations sont exposées à la boutique ou en ligne. Pour les accessoires, elle propose des sacs, des bracelets, des ceintures, des marque-pages, des dessous de verre, des portes cartes, des portefeuilles… Elle peut aussi créer l'article de votre choix sur mesure !

LES NOUVELLES GRISETTES

3840, avenue Georges Frêche

PÉROLS

✆ 330971411843

Ouvert du lundi au samedi de 10h à 19h.

Cet atelier de couture coopératif et vitrine de la confection, mode et textile, fabriquée en Occitanie expose une centaine de créateurs et de marques. Un parcours passionnant, à la fois ludique et pédagogique, est proposé pour découvrir les savoir-faire de la région. Installées sur 1 000 m² dans les anciennes halles Sud de France, Les Nouvelles Grisettes proposent un espace de services et d'activités uniques et totalement novateurs. Tout cela est complété par un pôle événementiel qui organise défilés, *afterworks*, atelier et conférences.

LA CARDE

36, avenue du Barège - **ESQUIÈZE-SÈRE**

✆ 05 62 92 81 95

www.lacarde-pyrenees.com

Ouvert du lundi au vendredi de 9h à 12h et de 14h à 18h30 ; le samedi de 10h à 12h et de 15h à 18h30.

Depuis cinq générations, l'entreprise familiale perpétue la tradition du travail du tissu des Pyrénées et le tissage des couvertures. La fabrication des couvertures et des vêtements en laine provient des troupeaux de brebis du pays Toy. Toutes les étapes de la fabrication se font localement grâce au savoir-faire traditionnel, que vous pourrez découvrir grâce à une visite de l'atelier l'été, les mercredis. En boutique, est proposé un large choix de couvertures, couettes, plaids, manteaux, capes, bonnets, vestes et blousons, bérets et chaussons.

LE MOUTON GIVRÉ

✆ 06 27 88 87 94

www.lemoutongivre.com

Uniquement en e-commerce. Sac isotherme écologique, dès 60 €.

Un sac isotherme 100 % lotois ça n'existe pas ? ! Détrompez-vous : dans le Lot on trouve de tout et surtout des hommes et des femmes ingénieux. La dernière innovation en date, c'est celle-ci : un sac isotherme 100 % écologique réalisé en laine de mouton française et en chanvre. Derrière ce mono-produit séduisant se cachent Cinthia et Elodie, deux femmes talentueuses qui ont décidé de valoriser la laine et la culture du chanvre en textile. Le Mouton Givré est monté à Paris comme ambassadeur du Lot lors du Salon du Made In France en 2021. Un vrai coup de cœur !

ATELIER TUFFERY

ZA Saint-Julien du Gourg
FLORAC TROIS RIVIÈRES
✆ 04 66 45 00 94
www.ateliertuffery.com
Atelier-boutique.

Julien Tuffery, 4e génération de maîtres tailleurs-confectionneurs, a su tirer profit du regain d'intérêt pour le made in France et son savoir-faire, pour bâtir une image tendance à son activité. Atelier Tuffery ne sélectionne que des matières nobles : des toiles Denim de haute qualité, et françaises, qui sont cousues à la main. La gamme de jeans Tuffery se décline en pantalons, bermudas et chemises pour les hommes, ainsi qu'en pantalons, chemises, jupes et shorts pour les dames. La griffe de Florac propose également quelques accessoires : bretelles, ceintures...

CRÉATION CATALANE

Chemin du Baynat-d'En-Pouly
SAINT-LAURENT-DE-CERDANS
✆ 04 68 54 08 68
www.espadrille-catalane.com
Haute saison : ouvert du lundi au samedi matin et soir, et le dimanche après-midi.

Cette fabrique artisanale d'espadrilles et de vigatanes créée par deux enfants du pays prouve que la tradition est plus forte que tout. Des sportifs ont couru le marathon de Paris avec ces espadrilles, les couturiers de renom ont fait défiler leurs modèles espadrilles aux pieds. L'envie de faire évoluer cette vigatane est permanent, en créant de nouveaux modèles masculins et féminins, pour enfants aussi, à talons, dans des coloris plus fantaisie, mais toujours bayadères, aux tissus signés Toiles du Soleil, « l'autre poumon » de Saint Laurent.

DA RUA BIJOUX

LA CANOURGUE
https://darua.fr
Boutique en ligne. Revendeurs : Mende Bijouterie, Boutique Lozère Authentique sur l'Aire de la Lozère, et YB Coiffeurs.

Créé dans la rue au Brésil, Da Rua signifie "de la rue" en Portugais. C'est là qu'André, originaire d'une petite ville près de Sao Paulo, a appris à créer des bracelets en maille à partir de techniques ancestrales. Arrivé en Lozère avec Noémie, ils ont décidé de reprendre ces techniques pour créer les bracelets Da Rua au style à la fois délicat et rebelle. Ils sont fabriqués par André, à la main, maille après maille dans leur atelier de La Canourgue. Retrouvez leurs jolies créations en ligne et dans plusieurs boutiques en Lozère.

MAILLOT FRANÇAIS

1755, Avenue Julien Panchot - **PERPIGNAN**
✆ 04 68 09 39 87
https://maillotfrancais.fr/
Ouvert du lundi au vendredi de 9h à 12h et de 14h à 18h par mail ou téléphone si besoin d'info. Boutique en ligne

Dans une vision plus éthique et responsable du textile sportif, Nicolas Gomarir lance Maillot Français en 2019. L'entreprise conçoit entièrement sa gamme dans son atelier à Perpignan, de l'élaboration du design, jusqu'à l'assemblage et la couture des pièces de tissu. Les maillots sont personnalisables et s'adressent à tous les clubs de sports : rugby, basket, running, foot, voile, E-sport... mais aussi aux particuliers sur la boutique en ligne. À l'intérieur des maillots, imprimée sur l'étiquette, on retrouve même la photo de la couturière qui l'a conçue !

MAROQUINERIE DU GÉVAUDAN

11, Rue de la Ville
LA CANOURGUE
✆ 06 79 45 93 30
https://maroquineriedugevaudan.fr/
Boutique et atelier : le lundi, le mardi et du jeudi au samedi de 9h30 à 12h et de 14h30 à 18h.

Dans un petit village au cœur du Gévaudan, l'artisan sellier-maroquinier Joffrey Niel partage sa passion du cuir et savoir-faire traditionnel en proposant ses créations faites main dans sa boutique-atelier. Dans une démarche locale, il utilise des peaux issues de tanneries exclusivement françaises produisant du cuir de qualité, personnalisés et durables. Formé auprès des Compagnons du Devoir, il découpe, assemble et coud, sur place, avec le savoir-faire ancestral chaque sac, sacoche, porte-feuille, ceinture et autres accessoires de maroquinerie.

PAYOTE ESPADRILLES

1325, avenue de la Salanque
PERPIGNAN
✆ 04 68 64 32 24
www.payote.fr
Ouvert du lundi au samedi de 10h à 18h. Livraison possible (offerte dans toute la France).

Payote qui signifie « chiffon » en catalan, propose des modèles d'espadrilles pour toute la famille. Intemporelles et confortables, ces chaussures sont fabriquées dans le plus pur savoir-faire artisanal français. « Mettez la France à vos pieds » est d'ailleurs le slogan de la marque. Onze étapes sont nécessaires à leur fabrication pour finir par un habillage avec des matières souples, naturelles aux thématiques colorées et variées. Les espadrilles Payote peuvent être personnalisées à travers un service de broderie histoire d'être définitivement looké Payote !

© CATALINA - STOCK.ADOBE.COM

Perpignan.

LES TOILES DU SOLEIL

Avenue Jean-Jaurès
SAINT-LAURENT-DE-CERDANS ✆ 04 68 39 33 93
www.toiles-du-soleil.com

Entreprise du Patrimoine Vivant. Horaires d'ouverture (variables) sur le site. Vente en ligne. Livraison gratuite.

Cette Manufacture de tissage Catalan, installée à Saint-Laurent-de-Cerdans depuis plus plus de 150 ans, a conservé les mêmes techniques de tissage. Les Toiles du Soleil connaissent un succès mondial, outre les 8 boutiques présentent au Japon, des boutiques consacrées aux produits des Toiles sont également implantées à Paris et New York... une véritable *success story* à la catalane. La manufacture ne se visite pas, mais pour notre plus grand plaisir, la boutique de Saint-Laurent-de-Cerdans a été relookée et agrandie. Autre boutique à Perpignan et à Montpellier.

ATELIER MISSÈGLE

Lafontasse - **BURLATS**
✆ 05 63 51 09 86
https://missegle.com

Boutique ouverte du lundi au samedi 9h30-12h30 et 14h-18h. Visite gratuite de l'atelier sur réservation le jeudi.

Spécialisé dans les chaussettes en fibres naturelles, l'atelier Missègle crée depuis quarante ans des chaussettes chaudes en laine grâce à leurs fibres naturelles d'exceptions comme le mohair, le chameau ou le yack, avec ou sans élastique. Dans la boutique accolée à l'atelier, vous pourrez retrouver également un large choix de pulls et de gilets en laine ou encore de pulls, de couvertures et de plaids en mohair. Vous pouvez visiter l'atelier toute l'année pour en découvrir plus sur l'histoire de l'entreprise et les secrets de fabrication.

ATELIERS FOURES

27, rue Gay Lussac - **GRAULHET**
✆ 05 63 34 79 26
www.ateliersfoures.fr

Visite guidée uniquement, jeudi à 14h ou sur rdv. Résa par tél. Tarif : 6 €, gratuit - de 18 ans. Durée : 30 à 40 min.

Les Ateliers Fourès est une manufacture de maroquinerie inscrite dans la ville de Graulhet où le patrimoine cuir est millénaire. Existant depuis 1969 et labellisée Entreprise du Patrimoine Vivant, la manufacture est un lieu passionnant, avec un savoir-faire rare. Elle propose une visite guidée immersive au cœur de la fabrication des sacs, portefeuilles et ceintures qui permet d'apprendre les fondamentaux de la matière cuir, et où l'on découvre, étape après étape, de la coupe à la finition, les artisans, leur geste et leur machine.

LA CARTABLIERE

Place Paul Sayssac
GRAULHET
✆ 06 61 98 01 29
https://lacartabliere.fr/

Labellisé Entreprise du Patrimoine Vivant. Boutique en ligne.

Bienvenue dans un univers de filles, où l'artisanat brille de mille paillettes ! Lovée au cœur du Tarn, à Graulhet, La Cartablière abrite des artisans maroquiniers au savoir-faire reconnu. Labellisé Entreprise du Patrimoine Vivant, l'atelier de fabrication donne vie à une ligne complète de sacs et d'articles de petite maroquinerie. Des cuirs rigoureusement sélectionnés en France et en Italie, des composants venant de Lille, de Roanne et de Lyon, et des paillettes qui apportent beaucoup d'originalité à ces créations inattendues !

DORMILAINE

Zone Artisanale du Baous
SAINT-AMANS-VALTORET
✆ 06 84 80 70 65
www.dormilaine.fr
Showroom ouvert du lundi au vendredi de 9h à 12h et de 14h à 18h. Boutique en ligne.

Située dans le charmant village de Saint Amans Valtoret, dans le Tarn, Dormilaine, est un fabricant artisanal de literie en pure laine vierge de moutons Lacaune. Jean Rouanet, fabricant de matelas artisanaux depuis 1984, a créé en 1988, sa propre entreprise de transformation de laine. Travaillant des matières exclusivement naturelles, la filière laine est totalement maitrisée, du mouton au produit fini. Dormilaine, située dans une ancienne usine lainière, est classée «Entreprise du Patrimoine Vivant», et perpétue la tradition de la literie en laine.

CHAPELLERIE CRAMBES

42, Avenue Mal de Lattre de Tassigny - **CAUSSADE**
✆ 05 63 65 07 07
https://chapeaux-crambes.fr
Boutique ouverte du lundi au jeudi de 8h à 12h et de 13h30 à 17h30 ; le vendredi de 8h à 12h. Vente en ligne.

En 1946, Auguste Crambes, ancien fabricant de chapeaux de feutre dans l'Aude, fonde l'entreprise Crambes avec sa femme Marie. Il révolutionne la confection des chapeaux en créant les chapeaux formés en toile, sur une idée d'assemblage de morceaux de tissus sur du liège. Avec 200 modèles de chapeaux et casquettes, l'entreprise propose aussi aux grandes marques de luxe françaises de se faire fabriquer leurs chapeaux à Caussade. L'entreprise conçoit plus de 50 000 chapeaux par an et vous pouvez en découvrir la fabrication à travers une visite guidée.

CHAPELLERIE WILLY'S PARIS

63, avenue Général-Leclerc
CAUSSADE
✆ 05 63 93 09 96
Entreprise du Patrimoine Vivant.

Au pays du chapeau de paille, Willy's Paris fait partie des plus anciens fabricants. Créée en 1854, l'entreprise travaille toujours avec des outils d'un autre temps : des machines à coudre d'un peu plus d'un siècle, des formes en aluminium à peine plus jeunes et des presses traditionnelles. Ici tout est artisanal et fait intégralement à la main, gage d'un savoir-faire transmis de génération en génération et surtout de grande qualité quel que soit le chapeau que l'on choisit.

FILATURE DU PARC

route de Sarrazy
BRASSAC
✆ 05 63 74 01 64
www.filatures-du-parc.com
Pour les professionnels seulement.

La Filature du Parc est le spécialiste des fils en matières naturelles et recyclées et l'un des leaders, avec une présence dans plus de quarante pays. Fort de ses soixante-cinq ans d'expérience, cette entreprise tarnaise a acquis une technique et un savoir-faire reconnus et appréciés dans la fabrication de fil cardé classique ou fantaisie. Elle s'adresse particulièrement aux professionnels du marché du tricotage d'habillement, d'ameublement et d'applications industrielles, avec une collection de plus de quarante qualités de fils, dont dix qui sont recyclés.

FILATURE JULES TOURNIER

1, Allée Jacques Bonneville - **MAZAMET**
✆ 05 63 97 71 71
www.jules-tournier.com/
Bureaux ouverts du lundi au vendredi de 8h à 12h et de 13h30 à 18h. Vente aux professionnels seulement.

La manufacture Jules Tournier commence à s'inscrire dans l'histoire en 1865. C'est aujourd'hui l'un des derniers lainiers français à maîtriser toutes les étapes de la fabrication de ses tissus. Maison familiale et indépendante, l'entreprise crée et fabrique des fils et des tissus destinés au prêt-à-porter de luxe tel que Chanel et aux tissus techniques pour l'équipement de protection individuelle et l'industrie. Tous les types de tissus sont proposés : les tweeds et pas de gaze fantaisie ou encore les intemporels flanelles, cabans et draps de laine.

MANUFACTURE REGAIN/ PIC DE NORE

1, rue Pierre-Gilles-de-Gennes
LABRUGUIÈRE
✆ 05 63 59 17 26
www.manufacture-regain.fr
Boutique en ligne.

L'entreprise castraise, avec 45 ans d'expérience dans le tricotage et la confection, cultive l'excellence dans ses deux segments d'activité : les pulls techniques et la mode. Cet atelier, à travers la marque Regain Perform, décline une large gamme d'uniformes et de vêtements professionnels novateurs pour les sapeurs-pompiers, la Marine française, la gendarmerie nationale, les gardiens du musée du Louvre... Mais elle n'en oublie pas les hommes soucieux de leur style !

MAROQUINERIE PHILIPPE SERRES

Plaine de Recourdies
BRIATEXTE
✆ 05 63 58 28 51
www.philippe-serres.com
Boutique en ligne.

Le travail des artisans de la maroquinerie Serres est assimilé à un travail d'orfèvre ! Dans l'atelier, chaque pièce de cuir est coupée, cousue, collée et bordée avec minutie. Collaborant avec de grandes maisons de luxe, Philippe Serres développe sa propre collection haut de gamme de sacs, sacoches, serviettes, portefeuilles, porte-monnaie, porte-cartes, pochettes et ceintures issus principalement de peaux de vaches, de veaux, de cerfs et de taurillons de transformation française.

TANNERIE MÉGISSERIE ALRAN

13, Rue du Lavoir - **MAZAMET**
✆ 05 63 61 31 72
www.alran.fr
Ouvert du lundi au vendredi de 8h à 12h et de 14h à 18h. Pour les professionnels uniquement.

Au pied de la montagne Noire dans le Tarn, l'entreprise Alran perpétue le savoir-faire traditionnel depuis 1903. Spécialisée dans les cuirs de chèvres, de veaux et de buffles, ses produits sont destinés à la maroquinerie, à l'ameublement, à la reliure et à la gainerie, à la chaussure et à l'orthopédie. L'entreprise est fière aujourd'hui de travailler main dans la main avec de grandes maisons du luxe, des industriels renommés, mais aussi des artisans d'art et des jeunes créateurs.

LES TOILES DE LA MONTAGNE NOIRE

21, Rue de Verdrusse
ALBI
✆ 05 63 41 29 34
www.lestoilesdelamontagnenoire.com
Boutique ouverte du lundi au samedi de 10h30 à 12h30 et de 14h à 19h.

Cette entreprise familiale conserve depuis plusieurs générations un savoir-faire très précieux : la création de tissu aux fibres naturelles. L'entreprise propose des tissus et des produits confectionnés 100 % tarnais, résistants, durables et de qualité. En boutique à Albi, à Castres, à Mazamet ou en ligne, on retrouve alors une large gamme de linge de table, linge d'office, linge de toilette et de bain, plaids, mais aussi de nombreux accessoires de mode.

VIDAL SPORT

9, chemin de la Bouscayrolle
GRAULHET
✆ 05 63 34 56 47
www.vidal-sport.com
Sur rendez-vous. Boutique en ligne.

Le pilote chevronné et fou de vitesse Franck Vidal conjugue son passage sur les circuits de compétition et son expérience du cuir pour fabriquer des combinaisons de moto à la fois sûres, légères et confortables. Un virage couronné de succès pour l'entreprise lorsque Vidal Sport est choisie dans les années 2000 pour devenir le fournisseur officiel de l'équipe de France de vitesse. Ses combinaisons pour deux-roues, conçues par un pilote et pour les pilotes, se distinguent par une fabrication française, artisanale et sur mesure pour garantir sécurité et adaptabilité.

La ville de Mazamet.

VERRE ET VITRAIL

Partez à la rencontre des artistes verriers, souffleurs de verre et vitraillistes d'Occitanie. Professionnels des métiers d'art et passionnés par le verre, ils vous parleront de cette matière avec amour et évoqueront la transparence, la lumière, la danse avec la matière en fusion. Chacun de ces métiers reste, malgré tout, différents. Pour des projets de restauration de vitrail de cathédrales, d'églises, de chapelles mais aussi d'habitations privées, le vitrailliste va travailler sur des vitraux ancien, il va pouvoir créer des vitraux modernes et des pièces uniques créées pour les entreprises et les particuliers, mais aussi évidemment en assurer la pose. Avec différentes techniques (vitrail traditionnel au plomb, Tiffany, peinture sur verre, fusing, dalle de verre, sablage) qui relèvent d'un savoir-faire unique et d'une formation complète, l'artisan est à la fois artiste et technicien, maniant le plomb et le verre coloré, sachant jouer sur la transparence du verre et la luminosité apportée par l'environnement ambiant.

Le souffleur de verre est un artiste pluri-disciplinaire : soufflage, vitrail, chalumeau, pâte de verre… Il imagine et réalise diverses œuvres et objets à partir de verre ou de cristal qu'il va travailler généralement à chaud, avec une canne grâce à laquelle il va « cueillir » une boule de verre en fusion et appliquer la couleur en la roulant dans des poudres, grains et plaques de verre colorés.

Du Gers au Tarn, en passant par le Lot et la Haute-Garonne, découvrez les adresses des artisans proposées par le Petit Futé, dans leur boutique ou leur atelier et retrouvez les créations de ces artistes lors des différentes animations et évènements autour de l'artisanat local. Pour les curieux et les amateurs d'art et de loisirs créatifs, nombreux sont les artistes à proposer des ateliers et des stages d'initiation au vitrail pour petits et grands, à la demi-journée, à la journée, voire même à la semaine.

Plongez dans cet univers artistique où ces artisans-artistes en explorent toutes les possibilités, découvrez leurs créations inspirées de la lumière, et vous aussi, initiez-vous à ce noble art !

ATELIER DE VITRAUX BONNI & CLA

10, Rue du Campas
AUZAT
✆ 06 63 01 00 96
www.bonni-et-cla.fr
Ouvert du lundi au vendredi de 10h à 16h. Appeler avant.

C'est à 18 ans que Bonni choisit le verre, fascinée par la lumière et la transparence que lui offre la matière, passionnée par la peinture et le dessin, la création et le travail sur mesure et l'union entre l'artisanat d'art et celui du bâtiment. L'atelier Bonni & Cla naît alors en 2016, Bonni pour l'artisan verrier et Cla pour l'atelier. Elle y propose de la création de vitrail sur mesure, de la restauration de vitraux d'église et des créations d'objets de décoration.

FLORALUZ

✆ 06 30 42 81 40
https://floraluz.com/
Créations en vente à la boutique Mano Local à Les Bordes-sur-Arize.

Après un voyage au Guatemala, c'est Juan Villatoro, artiste verrier d'origine Mexicaine, qui a transmis à Florence Ferrié sa passion et sa technique innovante et écologique de vitrail. Aujourd'hui installée en Ariège, elle s'est lancée dans des créations uniques et écologiques à base de verre, de verre recyclé et de papier que l'on peut découvrir dans sa galerie et dans sa boutique. Florence réalise également votre création sur-mesure en fonction de vos goûts, et propose aussi des stages d'initiation pour petits et grands, toute l'année.

L'ATELIER DU VITRAIL

18, Rue de l'Aigle d'Or
CARCASSONNE
✆ 09 63 59 30 03
www.latelierduvitrail.com
Visite sur rendez-vous. Stages d'initiation à la demande : 28 €/heure.

Élisabeth Brenas-Pech se forme à l'École des beaux-arts de Lyon en 1967 et apprend en parallèle la technique du vitrail. Elle ouvre par la suite plusieurs ateliers à Carcassonne et ses environs et pratique de nombreuses restaurations et créations de vitraux dans des édifices religieux à travers l'Occitanie, jusqu'en Île-de-France et en Corse. Cette passionnée partage son travail à travers des expositions permanentes dans son atelier et à travers la France. Si vous souhaitez vous initier dans son atelier audois, elle propose aussi des stages de découverte.

ATELIER CÉLINE LE MARHADOUR

Place du Ravelin
SAINT-ROME-DE-TARN
✆ 05 65 72 47 32
www.atelierlemarhadour.fr
Visite sur rendez-vous.

Céline Le Marhadour s'est installée en Aveyron en 2010. Dans son atelier, cette jeune artisane d'art travaille le verre pour réaliser des créations de vitrail et des objets de décoration. En fonction de ses créations, elle utilise plusieurs techniques ; vitrail au plomb, vitrail Tiffany, peinture sur verre, la gravure, le thermoformage… Elle fait des créations sur mesure mais offre aussi son savoir-faire pour la restauration d'églises et de chapelles.

ATELIER VITRAIL CLÉMENCE KERYHUEL

PALAJA
✆ 06 81 90 18 01
https://clemence-vitrail.ovh/
Sur rendez-vous.

Clémence Keryhuel s'inspire de la lumière et du graphisme de sa région pour aller vers de nouvelles aventures artistiques. Elle crée en 2018 son atelier près de Carcassonne et utilise différentes techniques pour ses créations et restaurations, comme la technique traditionnelle "au plomb", la technique Tiffany, les peintures sur verre, émail, grisaille… Tous les projets sont possibles : vitraux pour fenêtres et portes, objets de décoration (lanternes, miroirs…) et même mobilier.

ATELIER LOLA PRADEILLES

39, Rue Droite - **MILLAU**
✆ 06 46 45 08 10
www.lolapradeilles.com
Visite sur rendez-vous. Boutique en ligne. Stages de création de vitrail : de 100 € (3h) à 500 € (4 jours).

Lola Pradeilles est une jeune et talentueuse maître verrier. Après des expériences artistiques aux quatre coins du monde, elle crée son atelier à Millau où elle propose un service complet de restauration et de conservation de vitraux anciens. Mais ce qu'elle préfère, c'est la création ! Si vous avez un projet, elle s'adapte à vos envies et vous propose des maquettes sur mesure et personnalisées. Si vous souhaitez découvrir l'art du vitrail et vous initier, Lola organise des cours en solo, en groupe, pour les adultes, les enfants et les entreprises.

ANNE-MARIE BOMMÉ VITRAIL

15, route touristique
COMPOLIBAT
✆ 06 85 43 93 44
https://amb-vitrail.com/
Visite sur rendez-vous, appeler avant.

Anne-Marie a commencé le travail du vitrail traditionnel au plomb par la restauration de panneaux anciens religieux et civils il y a plus de seize ans. Au fil des demandes et des rencontres, elle s'est ouverte à la création de vitrerie, mais aussi d'objets de décoration, qu'elle vend dans de nombreuses boutiques à travers l'Aveyron (Compolibat, Belcastel, Najac, Valady). Elle propose également des stages de découverte à la journée dès 13 ans, mais aussi des cours réguliers en fonction de la demande. Passez-lui un coup de fil si vous souhaitez la rencontrer !

ATELIER NICOLAS CHARLES

18, boulevard Cardalhac
VILLENEUVE
✆ 06 71 39 09 13
www.nicolas-charles.fr
Visite sur rendez-vous.

Nicolas Charles est un artiste complet, dédié à son art. Fort de ses expériences dans la création et la restauration de vitraux au sein de l'atelier Jean-Dominique Fleury à Toulouse, il a ensuite réalisé de nombreux travaux de restauration dans des églises en Occitanie. Il allie différentes techniques artistiques – photographie, peinture, scénographie, sérigraphie et thermoformage – et adapte chaque vitrail qu'il crée au lieu dans lequel il s'implante, en fonction de son histoire et de son environnement. Son processus de travail artistique est passionnant.

MUSÉE SOULAGES - VITRAUX DE L'ABBATIALE DE CONQUES

Avenue Victor Hugo - **RODEZ**
www.pierre-soulages.com
Musée ouvert du lundi au vendredi de 10h-13h ; 14h-18h ; le week-end de 10h à 18h. L'été, tous les jours de 10h à 18h.

Si vous êtes amateur de verre et vitrail, vous ne pouvez pas manquer un tour au Musée Soulages à Rodez. L'artiste aveyronnais Pierre Soulages a œuvré de 1987 à 1994 à la réalisation des 104 vitraux de la mondialement connue Abbatiale de Conques. C'est dans son musée ruthénois qu'on y retrouve une exposition complète sur les cartons préparatoires. Et si vous souhaitez les voir de vos propres yeux, rendez-vous dans l'impressionnante Abbaye de Conques à 45 min de Rodez.

VITRAUX CLUZ - COULEURS & LUMIÈRES DE L'UZÈGE

53, rue Marcel Cazalet
NERS
✆ 06 38 51 49 63
www.vitrailateliercluz.com/
Atelier-boutique ouvert du lundi au vendredi de 9h à 17h. Stages dès 145 €.

L'atelier Vitraux Cluz (Couleurs & Lumières de l'Uzège) propose des créations sur mesure et restaure les vitraux abîmés. Nathalie Falaschi, vitrailliste formée aux techniques anciennes et traditionnelles, à la peinture sur verre et aux techniques récentes (technique Tiffany), fonde l'atelier en 2010. Si vous souhaitez vous initier à l'art du vitrail, elle propose des stages de découverte toute l'année. Retrouvez aussi ses objets de décoration dans sa boutique.

ATELIER VERRE ET VITRAIL GONTEL ET DUPIN

Chez Maurice - Pont d'Hérault - **SAINT-ANDRÉ-DE-MAJENCOULES** ✆ 06 65 33 69 42
www.verreetvitrail.com
Visite sur rendez-vous. Rencontres lors de leur présence sur des foires et expositions. Voir l'agenda sur leur site web.

Transparence, lumière, opacité, couleur... La passion du verre pour Aurélie et Clotilde est née durant leurs études. Ces deux amies de longue date installent leur atelier en 2020 dans les Cévennes pour rejoindre leurs univers de verre et donner vie à des projets architecturaux verriers, des installations, des tableaux. En plus de leur travail de création et de restauration de patrimoine, elles organisent et participent régulièrement à des animations autour du vitrail en Lozère.

ATELIER JULIE BONNAFOUS

18, Chemin de Bégué
AUCH
✆ 06 83 06 71 73
Visite sur rendez-vous.

Originaire du Sud-Ouest, Julie Bonnafous découvre le travail du verre en Irlande. Après études et formations, elle crée son atelier en 2011 à Martres-Tolosane puis à Auch. Elle travaille aussi bien en collaboration avec des particuliers, des associations ou des institutions publique pour de la création de vitraux, mais aussi de la restauration. Dans ses références, elle nous présente de nombreuses restaurations d'églises d'Occitanie, mais si vous souhaitez une création originale, elle peut réaliser n'importe quel projet sur commande : porte, fenêtre, enseigne…

MYRIAM HUBERT - MARQUETERIE DE VERRE

67A, Place de l'Eglise Courbessac
NÎMES
✆ 06 21 57 87 62
www.myriam-hubert.com
Visite sur rendez-vous uniquement.

Fascinée par le verre, Myriam Hubert crée la Marqueterie de Verre, un nouveau savoir-faire qui permet la réalisation de parements muraux réalisés avec des feuilles de verre qui prennent la forme de motifs géométriques, destinés aux intérieurs résidentiels, hôteliers et les maisons du luxe. Elle incorpore également des miroirs dans ses créations pour jouer avec la lumière, faire entrer un peu du monde extérieur dans ses compositions, et ainsi mieux jouer avec l'environnement.

ATELIER VITRAIL TOUCOULEUR

1, route de Lectoure - **CASTÉRA-LECTOUROIS**
✆ 06 51 81 08 82
www.vitrail-toucouleur-1.com
Ouvert du lundi au vendredi de 9h à 18h ; le samedi de 9h à 17h. Appeler avant. Prix des stages sur le site Internet.

Jean-Yves Delille, artiste verrier, et Myriam Pancheri travaillent depuis vingt ans dans l'art du vitrail. Leur expertise et savoir-faire ont permis la réalisation de nombreuses restaurations du patrimoine, églises, monuments, chapelles et châteaux, ainsi que des créations dans le domaine de la décoration d'intérieur, en collaboration avec des architectes. Ils proposent de nombreux stages de vitrail toute l'année (avec ou sans logement) pour débutants ou confirmés.

ATELIER REGARD'ELLE

16 bis, Chemin de Hurguet
MURET
✆ 06 73 72 02 38
www.regardelle.fr
Sur rendez-vous. Appeler pour plus d'informations les cours et les stages.

Florence aime jouer avec les couleurs, les formes, les matières, les volumes et la lumière. Elle vit de sa passion dans son atelier rempli de plaques de verre coloré, de vitraux d'élèves en cours de réalisation et de morceaux précieux ou ratés. Elle divise son temps entre la transmission de son savoir-faire à ses élèves durant ses cours et ses stages, et ses travaux de création pour les particuliers (fenêtres, portes, mobiliers, lampes…), les églises et les chapelles. Vous pouvez la retrouver sur les foires et expositions d'artisans organisés dans la région.

ATELIER VITRAIL DU MONT-ROYAL

224, chemin de la côte rouge
MONTRÉJEAU
✆ 05 61 88 99 70
https://atelier-vitrail-delois.fr/
Visite sur rendez-vous.

Maryline et François, deux passionnés d'art, de patrimoine et de verre depuis 30 ans se sont réunis pour offrir leur savoir-faire aux projets les plus ambitieux. Leurs spécialités : la création de vitrail style Art Déco et contemporaine, la rénovation de vitrail et de verre ancien ainsi que la protection d'œuvres en verre. Leur atelier est pourvu d'un très grand four, un des rares en Occitanie. Si vous avez un projet, vous pouvez leur rendre visite en prenant rendez-vous.

ETINCELLES DE VERRE

31, rue Vauraise - **VERFEIL**
✆ 06 81 38 28 68
www.etincelles-de-verre.fr
Journée Portes Ouvertes en septembre avec démonstration de l'activité et découverte des ateliers. Plus d'info. en ligne

Près de Toulouse, Étincelles de Verre fusionne les savoir-faire et les compétences de Danièle et Daniel Hahn. Alors que Danièle crée et restaure tous styles de vitraux, du classique au plus moderne, Daniel, lui, travaille le fer, l'acier et l'inox pour une clientèle de particuliers et d'entreprises. Tous les deux, ils créent de nombreux ouvrages à la fois pratiques et décoratifs alliant leurs deux métiers d'art dans le respect des pratiques traditionnelles. Vous pouvez découvrir leur travail et des démonstrations lorsqu'ils organisent des journées portes ouvertes.

ARTS ET VITRAIL

74, rue Larrey
TARBES
✆ 05 62 34 39 61
Visite sur rendez-vous.

Vous cherchiez de l'original, en voilà ! Marc Dequidt crée et compose des vitraux religieux et décoratifs, et travaille aussi le verre en objets et mobilier. Tous les styles sont présents, de l'ancien au design, voire futuriste, et les lampes, miroirs, tables basses sont montés au plomb et soudés à l'étain. Vous voulez découvrir l'art du vitrail, alors réalisez ce projet, à votre rythme. Tout est mis à disposition pour un coût raisonnable et vous repartez avec votre vitrail sur mesure. N'hésitez pas à l'appeler avant de passer à l'atelier !

HALLE DU VERRE

50, avenue du Nouveau-Monde - **CLARET**
✆ 04 67 59 06 39
www.grandpicsaintloup.fr
Fermé de décembre à avril. Été : 7j/7 10h-13h et 14h-19h. Mai/Juin + Sept/Décembre : mercredi au dimanche 14h-18h.

Historiquement, la région est une terre d'artisanat et l'un des principaux savoir-faire valorisés au cours des siècles est celui des verriers. Abrité dans une ancienne verrerie, ce musée atypique vous propose de découvrir les origines de leurs techniques, de l'Antiquité à aujourd'hui, et de comprendre le lien qui unit le territoire, ses hommes et le verre. L'espace d'interprétation retrace cette histoire grâce à des visites, des expositions, des animations… Un joli jeu de lumières et de couleurs met en scène les différents éléments.

ATELIER AUDREY ROGERS

49, Route de Cahors
LAMAGDELAINE
✆ 06 26 98 11 21
https://audreyrogers-vitrail.com/
Visite sur rendez-vous.

Une œuvre unique et originale d'Audrey Rogers, c'est comme une recette magique : une bonne base de savoir-faire et d'expertise, des matériaux de qualité, ajoutés à sa créativité et à son amour pour le métier. Elle propose également ses services de restauration de vitraux de patrimoine (églises, chapelles…) tout en conservant le plus possible les pièces d'origine pour faire perdurer l'esprit du vitrail. Si vous souhaitez vous initier à votre tour, n'hésitez pas à la contacter, elle organise des cours et des stages de vitrail toute l'année.

ATELIER DE VITRAIL CLÉMENTINE HALLEUX

Laclavayrie
FRAYSSINHES
✆ 06 30 31 23 53
www.peintre-graveur-verrier.com
Visite sur rendez-vous.

Passionnée de peinture, d'arts monumentaux, d'architecture et de lumière, Clémentine Halleux a appris le métier de peintre-verrier en 1987 en Charente. Elle a longtemps travaillé dans de nombreux ateliers prestigieux avant de se mettre à son compte en 1997 et d'ouvrir son propre atelier à Frayssinhes en 2013. Elle a travaillé sur la restauration et création de vitrail dans plusieurs églises, monuments et lieux privés en Occitanie et réalise également de la gravure sur verre.

ATELIER VITRAUX MOULIN

30, Avenue du 11 Novembre
GRAMAT
✆ 06 07 55 72 27
www.vitraux-moulin.fr
Visite sur rendez-vous. Téléphoner avant de passer.

Magalie Moulin est spécialisée dans la restauration du patrimoine rural et utilise la technique du vitrail traditionnel pour réaliser des créations contemporaines. Dans son atelier et sa spacieuse boutique de Gramat, elle est entourée de nombreuses plaques de verre à travailler et de ses créations. Artiste passionnée et dédiée, elle met son savoir-faire à disposition des institutions publiques, des architectes et des associations de sauvegarde. En 2014, elle obtient le premier prix départemental du Lot dans la spécialité Restauration et Conservation.

LEO AMERY VITRAIL

Bagadou Bas
MARTEL
✆ 05 65 37 40 07
www.leo-amery-vitrail.com
Visites sur rendez-vous. Stages d'initiation : Six jours intensifs à 600 € tout compris.

Des vitraux d'art de style contemporain fabriqués dans l'atelier par Léo Amery à partir d'une technique des plus traditionnelles. On peut visiter la salle d'exposition attenante et s'offrir un vitrail à mettre sur un mur, comme une toile. Il a étudié l'art du vitrail à la Central School of Art and Design de Londres et y a enseigné. En 1995, il a développé une nouvelle technique de présentation du vitrail qu'il a baptisée « vitrail-relief », dont il expose régulièrement les œuvres en galeries d'art. Amateurs d'art, ne manquez pas cette adresse.

LES ARTS VERRE

Rue du Serre - **SAINTE-ÉNIMIE**
✆ 06 62 39 51 17
www.lesartsverre.fr
Boutique ouverte d'avril à octobre du lundi au jeudi de 14h à 17h ; du vendredi au dimanche de 10h à 17h.

Au cœur des gorges du Tarn, cette artiste travaille à la fois le vitrail et le verre fusionné. En utilisant la méthode traditionnelle Tiffany, à l'aide de feuilles de cuivre et de soudure au plomb, elle crée des vitraux sur mesure à la demande. Elle réalise également des objets qu'elle vend dans sa boutique d'été dans le village – des bijoux combinant verre et argent sterling, des carillons, des plats, des bougeoirs, des attrape-soleil en vitrail à suspendre à l'extérieur pour projeter de la couleur au soleil – et peut créer également des cadeaux personnalisés.

ATELIER BULLE DE VERRE

«Le Moulin des Arts» Rue du 14 juillet
ARLES-SUR-TECH
✆ 04 68 54 59 13
www.atelierbulledeverre.com
Atelier-boutique ouvert du lundi au samedi de 10h à 12h et de 14h30 à 18h. Stage : 95 € (4 heures).

Jérôme, vingt-cinq ans d'expérience dans le monde verrier, s'est associé à Karine dans leur atelier au cœur du Moulin des Arts à Arles-sur-Tech. C'est dans ce lieu calme bordé de nature et propice à la création qu'ils trouvent leur inspiration. Ils proposent dans leur atelier-boutique des créations originales en vitrail. Alliant le savoir-faire traditionnel au savoir-faire moderne, ils restaurent et décorent les vitraux anciens et contemporains. Pour les curieux, ils proposent aussi des stages de découverte où vous pourrez repartir avec votre création.

ATELIER FAIT DE VERRE

10, Rue de Mahou - **PRADES**
✆ 06 09 64 41 20
www.faitdeverre.com
Lundi, mardi, jeudi et vendredi : 9h30-12h ; 14h-17h30 ; le mercredi : 10h-12h ; 14h30-17h30 ; le samedi : 10h-12h.

Gwen vous accueille dans son joli atelier-boutique à Prades, où il expose ses créations de vitraux, ses objets de décoration (lampes, miroirs, suspensions) et bijoux faits main. Cet artisan verrier travaille le verre de plusieurs manières : la technique du « vitrail traditionnel » au plomb, la méthode du « vitrail Tiffany » à l'étain, cuivre et acier, et la technique du « fusing ». Il crée des vitraux sur mesure pour l'intérieur des particuliers, mais si vous avez une envie spécifique ou un cadeau à faire, il peut aussi créer l'objet de vos souhaits sur mesure.

VERRERIE D'ART JORGE MATEUS

Impasse Vila - **PALAU-DEL-VIDRE**
✆ 04 68 22 13 02
www.verrier-dart-jorgemateus.com
D'avril à septembre, ouvert tous les jours de 10h à 12h30 et de 14h30 à 19h. Travail du verre de 15h à 19h.

Le verre offre une variété infinie de formes, de couleurs et d'aspects. C'est avec la passion pour cette matière noble et pure que l'artiste Jorge Mateus a décidé de remplir sa vie, en s'inspirant de ses observations de la nature et des fonds marins. Il a appris alors à marier savoir-faire et esthétique de la décoration intérieure pour réussir à créer des œuvres spectaculaires, que vous pouvez découvrir dans sa boutique-atelier non loin d'Argelès-sur-Mer.

ATELIER DE VITRAIL JEAN-CLAUDE ET CÉCILE IZARD

La Tuilerie Chemin Haut
SORÈZE
✆ 05 63 74 13 54
www.vitrailatelier.com
Visite sur rendez-vous.

Depuis 1960 dans son atelier du Tarn, le peintre verrier et sculpteur Jean-Claude Izard réalise des créations pour des architectures contemporaines et anciennes. En 2004, il initie sa fille mosaïste, Cécile, à la technique du vitrail en dalle de verre éclaté. En famille, ils œuvrent alors sur des créations chez des particuliers et dans les espaces publics en travaillant la dalle de verre éclaté, la mosaïque en marbre et smalt et en réalisant des sculptures sur bois et pierre.

DELISSEA

23, Chemin des Terrisses
PALLEVILLE
✆ 05 63 74 25 33
Livraison possible (boutique en ligne. Revendeurs partout en France).

Delissea est une marque tarnaise de tasses conçue pour les puristes des boissons chaudes. Arnaud Baratte, le fondateur, offre aux amateurs de café, de thé et de chocolat un écrin de dégustation élégant et novateur avec un design unique, mais surtout une technicité brevetée : l'intérieur de chaque tasse possède un système qui favorise l'aération et l'oxygénation de la boisson chaude, en libérant tous ses arômes. Vous pouvez retrouver les tasses en ligne, mais aussi chez de nombreux revendeurs de décoration, d'arts de la table et chez des torréfacteurs.

EN VERRE CONTRE TOUT

49, boulevard René-Cassin
CASTRES
✆ 05 63 59 47 86
www.enverrecontretout.fr
Ouvert du lundi au vendredi de 9h à 12h et de 14h à 18h. Visites et démonstration sur rendez-vous.

Dans son atelier, Sklaerenn Imbeaud met son expertise de la restauration de vitrail au service des églises, cathédrales, châteaux mais aussi des particuliers. En Verre Contre Tout propose également la création de vitraux adaptés au lieu mais aussi à l'envie et goûts de chacun. Par leur travail de création sur-mesure, chaque pièce est alors unique. Côte boutique, des produits et outils pour les artisans et artistes sont disponibles à l'achat. L'entreprise propose également des formations et des stages de vitrail à l'année, ainsi que des cours du soir.

MUSÉE DU VERRE DE SORÈZE ★

42, allées de la Libération - **SORÈZE**
✆ 05 63 37 52 66
http://musee-du-verre.fr/
Tlj en été (sauf mardi). Vendredi, samedi, dimanche hors saison. Adultes : 4 €. Visite guidée : 5 €. 12-18 ans : 1,50 €

L'ancienne maison du Parc naturel du Haut Languedoc abrite désormais le Musée du Verre de Sorèze. Vous y découvrez une collection de verres anciens dont la majorité provient de fouilles réalisées sur l'oppidum de Berniquaut. Ces objets racontent l'implantation de l'industrie du verre dans le Grand Sud depuis l'Antiquité jusqu'à nos jours. L'association des Amis de Sorèze – à l'origine de ce musée – propose également des promenades commentées et des conférences. L'exposition 2023 est dédiée aux verreries insolites, autant fantaisies que scientifiques.

Castres.

BOUGIES ET COSMÉTIQUES

Afin de s'affranchir des grandes marques traditionnelles de cosmétique, des chefs et cheffes d'entreprises engagés ont décidé d'implanter leur marque en Occitanie. Oui, car la beauté *made in* Occitanie avec des produits faits à la main et éco-conçus, c'est possible ! Ils sont nombreux à défendre la cosmétique saine et consciente au sein de leur entreprise artisanale, indépendante et inspirante. Le Petit Futé vous amène à la découverte des savons artisanaux créés dans l'Ariège, le Gers et le Gard, des bougies créées à la main en Haute-Garonne et des cosmétiques naissant des sources thermales de l'Hérault. Vous découvrirez également l'un des joyaux du Tarn et de la Haute-Garonne, le fameux or bleu : le pastel. Cette plante rare est cultivée en Occitanie et vous pourrez y découvrir les secrets de la teinture, le cycle de vie du pastel, son histoire en Pays de Cocagne et ses vertus pour la cosmétique.

LA CABANE À SAVON

8, rue Foy
LAGRASSE
✆ 04 68 75 14 74
www.lacabaneasavon.fr
Ouverte du 1er avril au 4 novembre, du mardi au samedi de 10h à 12h30 et de 14h30 à 18h.

Véronique s'est créé une véritable bulle de bien-être dans son atelier de Lagrasse. La philosophie de cette néo-artisan savonnière est claire comme l'eau du bain : exit huile de palme et autres ingrédients douteux. Ses savons, qu'elle façonne à la main, sont fabriqués à partir d'huiles végétales et d'huiles essentielles biologiques. Pour les couleurs, Véronique utilise des oxydes minéraux et des argiles naturelles. Riche en glycérine naturelle, sa gamme s'adresse à tous les types de peau : mature, sèche, sensible, délicate...

LA SOULANE - COSMETIQUE AU LAIT DE JUMENT

La Soulane - Lieu-dit Le Sac
SAINT-POLYCARPE
✆ 06 15 44 00 56
www.domainelasoulane.fr
Boutique en ligne. Savon : 5 €, shampoing : 12 €, coffret cadeau : à partir de 10 €.

Sur les 40 ha du domaine la Soulane, les juments profitent d'un cadre de vie particulièrement qualitatif. Pour produire des cosmétiques à base de lait de jument, les éleveurs-producteurs ont décidé d'agir en pleine conscience, harmonie et respect des animaux dans un environnement bio. Vous pouvez profiter des produits de la Soulane en ligne ou venir directement au domaine pour découvrir les différents savons : pépins de raisin, noisette, calendula, verveine, muguet...

Lagrasse.

L'ARTISAN SAVONNIER

ZAE du Grand Lussan
LUSSAN
www.laboratoiregravier.com
Liste des boutiques sur le site web, sur la carte interactive.

Issus de la gamme spéciale du Laboratoire Gravier, les produits d'entretien de l'artisan savonnier sont certifiés label Ecocert, concentrés, efficaces et à prix très abordables. Laissez-vous porter par ces senteurs fraîches et provençales qui vous rappelleront le sud et ses senteurs... On aime surtout l'assouplissant pour le linge et le liquide vaisselle aux huiles essentielles, doux pour les mains mais qui respectent les normes écologiques. L'artisan savonnier est situé à Lussan dans le Gard, petit village typique à quelques kilomètres d'Uzès.

LES SAVONS D'OLIVIER

https://savons-olivier.fr
Nombreux points de vente dans le Gers et dans les Hautes-Pyrénées. Boutique en ligne.

Les Savons d'Olivier, c'est une savonnerie artisanale implantée dans une ancienne ferme gersoise, sur les coteaux près de Marciac. Olivier, animé par l'envie de fabriquer des produits cosmétiques simples, naturels et écologiques, utilise le procédé de la saponification à froid, une technique ancestrale écologique qui consomme très peu d'énergie et qui permet de fabriquer des savons sains pour le corps et 100 % biodégradable. Retrouvez dans sa boutique une large gamme de savons avec ou sans huiles essentielles et une gamme de soins pour le corps.

BELESA

131, Impasse des Palmiers - **ALÈS**
✆ 04 66 07 40 18
www.belesa.fr
Nombreux points de vente dans le Gard et le sud de la France. Boutique en ligne.

Créée par Caroline et Amandine, la marque de cosmétique Belesa (la beauté en occitan) privilégie les matières premières cévenoles (le pourcentage est indiqué sur le packaging) ou tout au moins le *made in* France. Dans les crèmes, soins douche, savons, sérums et bougies de la marque, les ingrédients d'origine chimique, les colorants de synthèse et autres parabènes ont été clairement exclus. La marque ne propose que des fondamentaux : un kit idéal pour prendre soin de soi au quotidien et au naturel, en vente en ligne et dans différentes boutiques du sud de la France.

GRAINE DE PASTEL

4, place Saint-Etienne - **TOULOUSE**
✆ 05 82 75 32 83
www.grainedepastel.com
Ouvert le lundi de 14h à 19h ; du mardi au samedi de 10h30 à 13h30 et de 14h à 19h.

Graine de Pastel est une marque de cosmétiques 100% locale à base de pastel, une plante connue pour ses qualités tinctoriales mais qui possède aussi de nombreuses vertus. Son huile est très concentrée en oméga 3, 6 et 9 et permet d'apporter à la peau l'essentiel de ce dont elle a besoin. Elle offre aussi des vertus cicatrisantes et apaisantes. Savons, baume, crème de douche, gommage, gamme anti-âge sont garantis sans huiles minérales, sulfates, parabènes, silicones ou ingrédients d'origine animale. Du bio et de l'écologique qui fait du bien à votre beauté.

LA FERME DU HITTON

Chemin de la colline - **BIRAN**
✆ 06 52 13 51 75
www.hitton.fr
Boutique : tous les jours, 9h - 18h en été ou sur RDV. Visite guidée sur RDV (élevage, savonnerie et distillerie)

La ferme écologique du Hitton, innovante et atypique, était le rêve de Manu et Cécile. Sur 45 ha, 30 ânesses des Pyrénées sont en liberté dans d'exceptionnels champs de romarin, d'immortelles et de lavandes et ses 40 000 pieds... Ici, on produit du lait d'ânesse et l'asinerie est l'antre de production mais aussi de fabrication de savons de ce précieux lait, haut de gamme avec une saponification à froid, de cosmétiques bio et de produits à la lavande dont les huiles essentielles : leurs vertus sont à découvrir à la boutique et elles sont sans égales.

PRODIGE

13, chemin du Plateau de la Serre
PECHBONNIEU
✆ 05 61 70 97 97
https://prodige.eu
Boutique en ligne.

PRO-DI-GE (Provence Diffusion Générale) est une marque de bougie toulousaine. Dans leur petit atelier à Pechbonnieu, les artisans élaborent eux-mêmes, à la main, des ambiances olfactives de noble qualité avec de belles teneurs en parfum. Classiques ou hardies, les senteurs des bougies et diffuseurs sont variées : chèvrefeuille, citron vert, fleur de coton, jasmin, bergamote, eucalyptus... Vous trouverez également en boutique une gamme de pots pourris, d'huiles parfumées et de brûle-parfum. Une belle marque à découvrir pour embaumer la maison.

TERRE DE PASTEL

629, rue Max-Planck - **LABÈGE** ✆ 05 62 88 36 79
http://terredepastel.com
Ouvert lundi au samedi de 10h à 12h30 et 13h30 à 17h/18h. Visite guidée Adulte : 10 ou 12 €. 2 Spas Labège et Rémuzat.

Le Muséum dédié au Pastel est installé au sein du complexe Terre de Pastel. Découvrez les nombreuses vertus de cette plante tinctoriale qui apporta une grande prospérité à Toulouse. Plante médicinale mais surtout tinctoriale, son histoire, ses applications et ses innovations sont ici expliquées à tous. Démonstrations de teinture, visites guidées, animations : l'azuréenne Ysatis tinctoria n'aura plus de secrets pour vous. Seul danger : voir la vie en bleu ! Pour prolonger votre visite, profitez du spa et de la boutique de cosmétiques où trouver le cadeau... pour soi.

ROSERAIE DU CADE

278, Chemin des Rouvières
LACOSTE
✆ 06 83 57 47 88
Ouvert de mai à oct. Tous les jours de 10h à 19h. Vente sur place et les marchés. Visite : 5 €. Cosmétique dès 9,80 €

À Lacoste dans l'Hérault, découvrez la Roseraie du Cade au cœur d'un écrin de verdure, préservé et paisible. Chantal et Albrecht Von Braun ont créé la Roseraie il y a quelques années pour l'ouvrir aux visites depuis mai 2020. Composée de 450 variétés, elle s'étend sur 2 hectares parmi les majestueux chênes du domaine. Après votre visite, vous pourrez retrouver dans la boutique sur place, ou sur les marchés, les produits issus des fleurs du domaine, comme des cosmétiques, des eaux florales distillées et des douceurs à la rose du jardin.

COSMÉTIQUES BALARUC-LES-BAINS

BALARUC-LES-BAINS
www.balaruc-dermatologie.com
Liste des points de vente en ligne. Boutique en ligne.

La Ville et les thermes de Balaruc se sont associés pour créer le laboratoire «Balaruc-les-Bains Eau Thermale». Connue depuis l'Antiquité pour sa minéralité parmi les plus fortes des eaux thermales et sa richesse en oligo-éléments, lors d'une étude, il a été démontré que l'eau thermale a des effets régénérants et protecteurs. Les soins, testés sous contrôle dermatologique et sans paraben sont composés d'eau thermale de Balaruc-les-Bains et associés à des extraits végétaux.

LA SAVONNERIE DU CAUSSE

LE BASTIT
✆ 06 07 19 46 69
Ouverture sur rendez-vous. Produits biologiques.

Cette savonnerie artisanale est située au cœur du parc national régional des Causses du Quercy, sur le village du Bastit. Juliette pratique une fabrication locale et traditionnelle en saponification à froid qui permet de préserver tous les bienfaits des huiles. Ces savons naturels, biologiques, éthiques et écoresponsables contiennent des produits locaux puisqu'on y retrouve de la lavande de Rocamadour, de la noix de Martel, du miel de Bastit ou encore du lait de brebis d'Alvignac : leurs vertus vont faire du bien à votre peau !

L'ÉTUI À SAVON - ANDRÉ VICENTE

232, Rue d'Auvergne
SÈTE
✆ 06 52 94 06 80
www.letuiasavon.com
Liste des revendeurs sur le site web. Livraison possible (boutique en ligne). Un étui : 13,90 €.

Inventé par André Vicente, l'étui à savon a reçu la médaille de bronze du Concours Lépine en 2021. Facile à suspendre, ce petit étui en silicone zéro déchet va permettre de conserver plus longtemps votre savon en le protégeant de l'eau et des salissures. Le savon va également pouvoir garder sa fermeté en préservant ses senteurs. Pour plaire à tous, André l'a décliné dans quatre couleurs pastel et une version translucide. Une création ingénieuse *made in* Sète !

LUPA'LIS COSMÉTIQUE

8, rue du Pont neuf
RECOULES-DE-FUMAS
✆ 06 43 67 53 65
https://lupaliscosmetique.fr/
Boutique en ligne.

Fabriqués en Lozère à la main à partir d'ingrédients locaux, les cosmétiques Lupa'lis sont éthiques, respectueux et naturels. Camille a pensé à tout pour réduire au maximum l'empreinte écologique de sa marque sur l'environnement, du contenu au carton d'envoi en passant par son site internet. Elle s'approvisionne de thym, sauge, menthe poivrée et cire d'abeille dans le Gard, la Lozère et l'Ardèche et d'huile de chanvre et spiruline en Aveyron. Dans sa boutique, retrouvez du déodorant en baume, du dentifrice en pâte ou encore des huiles pour les cheveux.

SAVONNERIE HERBE FOLLE

27, avenue Pasteur - **PRADES** ✆ 06 95 05 11 66
www.herbefolle.net
Vente en ligne, à l'atelier sur rendez-vous, au marché de Prades et Saint-Cyprien ainsi que nombreux points de vente.

Sarah a hérité du gène de la saponification : ses ancêtres exploitaient une huilerie pour approvisionner les savonneries marseillaises. Elle a ouvert son atelier en 2014 au pied du Canigou, à Prades et a fait le choix de matières premières biologiques. Dans ses chaudrons, elle mélange, à froid, des huiles et beurres végétaux -olive, coco, noisette, jojoba, ricin- ainsi que des argiles et du charbon végétal aux multiples vertus. La savonnerie Herbe Folle propose une belle palette de savons aux noms gourmands : Reine du maquis, Pause café, Gourmenthe ou Ylangoureux.

LA SAVONNETTERIE - LE SAVON CATALAN

30, rue de la République - **ARGELÈS-SUR-MER**
✆ 04 68 39 32 27
www.savonnetterie.com
De juin à septembre, ouvert tous les jours de 9h à 15h. Autres horaires disponibles en ligne. Stand sur les marchés.

Façonnage artisanal de savons et sels de bain, uniquement à base de produits naturels. Ça sent bon, c'est 100 % naturel, c'est 100 % artisanal : voici les maîtres mots de La Savonnetterie « Le Savon catalan ». Des savons, des sels de bains, des sachets de senteurs fabriqués sur place à l'arrière de la boutique, le « Catala » aux couleurs sang et or parfumé à la pêche de vigne... Vous l'aurez bien compris, ils sont nombreux et il y en a pour tous les goûts !

ÉM'ANE

1025, côte de la Serre - **SAINT-VINCENT-LESPINASSE**
✆ 06 50 93 74 16
www.emane.fr
Plusieurs points de vente en Occitanie. Boutique en ligne.

Cécile Boudon a créé Ém'Ane et ses produits cosmétiques en 2009. Dans sa boutique, elle propose des produits artisanaux au lait d'ânesse. Conçus de manière éthique et responsable, le lait des produits est prélevé dans son élevage de dix ânesses laitières et transformé sur place. Vous pouvez commander ses produits en ligne, au choix parmi la large gamme de savons nature, parfumés ou exfoliant, la gamme de laits et crèmes au lait d'ânesse et même un shampoing. Des cosmétiques bons pour le corps, créés par ses mains de fée au cœur du Tarn-et-Garonne.

Montauban.

IBBEO

49, rue du Général-Sarrail - **MONTAUBAN**
✆ 05 63 64 90 34
www.ibbeo-cosmetiques.fr
Plus de 250 points de vente en France, listés sur le site web. Livraison possible (boutique en ligne).

Ibbeo est né en 2011, au cœur de Montauban. On y fabrique des produits cosmétiques bio à base d'huiles essentielles et hydrolats de l'Aveyron et d'huiles végétales du Tarn-et-Garonne, du Tarn et du Lot-et-Garonne. Des matières premières issues de l'agriculture biologique, sans exception, pour répondre aux exigences du label Nature et Progrès. L'eau provient quant à elle d'une source pyrénéenne. Ibbeo se décline ainsi en crèmes, lotions, gommages pour le visage, déodorants, dentifrices, shampoings... vendus dans les magasins bio et sur le site Internet.

L'ORÉE DES SAVONS

4, Rue d'Encoste
VERDUN-SUR-GARONNE
✆ 07 82 39 66 57
https://oreedessavons.fr
Boutique en ligne.

Suite à ses expériences personnelles, Asseline s'est tournée vers une démarche naturelle pour prendre soin de sa peau. Elle a commencé à créer ses propres cosmétiques naturels pour elle-même puis a décidé d'ouvrir sa savonnerie artisanale, l'Orée des Savons. Sur sa boutique en ligne aux douces couleurs, elle propose savons naturels pour le corps, shampoings solides, bougies parfumées et coffrets à offrir. Et si souhaitez découvrir comment créer son propre savon ou sa propre bougie, Asseline propose des ateliers et des démonstrations à la demande !

ARTISANAT

PASSPORT

GASTRONOMIE

Si on vous dit cassoulet, aligot, cargolada,... À quoi pensez-vous ? À l'une des nombreuses spécialistes gastronomiques qui font la renommée de l'Occitanie ! Région gourmande par excellence, l'Occitanie propose un large éventail de spécialités culinaires. Ici, c'est une abondance de produits de qualité : viandes, fruits, fromages, salaisons, poissons et coquillages, de la poule gasconne au porc noir de Bigorre, du foie gras du Gers au cassoulet toulousain, de l'huître de Thau à la brandade de Nîmes... Qu'il fait bon flâner dans les marchés de producteurs de Toulouse à Montpellier, dans les halles historiques et sur les marchés traditionnels ! L'Occitanie compte 300 produits sous signe de qualité (Label rouge, AOP, IGP, Agriculture Bio) ! Et pour les déguster, les nombreux restaurateurs de la région (dont 49 restaurants étoilés) subliment ces produits du terroir à travers leur cuisine traditionnelle et contemporaine, goûteuse et authentique. Alors, envie de vous faire plaisir ? Rendez-vous à l'une de nos adresses de bonnes tables !

PAGES

LES SPÉCIALITÉS LOCALES

Envie d'une *brandada* ? Retrouvez la typique brandade de morue dans une de nos adresses du Gard. Vous êtes plutôt *aligòt* ou tripoux ? Rendez-vous dans un buron d'Aubrac ou à l'une des tables aveyronnaises. Vous ne connaissez pas la *garbura* ? Goûtez ce plat typique gascon dans les fermes du Gers l'hiver. Et puis pour un délicieux cassoulet, vous pouvez le déguster dans l'Aude et du côté de Toulouse. On n'en oublie pas moins la *brasucada* de l'étang de Thau, la peyroulade de Lozère, le millas, la poule au pot ou encore des douceurs sucrées comme la fouace, la *crostada* ou la pompe à l'huile ! Parmi les nombreux restaurateurs qui ont à cœur de vous faire découvrir et déguster les spécialités locales, on compte 49 restaurants étoilés qui accueillent des chefs emblématiques comme Michel et Sébastien Bras, Michel Sarran ou Gilles Goujon. Tous ces plats typiques et ces gourmandises locales sont à déguster dans les adresses sélectionnées.

AUBERGE DE LA CORE €€

Mairie
ARRIEN-EN-BETHMALE
✆ 05 61 04 80 53
Menu du jour 16 €

Une auberge que l'on peut qualifier de restaurant gastronomique au coeur de la montagne, avec une terrasse avec vue panoramique sur la tour de Bramevaque et le sommet du pic du Midi de Bordes. Grâce au talent du chef Richard Michiels, on se délecte d'œufs fermiers cocottes aux morilles et cœur de foie gras et d'une blanquette de veau aux cèpes. Copieux, délicieux dans un cadre merveilleux. Est-il besoin de préciser que ces produits de grandes qualité sont frais et locaux ? Le service est à la hauteur de la table. Une excellente adresse dans le Haut-Couserans.

LE CLOS CATHALA €€

lieu dit Cathala - **FOIX**
✆ 05 61 68 12 15
www.closcathala.com
Ouvert toute l'année. Du mardi au dimanche le midi ; du mardi au samedi le soir. Menus de 30 € à 50 €. Jardin. Terrasse

Aux commandes de la table d'hôtes, Géraldine Portoles, qui n'est pas une inconnue de nos guides car elle nous a régalés aux Remparts de Mirepoix, faisant de cet établissement un lieu incontournable de la gastronomie ariégeoise. Les salles sont accueillantes, le jardin relaxant, et la cuisine est à la hauteur de nos attentes, en produits frais, locaux ou du jardin ; la carte changeant tous les jours selon l'inspiration et dans l'esprit d'une table d'hôtes. On peut dormir sur place dans de douillettes chambres. Une excellente adresse devenue une grande adresse.

HORIZON 117** €€

Avenue du Général-de-Gaulle - **LORP-SENTARAILLE**
✆ 05 61 66 26 80
www.horizon117.com
Piscine. Logis. Fermé le dimanche soir sauf juillet et août. Chambre double de 70 € à 72 €. Animaux. Wifi. Restauration.

Tenu par Francis et Maryse Puech, cet établissement est une institution depuis près de 50 ans. Hôtel-restaurant d'allure extérieure moderne, doté d'un grand jardin avec tennis, piscine, jardin, sauna. La grande salle avec sa cheminée à la tête de cerf stylisée et la véranda, pour se restaurer devant une cuisine traditionnelle de qualité à base de produits du terroir. La carte change au gré des saisons et on y retrouve la provenances des produits ariégeois et locaux. Une excellente adresse, une cuisine goûteuse. Magnifique vue sur les Pyrénées et le mont Valier.

LA MAISON LACUBE - LE RESTAURANT DE L'ÉLEVEUR €€

3, place des platanes
LES CABANNES
✆ 05 34 09 09 09
https://lamaisonlacube.fr/
Ouvert tous les jours et les jours fériés. Réservation impérative. Menus de 20 € à 34 €.

Véritable institution ariégeoise, à la fois ferme, restaurant et boutique de produits fermiers, dont la vocation est de rapprocher agriculteurs et consommateurs, on retrouve ou découvre, à côté des viandes et produits servis au restaurant, une belle sélection des savoir-faire des amis fermiers et artisans locaux. La carte propose plats traditionnels mais aussi plus exotiques avec des burgers pour les ado, de pain du boulanger du village et de fromage fermier.

LA MÉTAIRIE - LE CLOS SAINT-MARTIN €€

Lieu dit Languit - **ARVIGNA** ✆ 05 61 60 45 70
www.restaurantlametairie.fr
Du vendredi au mardi le midi ; le vendredi et le samedi le soir. Menus de 26 € à 34 €. Formule du midi de 19 à 23 €

Nouvelle adresse pour cet incontournable restaurant, à la déco très soignée, situé dans un charmant corps de ferme s'ouvrant sur un superbe parc aux arbres centenaires. Mélanie Zervos a fait ses armes dans des établissements prestigieux, aux côtés de chefs tels que Gilles Goujon et Nicolas Coutant. Elle propose donc de garnir votre assiette avec une cuisine raffinée et originale qui met en avant les producteurs locaux et la recherche des saveurs et du beau. Une table exceptionnelle !

LE MOULIN DE L'ANGOUST €€

Le Village
GOURBIT
✆ 05 61 66 48 42
Ouvert tous les jours. Menus de 21 € à 28 €. Formule du midi : 14 €.

Les gourmets sont à nouveau choyés à Gourbit : le moulin a rouvert grâce à Cédric, un chef passionné par son métier, et Suzanne à ses côtés. Vous ne manquerez pas cet établissement, c'est une maison aux volets rouges à l'entrée du village. Cuisine traditionnelle, attentionnée, copieuse avec un goût prononcé pour une présentation et des produits de qualité dans une grande salle chaleureuses avec cheminée et insert cosy. Bien sûr, j'en vois au fond qui cherchent la langouste… L'Angoust, c'est la rivière ! Bon vent à ce restaurant charmant dans un village charmant.

O BISTROT PYRENE €€

641, avenue de Paris
MONTGAILHARD
✆ 05 61 04 96 61
https://bistrotpyrene.com/
Ouvert du dimanche au jeudi le midi ; le vendredi et le samedi le soir. Midi : 15 € ou 18 €.

Christian Guilhot a eu l'excellente idée de descendre du plateau de Beille pour venir nous régaler dans le restaurant du musée des Forges dans un établissement entièrement rénové en style bistrot, jusqu'à la terrasse qui donne sur la rivière. A noter, une petite salle privative pour les réunions professionnelles. La cuisine est traditionnelle, variée, délicieuse, élaborée à partir de produits locaux et privilégiant les circuits courts. On trouvera ici tous les bons fournisseurs ariégeois. Excellent accueil, sourire et sens de l'humour. Adresse bistrotement futée !

LES SAVEURS DU MANOIR €€€

2, rue Saint-Roch
TARASCON-SUR-ARIÈGE
✆ 05 61 64 76 93
www.manoiragnes.com
Fermé dimanche soir et lundi non férié. Menus de 28 € à 58 €. Midi 24 €. Menu végétarien : 28 €.

On ne peut passer sans voir cette superbe bâtisse et son parc depuis la route d'Andorre. Aux commandes du restaurant : Jean Carzola, qui n'a vraiment pas à faire ses preuves tant sa cuisine est un bonheur pour les papilles. Renard l'a déjà croisé au hasard d'autres établissements réputés ; nous serons donc obligatoirement satisfaits. Il est un artiste dans sa façon de travailler le foie gras. Les plats conjuguent raffinement, surprise et originalité. *Le Petit Futé* s'est délecté d'un foie à la façon du Chef et d'un succulent pigeon aux morilles. Service au top.

AUBERGE DU VIEUX PUITS €€€

5, avenue Saint Victor - **FONTJONCOUSE**
✆ 04 68 44 07 37
www.aubergeduvieuxpuits.fr
Ouvert du mercredi soir au dimanche midi. Menus à 245 € (390 € boissons comprises) et 275 € (460€ boissons comprises)

L'Auberge du Vieux Puits c'est 3 étoiles au Michelin et douzième sur les mille meilleures tables mondiales au classement *La Liste* 2023. Malgré toutes ces distinctions, Gilles Goujon sait rester simple et fait son marché à Lézignan. Sa cuisine inventive de terroir suit le rythme des saisons. Difficile de « narrer » ses deux menus tant ils sont surprenants, raffinés et d'une technicité sans faille. Citons juste ce plat signature : l'œuf poule carrus « pourri » de truffe mélanosporum sur une purée de champignons, briochine tiède et cappuccino à boire, exceptionnel !

LA CAMBUSE DU SAUNIER €€

Route de l'Ayrolles - **GRUISSAN**
✆ 04 84 25 13 24
www.lesalindegruissan.fr
Fermé de mi-décembre à mi-février. Haute saison : ouvert tous les jours. Voir horaires sur site internet. Carte : 35€

De grandes tablées et une vue imprenable sur le salin ! Entre l'étang de l'Ayrolle, l'île Saint-Martin et le grau de la Vieille-Nouvelle, ici on privilégie les produits de la mer. Des bulots, des moules, des palourdes, les huîtres de l'île de Saint-Martin à déguster à toute heure... On retrouve tous les fruits de mer préparés selon diverses recettes. Ici l'alchimie du sel est aussi dans vos assiettes : loup, daurade, poulet... en croûte de sel. Côté vin, le restaurant sélectionne les vins de la Clape ainsi que le vin du voisin, Pierre Richard.

HOSTELLERIE ÉTIENNE €€

1, chemin Saint-Jammes - **LABASTIDE-D'ANJOU**
✆ 04 68 60 10 08
www.hostellerieetienne.com
Ouvert du mardi au jeudi et le dimanche de 9h à 15h30 ; le vendredi et le samedi de 9h à 15h30 et de 18h à 23h.

Ici règne le cassoulet depuis 1956 ! Prenez-le impérial, à volonté, tant qu'à faire... La maison occupe une bastide à l'orée un grand parc. Eric Rousselot propose le vrai cassoulet qui mijote des heures durant jusqu'au fumet parfait, ceci d'après la recette jalousement gardée, confiée par son père, grand artiste du cassoulet. S'ajoutent sa daube de bœuf, son magret de canard grillé, son Tournedos Rossini, ses cuisses de confit de canard... le tout goûteux et généreux. En été, on mange dans le parc. La boutique propose aussi du cassoulet à emporter.

LA MAISON DE L'ÉCURIE €€

Route de Mirepeisset
SALLÈLES-D'AUDE
✆ 06 59 63 79 14
Ouvert d'avril au fin septembre. Grillades au feu de bois et suggestion du jour. Réservation recommandée.

C'est dans un cadre bucolique et enchanteur que la Maison de l'Ecurie vous accueille sur un site exceptionnel imaginé par Pierre-Paul Riquet : la jonction du canal du midi et de la Robine. Vous pourrez vous installer tout au bord du canal ou sous la pergola pour déguster des grillades au feu de bois et des petits plats du jour maison qui varient selon le marché et l'inspiration de Joanne. Et si le temps se rafraichit, pas d'inquiétude, on vous installera dans la jolie salle intimiste fraîchement redécorée, au coin du feu... difficile de faire plus romantique.

LE MEEZ - RESTAURANT €€

290, avenue du Général Leclerc - **CARCASSONNE**
✆ 04 48 36 00 00
www.lemeez.com
Ouvert du mardi au samedi midi et soir. Formule midi 22 € (complète) +carte. Enfant : 14€. Petit dej : 16€. Terrasse

Si l'architecture du Meez vous interpelle, n'hésitez pas à pénétrer dans ce superbe restaurant & Boutique-Hôtel. Stéphanie et André, les nouveaux propriétaires, ont créé un lieu unique sur Carcassonne où l'art contemporain s'accorde à merveille avec le restaurant subtilement végétalisé. Au menu, la cuisine du chef Kevin Oculi est toujours sur la thématique des produits locaux et de saison. En salle ou en terrasse, vous passerez un délicieux moment que ce soit pour la formule du midi, un dîner gourmand à la carte ou juste un verre entre amis.

LA PERLE GRUISSANAISE €€

avenue de l'aiguille - **GRUISSAN**
✆ 04 68 49 23 24
www.laperlegruissanaise.fr
Tlj 9h-16h (nov. à mars) 9h-19h (avr. à juin, sept. oct). 9h-21h (juil. août). Chèques non acceptés. Vente à emporter.

Située à l'extrémité de la plage des chalets, la «Perle Gruissanaise», garantie des produits de qualité dans des eaux de cultures de première catégorie. Ce que l'on apprécie surtout c'est son environnement, c'est ici que l'étang rencontre la mer. En fin de journée, venez appréciez le coucher de soleil en commandant quelques fruits de mer. Moules, huîtres, crevettes, bulots... se dégustent à toute heure à même la jetée sur de grandes tables en bois au bord de l'étang. À tester le *rooftop* pour se régaler de fruits de mer et d'une glace avec une vue... d'en haut.

TWICKENHAM PUB RESTAURANT €€

100, Allée Gérard Rouvière - **CASTELNAUDARY**
✆ 07 48 73 19 55
www.twickenham-pub-restaurant.com
Restaurant ouvert tous les soirs 7j/7 et le midi du lundi au vendredi, pub de 9h à minuit 7j/7. De 21 à 32 €. Carte.

Le Twickenham se trouve dans le nouvel Ibis Styles de Castelnaudary. Guy Spanghero, le propriétaire, a rendu un véritable hommage au monde du rugby et à la gourmandise, deux sujets qu'il maîtrise à la perfection ! C'est donc dans un cadre unique et autour d'une table bistronomique et/ou de tapas que vous vous régalerez d'une cuisine maison et généreuse allant de la lotte au chorizo à l'excellent cassoulet de Castelnaudary au confit de porc et de canard, un régal !

LES ARÔMES €€

5, rue Sainte-Catherine - **RODEZ**
✆ 05 65 87 24 41
www.lesaromes-restaurant.fr
Ouvert du mardi au dimanche le midi ; le vendredi et le samedi le soir. Menus de 26 € à 31 €. Formule du midi : 17 €.

Dans une petite venelle du centre de Rodez, les Arômes est le genre de restaurant que l'on aime dénicher. Grégory, quatre ans chez Ducasse au Louis XV à Monaco, s'active en cuisine pour une carte de produits frais, laissant la part belle aux poissons et autres crustacés. Noix de Saint-Jacques, filets de bar et cabillauds poêlés sont déclinés avec brio. La viande est aussi à l'honneur, avec le filet mignon de porc aveyronnais, les pavés ou le faux-filet de bœuf, le carré d'agneau rôti au thym. Côté desserts, ne ratez pas le fameux succès aux amandes.

LE BISTROQUET €€

17, rue du Bal - **RODEZ**
✆ 05 65 68 74 75
www.lebistroquet-rodez.com
Ouvert du mardi au samedi le midi et le soir ; le dimanche midi. Menus de 19 € à 24 €. Formule du midi : 15 €.

Ici, la chaleur de l'accueil est aussi ardente que les braises de la cheminée dans laquelle cuisent les viandes. La salle entière s'organise autour de ce feu de bois qui donne aux grillades cette saveur si particulière. Servies avec des pommes de terre rissolées, côtelettes d'agneau fermier, aiguillettes de canard et autres pièces de bœuf font généralement l'unanimité auprès de tous. Le Bistroquet, idéalement situé en centre-ville, à deux pas des commerces, propose aussi des tartes salées et des desserts, le tout fait maison.

LA BOTTE DE PAILLE €

ZA de l'Issart
NAUCELLE
✆ 05 32 41 20 60
Ouvert du lundi au vendredi le midi ; le vendredi soir.

Christophe s'est emparé de ce joli restaurant, situé à l'extrémité du bâtiment de Terre Ségala pour y exprimer sa passion pour la cuisine traditionnelle et les bons ingrédients locaux. Il n'a qu'à tendre le bras d'ailleurs pour se servir dans le magasin de producteurs qui jouxte son établissement et propose ce que le Ségala fait de meilleur. Christophe présente chaque jour un menu différent, fait maison, de l'entrée au dessert. Le restaurant bénéficie d'une lumière exceptionnelle et d'une vue très agréable sur la campagne environnante.

LE BOWLING DU ROUERGUE €€

Route d'Espalion - **ONET-LE-CHÂTEAU**
✆ 05 65 67 08 15
www.bowlingdurouergue.com
Ouvert tous les jours à partir de 12h et de 19h à 2h. Menu Buron à 35 €. Menu du jour : 25 €. Formule express : 16 €.

Le Bowling du Rouergue est une institution en Aveyron. La famille Bastide détient cet hôtel-restaurant et son bowling depuis presque 50 ans. Le restaurant traditionnel, rénové en 2021, offre un cadre moderne et une carte qui fait la part belle au terroir et à l'Aubrac, l'ADN de la famille Bastide : truffade, saucisse-aligot, plateau de charcuterie gargantuesque, pièces de bœuf dont certaines sont maturées plusieurs jours, sans oublier le plateau de fromages de pays et la fameuse tarte Bastide… Avec un service garanti jusque tard, voici une adresse immanquable !

BURONS DES BOUALS €

Les Bouals - **AUBRAC** ✆ 06 18 73 97 25
www.buron-des-bouals.com
Le midi sur réservation, tous les jours (juil./août), mercredi au dimanche (sept.), week-end (mai-oct) Menu unique : 17€

Dégustez un repas Aveyronnais dans un buron typique (ancienne grange en pierre) datant de 1840, en extérieur avec une sublime vue sur le plateau de l'Aubrac ou à l'intérieur sur de grandes tables en bois qu'on partage avec ses voisins. Ici, on mange à la bonne franquette : le traditionnel aligot-saucisse est directement servi à table, du chaudron à l'assiette (assistez à sa préparation à 12h30). Le menu comprend également le dessert et le café, et vous êtes libre d'apporter votre entrée. Sur place, vente de bières locales, vins et sodas locaux ainsi que saucisson.

CAFÉ BRAS €€

Avenue Victor-Hugo
RODEZ
✆ 05 65 68 06 70
www.cafebras.fr
Menu unique à 39 €.

Ce restaurant de musée propose une cuisine mi-bourgeoise mi-terroir, et pas mal de clins d'œil créatifs déclinés en plusieurs temps. Le désormais célèbre capucin, une galette de céréales en forme de cône, imaginée par la famille Bras et garnie de différentes préparations, pour une déjeuner sur le pouce. Et une jolie sélection de gourmandises sucrées pour le quatre-heures, à déguster avec une limonade au sureau, par exemple. Le tout servi par une sémillante équipe dont les costumes ont été imaginés par Catherine André, la célèbre styliste millavoise.

LA CASCADE €€

26, cour de la Filature
SALLES-LA-SOURCE
✆ 05 65 67 29 08
Ouvert le mardi midi ; du mercredi au dimanche le midi et le soir. Menus de 15 € à 22 €.

Après avoir œuvré au château de Labro à Onet-le-Château, Léna et Mathieu se sont installés près du musée de Salles-la-Source, à l'aplomb de la célèbre cascade qui donne son nom à leur restaurant. Là, le couple exprime ses envies autour de produits locaux, et d'une cuisine plurielle et authentique. Servies en terrasse ou en salle, où virevolte une équipe souriante, les assiettes de La Cascade se sont déjà taillées une belle réputation en Aveyron. D'autant qu'elles sont proposées à toute heure de la journée pour répondre au rythme variable des touristes.

HÔTEL-RESTAURANT GILLES MOREAU*** €€€

2, allée de l'Amicale
LAGUIOLE
✆ 05 65 44 31 11
www.gilles-moreau.fr
Menu à 49 €. Carte. Chambre à partir de 79 €.

Gilles Moreau tient les rênes de cette institution laguiolaise. La salle de restaurant ose un mélange de bois et de mur coloré qui annonce une cuisine entre tradition et renouveau. Les plats sont élaborés au fil des saisons, à partir de produits du terroir. La carte propose par exemple le tataki de Bœuf d'Aubrac l'incontournable Aligot et sa saucisse rôtie, une coupe de glace miel de châtaignier des Monts d'Aubrac. L'ambiance maison de famille se savoure aussi dans de jolies chambres.

HÔTEL-RESTAURANT LE SÉNÉCHAL €€

Le Bourg - **SAUVETERRE-DE-ROUERGUE**
✆ 05 65 71 29 00
www.hotel-senechal.fr
Ouvert le mercredi soir ; du jeudi au samedi le midi et le soir ; le dimanche midi. Menus de 55 € à 160 €.

Le marché, les circuits courts, les produits de saison sont les fondamentaux de la cuisine de Michel Truchon (une étoile). Très attaché au terroir, et à son village natal, Sauveterre-de-Rouergue, Michel Truchon dresse avec humilité des assiettes légères et savoureuses, où les légumes, les herbes, la viande locale, les poissons de petite pêche occupent une place de choix. Curieux de tous et de tout, le chef ne revendique aucune spécialité, sinon celle du respect des produits.

LE JARDIN DES CAUSSES €€

Place Cardailhac
VILLENEUVE
✆ 05 65 65 84 95
Ouvert le dimanche et le lundi le midi ; du mercredi au samedi le midi et le soir. Formule du midi : 21 €.

Laura est ambitieuse, mais surtout passionnée. Des qualités qui se ressentent dans l'assiette où les produits de saison sont préparés avec beaucoup d'application et de personnalité. Laura propose une courte carte, dans laquelle on pioche les propositions au gré de ses envies pour se concocter un menu en plusieurs temps : œuf mollet texture de pois chiche aïoli et croûtons, fricassée de volailles aux trompettes de la mort, riz au lait ultra-gourmand... Une poésie aussi étonnante que gourmande, renouvelée à l'envi par la chef.

LA MANGEOIRE €€

8, boulevard de la Capelle
MILLAU
✆ 05 65 60 13 16
www.restaurantmillau.com
Menu unique à 32 €. Menu enfant : 14 €. Suggestion du jour : 18 € (et 26 €).

Carole et Gilles vous accueillent dans l'une des trois salles, réaménagées dans des caves voûtées des anciens remparts pour déguster, notamment, des grillades de viandes de l'Aubrac ou de poisson frais au feu de bois. Le décor : pierres apparentes - feu de cheminée (fonctionnant tous les jours midi et soir), et le mobilier de bois sont chaleureux. La mise de table élégante et la cuisine, au niveau, mélange parfait de modernité et de recettes traditionnelles. La formule saucisse-aligot, grillée devant vous, est notamment un incontournable.

CHEZ MARIE €€

Grand Vabre
CONQUES-EN-ROUERGUE
✆ 05 65 69 84 55
Été : ouvert tous les jours midi et soir. Formule à partir de 11,50 €

Dans une grande bâtisse typique du village, Marie conjugue depuis vingt ans cuisine de terroir et accueil familial... Dans son bistrot de pays, le comptoir nous remémore l'atmosphère des troquets d'antan tandis que l'esplanade ombragée permet de rêvasser côté rivière. Dans les assiettes, des recettes dont seules les grands-mères détiennent le secret : ris d'agneau sauce aux cèpes, sauté de veau sauce morilles, assiette complète aveyronnaise (salade, roquefort, tomates et jambon de pays qui comble le plus affamé) ou une terrine de foie gras maison...

MICHEL ET SEBASTIEN BRAS €€€

Route de l'Aubrac - **LAGUIOLE** ✆ 05 65 51 18 20
www.bras.fr
Menu «Aubrac» 195 €. Menu « Légumes » 220 €. Menu « Balade » 275 €

Au Suquet, où les étoiles se transmettent de père en fils, vous entrez dans l'une des meilleures tables de France. Dans ce fabuleux cadre baigné de lumière et ouvert sur le paysage, Sébastien Bras, secondé de son épouse Véronique, s'applique à incarner une cuisine singulière et imaginative, qui se traduit dans la technique, le savoir-faire, et par-delà, dans les émotions. Sa gastronomie est profondément authentique, et révèle, avec créativité, la richesse du terroir de l'Aubrac. Cette terre est une source d'inspiration qui ne cesse de se réinventer.

LE RELAIS DE PRÉVINQUIÈRES €€

Le Bourg - **PRÉVINQUIÈRES**
✆ 05 81 21 00 57
www.lerelaisdeprevinquieres.fr
Ouvert du lundi au vendredi de 12h à 16h ; le samedi de 19h à 23h ; le dimanche de 10h à 19h. Menus de 28 € à 33 €.

Le Relais de Prévinquières vous accueille à 400 mètres d'altitude, entre les fortifications du XVe siècle dont les vestiges surplombent l'Aveyron. On découvre dans ce cadre historique et reposant les spécialités culinaires de la région : salade aveyronnaise, faux-filet de l'Aubrac, tête de veau de l'Aveyron, foie gras de canard poêlé aux fruits de saison, aligot, tripous.... Toute l'équipe propose des prestations de qualité pour satisfaire leurs clients.

L'AMPHITRYON €€€

24, place du 8-Mai-1945 - **CASTILLON-DU-GARD**
✆ 04 66 37 05 04
restaurant-lamphitryon.ovh
Ouvert du jeudi au lundi de 12h à 13h30 et de 19h30 à 21h30.Fermé le mardi et le mercredi. Réservation recommandée.

A Castillon-du-Gard, un restaurant mérite non seulement le détour mais la halte gastronomique : c'est l'Amphitryon. Le chef a déposé sa signature en proposant une cuisine subtile aux couleurs de la Provence. Un service irréprochable vous sera alloué. Le raffinement des menus et les conseils avisés du maître des lieux traduisent l'excellence de ce restaurant. Les voûtes en pierre de la salle confèrent une atmosphère chaleureuse que l'on n'est pas près d'oublier. Et pour la belle saison, un patio ombragé vous accueillera pour plus de bien-être.

L'AUBERGE D'UZÈS €€

Pont des Charrettes - **UZÈS**
✆ 04 66 22 16 15
www.auberge-uzes.fr
Ouvert du mardi soir au dimanche midi. Formule à l'ardoise à partir de 21 €.

A l'Auberge d'Uzès, Valérie et Denis se font un plaisir de vous faire découvrir les spécialités culinaires du Languedoc et de la Provence. Au restaurant, pas de carte ni de menu, mais une « ardoise » qui se renouvelle selon les étals du marché et l'inspiration du chef. Nous avons ainsi composé avec une terrine de magret de canard, une daurade de Méditerranée grillée, et confit de légumes de saison, pour finir, car nous sommes gourmands, avec une crème brulée rhum raisin. Nos sens sont ravis ! L'établissement propose aussi des chambres coquettes et personnalisées.

LE DIABLOTIN GOURMAND €€

Place de l'Horloge - **BARJAC**
✆ 09 52 46 85 76
diablotingourmand.fr
Fermé de janvier à mars. Ouvert 7j/7, 8h30-23h, sauf le jeudi midi. Formules à 17 € et 19,50 €. Glacier.

Vous vous trouvez au pied de la Tour du Notaire, offrant une terrasse où il fait bon se poser. Ici, vous pourrez vous restaurer de plats mijotés, à la plancha, de tartares et carpaccios... Il y en a pour tous les goûts, amateur de viande, de poisson, végétarien et végétalien. Laissez-vous tenter par des glaces artisanales venues d'Ardèche. Martine confectionne une cuisine 100% maison à base de produits frais issus des producteurs locaux et pâtisse des fondants au chocolat, à la châtaigne, des pavlovas, à accompagner d'un chocolat maison, d'un café ou d'un thé bio.

L'ENCIERRO €€

46, rue des Combattants
LE GRAU-DU-ROI
✆ 04 66 88 39 96
Haute saison : tous les jours le midi et le soir. Réservation recommandée. Menus de 14,50 € à 30,90 €.

Installé à deux pas du littoral, cet excellent restaurant est spécialisé dans le terroir et plus précisément dans la viande de taureau AOP camarguaise. Elle se découvre grillée à la plancha, en tartare, en saucisse, en pavé ou encore sous forme de gardiane, préparation récompensée d'une médaille d'or Militant du Goût en 2020. Ces recettes sont accompagnées de frites maison, de riz camarguais ou de la ratatouille réalisée par Audrey. La carte réserve également une belle place au poisson, d'ailleurs la plancha de la mer est la deuxième spécialité de l'adresse.

RESTAURANT ALEXANDRE €€€

2, rue Xavier-Tronc - **GARONS** ✆ 04 66 70 08 99
www.michelkayser.com
Restaurant 2 étoiles. Ouvert : mercredi et dimanche midi puis jeudi-vendredi-samedi midi et soir. Menus dès 125 €.

Avec 2 étoiles au Michelin, le chef Michel Kayser est une institution reconnue au niveau national. Composant ses plats avec gourmandise, audace, exigence et générosité, il emporte le convive et ses papilles dans une succession d'émotions poétiques : rouget de Méditerranée cuit sous la salamandre, raviole à la tapenade de picholine, fleurs de courgettes à la rabasse d'Uzès... C'est dans un cadre verdoyant où la quiétude est sacrée que l'on savoure le talent exceptionnel de ce chef : celui de sublimer les produits du terroir. Assurément la meilleure table du Gard.

LE SAINT AMOUR €€

5, rue Sadie-Carnot
AIGUES-MORTES
✆ 09 81 17 91 61
https://le-saint-amour.business.site/
Ouvert du vendredi au mardi le midi et le soir. Menu à 40 € (entrée-plat-dessert).

Découvrez cette charmante brasserie du centre historique d'Aigues-Mortes. À table, vous avez le choix entre plusieurs formules dans lesquelles le chef vous propose des délices locaux servis dans des assiettes joliment dressées : piquillos farcis à la brandade, gaspacho, Saint-Jacques snackées accompagné de son riz rouge de Camargues, filet de taureau... Et en dessert, régalez-vous avec un fromage de la région : le demi-pélardon des Cévennes et sa confiture de coing. Un restaurant à la cuisine raffinée et authentique qui ne déçoit pas !

SAVEURS DU SUD €€

11, rue Bouquerie - **ANDUZE**
✆ 04 30 38 63 66
saveurs-du-sud.eatbu.com
Fermé du 3 novembre au 4 mars. Mercredi soir et du jeudi au dimanche midi et soir. Menus de 22 € à 25 €.

Si la gastronomie cévenole est réputée, le restaurant « Saveurs du Sud » situé dans le sud de la France plus exactement dans le Gard, labellisé Militant du Goût, est une valeur sûre à Anduze. Situé rue Bouquerie depuis 2018, ce restaurant fait la part belle à la cuisine du terroir, dans un cadre chaleureux fait de pierres et de voûtes. Poissons, viandes, légumes du marché... tout est frais, et les vins (même en carafe) sont issus de la viticulture biologique. Un vrai plus ! Notons d'ailleurs que la cheffe est une ancienne de l'agriculture bio.

L'AUBERGE €€

8, place de l'Union
TOURNECOUPE
✆ 05 62 59 63 77
Ouvert le midi du mercredi au dimanche et le samedi soir. Compter 25 € pour un repas.

Dans une agréable bourgade lomagnole surplombant l'Arratz, la terrasse de L'Auberge offre une vue remarquable sur les vallons des alentours. Guillaume Dinet travaille avec grand soin ses cuissons pour mettre à l'honneur des produits du terroir issus d'une agriculture raisonnée et de producteurs locaux. La carte est régulièrement remaniée, conservant cependant toujours son accent terroir, saison et classique. Une très bonne ambiance règne dans ce petit restaurant, à l'image de la commune qui l'accueille et où il fait bon vivre.

AUBERGE LE FLORIDA €€€

2, rue du Lac - **CASTÉRA-VERDUZAN**
✆ 05 62 68 13 22
www.lefloridagascony.fr
Formule du marché (le midi) : 28 €. Menu «carte blanche au chef» (le soir) : 75 €, accord mets et vins 45 €.

Grande table du Gers, Le Florida est une auberge mythique qui a su prendre le virage de la modernité. La décoration est à l'image de la carte : contemporaine et raffinée. Si Bernard Ramouneda a donné au restaurant ses lettres de noblesse, son fils Baptiste est désormais aux commandes. Il s'est entouré du chef Marc Abramovici, qui réinvente avec respect et audace les produits du terroir, en toute saison. Créateur de spécialités exquises, il sublime également les plats historiques maison, comme le boudin tiède aux pommes golden et les ris de veau.

BLACK PIG - LA CAVE DE TONTON €

10, Rue Centrale
MANCIET
✆ 05 62 08 28 81
Du mardi au vendredi le midi ; le vendredi et le samedi le soir. Formule du midi : 16,50 €

Cette nouvelle cave à manger à l'allure champêtre est idéalement située entre Auch, Éauze et Nogaro. Le menu change tous les jours et les plats sont locaux, faits maison. À la carte, des tapas ou des plats typiques : on vous recommande les rillettes de sardines, le confit de canard délicieusement grillé et ses frites maison. C'est aussi une cave à vin et épicerie, où vous pouvez profiter dune bonne bouteille de vin à déguster sur place avec un droit de bouchon, ou l'emporter.

AU CANARD GOURMAND €€€

La Rente - **SAMATAN**
✆ 05 62 62 49 81
Ouvert tous les midis sauf le mardi et le soir du mercredi au dimanche. Compter 40 € pour un repas.

Une maison estampillée Table du Gers qui fait la part belle au canard et vous accueille depuis plus d'un quart de siècle. Aujourd'hui la relève est assurée par Alexandre Mouton qui maitrise ses gammes traditionnelles et les pimente d'une touche d'exotisme. La salle de restaurant est végétalisée, comme la terrasse, avec sa belle pergola de bambous. On aime la cave à déguster, avec ses étiquettes qui racontent chaque bouteille, chaque vigneron... Aux 25 kg de canard frais et fermier travaillés par semaine s'ajoutent bœuf, agneau et même la poule au pot d'Henri IV.

CAVE ET REPAS À L'UNISSON €€

10, Place Villaret Joyeuse - **AUCH**
✆ 06 40 98 08 02
http://cru-auch.fr/
Ouvert le mercredi et le jeudi de 10h à 23h ; le vendredi et le samedi de 10h à minuit. Compter 20 € pour un repas

Le «CRU» est le nouveau lieu incontournable pour se régaler midi et soir. Dans une décoration industrielle et face à la cuisine ouverte, vous pourrez déguster les plats gourmands et travaillés de la chef Isabelle. Avec des produits frais de saison et locaux, la carte change tous les jours en fonction du marché et des envies du moment. Le soir, de délicieux plats à partager sont proposés, accompagnés d'un bon vin parmi les 250 «pépites» et conseillé par Bartholomé.

JEFF ENVOIE DU BOIS ! ! ! €€

12, place de la Libération
AUCH
✆ 05 62 61 24 00
Ouvert du mardi au samedi de 11h à 14h45 et de 19h30 à 22h30 du jeudi au samedi. Compter 50 € pour un repas le soir.

En poussant la porte de ce restaurant au décor épuré de bistro chic et urbain, vous découvrirez une cuisine raffinée et très inventive, autour de produits locaux et de saison, comme le médaillon de joue de boeuf confite ou encore le cochon fermier en croute... Une belle carte de vins accompagne les assiettes très travaillées du chef Thomas Lloret. Régis Cazaux vous accueillera en salle, et orchestrera pour vous un moment de gastronomie et de convivialité assez inoubliable !

L'ÉCHAPPÉE BELLE €€

2, place Gambetta - **L'ISLE-JOURDAIN**
✆ 05 62 07 50 05
www.echappee-belle.fr
Ouvert de 12h à 14h et de 19h30 à 21h30. Menu à partir de 23 €.

Le cadre résolument contemporain de cette brasserie gastronomique fait écho au parti pris moderne de la carte. Thierry Lair a fait ses gammes chez Bernard Bach, le double étoilé du Gers. Cela se ressent dans la finesse et l'originalité de ses créations qui revisitent les grands classiques avec des saveurs plus lointaines. L'incontournable foie gras du Gers s'accompagne d'un coulis de piquillos au Floc de Gascogne blanc. Côté plat nous avons aimé la rencontre du gibier et des épices indiennes avec le filet mignon de sanglier relevé au poivre de Tellicherry.

LE PUITS SAINT-JACQUES €€€

57, avenue Victor-Capoul - **PUJAUDRAN**
✆ 05 62 07 41 11
www.lepuitssaintjacques.fr
Ouvert du mercredi au dimanche le midi ; du jeudi au samedi le soir. Compter 120 € pour un repas complet (hors boissons)

Cette institution gastronomique a pour chef William Candelon, le neveu du chef historique Bernard Bach. La table et ses deux étoiles vous accueille dans un cadre élégant et avenant pour un moment d'exception. Les suggestions sont toujours aussi créatives, et portées par des produits fins et de qualité comme pour ces saint-jacques rôties sur sa purée de Butternut et son bouillon de champignons torréfiés et truffe fraiche ou encore le foie gras en croute, topinambour et anguille fumée. En supplément, vous pouvez également demander l'accord vins et fromages.

FERME DES GRISETTES €€

Petit Haget
MONTESQUIOU
✆ 05 62 70 94 13
www.fermedesgrisettes.com
Repas à partir de 18 €. Stage 150 €.

Si elle fut une ancienne étable, il n'en reste que le charme des charpentes et des poutres car la Ferme des Grisettes est aujourd'hui une bâtisse pleine de caractère dont l'aspect authentique est très séduisant. France-Laure, la propriétaire de cette exploitation d'oies, anime ici des cours de préparation autour du foie gras : un domaine qu'elle connaît bien puisqu'elle élève près de 2 000 grisettes par an. Un savoir-faire qui se retrouve dans les exquises spécialités de la table d'hôte qui revisitent rillettes, magrets, confits, allicuit et foie avec brio.

RACINE €€

6, rue Fontélie
LECTOURE
✆ 05 62 28 07 41
www.racinerestaurant.fr
Du mardi au vendredi midi et soir. Réservation impérative. Menu du jour 30 €, menu enfant 15 €.

Coup de cœur pour ce joli petit restaurant tenu par Lionel et Laurence. Depuis leur ouverture en 2019, le succès a été immédiat. Laurence, formée en école hôtelière, œuvre avec Lionel qui a fait ses classes chez les plus grands de Bruxelles. Il y a acquis une technique et une volubilité qui emportent tout ! Les saveurs se télescopent, aériennes, pour créer des instants de grâce. Lectoure possède désormais son bistro gastronomique qui, offrant une cuisine du terroir contemporaine, affiche complet midi et soir. Pensez à réserver quelques jours à l'avance.

RESTAURANT LA CAMPAILLE €€

252, chemin du Choucou - **MONFERRAN-SAVÈS**
✆ 05 62 05 56 85
www.lafermeduchoucou.com
Ouvert le vendredi soir. Consulter le site internet. Réservation obligatoire

Il ne faut pas louper le panneau discret qui signale la Ferme du Choucou sur la RN 124. Un hangar a été aménagé en salle de restaurant et cuisine, et c'est une réussite : béton ciré, murs gris clair et plafond blanc. Les tables en bois sont espacées les unes des autres pour un peu d'intimité. Ici, pas de carte, c'est la patronne qui vous annonce le menu du jour. Les produits proviennent de la ferme du Choucou et de ses voisines. Le vendredi, c'est marché des producteurs et drive fermier. La Campaille prépare le plat et les autres producteurs fournissent le reste.

AUBERGE TERRE DES VENTS €€

En Randail - **NAILLOUX** ✆ 05 61 27 01 03
Ouvert toute l'année. Du lundi au dimanche le midi ; le vendredi et le samedi le soir. Carte : 20 € environ.

Terre des vents se situe sur un vaste domaine agricole de 28 hectares. Plusieurs activités sur ce site qui œuvre à la réadaptation professionnelle et sociale de personnes en situation de handicap avec notamment l'Auberge. En cuisine, on vous prépare des assiettes composées à partir de produits bio et régionaux. La carte propose les grands classiques de la cuisine du Sud-Ouest. Sa véranda s'ouvre sur d'agréables espaces verts. Pour le retour à la maison, une boutique propose les produits locaux : légumes bio ou volailles et des coffrets terroir à offrir...

RESTAURANT TÀULA €€

1, Rue des Cordeliers - **CONDOM** ✆ 05 62 68 16 07
https://taula.eatbu.com/
Ouvert du mercredi au samedi le midi et le soir ; le dimanche midi. Menus de 27 € à 62 €. Formule du midi à 22 €

Dans un cadre chic et élégant, ce restaurant bistronomique au cœur de Condom est labellisé «Table du Gers». En plus d'être sublimement accueilli, le chef Xavier régalera vos papilles avec sa cuisine raffinée et gourmande. Une carte régulièrement renouvelée et des plats avec des produits locaux ; le poisson du moment, le travers de cochon et son gratin dauphinois revisité ou encore en dessert l'ananas rôti au bouillon de vanille. Pour les amateurs de vins, vous serez parfaitement conseillé par leur sommelier passionné. Une adresse irrésistible à ne pas manquer !

L'AUBRAC €€

7 bis, rue de la Colombette - **TOULOUSE**
✆ 05 61 62 98 08
www.restaurant-laubrac.fr
Ouvert du mardi au samedi de 19h30 à minuit. Réservation recommandée. Menus de 29,50 € à 37,50 €. Carte : 30 € environ.

La région de l'Aubrac est mise à l'honneur dans ce restaurant qui jouit d'une solide réputation auprès des Toulousains amateurs de grillades. Dans un décor rustique qui fait souffler un air de campagne sur la ville rose, l'Aubrac vous fait découvrir une gastronomie authentique. Ici, on défend les valeurs du terroir, qui allient la recherche de qualité à la générosité des portions : charcuterie et fromages sont proposés à volonté ! Sur le gril, entrecôte, andouillette, magret, saucisse de Toulouse, boudin à l'oignon... Une valeur sûre pour les solides appétits !

LA TABLE D'OLIVIER €€

1 bis, place de la Fontaine - **SAMATAN**
✆ 05 62 62 63 29
www.college-culinaire-de-france.fr
Ouvert tous les midis et vendredi et samedi soir. Fermé mercredi et dimanche. Menu unique à 22,50 € le midi.

Sur la place centrale de Samatan, cet établissement estampillé Tables du Gers est unique en son genre, à l'image de son chef passionné et engagé Olivier Andrieu. Ce dernier a le terroir du Gers chevillé au cœur, et a su nouer des relations privilégiées et durables avec des producteurs locaux, devenus ses amis. Il travaille ces produits nobles avec brio, et se fait un point d'honneur à maintenir des tarifs très abordables, au regard de la qualité exceptionnelle de sa cuisine. L'accueil est chaleureux et direct, le service impeccable : une adresse en or !

BISTROT ET COMPAGNIE €€

4, rue Isatis
LABÈGE
✆ 05 62 47 54 50
www.bistrot-et-cie.fr
Plat du jour 14 €. Menu du soir 29 €.

A l'origine de cette adresse, une histoire d'amitié et de ripaille, dans l'esprit festif du Sud-Ouest. Vous êtes accueilli dans une magnifique orangerie joliment réhabilitée. Le chef vous propose une cuisine de terroir revisitée. De quoi grignoter pour les petites faims (planches de charcuterie, rillettes de thon, fromages, foie gras), mais aussi de belles entrecôtes braisées, des desserts régressifs (mousse au chocolat, flan aux œufs, brioche perdue), et une longue carte des vins. L'été, on apprécie la pergola ombragée. Une maison particulièrement conviviale.

BISTROT J'GO €€€

16, place Victor-Hugo
TOULOUSE
05 61 23 02 03
www.lejgo.com
Ouvert tous les jours midi et soir. Carte : 40 € environ.

Né à Toulouse en 1995, le J'Go est le partenariat entre un restaurant et des paysans indépendants, au service d'une cuisine saine, gasconne, durable et gourmande. L'établissement prépare tout en son sein, du grignotage jusqu'au dessert. Au fil des années, le goût du terroir s'est maintenu et la carte s'est étoffée : du gigot d'agneau mis à l'honneur dès le début, au pastifret (pâté fait maison), au foie gras et autres « gasconneries ! ». Le lieu bénéficie de l'animation du marché Victor Hugo, tout proche, et vous pourrez vous y attabler en terrasse !

EL ALMACEN DE CIRÈS €€

Le Village - **CIRES**
05 61 95 05 67
www.almacen.fr
Ouvert jeudi, vendredi, samedi soir et dimanche midi et soir. 4 temps : 42 €. Réservation recommandée.

Attention, pépite ! El Almacen de Cirès vous attend accroché à flanc de montagne et vous offre une vue panoramique sur la vallée d'Oueil. Vous êtes à quelques kilomètres de Luchon, dans un minuscule village qui vous dépaysera, c'est certain. Cette table propose une cuisine élaborée qui a su se faire une notoriété. Préparée à partir de produits locaux, la carte se renouvelle avec modernité mais en revisitant les recettes du terroir. La cuisson se fait au feu de bois, les compositions sont recherchées et raffinées. Un mariage réussi entre la rusticité et finesse.

CHEZ CARMEN €€

14, avenue Maurice-Hauriou - **TOULOUSE**
05 61 55 24 30
www.chezcarmen.fr
Du mardi au samedi, midi et soir. Menu : 27,40 €. Formule du midi en semaine : 17,80 €. Terrasse.

Les amateurs de viande connaissent bien cet établissement à l'ambiance brasserie. Serviettes rouges à carreaux, service soigné et viandes de qualité : tout est réuni pour retrouver l'âme de la vénérable Carmen ! Cette maison familiale demeure fidèle à la tradition des plats canailles qui ont fait son succès tels que le boudin à l'oignon, le pied de cochon sauce ivrogne, la tête de veau sauce ravigote, le boudin et andouillette, mais on peut aussi opter pour le pot-au-feu au gros sel ou encore la daube... Un restaurant à l'histoire aussi riche que ses assiettes !

EN MARGE €€€

1204, route de Lacroix-Falgarde - **AUREVILLE**
05 61 53 07 24
www.restaurantenmarge.com/fr
Du 1 mai au 30 septembre mardi-samedi midi et soir. Fermé dimanche au mardi. Menus 122 €/184 €. En semaine : 52 €.

En marge. Choisir la périphérie toulousaine, c'est le parti pris du chef Franck Renimel et de son épouse Isabelle. C'est à Aureville qu'est installé le restaurant étoilé. Une ferme traditionnelle au cachet indéniable. La cuisine inspirée par des produits d'exception offre un résultat à la fois raffiné et surprenant : on redécouvre le cassoulet maison, la poularde truffée et les topinambours, le Brillat-Savarin accompagné de fenouil et du gâteau local, le Fénétra... Pour se reposer le temps d'un week-end, restez dormir car le lieu est aussi un hôtel charmant !

LE COLOMBIER €€

14, rue Bayard - **TOULOUSE**
05 61 62 40 05
www.restaurant-lecolombier.com
Lun-ven midi et soir ; sam soir. Réservation recommandée. Carte : 45 € environ. Formule Bistrot à partir de 15 €.

Le Colombier est une véritable institution toulousaine ! Il vous invite à savourer des spécialités régionales dans un cadre traditionnel et soigné. Il est le digne héritier d'une pension bourgeoise fondée en 1874, qui était alors entièrement dédiée «au véritable cassoulet de Castelnaudary». Outre son fameux cassoulet, dont la recette n'a pas varié depuis plus d'un siècle, le Colombier propose un menu à l'ardoise pour le service du midi, complété par une carte de classiques du Sud-Ouest. Une valeur sûre en centre-ville, qui a de nombreux habitués de longue date.

LE GENTY MAGRE €€€

3, rue Genty-Magre - **TOULOUSE**
05 61 21 38 60
legentymagre.com
Ouvert midi et soir du mercredi au samedi. Menus de 29,50 € à 55 €. Carte : 35 € environ.

Au cœur de Toulouse, entre Esquirol et Capitole, le Genty Magre est une excellente adresse qui régale les Toulousains gourmets depuis plus de 15 ans ! Le menu est préparé par une brigade passionnée, dirigée par Romain Brard. Ce maître queux a œuvré au Japon et à New York, rapportant dans ses valises des idées fortes et des arômes surprenants. Beurre de truffe et œuf parfait, cocotte de ris d'agneau, pavé de lotte, tournedos Rossini ou véritable cassoulet : les classiques de l'art culinaire à la française sont enrichis d'une touche de créativité tout en finesse.

GASTRONOMIE

MAISON CASTET €€€

44, avenue de la Gare - **MARTRES-TOLOSANE**
© 05 61 98 80 20
https://maisoncastet.eatbu.com
Mardi, jeudi, vendredi et samedi midi et soir, dimanche midi. Menus du midi : 19 € marché et dégustation : 52 € et 82 €.

Voici une adresse qui vaut largement le voyage. La maison Castet est une table dont la réputation ne cesse de grandir et qui vous réserve de très belles surprises. Dans l'assiette, la créativité du chef s'exprime avec une grande délicatesse. Les desserts sont de véritables moments de poésie. Et la cave est réputée parmi les 100 meilleures de France. C'est une belle équipe qui vous reçoit dans les règles de l'art de la gastronomie française ! Service et accueil impeccables ! Et puis, le *Futé* adore son style et son esprit maison de famille ! Une très belle adresse.

METS RACINE €€

64, avenue de Saint-Exupéry
TOULOUSE
© 06 71 31 30 62
Ouvert du mardi au vendredi midi et soir. Menu du marché : 22 €.

Cette fois, nous vous invitons dans le quartier du Pont des Demoiselles, un secteur paisible éloigné du centre ville. Ce joli petit restaurant à la vitrine chic et sobre propose une cuisine travaillée et savoureuse, très soigneusement dressée. Le chef s'approvisionne auprès de producteurs locaux. À l'heure du déjeuner, une carte du marché. Le soir, un menu gastronomique, qui peut s'accompagner d'un accord mets/vins, et au rapport qualité/prix des plus intéressants. Info futée : le chef Romain Laval propose également des prestations de chef à domicile et traiteur.

L'OCCITANIA €€€

TOULOUSE © 05 61 25 72 57
www.toulouse-croisieres.com
Menu 59 €. Menu enfant : 26 €. Embarquement pour le déjeuner, à 12h. Pour le dîner, à 20h. Réservation impérative.

Une croisière au fil du canal du Midi sur un bateau-restaurant qui vous régale de spécialités régionales. Vous embarquez à l'heure du déjeuner en face de la gare Matabiau pour quelques heures de détente et de gastronomie. Le bateau est entièrement vitré pour profiter au maximum du paysage. Direction le port Saint-Sauveur vers l'est. Le soir, ambiance romantique pour un dîner à la lueur des bougies autour des mets imaginés par le chef Nouar Houari. Le samedi et le dimanche, différentes programmation et une croisière rallongée jusqu'à la marina du Port Sud.

LES P'TITS FAYOTS €€

8, rue de l'Esquile
TOULOUSE
© 05 61 23 20 71
www.lesptitsfayots.com
Du lundi au vendredi soir, et du mercredi au vendredi midi. Menu à 28 €. Carte.

Les P'tits Fayots ? Une table toulousaine devenue une référence pour les gastronomes ! Entre le Capitole et la basilique Saint-Sernin, le chef Aziz Molkhtari vous attend pour une escale gustative inoubliable. Le décor épuré invite à se concentrer sur l'essentiel : la satisfaction de vos papilles ! Si l'inspiration du chef lui est soufflée par des vents venus du monde entier, les produits bruts sont locaux. Les mariages de saveurs sont raffinés et s'accompagnent de vins produits en biodynamie, pour un plaisir intact. Une très bonne adresse !

PLACE MAGE €€

2, rue Tolosane
TOULOUSE
© 05 62 26 39 64
Du mardi au samedi midi et soir. Carte : 40 € environ. Menu du soir : 36 €

Après un passage en cuisine étoilée, le chef Philippe Ducos a ouvert sa propre table au cœur du quartier des Carmes. Le cadre est épuré et lumineux. Au menu, une cuisine du marché avec des produits locaux, renouvelée midi et soir. Le chef Ducos s'affaire à proposer des assiettes créatives et soigneusement dressées, savoureuses et surprenantes. Les douceurs sont tout aussi inventives. Les vins proposés sont bio et le service est irréprochable. Un établissement qui a vite trouvé ses inconditionnels et qui devrait encore faire parler de lui !

AUBERGE DE GERM €€

Le Village
GERM
© 05 62 40 03 97
www.auberge-de-germ.fr
Ouvert midi et soir, sauf le dimanche soir et le lundi. Compter 30 € pour un repas.

Pour un repas d'exception, l'Auberge de Germ est la référence de la vallée. Implantée dans un cadre magnifique, l'auberge exsude le charme pyrénéen. Christophe Mellier, respectueux d'une cuisine faite maison, travaille uniquement des produits frais et fait preuve d'une inspiration débordante. Portée par son talent, la carte est un rendez-vous avec des plats comme la garbure, l'agneau du pays, et l'axoa de veau façon ciboulienne. Côté sucré, le gâteau basque est divin. On aime cette cuisine familiale d'excellence, basée sur le plaisir de régaler ses convives.

AUBERGE DE L'ARROS €€

2, route des Baronnies - **MAUVEZIN**
✆ 05 62 39 05 05
www.auberge-arros.com
Tous les jours le midi. Menus à 14 €, 17 € et 21 € du lundi au samedi. Le dimanche, menus à 18 €, 21 € et 25 €.

L'Auberge de l'Arros est aussi une table authentique avec des plats faits maison, comme l'on aime. Vous apprécierez ce panel de cuisine régionale, notamment l'excellente omelette aux cèpes, le jambon de pays, le foie gras. Ne manquez pas de goûter les pommes dauphines en accompagnement de confit de canard ou de côtes d'agneau, elles sont un régal. Au dessert, optez pour la crème vanille ou les pets de nonne si vous appréciez les beignets. Le week-end, il est conseillé de réserver car l'auberge est toute proche de deux grands sites touristiques !

AUBERGE DE LA FONTAINE DES FÉES €€

Prolongement du chemin Plateau-Milon – Col d'Ares
BAGNÈRES-DE-BIGORRE
✆ 06 08 60 17 37
Ouvert du mercredi au dimanche. Menus dès 25 €

Près de Bagnères, Ilda, d'origine italienne et espagnole, propose dans son auberge des plats originaux et faits maison avec des produits en circuit-court : pâtes fraîches, légumes du jardin, viandes régionales grillées à la braise dans la cabane en bois... N'hésitez pas à lui demander la sangria surprise, les côtelettes au feu de bois ou le salmis de palombe. Pour le dessert, le choix se fait selon les saisons entre les tartes aux fruits, le vrai tiramisu ou des verrines.

AUBERGE LE BOUIC €€

23, route du Hautacam
AYROS-ARBOUIX
✆ 05 62 97 92 53
https://auberge-le-bouic.eatbu.com
Ouvert du mercredi au dimanche. Compter 25 € pour un repas.

La terrasse de cette bâtisse bigourdane fait face aux montagnes du Val d'Azun. À l'intérieur, la grande salle où pierres et bouquets de fleurs sont rehaussés de rouge. La cuisine, subtil assemblage de produits du terroir et de traditions, est à l'image de la très réputée tarte Tatin au magret séché et sa tranche de foie gras. Vous pouvez également déguster la truite des Pyrénées au jurançon ou la délicieuse tarte aux myrtilles. Un restaurant authentique et typique de la région. Ne vous étonnez pas d'entendre parler occitan aux tables voisines.

LA FERME VIGNÉCOISE €€

Quartier Arreclots
VIGNEC
✆ 05 62 39 48 09
www.lavignecoise.com
Ouvert le soir uniquement, sur réservation. Compter 30 € pour un repas.

Un cadre idéal où s'épanouissent les porcs noirs de Bigorre, fleuron de l'élevage familial : dans son écrin de verdure, cette maison bénéficie du calme et de la tranquillité des montagnes. Elle fait partie des adresses incontournables de la vallée d'Aure. En hiver, c'est le Grenier et sa cheminée qui vous accueillent, tandis qu'en été l'Auberge et son barnum prennent le relais. La carte présente des pâtés, des plateaux de charcuterie, des viandes confites, du foie gras mais aussi du jarret de porc noir cuit à basse température.

LE JARDIN DES BROUCHES €€

1, boulevard de l'Hyperon
BAGNÈRES-DE-BIGORRE ✆ 05 62 91 07 95
www.lejardindesbrouches.fr
Ouvert du mardi au dimanche midi, de 12h à 13h30 et de 19h30 à 21h en haute saison. Entre 36 et 65 € pour un menu.

Le talent de Benoît Croizard colore avec une fraîcheur toute contemporaine la gastronomie. Magnifiant par son approche personnelle les produits locaux, il compose de véritables symphonies gustatives. Tout est justement pensé, les plats sont le parfait mariage du goût et du savoir-faire professionnel. La côte de porc noir de Bigorre se plaît aux côtés des haricots tarbais, le thon rouge arrive directement de Saint-Jean-de-Luz et le foie gras s'accompagne de chutney d'oignons de Trébons et d'un melon savoureux. L'ambiance design est aussi lumineuse que la carte.

RESTAURANT LAU TANT'HIC €€

rue de Belfort
CAUTERETS
✆ 05 62 92 02 14
Ouvert mercredi et jeudi le soir, vendredi et samedi midi et soir et dimanche midi. Menu, 31,50 €.

En plein cœur de Cauterets, Lau Tant'Hic est un élégant restaurant traditionnel qui s'est forgé une réputation de table raffinée. Dans son ambiance conviviale mais aussi cosy, l'atmosphère tamisée, il propose des menus traditionnels et des plats hauts en saveurs : viandes d'alpages, truite de Lau-Balagnas... La carte reflète la variété et la finesse de la gastronomie des Hautes-Pyrénées. L'adresse est courue, il est fortement conseillé de réserver. Pour y accéder, il faut prendre à gauche en entrant de la galerie commerciale.

LE RÉVERBÈRE €€

29, boulevard d'Alsace
VIC-EN-BIGORRE
© 05 62 96 78 16
www.hotellereverbere.fr
Menu du jour 18 €. Ouvert du lundi au vendredi midi et soir

La table du Réverbère fait partie des plus réputées dans la région. Xavier Spadiliero compose ses plats comme un peintre puiserait dans sa palette de couleurs : il veille à associer les saveurs pour un résultat maîtrisé. Détenteur du label Cuisinerie gourmande, le restaurant garantit 100 % de produits frais dont 90% issus des petits producteurs locaux. On y mange les spécialités phares du département comme le porc noir de Bigorre, la canette fermière, les haricots tarbais, la poule noire d'Astarac ou encore la truite des Pyrénées.

ÄPONEM - L'AUBERGE DU PRESBYTÈRE €€€

1, rue de l'Église - **VAILHAN** © 04 67 24 76 49
www.aponem-aubergedupresbytere.fr
Ouvert du samedi au lundi midi et soir, le vendredi soir. Menu unique à 150 €. 1 étoile au Guide Michelin. Terrasse.*

C'est un Eden culinaire qui a ouvert ses portes en juillet 2018 dans la petite commune de Vailhan. Dans ce village de 160 âmes, Amélie Darvas et Gaby Benicio ont ouvert APONEM (« bonheur » en langue Pataxo) dans une auberge nichée au sein d'un ancien presbytère du XVIIe siècle. A table, elles ont conservé leur esprit moderne, leur style graphique et leur passion du terroir et des bons produits. Dans l'assiette comme dans les verres, c'est une déclaration d'amour à la région.

L'ARRIVAGE €€

13-15, rue André-Portes - **SÈTE**
© 06 68 47 99 75
www.restaurant-larrivage.com
*Du mercredi au samedi midi et soir. Menus de 39€ à 69€ (accords mets et vins de 21 à 31€). 1 * au Michelin. Terrasse.*

Antre du chef sétois Jordan Yuste, cette adresse épurée et créative a fraîchement décroché sa première étoile Michelin. La petite terrasse donne sur la rue piétonne, la salle est joliment décorée avec des matériaux bruts - pierre, bois, métal. Côté cuisine, les saveurs sont inventives, concoctées avec des produits bio, fermiers, sauvages, de saison ; colorés de parfums d'ailleurs. On se laisse guider par un menu à l'aveugle plein de fraîcheur et de générosité ; on accompagne son repas de vins nature. L'accueil et le service sont des plus agréables. Quel plaisir !

CHÂTEAU DE SIRAN €€€

1, avenue du Château - **SIRAN** © 04 68 91 55 98
www.chateau-de-siran.com
Fermé en janvier et février. Ouvert tous les jours, sauf le mardi, le soir sur réservation. Menu à partir de 54 €.

Dans une magnifique demeure, Nadège et Gérard Blet vous proposent une cuisine « identitaire » qui s'appuie sur des produits de qualité de producteurs identifiés. Ainsi l'huile d'olive, la tapenade et les olives viennent de l'Oulibo à Bize-Minervois, les fromages de la chèvrerie de Combebelle à Bize-Minervois et les truffes du marché de Villeneuve-Minervois... Sans oublier évidemment les crus locaux qui sont mis en avant. Les menus varient selon le marché de saison et restent hautement gastronomiques. Côté hôtel, on vous propose onze chambres décorées avec goût.

CONFISERIE BOUDET

5, place Gambetta
PÉZENAS
© 04 67 98 16 32
https://berlingotsdepezenas.com
Visite gratuite 30 minutes, uniquement le matin.

Depuis trois générations, la famille Boudet garde précieusement ses recettes de confiseries. Aux côtés de la trentaine de berlingots multicolores, trônent les autres spécialités de la maison : le chocolat au muscat de Frontignan et la nougatine. L'hiver est le temps des pralines au lait et aux amandes parfumées vanille, l'été appelle les parfums fruités des berlingots : cerise, mandarine, caramel ou même pignon. De supers artisans du goût à l'accueil très sympathique. Une visite qui ravira les enfants et tous les gourmands !

LES DOCKS DU GR €€€

3, ZAC de la Liquière - **SAINT-MARTIN-DE-LONDRES**
© 04 67 05 79 52
https://lesdocksdugr.fr/
Bistrot du lundi au vend midi (sauf mercredi). Restaurant : jeu, vend, sam le soir et samedi midi. Brunch dimanche midi.

Au cœur du Pic Saint-Loup, ce restaurant allie terroir et gastronomie. Bistrot, restaurant gastronomique, cave à vin, épicerie fine et même salon de thé, ce lieu unique est un temple pour les épicuriens. Le chef Julien Dubroc magnifie les produits locaux et de saison. À la carte, du foie gras, qu'il affectionne particulièrement, mais avant tout des plats à l'accent méditerranéen, avec des recettes au brasero et à la broche l'été. Pour le vin, vous pourrez le sélectionner vous-même dans la cave de Laetitia Masson, vigneronne à Argelliers.

GASTRONOMIE

LE GRAND BLEU €€

13, avenue Louis-Tudesq
BOUZIGUES
✆ 04 67 78 72 09
www.legrandbleu-bouzigues.fr
Ouvert du mercredi au dimanche pour le déjeuner et le dîner. Menus à partir de 27,50 €. Carte.

Voila maintenant 18 ans que la famille Benezech tient cette maison sur trois niveaux en bord d'étang, de la terrasse à la salle du deuxième, jusqu'à la tropézienne à la vue imprenable. Côté assiettes : coquillages et fruits de mer, en plateau ou gratinés, encornets farcis et rouille de seiche ; sans oublier la spécialité de la maison la bisque-bouille, les poissons grillés et pêchés le matin même, ou la bouillabaisse (sur commande). Tous les poissons sont frais, et ça se sent ; ils sont agrémentés de légumes et fruits de saison.

IN-FINE RESTAURANT €€€

2, Rue de l'Hôtel de Ville - **FRONTIGNAN**
✆ 04 67 24 97 14
https://infinerestaurant.fr/
Ouvert du mardi au samedi le midi et le soir. Réservation recommandée. Menus de 38 € à 69 €. Menu enfant : 22 €.

Après une expérience dans divers restaurants du sud de la France et en Bourgogne, le chef Grégory Doucey a posé ses valises à Frontignan pour ouvrir In-Finé. Le chef porte une attention particulière à dénicher ses produits en circuit-court : les légumes dans votre assiette viennent de son potager et les produits viennent de moins de 200 km du restaurant ! À la carte, il cuisine avec amour des plats créatifs aux couleurs locales : filet de canette sauce orange, quasi de veau, gigot d'agneau... Une adresse savoureuse et authentique !

LE JARDIN DES SENS €€€

Place de la Canourgue - **MONTPELLIER**
✆ 04 99 66 18 18
www.hotel-richerdebelleval.com
Ouvert le midi vendredi et samedi et le soir du mardi au samedi. Menus de 190 € à 240 €. Formule du midi : 120 €.

Inauguré le 26 juin 2021, après quatre ans de travaux, l'Hôtel de Richer de Belleval est la nouvelle offre luxe de Montpellier. Aménagé dans un bâtiment qui fut autrefois l'Hôtel de Ville de la cité, par le groupe GGL-HELENIS, Olivier Château et les célèbres frères Pourcel, il abrite aujourd'hui un hôtel de luxe, une galerie, un bar et deux restaurants, La Canourgue et le Jardin des Sens. Ce dernier est le nouveau projet de Jacques et Laurent Pourcel. A la carte, les jumeaux proposent une cuisine délicate et précieuse, tournée principalement vers la Méditerranée.

L'OGUSTIN €

2, place de l'Ormeau
VACQUERIE-SAINT-MARTIN-CASTRIES
✆ 04 67 95 16 88
www.restaurantdularzac.com
Menus de 24 € à 54 €.

Le restaurant est une étape incontournable de la gastronomie héraultaise avec sa cuisine d'auteur. Le cadre est celui d'une ancienne bergerie en pierres taillées et aux salles voûtées. La cuisine est inspirée par les recettes originales, balade dans les sous-bois avec ses champignons confits, canard à l'hibiscus, filets maquereau snackés sur du poivre tchouli, les légumes du jardin des Ruffas à Octon ou du potager qui n'ont qu'à traverser la route pour sauter dans vos assiettes, le seigneur des fromages des lieux : le roquefort et fromage de brebis.

LE PETIT JARDIN €€€

20, rue Jean-Jacques-Rousseau - **MONTPELLIER**
✆ 04 67 60 78 78
www.petit-jardin.com
Ouvert du mardi au samedi le midi et le soir. Menus de 44 à 59 €. Carte : 60 € environ. Jardin. Terrasse. Glacier.

L'agréable terrasse ombragée de ce restaurant devient le repère des gourmands aux beaux jours et sa salle élégante offre beaucoup d'intimité aux amoureux. Le chef célèbre la fraîcheur et les saveurs des produits de saison. Clément Gueudré vous fait découvrir une cuisine traditionnelle : côté restaurant, des plats gastronomiques du terroir, tandis que le côté bistrot mise sur un voyage culinaire autour des pays. Dans l'assiette : ris de veau, purée de pommes de terre et champignons de saison et en dessert, un délicieux soufflé au Grand Marnier.

REFLET D'OBIONE €€€

29, rue Jean-Jacques Rousseau - **MONTPELLIER**
✆ 04 99 61 09 17
www.reflet-obione.com
1 Michelin. Ouvert du mardi au samedi (soir) ; le vendredi et samedi midi. Menu midi : 55 € à 90 €. Soir : 85 € à 130 €*

Le Reflet d'Obione est l'un des trésors de la ville. Le restaurant fait partie de ces tables qui laissent des souvenirs impérissables et qui sont synonymes de bons moments. Son nom s'inspire de la nature de la région, tout comme sa cuisine. Derrière les fourneaux, le chef Laurent Cherchi fait appel à sa créativité pour mettre en valeur le terroir et réaliser des assemblages surprenants. Les produits qui habillent ses assiettes sont soigneusement sélectionnés auprès de producteurs locaux et sont issus de l'agriculture raisonnée ou biologique.

GASTRONOMIE

© SAIK03P - STOCK.ADOBE.COM

La ville de Montpellier.

RESTAURANT CÉNA €€

2, Place Pétrarque - **MONTPELLIER**
✆ 04 67 66 12 21
www.cena-montpellier.fr

Ouvert du jeudi au lundi le midi et le soir. Réservation impérative. Menus de 47 € à 75 €.

Le restaurant Céna vous offrira sans doute de beaux souvenirs gustatifs. Clément Briand-Seurat nous dévoile ses talents à travers ses assiettes raffinées. En plus de son équipe, il aime mettre en avant les producteurs locaux et les artisans avec qui il travaille et qui font de son restaurant un lieu si authentique et unique. À la carte, changeante en fonction des saisons, vous retrouverez des produits frais joliment travaillés : les fameuses huîtres Tarbouriech, des morilles du coin ou encore les asperges vertes de Pauline « Cardini »... Un délicieux rendez-vous.

LE SAINT-BARTH TARBOURIECH €€

Chemin des Domaines - **MARSEILLAN**
✆ 04 99 43 97 58 - www.lestbarth.com

Fermé d´octobre à avril. Été : 7j/7 midi et soir. Carte 30 €. Terrasse. Vente à emporter. Visite en bateau. Boutique.

En pleine nature sauvage, cet établissement du bord de l'étang de Thau vous offre une vue exceptionnelle sur le bassin et sur le mont Saint-Clair. C'est ici que sont produites, se dégustent et se vendent au détail les huîtres roses solaires « spéciales Tarbouriech ». Son goût sucré de noisette bénéficie aujourd'hui d'une réputation internationale. On y déguste des huîtres spéciales (petites, moyennes ou grosses) mais aussi des tielles ou brasucades de moules accompagnées de vin local.

THE MARCEL €€€

5, rue Lazare-Carnot - **SÈTE** ✆ 04 67 74 20 89
www.the-marcel.fr

*Du mardi au samedi midi et soir. 2 autres adresses : The Rio et dans les halles. Menus de 78€ à 145€. 1 * Michelin.*

Institution sétoise, ce restaurant étoilé met le terroir au centre de sa table en faisant la part belle aux trésors culinaires du coin. Dans une atmosphère design et artistique, on apprécie la cuisine ouverte sur la salle. Le Chef Denis Martin accompagné de sa brigade font ici vibrer les saveurs méditerranéennes et recettes locales, comme ce thon rouge fumé aux herbes de garrigue, condiment raifort et vinaigre, ventrèche marinée, jus corsé à la bonite séchée. Un menu en 8 services «dans les yeux du chef» est proposé aux plus gourmands. Une délicieuse expérience !

LA TOMATE €€

6, rue du Four-des-Flammes
MONTPELLIER
✆ 04 67 60 49 38

Ouvert du lundi au samedi le midi et le soir. Menus du soir de 21,30 à 35 €. Formules du midi : 9,90 à 13,90 €.

Tous les Montpelliérains connaissent La Tomate... et les gourmands de passage n'attendent qu'à la découvrir ! En effet ce restaurant est une institution de la ville. Présent depuis près de 60 ans, il est le plus ancien établissement de la cité. Sa grosse cheminée, ses lambris et ses nappes à carreaux voient défiler les ventres au nez creux. Le programme de la maison ? Les assiettes sont étonnantes, gourmandes et très copieuses. Parmi les incontournables des lieux, on trouve l'aioli provençal, la rouille de sèche et l'excellent cassoulet au confit de canard.

GASTRONOMIE

L'ALLÉE DES VIGNES €€

32, boulevard du Tour-de-Ville - **CAJARC**
✆ 05 65 11 61 87
alleedesvignes.com
Fermé jusqu'à nouvel ordre pour transformation. 1 étoile Michelin.

Extraordinaire ! Dans l'ancien presbytère de Cajarc, Evgenia et Claude-Emmanuel Robin, maîtres des lieux, proposent un voyage intense au pays des saveurs multiples, décliné autour d'une cuisine gastronomique, à la fois de terroir mais aussi fine et moderne. La carte des vins propose une large sélection de millésimes qui associent les créations du chef Robin aux cépages. Une grande table que vous ne regretterez pas d'avoir découverte. Pour les passionnés, sachez que le restaurant propose des cours de cuisine et de pâtisserie thématisées ou sur mesure.

CHEZ HÉLÈNE €

THÉMINETTES ✆ 05 81 24 02 66
www.chezhelene.net
Basse saison mercredi au samedi soir + dimanche midi. Été mardi au dimanche soir + dimanche midi. Plat 25€. Jardin.

Chez Hélène, cette bâtisse impressionnante du XIe siècle a connu mille vies avant de devenir un restaurant de charme, avec 5 m de hauteur sous plafond, une immense cheminée et une tour pouvant accueillir douze couverts. Vous vous y régalerez de produits du terroir : foie gras, magret entier IGP, ou une côte de bœuf spéciale de Sousceyrac-en-Quercy. Une généreuse assiette végétarienne est proposée avec des légumes de saison de Gintrac. L'extérieur étant aussi beau que l'intérieur, tous les vendredis d'été, des concerts sont organisés dans le jardin de 800 m².

LE DUÈZE - CHÂTEAU DE MERCUÈS €€€

route du château
MERCUÈS
www.chateaudemercues.com
Ouvert du mardi au samedi soir. Menu 4 services : 140€. Menu 6 services : 185€.

Le restaurant Le Duèze en son château - une étoile au guide Michelin - s'attache à faire découvrir les saveurs du Quercy autour de la truffe noire, du safran, de l'agneau et du malbec de Cahors. Le chef Julien Poisot sélectionne des produits exceptionnels qu'il décline de manière subtile, audacieuse et savoureuse. Il est possible de dîner au cœur de la cuisine avec «Table du chef» pour seulement 5 couverts maximum : une expérience exceptionnelle !

L'INTERLUDE €€

30, boulevard Gambetta - **CAHORS**
✆ 05 65 22 09 90
www.interlude-cafe.com
Ouvert toute l'année midis et soirs du lundi au samedi. Suggestion du jour à partir de 10 €. Planches, tapas, burgers.

Face à la mairie, sur le boulevard principal, L'Interlude vit au rythme des Cadurciens. On s'y retrouve dès le matin pour un café, puis à l'heure de l'apéro, pour un déjeuner ou pour commencer la soirée. Derrière les fourneaux, c'est Romain qui s'affaire et les assiettes envoyées réveillent sans cesse les papilles. On respecte ici les bons produit locaux, de saison et les circuits courts. Pour les amateurs de la mer, vous trouverez à la carte du poisson frais de la criée ou encore un bar à huitres ouvert de novembre à mars. Adresse incontournable de Cahors.

LE GINDREAU €€€

SAINT-MÉDARD
✆ 05 65 36 22 27
www.legindreau.com
Ouvert toute l'année. Fermé le lundi et mardi. 1 étoile Michelin. Menus de 88 € à 142 €. Chambres d'hôte. Accès PMR.

Le chef Pascal Barbet, figeacois, retrouve le bonheur de cuisiner les produits lotois, dont il dit qu'ils font partie de son ADN. Dénicheur de producteurs, le chef propose une cuisine sublimée. Il excelle à faire chanter les goûts, les saveurs, les odeurs de son enfance ancrés dans sa mémoire. Il est animé de la passion du bon et du beau. En saison, la truffe noire trouve à la carte une place importante. Depuis 2023, Le Gindreau propose 4 chambres d'hôte façon mini-appartement, équipées d'une kitchenette et d'un petit salon, avec accès à la piscine chauffée.

LE PONT DE L'OUYSSE €€€

LACAVE
✆ 05 65 37 87 04
https://lepontdelouysse.com
Ouvert de Pâques à la Toussaint. Ouvert du mardi au dimanche soir ; du jeudi au dimanche midi. Menus 55, 75 € et 110€.

Dans un cadre enchanteur, au pied d'une falaise, avec une vue imprenable sur l'Ouysse et son petit pont en ruine, Mathieu et Stéphane Chambon, dont la réputation n'est plus à faire, cuisinent des produits nobles et raffinés. Truffe, foie gras, cèpe et gibier sont des mets qu'ils affectionnent particulièrement. Récompensée par 1 étoile au Michelin, leur cuisine, innovante et tout en savoir-faire, est haute en couleur et explose en bouche. Mention spéciale pour les desserts exceptionnels. Une adresse de classe des Bonnes Tables du Lot et un sans-faute gastronomique.

LE MÉDIÉVAL €€

24, Grand Rue - **PUY-L'EVÊQUE** ✆ 09 86 31 80 88
lemedieval-puyleveque.fr/
Ouvert toute l'année. Fermé le dimanche et mercredi et le lundi midi. Formule 17-23 €. Menu 27-35€. Terrasse.

Dans le cœur historique de Puy-l'Évêque, se trouve l'enseigne Le Médiéval, l'une des Bonnes Tables du Lot tenue par le chef Pierre Creuzet. Des notes viticoles agrémentent la belle salle voûtée. Cadre chic et travaillé dans les assiettes. Chaque aliment façonne un plat tant par sa présentation que par son éclat gustatif. Côté dessert, chocolat ou citron, chacun d'eux est exploité sous toutes ses formes. La carte des vins nous offre notamment une qualité locale qui s'associe parfaitement avec les mets servis. Une adresse où qualité et saveurs nous accompagnent.

LA RÉCRÉATION €€

Le Bourg - **LES ARQUES** ✆ 05 65 22 88 08
www.la-recreation-restaurant.com
Ouvert de la Saint-Valentin à la Toussaint. Menu 45 € à 54 €. Jardin. Terrasse. Cours de cuisine. Traiteur sur demande.

Ludovic Soupirot et son chef Rémy Soulignac vous accueillent sous la glycine centenaire ou sous le préau de l'ancienne école pour passer un moment que vous n'oublierez pas de sitôt. Ici, on sert des ravioles de homard sauce corail, des croustillants de Saint-Jacques aux cheveux d'ange, du suprême de caille (désossée) au foie gras, ou le biscuit au chocolat et sa sauce à la poire. Référencée Bonnes Tables du Lot, la cuisine est d'inspiration quercynoise et mondiale. Le restaurateur a également développé toute une gamme traiteur et propose des cours de cuisine.

LA MÉMÉ DU QUERCY

1, place Vival - **FIGEAC**
✆ 09 83 55 06 07
www.memeduquercy.com
Toute l'année 9h30-18h30/21h30 en été. Fermé lundi et mardi en hiver. Env. 15 €. Terrasse. Boutique.

La place Vival a son adresse gastronomique juste à côté de l'office de tourisme : La Mémé du Quercy. Une vingtaine de producteurs locaux se sont regroupés sous cette enseigne. Côté restaurant, les plats font la part belle aux produits de la boutique. En terrasse ou à l'intérieur, les assiettes déclinent les spécialités du terroir. On retrouve bien sûr les mêmes produits côté boutique où toute la gastronomie de la région est synthétisée. Foie gras, vins de Cahors, pâtés, truffes,... Des dégustations en magasin vous assureront de dénicher à coup sûr la perle rare.

RESTAURANT MOURGUES €€

Le Bourg - **PEYRILLES**
✆ 05 65 31 01 05
www.restaurantmourgues.fr
Ouvert toute l'année. Menus à partir de 21,50 €. Formule midi 15€. Accès PMR. Terrasse. A emporter (même la mique).

Ici, la cuisine d'antan rime avec convivialité : mique à l'ancienne, pain brioché cuit dans le bouillon de soupe au chou servi avec le petit-salé. En dessert, pâtisseries maison comme la tarte au citron ou la mousse aux noix. Même le menu ouvrier propose un très bon rapport qualité-prix avec des proportions copieuses. L'accueil des maîtres des lieux, Véronique et Jean Claude Babet, est un plus que l'on apprécie. Pour celles et ceux qui souhaitent découvrir la fameuse mique levée de la maison, il est impératif de réserver à l'avance.

LA RACINE ET LA MOELLE €€

6, rue du Consulat
FIGEAC
✆ 09 83 53 81 58
Ouvert du mardi au samedi, fermé mercredi soir. Plat 19-23 €. Accès PMR. Terrasse.

De façon simple, mais élégante, Julie et Michael proposent une carte élaborée avec des produits frais de saison : veau ou échine de cochon de l'Aveyron, agneau du Quercy, filet de canette rôtie à la sauge, et quelques embardées maritimes avec des noix de Saint-Jacques de la baie de Somme ou de la lotte de Bretagne. Les assiettes sont impeccables : cuisson maîtrisée, produits respectés, et surtout un dressage simple et original à la fois. Le tout accompagné d'une joyeuse ambiance, et de très bons vins, puisque l'établissement est aussi caviste.

LE SÉCHOIR €€

141, route de Calès - **PAYRAC**
✆ 05 65 37 65 68
www.foiegras-jacquin.com
En été, ouvert du mercredi au lundi midi et soir. Menus de 19,50€ à 26€. Menu enfant 10€.

M. Jacquin est éleveur et producteur de canard et vend ses produits directement à la ferme, dans sa boutique La Gourmande. Depuis 2022, il y a également ouvert son propre restaurant, Le Séchoir, dans un lieu original, un véritable séchoir à tabac rénové et aménagé avec une décoration toute de bois, à la fois naturelle et élégante. Dans l'assiette, ce sont évidemment les produits de la ferme qui sont cuisinés, ainsi que ceux de producteurs locaux pour des recettes simples et efficaces : duck burger, salade gourmande, agneau du pays, salade de truite du Blagour...

GASTRONOMIE

LA TABLE DE HAUTE-SERRE €€€

CIEURAC ✆ 05 65 20 80 20
www.hauteserre.fr

Ouvert toute l'année sur réservation. Consultez le site internet pour les horaires. Menus 18-110 €

À quelques kilomètres de Lalbenque et de Cahors, s'élève le Château de Haute-Serre. Un lieu baigné de soleil dès les premières heures de la journée... Étape ultra gourmande sur la route des vins, lieu de rendez-vous pour les œnophiles et les épicuriens fait partie des Bonnes Tables du Lot. La Table de Haute-Serre propose un concept inédit de bistronomie récompensé d'un BIB gourmand. Dans le décor d'un chai en pierre, la cuisine créative, moderne et colorée du Chef Allan Duplouich fait l'unanimité. Une des plus belles adresses du Lot.

L'ALICANTA €€

Le Bourg
LE ROZIER
✆ 05 65 62 60 25
www.hotel-restaurant-gorgesdutarn.com

Ouvert du 1er avril au 25 octobre 2023. Menus de 34 € à 44 €. Vin au verre.

Face au joli village de Peyreleau, le restaurant de Flore et Guillaume met en avant un cadre et une cuisine d'exception. Sur la terrasse panoramique, dès les beaux jours, ou en salle, quand le temps est encore frais, les assiettes reflètent la modernité et l'authenticité. On s'assoie ainsi à cette table pour goûter à des plats savoureux et pleins de personnalité. Parmi les délices proposés à la carte, vous trouverez des escargots de l'Aveyron avec œuf poché, le filet de sandre et l'épeautre à l'encre de sèche, pour finir sur une sélection de fromages du terroir.

LA CANTINE €

25, rue du Collège - MENDE
✆ 04 66 32 86 12
http://restaurant-la-cantine.fr

Plat-Dessert Végétarien : 21€ (week-end), 17€ (semaine). Plat-Dessert Viande : 21€ (week-end), 18€ (semaine).

Dans sa petite salle au décor simple et chaleureux, cette Cantine à la clientèle fidèle aligne des assiettes de saison particulièrement alléchantes. Ici le menu est unique et principalement élaboré avec des produits bio et locaux : il change ainsi en fonction du marché. On a toutefois le choix des formules : entrées, plats du jour, fromages et desserts à conjuguer selon les goûts et les appétits. A noter, la proposition systématique d'une assiette végétarienne. Le rythme du service est tout simplement parfait et attentif. Idéal pour les pressés de midi.

DOMAINE DE CARRIÈRE €€

Quartier de l'Empéry - MARVEJOLS
✆ 04 66 32 92 39
www.domainedecarriere.com

Juillet/août : le mardi midi ; du mercredi au dimanche le soir. Autres horaires en ligne. Menus de 29 € à 48 €.

En bordure du parc du château de Carrière, l'Auberge s'est installée dans les anciennes écuries du domaine, sorte de Petit Trianon à la mode lozérienne. Eric et Aurélie ont récemment repris ce lieu tout dédié aux plaisirs du palais, dans un esprit très contemporain et chic. La carte se renouvelle régulièrement car le chef, Arnaud, ne travaille que des produits frais et propose une délicieuse cuisine du terroir. En entrée un marbré de foie gras aux oignons doux et pour suivre le carré d'agneau cannellonis de chou, servi pour le délice de vos papilles.

FERME-AUBERGE LE CANTOU DU PONCET €€

Poncet - PONT DE MONTVERT - SUD MONT LOZÈRE
✆ 04 66 45 85 17
www.latchourette.com

Ouvert toute l'année. Menu unique à 27 €. Menu enfant : 12 €. Gite à partir de 73€ pour 2 pers.

Derrière sa façade de blocs de granit, cette ferme du XVIIe siècle est représentative de l'habitat traditionnel. Florence Pantel utilise ici sa production pour élaborer le repas du jour constitué de façon immuable par la salade de saison, la tourte, le gratin, le plat de viande accompagné de pommes de terre, le fromage et le dessert maison. On y vient pour goûter à une vraie cuisine du terroir au travers du menu unique de cette étape gourmande, en plein parc national des Cévennes.

LAUZ'OUSTAL €

341, route de la Vignasse
MONTRODAT
✆ 04 66 45 20 03
www.lauzoustal48.fr

Menus de 18,50 € à 26 €. Formule du midi : 13,50 €. Chambre double de 76 à 80 €.

L'adresse un peu à l'écart de Marvejols sur la route de col de Goudard mérite le détour. Lauz'Oustal vous plonge dans un univers d'authenticité mêlant qualité et convivialité grâce à l'accueil chaleureux des hôtes. Depuis l'ouverture, l'établissement jouit d'une certaine notoriété locale et fait la joie des touristes. Le cadre agréable en toute saison présente une capacité de 40 couverts en intérieur et de 40 couverts en extérieur. A la carte, sur laquelle les produits régionaux sont à l'honneur, le chef propose plusieurs entrées, plats et desserts au choix.

LA SAFRANIÈRE €€

52, rue du Lavoir - **MENDE** ✆ 04 66 49 31 54
www.restaurant-la-safraniere.fr

Ouvert du jeudi au samedi le soir ; le vendredi et le samedi le midi ; le dimanche midi. Menus de 30 € à 35 €.

Il faut grimper au-dessus de Mende pour rejoindre ce village où l'on cultivait autrefois le safran pour la teinture. Aujourd'hui, on y vient pour cette table remarquable qui propose une cuisine harmonieuse. Sébastien Navecth connaît parfaitement son art et mêle audacieusement terroir et saveurs inédites, maniant épices et herbes comme personne : velouté de pomme de terre aux huitres, marée du moment, quasi de veau rôti... Les menus changent au gré des saisons ou de l'envie, précision et inspiration sont au rendez-vous. Une adresse remarquable en tous points.

LA BARTAVELLE €€€

24, rue de la République - **ARGELÈS-SUR-MER**
✆ 06 19 25 70 13
www.restaurant-labartavelle.fr

Disciple d'Escoffier. Toques Blanches du Roussillon. fermé le dimanche soir et le lundi. réservation impérative.

Situé au cœur du village, la Bartavelle tiendrait dans un mouchoir de poche. Mais attention : émotions culinaires garanties ! Le chef Thibaut nous comble de plaisir en proposant une cuisine créative, rythmée par les saisons et les produits du terroir. Il interprète et revisite les recettes traditionnelles et nous surprend par sa grande justesse des saveurs, des textures. Vous l'aurez compris, à la Bartavelle et son joli nom d'oiseau, on a tôt fait d'avoir envie d'y faire son nid. C'est une table très prisée, alors n'oubliez surtout pas de réserver.

LA TABLE DU LAC €€

Lac de Naussac
NAUSSAC-FONTANES
✆ 04 66 46 91 86
www.table-lac.fr

Ouvert toute l'année. Réservation recommandée. Formule du midi : 14 €. Menus à 24 et 30 €.

On vient manger dans ce restaurant avec le sentiment de déjeuner ou dîner à la maison. Parce que le chef ne cuisine pas à moitié et se met en quatre pour transformer produits les frais et locaux en de savoureux plats traditionnels. Servies dans une salle baignée de lumière, et dont la salle s'ouvre sur les lacs, les assiettes sont en effet le goût d'une Lozère authentique : lasagnes aux légumes de saison, quasi de veau aux écrevisses, tête de veau, mignon de proc au cidre, aligot... A noter, un coin lounge permet de siroter confortablement l'apéro ou le café.

LES CLOS DE PAULILLES €€€

Anse de Paulilles (entre Port Vendres et Banyuls) - **PORT-VENDRES** ✆ 04 68 81 49 79
www.lesclosdepaulilles.com/

Ouvert tous les jours en été. Le week-end hors saison. Carte environ 60 € pour 3 plats. Terrasse et vue sur la baie !

Visiter, déguster, manger ou acheter. Tout est possible pour les amoureux du bon goût aux Clos de Paulilles. La maison Cazes (leader des vins BIO dans la région) vous propose un espace dégustation, une boutique, des visites guidées du domaine et surtout un excellent restaurant conçu comme un lieu de rencontre entre la mer, la montagne et le vignoble. On vous sert une cuisine raffinée et des spécialités locales autour de produits de saison accompagnée de délicieux nectars du domaine. Enfin, de la terrasse, vous aurez un sublime panorama sur l'anse de Paulilles !

L'ALMANDIN €€€

Boulevard de l'Almandin
SAINT-CYPRIEN
✆ 04 68 21 01 02
www.hotel-ile-lagune.com

Ouvert toute l'année. 1 étoile au guide Michelin. Réservation recommandée.Jardin, terrasse.

A l'Almandin, le chef étoilé Frédéric Bacquié sublime son art avec les produits locaux, de la terre, de la mer et de nos éleveurs. Les recettes épurées et subtiles dont il a le secret sont axées autour des produits de saison. Cela nous donne des assiettes riches en couleurs avec la précision du détail et un grand équilibre visuel semblable à un tableau de maître. En bouche, une explosion de saveurs met les papilles en émoi. Quant aux vins, le sommelier saura proposer le meilleur accord avec vos plats et vous surprendre aussi. Tout est émotion à l'Almandin.

LA FERME DES LLOSES - LE RESTAURANT €€

3, avenue Maréchal-Joffre
FONT-ROMEU-ODEILLO-VIA
✆ 04 68 04 79 51

Ouvert du jeudi au samedi le midi et le soir. Horaires variables en fonction de la saison.

Trois univers pour une seule adresse : fromager affineur, bar à vins et restaurant. On y vient pour la convivialité du lieu, mais surtout pour la qualité des produits servis. Alain est un «éleveur de grands crus fromagers». Les spécialités fromagères sont cuisinées avec « ses » fromages, la charcuterie est artisanale, les légumes et les fruits, ainsi que le pain sont bio. Plateaux de fromage, raclettes, fondues et autres spécialités se déclinent en plusieurs délicieuses propositions !

GASTRONOMIE

L'INTERMÈDE €€

3, rue Pierre-Rameil
PERPIGNAN
✆ 09 52 07 40 65
www.lintermederestaurant.fr
Ouvert du lundi au mercredi le midi. Midi et soir du jeudi au samedi. Terrasse.

Voilà déjà quelques années que le Petit Futé suit ce Compagnon du Tour de France et ne le regrette pas. Dans la continuité de ses maîtres, Serge ne travaille que des produits frais et de saison avec savoir-faire hérité de ses années d'apprentissage auprès des meilleurs, mais avec cette touche personnelle qui sublime ses plats. A partir de la richesse et la variété des produits catalans, Serge se régale de faire des mariages de goûts et de saveurs qui vont titiller vos papilles. Nous espérons seulement que cet Intermède dure le plus longtemps possible !

LOU GRILLADOU €

7, place de Belgique - **PERPIGNAN**
✆ 04 68 34 86 81
www.lougrilladou.fr
Mardi-vendredi 12-14h/19-22h. Samedi 19-22h. Menu du soir 35 €. Menu du jour 17€, plat 13,50, formule duo 15,50 €.

Des saveurs audacieuses et du fait maison. Lou Grilladou réalise une cuisine française, semi-gastro, méditerranéenne et originale avec des spécialités telles que le foie gras de canard mi-cuit, les brochettes de saint-jacques au serrano, le magret de canard au miel et aux épices ou le tartare de thon. La cheffe propose également une carte de salades variées avec les plus beaux produits de la région, mais aussi une carte de fromages. Menus différents midi et soir servis par une équipe accueillante et aimable afin de vous faire passer un agréable moment.

MAISON ESPIAGO €€

6, Place Gabriel Peri
PERPIGNAN
✆ 06 79 53 62 33
Ouvert du lundi au samedi le midi. Cave ouverte de 9h à 15h. Vins à prix domaine sans droit de bouchon ! Terrasse.

Le Carré Arago renaît de ses cendres grâce à la ténacité de Marie Odile et Claude. Ce vaste lieu, autrefois appelé les Halles Arago, très lumineux et à la décoration fine et variée selon les espaces séparés qui le composent, devient le restaurant en vue de Perpignan. Belle terrasse ouverte sur la ville et de beaux trésors dans l'assiette. Les plats sont finement dressés et fort délicieux. On en raffole ! On vient aussi pour découvrir de grands vins et composer sa cave selon des conseils avisés. La Maison Espiago est notre coup de cœur de l'année à Perpignan.

LA MIRABELLE €€€

6, boulevard Saint-Martin-du-Canigó - **CASTEIL**
✆ 06 44 91 07 88
www.lamirabelle-casteil.com
Ouvert du jeudi soir au dimanche midi. Réservation obligatoire. Formules midi et soir. Terrasse. 8 chambres d'hôtes.

Attention bijou ! Au pied du Canigó, dans le village de Casteil se cache une merveille de la gastronomie. La Mirabelle est un bel exemple de cuisine méditerranéenne revisitée. Le Petit Futé a succombé devant le calamar croustillant aux herbes de Bélesta, le sar aux extraits de yuzu ou la crème brûlée revisitée. Dans le jardin, au calme sous la frondaison des mûriers platane à deux pas du ruisseau ou dans la salle finement décorée, vous êtes conviés à un voyage extraordinaire aux mille pays des senteurs, symphonie du goût et des saveurs... Un repas inoubliable !

LA SENYERA €€

81, rue Saint-Jean
VILLEFRANCHE-DE-CONFLENT
✆ 04 68 96 17 65
Ouvert en automne jusqu'à mi-mai. Ouvert du vendredi au lundi le midi et le soir ; le mardi et le jeudi le midi.

Au cœur de la cité fortifiée, le chef émérite, Julien Blaya, vous fera découvrir une cuisine empreinte d'esprit local qu'il mâtine de touches personnelles. Les produits de saison et les petits producteurs des environs sont à l'honneur dans ses créations culinaires qui affichent sa jeunesse et sa personnalité, sans toutefois jamais trop dénaturer les recettes traditionnelles dont il s'inspire. L'alchimie opère et ravit les papilles. Une adresse qui fait de nombreux émules et dont la réputation dépasse nos frontières, il est donc plus prudent de réserver.

LA TRENCADIS €€

1 rue montesquieu - **ARGELÈS-SUR-MER**
✆ 04 68 95 91 40
Poissons frais de Méditerranée, légumes et fruits locaux, viandes des Pyrénées, vins du Roussillon. Tout est maison.

Nous l'avions repérée depuis un moment, la Trencardis est véritablement une excellente adresse. La cheffe, Frédérique, nous régale d'une cuisine catalane aux accents méditerranéens. Comme elle le souligne sur sa carte du moment : «les légumes viennent de la terre, les poissons de la mer et les viandes des Pyrénées». Tout est dit ! Rien que des produits locaux cuisinés maison, les fruits de saison et les vins du Roussillon. La cuisine est généreuse, le cadre fort sympathique, Fred est souriante et n'hésite pas à sortir de sa cuisine pour discuter avec ses clients.

GASTRONOMIE

© DUDLAJZOV - STOCK.ADOBE.COM

Villefranche-de-Conflent.

VIGATANE €€

2, rue des Remparts - **CANET-EN-ROUSSILLON**
✆ 04 68 73 16 30
www.vigatane.fr
Ouvert tous les jours en haute saison. Environ 45 € à la carte. Formule le midi uniquement.

Une table incontournable de Canet loin du brouhaha de la plage. Une vraie auberge catalane comme on les aime. Dans les assiettes généreuses de la Vigatane : tartines géantes, charcuterie locale, viandes au feu de bois, prises de pêche locale à la planxa... Le tout cuit dans de grandes cheminées et toujours accompagnés de *pan con tomate* qu'on tartine généreusement d'aïoli, mais aussi riz au poisson moelleux et parfumé. En dessert, des crèmes catalanes, le *mel i mato* et le *Pa d'ou*, un flan catalan ici légèrement anisé. Des restos comme celui-là, on en redemande !

L'ATMOSPHÈRE €€

22, place Fernand Pelloutier
ALBI
✆ 05 63 54 23 43
www.restaurant-latmosphere-albi.fr
Ouvert le midi : lundi, mardi et du jeudi au samedi ; le soir du jeudi au samedi. Formule du midi 20 €.

La place Fernand Pelloutier abrite quelques trésors gastronomiques. Parmi eux, le restaurant L'Atmosphère joue désormais le rôle d'incontournable. Sandra et Alban, déjà propriétaires d'un traiteur à deux pas de là, ont repris cet établissement en 2017. Dans votre assiette, vous découvrirez par exemple une longe de thon de Méditerranée en piperade ou encore un tournedos de bœuf et son foie gras. De délicieux plats qui s'ajoutent à l'efficacité de Sandra et l'inventivité d'Alban, et qui ont conquis les cœurs et les estomacs des gastronomes de la région.

L'ACCORD PARFAIT €€

24, avenue George Sabo - **LAVAUR**
✆ 05 63 33 59 43
www.laccordparfait-lavaur.com
Restaurant : du lundi au vendredi le midi. Cave : du mardi au samedi de 9h30 à 12h30 et de 15h30 à 19h30.

Une note de Languedoc pour accompagner un saumon fumé, une côte-rôtie pour déguster un mijoté du jour... Tel est l'accord parfait, la juste mesure de cette délicate partition culinaire. Une alliance joyeuse et généreuse entre un restaurant et une cave à vin pour le plaisir de nos papilles orchestrée par la délicieuse Catherine qui nous restaure avec convivialité et authenticité ! Des produits frais et de saison, des assiettes gourmandes en fonction des suggestions et un décor gris et mauve, voilà un lieu pour se poser le midi en semaine.

AUBERGE DU MOULIN €€

Route de Toulouse
CASTELSARRASIN
✆ 05 63 32 20 37
lemoulindecastel.fr
Formule du midi 15-18 €. Menu surprise de 40 € à 45 €. Terrasse. Boutique.

L'équipe de Dominique Vigneau vous présente une carte riche en saveurs. Poissons et viandes sont au rendez-vous et sont servis avec de délicieux légumes de saison. L'incontournable cassoulet au trois viandes, poitrine fumée, manchon de canard, saucisse de Toulouse et joue de porc, éveillera sans doute vos papilles gustatives ! Quant aux desserts, ils sont copieux et gourmands. Qui plus est, l'accueil est chaleureux et l'addition plutôt correct. Une adresse recommandée pour passer un délicieux moment en famille ou entre amis.

LA CAVE O DÉLICES €€

1200, chemin de Saint-Pierre - **MONTAUBAN**
✆ 05 63 63 69 69
www.cave-o-delices.fr
Maître Restaurateur. Fermé lundi et mardi et dimanche soir. Formule du midi : 19 à 23 €. Menu du soir : 41 €.

Installée depuis 2021 près de l'hippodrome de Montauban, La Cave Ô Délices perpétue le plaisir des saveurs au cœur de ses plats aux accents gastronomiques. Le chef labellisé Maître Restaurateur depuis 2012 propose une cuisine méridionale liée à ses origines italiennes, il façonne ses assiettes avec des produits du terroir (foie gras, filets de canard…) et d'ailleurs (la mer, notamment avec des poissons façon meunière). Une dégustation raffinée dans un cadre agréable avec vue, la terrasse surplombant l'élégant environnement hippique.

LA FOURCHETTE ADROITE €€

7, place de l'Archevêché
ALBI
✆ 05 63 54 05 23
www.lafourchetteadroite.fr
Ouvert le lundi, le mardi et le vendredi le soir ; le week-end le midi. Menus de 16,50 € à 35 €.

Situé au pied de la cathédrale, le restaurant La Fourchette Adroite se mêle parfaitement au cadre typique du vieil Albi. Il vous faudra avoir la main habile et la fourchette adroite, donc, pour vous régaler des mets du jeune chef cuisinier Nicolas Roussel, impatient de vous faire découvrir sa cuisine faite de produits frais et locaux. Salade gersoise accompagnée de ses profiteroles de chèvre chaud raviront vos papilles, suivie d'une souris d'agneau confite au four et son bouillon et d'une authentique poire Belle Hélène. L'accueil y est chaleureux et familial.

RESTAURANT LES SENS €€€

2, place de la Libération - **PUYLAROQUE**
✆ 05 63 02 82 25
restaurantlessens.com
Sur réservation. Fermé le dimanche soir et lundi. Terrasse. Menu création surprise 39 €. Menu truffe en 6 services 94 €.

Le haut de gamme s'est invité à Puylaroque ! Cette maison massive au cœur du village héberge l'une des meilleures tables de la région. C'est ici que Thierry Pszonka, maître cuisinier de France a posé ses poêlons et son piano. La salle est soignée, claire et sobre, le service impeccable et souriant. Dans l'assiette qu'explose la symphonie des couleurs et des arômes, avec une carte courte mais aux belles associations de teintes et de saveurs. Spécialiste de la truffe et de l'agneau du Quercy, le Chef Pszonka est bien ce virtuose qui joue à merveille avec nos sens.

L'ÉPICURIEN €€

42, place Jean-Jaurès - **ALBI**
✆ 05 63 53 10 70
www.restaurantlepicurien.com
Ouvert du mardi au samedi le midi et soir et dimanche midi. Réservation recommandée. Menus de 34 € à 60 €. À emporter.

À L'Épicurien, c'est la fête des vins et de la bonne cuisine sous la houlette de Rikard Hult, dont la notoriété dépasse nos frontières, et de son épouse Patricia Collet. En véritable gourou sensible du terroir, cet épicurien nous invite à découvrir des plats bistronomiques qui évoluent au gré des saisons, dans un esprit cuisine du marché moderne et inventive, mais qui rend hommage à la gastronomie locale. C'est tous les jours la fête des vins et de la bonne cuisine chez cet Epicurien qui ne ment pas sur son nom. Une des meilleures adresses d'Albi !

LE VENTADOUR €€

23, quai Villebourbon
MONTAUBAN
✆ 05 63 63 34 58
www.le-ventadour.com
Maître Restaurateur. Label Fait Maison. Du lundi au vendredi le midi. Menu 20 € ou 32 €.

Cuisine haute en couleur avec une carte sympathique et inventive. Citons par exemple : tarte aux cèpes et foie gras poêlé, cassolette d'œufs de caille au foie gras et champignons, carpaccio de noix de Saint-Jacques, ris de veau sauce banyuls, nage de homard au gingembre, magret de canard au foie gras, avant des desserts qui font aussi saliver : tiramisu revisité à la mangue, macaron à la framboise, cannelé... Attention, le soir est dédié aux groupes, sur réservation uniquement, le chef assurant également un service traiteur très apprécié dans la région.

LA PART DES ANGES €€

5, boulevard Raymond Vittoz - **CASTRES**
✆ 05 63 51 65 25
www.lapartdesangescastres.fr
Ouvert le mardi soir ; du mercredi au samedi le midi. Menus de 36 € à 39 €. Formule du midi : 21 €.

En Juin 2021, la Part des Anges a déménagé ses fourneaux rue Vittoz. Si le cadre, les meubles et les couleurs ont changé, le principe reste le même : ici, on fait du bon avec du frais et avec le sourire. Pour un rapport qualité/prix honnête, le chef délivre des assiettes parfumées et contemporaines, joliment présentées. Au programme : foie gras, langoustines, filet de bœuf «Aubrac»... Des délices du terroir qui font la fierté de la région et une adresse emblématique de l'élégance bistronomique à découvrir, pour un vrai moment de plaisir gustatif.

LES PRODUITS DU TERROIR

Qu'il fait bon flâner dans les marchés de producteurs de Toulouse à Montpellier ! Des délices locaux, vous en trouverez aussi dans les halles historiques, de Narbonne, de Sète, de Montpellier et de Perpignan. Du foie gras ? En voici en voilà au marché au gras de Samatan, Gimont et Caussade ! Et pour le fameux diamant noir, rendez-vous au marché aux truffes d'Uzès et de Lalbenque… La gastronomie d'Occitanie ne saurait être aussi délicieuse sans les saveurs des produits du terroir, résultant du travail et de la passion d'hommes et de femmes pour leurs terres. Le florilège de produits d'ici reflètent un patrimoine ainsi que des environnements naturels d'exception de la région Occitanie. Vous trouverez dans ces pages nos bonnes adresses, celles de producteurs, d'éleveurs, d'affineurs qui, au quotidien, travaillent à la qualité de leurs produits pour qu'ils puissent s'inscrire dans un patrimoine reconnu à préserver.

MARCHÉ FERMIER

Place du champs de mars
SAINT-GIRONS
www.ariegepyrenees.com/agenda
Le samedi de 8h à 13h.

Le marché de Saint-Girons offre un réel brassage culturel et générationnel s'opérant en Ariège depuis des décennies. Entre traditions locales bien vivantes, portées par des siècles de savoir-faire, et productions montagnardes, vous serez plongé dans une vie de village de montagne authentique. Ce rendez-vous de la haute gourmandise rassemble producteurs locaux, habitants du coin et visiteurs en quête de rouzolle, de mounjetado, de fromage de Bethmale ou encore de croustades aux pommes ou aux myrtilles. De quoi remplir votre panier de bonnes gourmandises !

B&C ÉPICERIE

1 bis, route Nationale - **LAROQUE-DE-FA**
✆ 04 68 40 74 17
www.bcepicerie.fr
Ouvert du mardi au samedi de 9h à 18h, le dimanche 9h-13h. Rôtisserie en été. Terrasse à disposition. Boutique en ligne.

Situé dans un charmant village des Corbières sur la route des châteaux cathares, découvrez cet établissement Coup de Cœur des Epicures 2022. Véritable ambassadeur de son territoire et des épiceries fines en milieu rural, Aurélien vous offre un choix incroyable de produits locaux : charcuterie, fromages frais et affinés, plats cuisinés, huile d'olive, bière locale, vins à prix caveau et spécialités d'ailleurs. L'épicerie fait aussi dépôt de pain, fruits, légumes et produits bio. Futé : faites votre casse-croûte du terroir et régalez-vous sur place ou à emporter.

MARCHÉ TRADITIONNEL

Place Maréchal Leclerc
MIREPOIX
✆ 05 61 68 10 47
https://mairie-mirepoix.fr/
Le lundi de 8h à 13h.

L'un des plus beaux marché d'Ariège se déroule à Mirepoix. Au cœur de ce sublime village médiéval, il anime la matinée du lundi des habitants et visiteurs venus du canton, du département, des régions limitrophes et même de l'étranger, pressés de remplir leur panier de produits du terroir, de fruits, légumes, viandes, poissons, épices, textile, bijoux, objets d'artisanat… dans une ambiance conviviale et colorée. Vous avez également rendez-vous le jeudi sous la halle couverte pour un autre petit marché, ouvert uniquement aux producteurs et aux métiers de bouche.

CHOCOLATIERS CATHARES

165, rue du Pech-Redon
MONTREDON-DES-CORBIÈRES ✆ 04 68 27 04 04
www.chocolatiers-cathares.com
Du lundi au samedi en juillet-août, décembre, à Pâques, 10h à 12h et de 14h à 19h. Hors saison, 10h à 12h et 14h à 18h.

Le talentueux maître chocolatier-confiseur propose un grand choix de chocolats d'exception en fabrication artisanale, pur beurre de cacao et sans huile de palme. Vendus en boîte, en coffret ou en sachet, vous trouverez aussi des bonbons, des pâtes de fruits, des sablés, de la pâte à tartiner… et, nouveauté 2023 : la fabrication de glaces artisanales en été. Des ateliers créatifs sont organisés, les enfants adorent ! Enfin, le musée sur l'épopée du chocolat vous permettra de tout savoir sur l'histoire du cacao. Un lieu incontournable aussi gourmand qu'instructif.

LES FRÈRES POPOTTE

9, Boulevard Marcou - **CARCASSONNE**
© 06 26 63 11 04
www.les-freres-popote.fr
Boutique en ligne et livraison à domicile. Cassoulet dès 17,50€.

Romain et Florent, amoureux de gastronomie du Sud-Ouest, ont lancé un concept original pour faire cuisiner les occitans : directement sur leur site internet, vous n'avez qu'à choisir les recettes qui vous font plaisir et le nombre de personne autour de la table, puis les Frères Popotte vous livrent un panier avec tous les ingrédients et produits bruts ! Si vous ne souhaitez que quelques produits de l'épicerie fine, ils proposent conserves, condiments et gourmandises à l'unité. Ne passez pas à côté du fameux cassoulet des Frères Popotte, et leur recette signature !

LES HALLES DE NARBONNE

1, cours Mirabeau - **NARBONNE**
© 04 68 32 63 99
www.narbonne.halles.fr
Ouvert tous les jours de 7h à 14h même les jours fériés.

Les Halles sont un peu l'âme de Narbonne. Bouillonnantes, elles s'activent dès 7h du matin et accueillent 365 jours par an les amateurs de bons produits. Sous cet édifice de style Baltard, achevé en 1901, les étals de près de 70 commerces de bouche sont installés : charcutiers, bouchers, pâtissiers, bars, tapas, maraîchers, tripiers, volaillers, pizzaïolos, fleuristes, traiteurs, cavistes, fromagers, restaurants... Tous les jours c'est animé, surtout le jeudi et le dimanche ! On peut remplir son panier mais aussi prendre un petit déjeuner, un apéro, un déjeuner...

HUÎTRES ALLARY

Grau de Leucate - **LEUCATE**
© 04 68 40 92 41
www.huitre-allary.com
Basse saison : tous les jours de 8h à 19h. Haute saison : tous les jours de 8h à 21h. Formule assiette huîtres 10€.

Voilà un site de production unique en son genre ! Créé dans les années 70, il garde encore toute sa typicité avec ses baraquements en enfilade. La maison Allary Fils est une histoire de famille : le grand-père a transmis l'amour du métier à ses petits-enfants ! Arrêtez-vous pour déguster la célèbre « huître Allary », huître creuse à la chair fine au goût de noisette, ou la « Caramoun© », fine, longue en bouche et beaucoup plus craquante, régulièrement médaillée d'or au Salon de l'Agriculture. Futé : possibilité de personnaliser votre plateau sur le site Internet.

MAISON BOR

15, avenue Fabre-d'Eglantine
LIMOUX
© 04 68 31 02 15
www.maison-bor.com
Ouvert du lundi au samedi de 9h à 12h et de 14h à 19h. Livraison possible, boutique en ligne.

Véritable institution limouxine depuis 1936, la Maison Bor perpétue un savoir-faire ancestral dans la fabrication du nougat et des chocolats. Laissez-vous tenter par la spécialité du Taps de Limos, petit chocolat au marc de chardonnay en forme de bouchon de champagne, ou par les nougats à l'onctuosité inégalée, fabriqués dans des chaudrons de cuivre. La gamme de nougats est autant variée que le conditionnement des produits, vendus à l'unité, en coffret ou en sachets. Toutes les spécialités sont conçues avec des matières premières locales et de qualité.

LA MAISON DE LA TRUFFE D'OCCITANIE

32, avenue du Jeu-du-Mail
VILLENEUVE-MINERVOIS © 04 68 72 35 47
www.maisondelatruffedulanguedoc.com
Ouvert toute l'année. Horaires variables, voir sur le site. Adulte : 7,50 €. De 7 à 15 ans : 4,50 €. Gratuit -6 ans.

Avis à tous les amateurs de ce produit d'exception ! À Villeneuve-Minervois, vous découvrirez dans ce musée de 300 m^2, l'histoire du précieux champignon à travers les siècles, son environnement, sa culture, sa récolte, sa commercialisation et sa valorisation. Voir, toucher, sentir : la truffe n'aura plus de secret pour vous ! Et bien sûr, la visite se termine par une boutique entièrement dédiée à ce diamant noir mais aussi aux produits du terroir.

MARCHÉ TRADITIONNEL

Place de l'Eglise
PORT-LA NOUVELLE
© 04 68 40 30 30
Mer. et sam. (place Léon Blum) 8h-13h. L'été : lun./jeu. 8h-13h (avenue de la Mer), mer. soir (place Saint-Charles).

N'est-il pas agréable de flâner entre les étals de légumes et fruits frais, les odeurs d'épices, les dégustations de fromages et charcuteries proposés par les producteurs locaux et les produits d'artisanat d'art ? Les jours de marché de Port-la-Nouvelle animent la ville toute l'année, en encore plus l'été ! Pour midi, vous pourrez en profiter pour dégoter un chapon ou une poularde du Lauraguais, un bon cassoulet de Castelnaudary, de belles huîtres, poissons et coquillages tout droit arrivés du port, ou encore de gourmandises sucrées des quatre coins de l'Aude.

Gruissan et ses salins.

L'OULIBO

Hameau de Cabezac - **BIZE-MINERVOIS**
✆ 04 68 41 88 88
www.loulibo.com
Boutique. Visite guidée L'odyssée de l'olivier 6,50€/adulte, 4€/enfant. Tarifs famille : 13 € à 17 €. Chasse au trésor.

Depuis 1942, le moulin de l'Oulibo élabore des huiles et olives de qualité. L'Oulibo et ses 850 producteurs cultivent des variétés locales et particulièrement l'olive AOP Lucques du Languedoc dont le vert lumineux et la chair croquante en font le diamant vert de la région ! C'est de cette belle audoise que l'Oulibo tire son huile de tradition, ses tapenades et autres délices du terroir. Chaque année, l'Oulibo obtient de nombreuses médailles au salon de l'Agriculture et fait partie du club prestigieux des 1 400 entreprises d'excellence du savoir-faire français.

SALIN DE GRUISSAN

GRUISSAN
✆ 04 82 53 10 61
www.lesalindegruissan.fr
Boutique ouverte tous les jours de 10h30 à 18h30, ou en ligne. Horaires et prix des visites sur le site internet.

Gruissan est bien connu pour ses salins et sa Fleur de Sel. Sur place, profitez d'une visite guidée des salins à pied ou à trottinette électrique pour découvrir les secrets de ce produit et de son savoir-faire, sans oublier un passage à l'écomusée. Si vous souhaitez ramener un souvenir, vous avez le choix : retrouvez le bar à sel où vous pouvez choisir entre 24 variétés de gros sels aromatisés en vrac, ou bien dirigez-vous vers l'épicerie où vous y trouverez les salières et même un rayon cosmétiques, avec des sels de bain *made in* Gruissan !

BLEU DES CAUSSES

RODEZ
✆ 05 65 76 53 53
www.bleu-des-causses.com
Liste des points de vente sur le site internet.

Longtemps méconnu et similaire à vu d'œil au Roquefort, le Bleu des Causses acquit ses lettres de noblesse grâce à l'obtention de l'AOP en 1996. Si vous ne l'avez jamais goûté, imaginez une pâte ivoire veinée de bleu, une croûte naturelle fleurie, une texture fondante et un goût corsé. Le Syndicat du Bleu des Causses met tout en œuvre pour valoriser ce fromage qui malgré tout, se produit à 700 tonnes chaque année. Si vous souhaitez en déguster, retrouvez la liste des fromagers et autres points de vente sur le site internet du syndicat.

LES CONSERVES TRADITIONNELLES

Route de la Creyssie
ARVIEU
✆ 06 33 86 95 37
Visites guidées en juillet août avec goûter gastronomique. Tarifs goûter : 11 €/adulte et 6 €/enfant.

À quelques kilomètres de Salles-Curan, Céline Jeanjean propose de découvrir son activité de transformation de canards gras élevés en plein air. Une visite ludique, autour de sa mini-ferme et de son laboratoire. On peut assister à des naissances en couveuse ou à des démonstrations de gavage. Un goûter peut être servi à la demande : foie gras, pâté, magret séché et saucisse sèche de canard sur la table (et gâteau à la broche pour les becs sucrés). Un régal !

COOPÉRATIVE FROMAGÈRE JEUNE MONTAGNE

LAGUIOLE ✆ 05 65 44 35 54
www.jeune-montagne-aubrac.fr
Haute saison : visites du lundi au samedi de 8h à 19h ; le dimanche et les jours fériés de 9h à 13h et de 14h à 18h.

Fondée dans les années 60, Jeune Montagne est la gardienne des traditions et du terroir aubraciens. Composée de 76 producteurs et 90 salariés, elle collecte chaque année 15 millions de litres de lait, directement transformés dans ses ateliers. Héritière du savoir-faire des moines et buronniers d'antan, la coopérative fabrique des fromages au lait cru : le laguiole AOP, affiné entre 4 mois et 2 ans, et la tome fraîche de l'Aubrac qui sert à préparer les célèbres aligot et truffade.

GRAND MARCHÉ TRADITIONNEL

Place Notre Dame
VILLEFRANCHE-DE-ROUERGUE
✆ 05 65 65 16 20
https://villefranche-de-rouergue.fr/
Le jeudi de 8h à 13h.

On vient de loin pour le marché de Villefranche-de-Rouergue ! Le marché du jeudi est l'un des plus grands et des plus animés de la région Occitanie. Sur la sublime place entourée de ses arcades, c'est toute la diversité des produits de l'Aveyron et du Lot qui s'étale : farçous, aligot, truffade, fouaces, mais aussi foies gras, confits, charcuteries et pains de pays, miel… Un rendez-vous à ne pas manquer pour un moment de vie authentique au milieu des étals multicolores.

L'ÉPI DU ROUERGUE

Avenue de Bourran - **RODEZ** ✆ 05 65 78 91 94
https://epidurouergue.fr/
Ouvert tous les jours de 6h à 20h. 8 autres boulangeries en Aveyron, 5 dans le Tarn. Boutique en ligne.

Il y a 50 ans, sept boulangers-pâtissiers aveyronnais se réunissaient pour créer un fournil à Lioujas, près de Rodez, afin de fournir le pain aux boulangeries associées, aux collectivités locales et aux éventuels clients. Aujourd'hui, cette boulangerie aveyronnaise est particulièrement réputée et dispose de quinze magasins répartis dans l'Aveyron et le Tarn, ainsi qu'une présence sur de nombreuses foires et des marchés régionaux. En plus du pain Jalousé, véritable emblème de L'Épi du Rouergue, vous y trouverez fouaces, échaudés ou encore gâteaux à la broche.

LOU GASPILLOU

https://lou-gaspillou.fr/
Boutique en ligne.

Maxime s'est entouré des plus grands ambassadeurs du terroir villefranchois pour pouvoir poursuivre son chemin gastronomique et créer Lou Gaspillou. Avec sa marque, il souhaite célébrer la tradition aveyronnaise, mais aussi alerter sur l'importance de sa préservation. Dans chaque petit pot, il prépare artisanalement avec amour de délicieuses spécialités gastronomiques élaborées à partir de fruits et de légumes moches et délaissés. Dans la boutique en ligne, vous trouverez alors de délicieuses confitures, gaspachos, soupes ou encore tartinables salés.

FERME DU GAZENAS

Le Gazenas - **FLAVIN**
✆ 06 15 25 60 90
http://ferme-gazenas.com/
Visite et dégustation pour les groupes (15 pers minimum).

Quel est le fromage avec une pâte persillée et une texture si onctueuse ? Le Bleu des Causses AOP bien sûr ! Dans les environs de Rodez, Laurence et Christian vous accueillent dans leur exploitation sur la ferme du Gazenas. Le couple passionné vous présentera leur troupeau de vaches Simmental et Montbéliard. Leur lait de qualité sert à fabriquer ce délicieux fromage aveyronnais. Les agriculteurs vous expliqueront leur travail, des naissances à la traite, en passant par les exigences de fabrication de ce grand fromage persillé. Vente de fromages à la ferme.

LUCIFÈVES D'AUBRAC

Valesques - **CASTELNAU-DE-MANDAILLES**
✆ 06 69 14 94 99
https://lucifevesdaubrac.fr
Ateliers de fabrication de chocolat : 80€ par personne (durée 4 à 5h). Plusieurs points de vente et boutique en ligne.

Dans une ancienne grange typique réaménagée se trouve l'atelier de fabrication des tablettes et coffrets de chocolat de Lucifèves d'Aubrac. Inspirée par les lumières du plateau de l'Aubrac, l'entreprise souhaite fabriquer un produit d'exception de manière artisanale : du tri des fèves qu'ils reçoivent directement depuis leur terroir d'origine, jusqu'à la torréfaction, conchage, et moulage. Profitez d'une expérience unique lors d'un de leur atelier de fabrication de votre propre chocolat, où vous pourrez vivre leur quotidien d'artisans créateurs.

MAISON ALIBERT - GÂTEAUX À LA BROCHE

4, rue Peyssière - **MILLAU**
✆ 07 89 33 58 66
https://maisonalibert.com
Ouvert du lundi au samedi de 8h à 19h. À partir de 13,90€, selon la taille et le poids.

Le gâteau à la broche est une des meilleures spécialités aveyronnaises ! Maison Alibert vous fait découvrir cette authentique pâtisserie traditionnelle. Chaque gâteau est unique, avec son propre poids, sa propre forme et sa propre cuisson car fabriqué artisanalement : on verse la pâte à la main, couche par couche, sur le moule tournant devant le feu de bois, pendant plusieurs heures. N'hésitez pas à passer en boutique pour une visite gratuite de la fabrique et une dégustation !

MAISON CONQUET

16, place de la Patte-d'Oie - **LAGUIOLE**
✆ 05 65 51 51 04
www.maison-conquet.fr
Du mardi au samedi de 7h30 à 12h30 et de 14h à 19h, le dimanche de 8h à 12h30. Livraison et commande en ligne.

Chez les Conquet, on aime le travail bien fait. Un état d'esprit que la maison fondée en 1950, perpétue dans son atelier de Laguiole. Boucher-charcutier de cœur, Lucien Conquet - le plus jeune des quatre enfants du fondateur Paul - vante notamment les traditions et les labels locaux. Le bœuf fermier Aubrac est sur tous ses étals. Les charcuteries ne sont pas en reste : saucisses sèches - nature, au laguiole ou au roquefort -, saucissons, rosettes, chorizos à la race Aubrac, pâtés et fricandeaux ont conquis les gourmets aveyronnais mais aussi ceux de la capitale.

MAISON DE L'AUBRAC

Maison de l'Aubrac
AUBRAC
www.maisondelaubrac.fr
L'été : boutique ouvert tous les jours de 9h à 19h. Autres horaires en ligne.

La Maison de L'Aubrac accueille les visiteurs dans leurs espaces audiovisuel et d'art ainsi qu'au restaurant gourmet, pour leur faire découvrir les traditions aveyronnaises. Dirigez vous vers l'épicerie fine : l'intérieur de la boutique est une véritable vitrine vivante. Vous y retrouverez tous les produits que vous avez dégustés lors de votre passage dans les restaurants aveyronnais : fromages, aligot, charcuteries, tripous, gentiane et thé d'Aubrac, miels de montagne, confitures, plantes aromatiques, bières et limonades artisanales ou encore sirops et vins.

MARCHÉ FERMIER NOCTURNE

Place de la Gare
SÉVÉRAC D'AVEYRON
✆ 05 65 47 67 31
www.tourisme-aveyron.com
Dès 19h à certaines dates en juillet et en août. Agenda complet en ligne.

Dans une ambiance musicale et festive, le marché nocturne de Sévérac d'Aveyron vous accueille pour déguster les produits fermiers de l'Aveyron. Partez à la rencontre des nombreux producteurs du terroir ; ils prépareront sous vos yeux votre propre assiette de charcuterie, de fromage, de truffade ou d'aligot-saucisse, que vous pourrez savourer au milieu des visiteurs, sur des grandes tables conviviales disposées sur la place. Un vrai moment authentique de partage, mais surtout, un rendez-vous incontournable pour tous les gourmands !

MARCHÉ GOURMAND NOCTURNE

Place du Mandarous - **MILLAU**
✆ 06 08 15 91 66
www.millau-viaduc-tourisme.fr/agenda
Le lundi de 18h à 23h en Juillet et Août seulement. Place du Mandarous et place Emma Calvé. Agenda en ligne.

En Aveyron, les grands marchés nocturnes sont une tradition l'été ! Profitez de découvrir les produits gourmands aveyronnais dans une ambiance conviviale et faites des rencontres authentiques avec les producteurs lors d'une soirée au cœur de Millau. Avec des animations musicales et plus de quarante producteurs locaux et artisans d'arts présents pour vous faire partager leur savoir-faire, vous pourrez surtout déguster les spécialités salées et sucrées directement au milieu du marché. En prime, la vue sur le majestueux Viaduc de Millau !

MARCHÉ NOCTURNE

Centre-ville - **SAINT GENIEZ D'OLT ET D'AUBRAC**
✆ 05 65 70 40 01
www.tourisme-aveyron.com
Dès 19h, à certaines dates de juillet et août. Agenda complet en ligne.

Le marché nocturne estival est une tradition à Saint-Géniez d'Olt. Les Aveyronnais des quatre coins du département et les visiteurs s'y retrouvent pour profiter d'une soirée musicale en famille ou entre amis. Tous attablés «à la bonne franquette» autour de grandes tables disposées dans les rues dans une ambiance conviviale, c'est aussi l'occasion de déguster un aligot-saucisse ou d'autres délicieux plats de terroir préparés sous vos yeux par les producteurs de pays. Entre deux coups de fourchettes, vous pouvez aussi faire un tour sur les stands des artisans d'art.

MARCHÉ NOCTURNE DES PRODUCTEURS DE PAYS

Place de l'église
VALADY
www.marches-producteurs.com
Les samedi de 19h à 23h en juillet et août. Agenda complet sur le site web.

Au cœur du Vallon à seulement 20 minutes de Rodez, un petit village organise lui-aussi son marché nocturne des producteurs de pays ! Un rendez-vous devenu très populaire depuis des années, où locaux et visiteurs se retrouvent pour une soirée conviviale autour des produits du terroir sous des airs de musique festive. Remplissez votre panier, mais surtout dégustez sur des grandes tablées les produits locaux que les producteurs vous préparent directement dans votre assiette.

LA NAUCELLOISE

La Naucelloise - **NAUCELLE**
✆ 05 65 69 20 20
www.lanaucelloise.fr/fr
Ouvert du lundi au vendredi de 9h à 12h et de 14h à 18h. Visite guidée gratuite de la fabrique sur réservation.

Le tripou, composé d'estomac de mouton, d'une farce faite de jambon, d'ail et de persil, est le plat emblématique du Ségala et du Rouergue. Héritière de la tradition, La Naucelloise s'est réappropriée la recette et a transformé ce mets populaire en plat d'exception. Depuis 2012, celle-ci est labellisée Entreprise du patrimoine vivant. Outre les tripous, La Naucelloise produit également des tripes à l'ancienne, des pâtés, jambonneaux, traditionnelles soupes au fromage et choux farcis en associant toujours respect de la tradition et innovation culinaire.

MARIE DE LIVINHAC - ALIGOT DE L'AVEYRON

✆ 05 65 43 25 25
https://mariedelivinhac.com
En vente dans de nombreuses grandes surfaces et épiceries. Boutique en ligne.

Depuis 1991 à Decazeville, l'entreprise Marie de Livinhac réchauffe les cœurs avec leur spécialité : l'aligot. Grâce à la lyophilisation, ils font profiter à tous les Français de ce plat traditionnel et authentique en le commercialisant sur internet et à travers les épiceries partenaires, avec aussi une gamme bio. Ils proposent également d'autres produits du Sud Ouest comme l'estofinade, la truffade, la purée au Roquefort et même en dessert, la fouace en sachet à préparer !

ROQUEFORT CARLES

6, avenue de Lauras
ROQUEFORT-SUR-SOULZON
✆ 05 65 59 90 28
www.roquefort-carles.fr
Vente directe du lundi au vendredi de 8h15 à 17h30.

Fondée en 1927, la maison Carles est une affaire de famille, dont Delphine, illustre représentante de la troisième génération, et maître artisan du village, la gardienne. Le roquefort Carles est ainsi entièrement fabriqué à la main, selon un savoir-faire bien rodé. Le caillé découpé en cubes est brassé pour préparer la texture de la pâte. Les grains ainsi formés sont alors mis en moules, puis saupoudrés à la poudre d'un pénicillium Roqueforti cultivé comme autrefois sur un pain de seigle et de blé. Reste l'égouttage et enfin l'affinage en caves naturelles.

MINOTERIE MARTY

Moulin de Castanié
MOYRAZÈS
✆ 05 65 69 36 77
www.florimeule.fr
Ouvert du lundi au vendredi de 8h à 17h. Liste des distributeurs sur le site Internet.

Depuis 1890, cinq générations se sont succédé pour faire perdurer la production de farine au moulin du Castanié. En 1992, la famille Marty a décidé de moudre du blé à l'ancienne avec des meules de pierre authentiques, le début de la farine Florimeule. Aujourd'hui, ce sont seulement trois paires de meules en silex qui tournent toujours, à côté de l'installation à cylindres. L'entreprise produit toujours Florimeule, cette farine à l'ancienne, mais également la farine Régalou, et des farines boulangères, pâtissières ainsi que biologiques.

ROQUEFORT GABRIEL COULET

5, avenue de Lauras - **ROQUEFORT-SUR-SOULZON**
✆ 05 65 59 24 27
www.gabriel-coulet.fr
Visite gratuite de 9 h à 19h30 en haute saison. Basse saison, se renseigner auprès de l'accueil pour les horaires.

On fait du roquefort dans la famille Gabriel depuis 1872. Aujourd'hui, Gabriel Coulet produit plusieurs fromages parmi lesquels La petite Cave, moelleux, typé en goût sans être corsé ; Le Castelviel, fort, puissant et généreux, à la robe ivoire et au bleu intense ; ou encore la Tomme des Cazelles, fondante en bouche. La maison propose une visite gratuite de ses caves avec projection d'un film sur la fabrication du roquefort suivie d'une dégustation. Aussi un restaurant La bergerie, ou l'on peut déguster des spécialités autour du roquefort.

ROQUEFORT PAPILLON

4, impasse de la route de Tiergues Lauras
ROQUEFORT-SUR-SOULZON ✆ 05 65 58 50 00
www.roquefort-papillon.com
Tous les jours de 10h à 18h. Horaires des visites variable, voir sur place (Dernier départ : 16h30). Visite gratuite.

Le Roquefort Papillon et sa cave d'affinage a été créé par Paul Alric en 1906. Producteurs de lait, maîtres fromagers, affineurs, tous travaillent main dans la main pour produire ce fameux délice. Lors de votre visite, vous descendrez dans la fraîcheur des caves historiques pour découvrir tous les secrets de fabrication, de l'emprésurage et caillage au découpage et brassage, moulage, jusqu'à l'affinage. On vous proposera également une dégustation gourmande avant de faire un tour dans la boutique pour retrouver toute la gamme Roquefort et Purs Brebis.

ROQUEFORT SOCIÉTÉ

2, avenue François-Galtier - **ROQUEFORT-SUR-SOULZON** ✆ 05 65 58 54 38
www.roquefort-societe.com/les-caves/
Boutique et visite 7/7j. Fin Sept. à début Juil ; 10h-12h ; 13h30-16h30. Horaires détaillées des visites l'été en ligne

La création du Roquefort Société remonte à 1842, lorsqu'un producteur décide de regrouper plusieurs de ses confrères au sein de ce qui deviendra la plus vieille société anonyme d'Europe. Dans les années 1960, ce sont 385 fromageries qui travaillent pour Société. Vous aurez ici l'occasion de visiter les caves, construites au Moyen Âge et toujours en activité. Sur 12 000 m², à une température de 10 degrés, le fromage est affiné entre janvier et juillet. Ne manquez pas la boutique pour emporter un peu (ou beaucoup) de ce délice aveyronnais chez vous.

CHÈVRERIE DES GARRIGUES

874, chemin Panissière - **CABRIÈRES**
✆ 06 67 73 90 51
www.chevrerie-des-garrigues.fr
Ouvert tous les vendredis. Vente à la ferme. Médaille d'Or « Militant du goût – Gard gourmand » 2022.

C'est au cœur de la garrigue que Lydie et Yolande élèvent une centaine de chèvres. La plupart d'entre elles sont des chèvres du Rove, une race rustique bien connue près des calanques de Marseille. Elles sont aussi reconnaissables à leurs belles cornes qui s'enroulent sur elles-mêmes. Le reste du troupeau est composé de chèvres alpines à la robe chamoisée. Pâturant en pleine nature, le troupeau entretient les espaces et aide à lutter contre les incendies. Une nourriture saine, naturelle et variée qui donne une saveur particulière au fromage.

COOPÉRATIVE ORIGINES CÉVENNES

Route de Valleraugue - **SAINT-ANDRÉ-DE-MAJENCOULES** ✆ 04 67 82 26 42
oignon-doux-des-cevennes.fr
Ouvert du lundi au dimanche. De juillet à octobre 9h-13h/14h-19h, de novembre à juin 10h-13h/14h-18h.

Cette épicerie 100 % locavore regroupe les productions de 20 producteurs des environs. Miel, châtaignes, fruits, légumes, veau, agneau, volaille, fromage, yaourts ou pélardons, on peut y retrouver tous les bons produits du terroir issus directement des agriculteurs, faits maison et souvent bios. Le produit phare : l'oignon doux des Cévennes, le seul à être cultivé en terrasse, à déguster cru ou cuit. Un véritable *must* pour les amateurs de produits frais locaux et authentiques.

LES DÉLICES DU SCAMANDRE

11951, route des Iscles - **SAINT-GILLES**
✆ 06 61 72 19 31
lesdelicesduscamandre.fr
boutique à la ferme ouverte toute l'année, tous les jours, de 9h à 20h.

Ambassadeurs du Patrimoine Biodiversité et Paysages, Olivier et Anne-Marie Riboulet partagent un réel amour pour la Camargue Gardoise. Face à la tour du Bramasset, aussi appelée la Tour des Cigognes, se trouve la boutique de la ferme : viande AOP Taureau de Camargue, saucissons et saucisses, viande séchée, riz bio, plats préparés, tous sans produit chimique. Ce couple vous transmettra aussi sa passion au cours d'une journée, matinée ou soirée de découverte de la nature : visite de l'élevage et découverte de ce patrimoine chargé de culture et de traditions.

FERME DE VALBONNE

Valbonne le bas - **SAINT-ANDRÉ-DE-MAJENCOULES**
✆ 04 67 82 46 43
www.fermedevalbonne.com
Accueil 7 jours sur 7 - dégustation gratuite de 10h à 19h.

A la ferme de Valbonne, tout est une question d'arbres et de passion. C'est à Saint-André de Majencoules que Michel Levesque vous ouvre les portes de sa ferme et de sa châtaigneraie. Au cœur des Cévennes, Michel produit et transforme sur place des châtaignes cultivées en biodynamie. A venir, acheter à la ferme ou par correspondance, vous pourrez vous faire plaisir avec une large gamme de confitures de châtaignes et de crèmes de marrons. Des châtaignes fraiches, de la farine ou encore la création maison, le petit-déjeuner à la châtaigne, énergisant et délicieux.

LA FERME DE VALMALLE

Mas de Valmalle
CHAMBORIGAUD
✆ 06 63 53 76 26

Installés au cœur des hautes Cévennes, Melissa Brun et Nicolas Boutin ont repris la ferme familiale en 2013. Castanéiculteur en agriculture biologique, leurs châtaigneraies sont situées autour du village. Ils cultivent exclusivement des variétés dites traditionnelles, à savoir figarettes, pellegrines, rabairaises. Celles-ci sont inscrites dans le cahier des charges de l'AOP Châtaignes des Cévennes. La récolte de châtaignes est vendue en frais, mais aussi en confitures, farines et produits Castane (alliance d'un groupe de castanéiculteurs cévenols indépendants).

MARCHÉ DE LA PLACE AUX HERBES

Place aux Herbes
UZÈS
Mercredi et samedi de 7h30 à 13h.

Si le premier Duché de France rassemble 200 exposants dans son marché coloré le samedi, il est surtout connu pour son marché du mercredi matin, réservé aux producteurs locaux. On y trouve à foison des produits frais, souvent bios et tous venus des fermes et exploitations des environs. Un vrai plaisir pour les yeux et le palais qui émoustille les papilles des gourmets, le tout dans un cadre magnifique. Du producteur au consommateur, un incontournable de la région !

HUILERIE COOPÉRATIVE DE BEAUCAIRE

42, rue de La Redoute
BEAUCAIRE
✆ 04 66 59 28 00
www.huileriecoop-beaucaire.com
Coopérative ouverte toute l'année.

Créée en 1924, l'huilerie coopérative de Beaucaire est le plus ancien atelier de transformation d'olives en huile de la ville. Dotée d'une chaine d'extraction moderne, elle produit quatre huiles : 1 monovariétale issue de picholine, une huile AOP de Nîmes, un assemblage de picholine, négrette, aglandau, lucques et autres variétés locales et un fruité noir. Egalement en vente, une huile d'olive bio issues d'olives récoltées sur le plateau des Costières.

MARCHÉ DE SOMMIÈRES

Centre-ville
SOMMIÈRES
Le samedi matin de 6h à 13h, toute l'année.

Tous les samedis matin, la ville de Sommières honore avec passion une tradition commerciale qui a su perdurer au fil des siècles : le marché. Incontournable de la semaine, passants et résidents déambulent et glanent les merveilles du coin. Toute l'année, poissonniers, maraîchers, bouchers, agriculteurs, viticulteurs, oléiculteurs, ostréiculteurs et apiculteurs présentent avec ardeur leurs productions artisanales. Dégustations et partages font le jeu de ce rituel hebdomadaire qui est aussi l'occasion de se promener à l'ombre des platanes qui longent le Vidourle.

MAISON DE LA FIGUE

Les Terrasses du Château - **VÉZÉNOBRES**
✆ 04 66 83 62 02
www.maisondelafigue.com
Basse saison mercredi-samedi, mi-saison mardi-samedi 9h30-12h30/14h-17h30, haute saison 7j/7 9h-18h. Gratuit.

Au cœur de la cité médiévale de Vézénobres, entrez dans le monde succulent de la figue au travers de ce verger-conservatoire regorgeant de plus de 100 variétés de cet arbre millénaire. Située dans les soubassements du château de Girard datant du XIVe siècle, la Maison de la Figue offre une immersion ludique et sensorielle à la découverte de cet arbre emblématique de Méditerranée. Vous accèderez librement à l'ensemble du site, mais vous pourrez aussi choisir d'être accompagné d'une guide qui vous contera l'histoire du fruit. Passage obligé par la boutique !

OCNI - OBJETS COMESTIBLES NON IDENTIFIÉS

146, avenue Jean Chaptal - **MÉJANNES-LÈS-ALÈS**
✆ 04 66 55 62 37
https://ocni-factory.com/
Liste des revendeurs sur le site Internet. Boutique en ligne.

Un assaisonnement gourmand et ludique, vous dites ? Benoît et Tristan ont eu l'idée folle d'inventer des assaisonnements à tailler. Choisissez parmi votre condiment préféré et avec le taille-crayon dédié, taillez votre crayon au cèpe de Corrèze, à la truffe du Vaucluse, à l'ail noir de la Drôme ou encore au piment d'Espelette directement dans votre assiette ! Retrouvez également la bouteille à râper, saveur ketchup tomate, paprika fumé et romarin ou saveur moutarde douce au curry.

© PATRIC SCHIELKE - ISTOCKPHOTO

Vue sur les toits d'Uzès.

SALINS D'AIGUES-MORTES

Route du Grau du Roi - **AIGUES-MORTES**
✆ 04 66 73 40 24
www.visitesalinsdecamargue.com
Boutique : Du 9 juillet au 2 septembre, 7/7j de 9h30 à 19h30. Tous les horaires détaillés de la boutique sur internet

Dans les salins d'Aigues-Mortes, dix sauniers perpétuent une tradition transmise de génération en génération, gérant les mouvements des eaux au gré de la météo. C'est l'été, lorsque le vent cesse de souffler, que des millions de cristaux de sel se forment à la surface de l'eau. Les sauniers viennent alors y récolter la Fleur de Sel de Camargue manuellement. Vous pouvez visiter les salins à pied, à vélo ou en petit train et même participer à la récolte de la Fleur de Sel. Pour en emporter chez vous, retrouvez les sels produits sur place dans la boutique dédiée.

LE SAUNIER DE CAMARGUE

Route du Grau-du-Roi
AIGUES-MORTES
✆ 04 66 73 40 24
www.saunierdecamargue.fr
Fermeture en janvier. Horaires variables.

En Camargue plus précisément, le sel est un produit du terroir. Cultivé sur les tables salantes d'Aigues-Mortes, par une dizaine de sauniers héritiers d'une vocation qui remonte à l'Antiquité, le sel est essentiellement nourri de soleil et de mistral. Fleurs de sel, sels fins et gros sels, naturellement blancs, sont récoltés à la main selon un savoir-faire précieux respectueux de la nature et de ses mouvements. Le salin d'Aigues-Mortes, site Natura 2000, propose à la vente de la fleur de sel, du gros sel brut et du sel moulu. Egalement une boutique en ligne.

SOURCE ET MUSÉE PERRIER ★

Les Bouillens - **VERGÈZE** ✆ 04 66 87 61 01
www.perrier.com
Du mardi au samedi 10h-12h30 et 13h30-17h30. Adulte 5 €, enfant 3 €. Visite guidée de la source sur réservation.

La source Perrier voit, chaque année, près d'un milliard de ses prestigieuses petites bouteilles vertes quitter ses chaînes de production à destination du monde entier. Cette eau minérale gazeuse française est issue de la Source de Boulliens : initialement exploitée en établissement thermal, c'est en 1898 que Louis Perrier transforma les thermes en société des eaux minérales boissons et produits hygiéniques de Vergèze. En 1903, elle prendra l'appellation Perrier. Le musée dévoile l'histoire de cette boisson, et la visite de la résurgence se fait sur réservation.

LES TRUFFIÈRES D'UZÈS

830, route d'Alès - **UZÈS** ✆ 04 66 22 08 41
www.lestruffieresduzes.fr
Visites et boutique ouverte toute l'année sur réservation. Découverte de l'arboretum 12 €, 5 € pour les enfants.

Les Truffières d'Uzès est un lieu où différents évènements se déroulent, en effet, c'est par exemple un bar à truffes tous les jeudis soir de janvier à mars sous réserve de production. Restaurant éphémère pour les groupes midi et soir sur réservation à la même période. Michel Tournayre, propriétaire de ce domaine familial, en a, ces dernières années, converti près de 20 % pour développer la production du célèbre diamant noir. En perpétuelle quête d'évolution, il utilise ses connaissances de botaniste et sonde le système racinaire pour en percer tous les secrets.

LE WEEK-END DE LA TRUFFE

Place aux herbes
UZÈS
✆ 04 66 01 60 04
Mi-janvier durant trois jours. Programme complet sur le site Web.

Depuis 1994, le comité de promotion agricole d'Uzès organise le Week-end de la truffe en janvier. Le succès de ce week-end en fait aujourd'hui un événement exceptionnel. La truffe est alors mise à l'honneur lors d'animations : la soirée vigneronne où les producteurs présentent leurs vins, la soirée bodega où l'on déguste des mets aux truffes accompagnés des cuvées des vignerons du duché d'Uzès, la Nuit de la truffe où les chefs étoilés gardois associent la truffe noire aux fins produits du terroir et enfin la Journée de la truffe et son marché spécialement dédié.

LA FERME DE MARTIN NEUF

À Martin Neuf
CONDOM
✆ 06 72 63 35 23
www.martinneuf.fr
Ouvert du lundi au vendredi de 9h à 12h et 14h30 à 19h. Le week-end sur RDV

Roseline et Jérôme ont repris la ferme traditionnelle de la famille Perotto il y a peu. Éleveurs et gaveurs de canards gras, Jérôme a apporté à l'exploitation l'élevage bio de Porcs Noirs, en plein air. Ils sont ravis d'accueillir des visiteurs à la ferme pour partager la passion de leur métier ainsi que pour leur faire découvrir leurs produits préparés avec amour et dans la tradition. Vous y trouverez donc des conserves et diverses charcuteries faites maison ainsi que du foie-gras, des confits, pâtés et de nombreux plats cuisinés, garantie sans colorant ni OMG.

L'ATELIER DE NAROQUES

7, Place de la République
AUCH
✆ 06 86 35 48 63
https://naroques.eatbu.com/
Ouvert du mardi au samedi de 7h à 18h45.

Parfaitement située face à la cathédrale d'Auch, l'Atelier de Naroques est devenu une jolie boulangerie et pâtisserie. La boutique n'en reste pas moins une épicerie de renom où sont proposés de nombreux produits du terroir gersois. Vous avez alors le choix parmi de belles références locales de pâtés, charcuteries et salaisons, fruits et légumes de producteurs du coin, fromages, confitures, miels, vinaigres et jus de fruits... Vous y trouverez également les marques locales d'armagnac, de vins et de bières. De quoi ravir vos papilles !

FLEURONS DE LOMAGNE

3, place Saint-Pierre - **CONDOM**
✆ 05 62 68 20 95
www.fleuronsdelomagne.com
Ouvert du lundi au samedi de 9h à 12h30 et de 14h à 19h30 ; le dimanche de 9h à 12h30.

Les Fleurons de Lomagne font la part belle aux producteurs locaux soucieux de leur environnement et de la qualité de leurs produits. En boutique, on trouve une variété de spécialités présentées dans un lieu convivial et au prix le plus juste. Séverine, Laureen et Katia vous conseillent et vous proposent tune gamme très élargie de produits régionaux : fromage, foie gras, confiseries, vins de pays, armagnac, chocolats, apéritifs... Les paniers gourmands s'emparent de la vitrine à l'approche de Noël. Voilà une idée originale de cadeau qui ravira les gourmets.

LE COMPTOIR DE TISTOU

9, place de la République - **AUCH**
✆ 05 62 64 16 96
www.foie-gras-ramajo.com
Ouvert tous les jours de 10h à 19h de mai à août et en décembre, de 10h à 12h30 et de 14h à 19h les autres mois.

Impossible de rater cette boutique de produits régionaux qui profite de l'un des meilleurs emplacements d'Auch, au pied de la cathédrale. La famille Ramajo élève canards et oies à Dému, qu'elle transforme en produits fins typiques du terroir. Les conserves et plats cuisinés mettent à l'honneur les foies gras bien entendu, mais aussi le cou farci, la garbure, le cassoulet... Un rayon frais propose saucisses, magrets frais et séchés ou cœurs de canard toujours très appréciés. À l'étage, vous pourrez débusquer alcools locaux et produits de producteurs gersois.

FUMAISON OCCITANE

Allée Dominique Serres - **AUCH** ✆ 05 62 58 22 12
www.fumaison-occitane.fr
Ouvert du lundi au vendredi de 10h à 12h30 et de 13h30 à 18h. En décembre de 10h à 18h30. Visite d'usine sur réservation

Après le départ de son fondateur, un Gallois échoué sur les rives du Gers, les salariés de la Fumaison Occitane prolongent l'aventure en créant une coopérative en 2017. Dans l'impeccable boutique d'usine, vous trouverez une large gamme de produits, du saumon d'Écosse aux truites et esturgeons élevés dans le Sud-Ouest. En tranches ou en pavés, fumés à chaud ou à froid, le résultat est toujours délicat. Les vendredis après-midi entre mars et octobre, vous pourrez découvrir les coulisses de préparation et les techniques de fumage, avec même une petite dégustation !

GERSEMENT BON - FERME D'EN CAGALIN

Route de Nougaroulet
AUBIET
✆ 06 50 75 27 60
www.gersementbon.fr
Visite tous les jours. Appeler avant.

Arnaud Chotard allie son goût pour l'élevage et pour la cuisine en élevant canards et oies en liberté qu'il transforme ensuite en bons petits plats. Installé dans la ferme d'En Cagalin, au nord d'Aubiet, il produit également le maïs blanc destiné à engraisser ses volatiles. Vous pouvez vous procurer foies gras en conserve et mi-cuit, magrets et cœurs de canard fourrés au foie gras, pâtés au poivre vert ou encore saucisse sèche de canard au foie gras directement à la ferme.

LA MAISON DE L'AIL

Barban
SAINT-CLAR
✆ 07 69 84 76 68
www.maison-de-lail.com
Ouvert du lundi au samedi de 14h30 à 17h30. Fermé du 15 octobre au 15 juin.

Producteurs d'ail blanc de Lomagne, Francis et Marie Gamot ont transformé un vieux chai de ferme en musée-boutique. Celui-ci permet de découvrir les spécificités de cet ail bénéficiant d'une IGP et ses bienfaits. Une salle vidéo permet de visualiser le cycle complet de sa culture, du semis à la commercialisation. Dans la grande salle, des tresses, mais aussi des recettes de terroir, des conserves et même des sculptures en peau d'ail vous attendent. L'escapade est d'autant plus agréable que la Maison de l'Ail se trouve en plein cœur de la campagne lomagnole.

MAISON RAMAJO

1197, Route de Nogaro, Lieu-dit Merlet - **DÉMU**
✆ 05 62 08 51 03
www.foie-gras-ramajo.com
Ouvert du lundi au samedi de 8h à 12h et de 14h à 18h. Visites toute l'année sur réservation ; les mercredi à 17h l'été

Le foie gras de la famille Ramajo fait sa renommée depuis 4 décennies avec une médaille d'or au Concours Agricole en 2018. C'est une des premières boutiques de conserveurs du Gers. Ils perpétuent depuis les valeurs qui leurs tiennent à cœur : du naturel, du terroir, du fait maison. On trouve évidement de belles spécialités : foie gras d'oie ou de canard, frais, entier, mi-cuit, des saucisses et saucissons, du magret séché ou en sauce mais aussi une gamme savoureuse de plats cuisinés avec les confits, cassoulets, daube d'oie ou rôti de magret fourré au foie gras.

MARCHÉ AU GRAS - LES MATIN'HALLES

Allée du 14 juillet - **SAMATAN** ✆ 05 62 61 77 40
www.samatan-gers.com
Le lundi à partir de 9h30 pour les carcasses, dès 10h30 pour les foies gras et volailles. Marché de plein vent dès 8h30.

Au marché de plein air des primeurs, fromages, viandes, pains, vêtements et ustensiles, s'ajoute un célèbre marché au gras tenu sous la halle selon une vente réglementée assurant qualité, fraîcheur et hygiène. Le terme marché « au gras » regroupe le marché aux carcasses et le marché aux foies gras frais entiers, d'oie ou de canard. Le marché « aux carcasses » propose des produits issus d'oies et de canards pour vos confits, magrets et aiguillettes. Service de découpe disponible.

MARCHÉ AU GRAS DE GIMONT

Halle au gras - **GIMONT**
✆ 05 62 67 77 87
www.gimont.fr/agenda.vdom
Le dimanche matin à partir de 10h, de octobre à mars.

À Gimont, venez faire la «Grasse Matinée» le dimanche matin sous la Halle au Gras ! Entre octobre et mars, les amateurs et professionnels se retrouvent autour des carcasses exposées sur de longues tables, nettoyées, mais entières, à l'exception du foie vendu séparément. Les produits sont contrôlés par les services vétérinaires. Le marché, respectant les normes sanitaires en vigueur, démarre au sifflet et les plus aguerris se précipitent sur les plus beaux produits. Les restaurateurs du Toulousain se pressent pour se fournir à cette source de premier choix.

MARCHÉ TRADITIONNEL

AUCH
✆ 05 62 05 22 89
De 8h à 13h le mardi place de la Fontaine, le jeudi Halle Verdier, le samedi à la cathédrale. Marché bio le mercredi.

Au pied de la cathédrale et autour de la Halle aux Herbes, l'un des plus beaux marchés du département vous donne rendez-vous le samedi matin. Les producteurs de toute la région viennent partager le fruit de leur labeur et de leur savoir-faire. Senteurs, couleurs et saveurs ne manquent jamais de séduire ceux qui viennent s'y promener. Le jeudi matin, c'est à la Halle Verdier et sur les berges du Gers qu'il faut se rendre. Le mardi matin, le petit marché du Garros anime la place de la Fontaine avec ses producteurs bio, présents aussi le mercredi après-midi.

GASTRONOMIE

MONSIEUR L'ÉPICIER

81, rue Nationale
LECTOURE
✆ 05 62 06 14 34

Ouvert du mardi au samedi de 9h à 12h30 et de 15h à 19h. Plus d'horaires sur Facebook et Instagram

Après le succès de la première boutique à Saint-Clair, cette nouvelle épicerie fait l'unanimité depuis son ouverture au cœur de Lectoure. Ce véritable magasin général, comme autrefois, a été joliment décoré à la main par une artiste peintre locale. Dans une ambiance conviviale, Gaëtan, le gérant, vous propose une large sélection de produits alimentaires et non-alimentaires de qualité, naturels, bio et locaux, tous dans une démarche écologique ou responsable. Vous y trouverez également plus de 90 références d'aliments en vrac et des fruits et légumes frais.

LES HALLES DE LA CARTOUCHERIE

10, place des chartes des libertés communales - **TOULOUSE** ✆ 05 32 74 16 23
https://halles-cartoucherie.fr/

Boutiques, restaurants et leurs horaires sur le site web.

Après 6 ans de travail, c'est dans les 14 000 m² des anciennes usines GIAT réhabilitées que Les Halles de la Cartoucheries ouvrent en septembre 2023. À l'intérieur de cet immense bâtiment aux briques roses ouvre une halle gourmande de 3 000 m² avec 1 500 places assises et 27 stands pour faire son marché, boire, manger et festoyer sur place midi et soir. On y retrouve des commerces traditionnels du marché, de la cuisine de rue et du monde, une épicerie ou encore une école de cuisine.

CHOCOLATERIE DARDENNE

Zone économique la Saoucette - **AUSSON**
✆ 05 61 79 02 01
www.chocolatdardenne.com

Entreprise du Patrimoine Vivant. Boutique ouverte du mardi au samedi, 10h-12h30/13h-17h

Depuis 1897, le chocolat Dardenne est fabriqué selon les mêmes recettes. Un authentique produit labellisé bio et sans gluten. En 2002, l'entreprise familiale a été reprise par Alain Peyrouton et sa femme, s'engageant plus fortement encore dans l'utilisation de produits issus de l'agriculture biologique. Les matières premières sont garanties haute qualité, sans huile de palme, ni arôme et additif. Dans la boutique, succombez pour le chocolat en tablette ou encore pour les rochers, les chocolats fins et les ballotins à composer selon vos envies et vos goûts !

LA MAISON DE LA VIOLETTE

3, boulevard de Bonrepos - **TOULOUSE**
✆ 05 61 99 01 30
www.lamaisondelaviolette.com

Du mardi au samedi de 10h à 12h30 et de 14h à 19h. Réservation obligatoire pour les groupes à partir de 15 personnes.

Toulouse est rose… mais aussi violette ! Amarrée sur le Canal du Midi en haut des allées Jean Jaurès, c'est une péniche qui abrite la Maison de la Violette. À bord, un espace dédié à la fleur emblématique de Toulouse au parfum délicat. Une petite exposition évoque son histoire. Quelques marches mènent à une table de dégustation. Des produits sont en vente. À gauche : thés, chocolats, dragées mais aussi sels, gelées et moutardes. À droite : savonnettes, bougies, eaux de parfum… On peut même repartir avec un pied de violette. Délicieusement vintage.

FERME ET FROMAGERIE DE CABRIOLE

Roubignol - **SAINT-FÉLIX-LAURAGAIS**
✆ 05 61 83 10 97
https://ferme-de-cabriole.com/

Boutique ouverte tous les jours de 9h à 12h et de 15h à 18h. Plateaux de fromage dès 18,50 €.

Sur les coteaux de Saint-Félix-Lauragais, la ferme de Cabriole a à cœur de proposer des produits de qualité. L'exploitation agricole est polyvalente : élevage de chèvres saanens et alpines et de vaches brunes, transformation du lait produit sur place dans l'atelier de la fromagerie de Cabriole, dégustation, vente directe et accueil de visiteurs… Vous pourrez vous procurer votre fromage, yaourt, lait cru, mais aussi d'autres produits d'épicerie directement dans la boutique !

MARCHÉ COUVERT DES CARMES

Place des Carmes
TOULOUSE
https://marche-des-carmes.fr/

Ouvert du mardi au dimanche de 7h à 13h30. Nocturnes.

Situé dans l'un des quartiers les plus charmants de la ville rose, le marché des Carmes accueille une cinquante de commerçants dans des loges claires et agréables. De nombreux restaurants toulousains s'y approvisionnent en légumes frais. Fromages, produits boulangers, viandes et poissons n'attendent plus que vos casseroles ! Mais si vous avez la flemme de cuisiner, le marché des Carmes, ainsi que ses alentours, proposent aussi de très agréables tables pour déjeuner !

MARCHÉ SAINT-AUBIN

Place Saint-Aubin
TOULOUSE
Le dimanche de 7h à 13h30.

Le marché de Saint-Aubin est le rendez-vous incontournable du dimanche matin à Toulouse pour remplir son panier. Dans une ambiance conviviale et parfois festive, on flâne le long des étals autour de l'Église Saint-Aubin. Fruits, légumes, viandes, fromages, plats cuisinés français mais aussi du monde... Les producteurs bio et locaux viennent de toute la région pour vous proposer les meilleures spécialités culinaires du coin. Vous y trouverez également des artisans créateurs, des stands de livres, de bijoux, il y en a pour tous les goûts !

MARCHÉ VICTOR HUGO

Place Victor Hugo
TOULOUSE
www.marche-victor-hugo.fr
Ouvert du mardi au dimanche et les jours fériés de 6h à 14h.

Visiter Toulouse et ne pas passer par l'incontournable marché Victor Hugo ? Impossible ! Le plus vieux marché couvert de France est un des lieux de vie les plus emblématiques de la ville rose. Depuis 1896, il accueille les gourmands dans sa halle conviviale réunissant une soixantaine de commerçants. Tous les produits du terroir sont proposés au rez-de-chaussée chez les bouchers, volaillers, charcutiers, primeurs, traiteurs, cavistes, fromagers, boulangers, poissonniers… que vous pourrez retrouver directement dans votre assiette, aux restaurants du premier étage !

MARCHÉS DE PRODUCTEURS

CASTILLON-DE-LARBOUST
Les dimanches en juillet août

Producteurs et artisans locaux viennent nombreux dans ce marché qui aime créer des rencontres entre les visiteurs et ceux qui font vivre le terroir local, saison après saison. Le patrimoine pyrénéen est mis en lumière avec une très belle sélection de produits locaux d'exception. Gourmands, savoureux, évoluant au gré des saisons, et produits à proximité, ils sont le témoignage vibrant des savoir-faire traditionnels des producteurs et des artisans. Animation musicale, ateliers gourmands, rien ne manque pour passer de beaux dimanches !

L'OCCITANIE À VOTRE TABLE

CUGNAUX
✆ 06 58 00 24 18
www.loccitanieavotretable.fr
Boutique en ligne. Livraison à domicile ou en points relais (zone autour de Toulouse - cf. site Internet).

Manger des produits frais, de saison et locaux, c'est l'objectif réussi des créateurs de L'Occitanie à votre table ! Leurs engagements ? La livraison de produits frais en circuit court : aucun intermédiaire et les produits sont livrés dans les 24h qui suivent leur récolte chez les producteurs. Fruits et légumes, produits frais, boulangerie, épicerie, vous trouverez toute une gamme de produits pour satisfaire vos envies de cuisine locale et gourmande !

COOPERATIVE DU HARICOT TARBAIS

4, chemin de Bastillac
TARBES
✆ 05 62 34 76 76
www.haricot-tarbais.com
Ouvert de lundi à jeudi de 8h30 à 12h30 et de 14h à 18h, vendredi jusqu'à 17h. Boutique en ligne

Découvrez le haricot tarbais à travers cette coopérative créée par des agriculteurs et leur boutique en ligne. Grâce à leur engagement et leur amour du produit, le haricot tarbais est le premier haricot blanc à avoir obtenu une IGP et un Label Rouge. Aujourd'hui, il est toujours ramassé à la main et est vanté pour ses bonnes valeurs nutritionnelles. L'astuce des producteurs pour réussir vos recettes : n'oubliez jamais le trempage pendant 12 heures dans de l'eau froide !

PORC NOIR DE BIGORRE

Pyrène Aéropôle - **LOUEY** ✆ 05 62 56 32 98
www.porcnoir.fr
Ouvert du lundi au jeudi de 8h à 12h30 et de 13h30 à 17h ; le vendredi de 8h à 12h. Points de vente listés en ligne.

Ce collectif d'éleveurs et d'artisans ont su faire perdurer la filière du Porc Noir de Bigorre. Avec leur amour du métier et à travers un élevage naturel, raisonné et respectueux de l'animal, ils ont permis au Jambon Noir de Bigorre d'être reconnu parmi les plus grands jambons européens. Ce jambon nécessite un savoir-faire spécifique et une grande persévérance dans le travail, car son goût moelleux et long en bouche est lié aux conditions naturelles de température et d'humidité. Rendez-vous sur le site internet pour découvrir tous les points de vente en France.

GASTRONOMIE

AUZIER-CHABERNAC

3, rue du Faubourg-du-Courreau - **MONTPELLIER**
✆ 04 67 92 63 35
www.auzier-chabernac.com
Ouvert du mardi au samedi de 9h30 à 12h et de 14h à 18h. Boutique en ligne.

C'est en 1923 que Léon Auzier fonde la confiserie Auzier-Chabernac à Montpellier. L'entreprise perpétue les traditions artisanales et son savoir-faire depuis trois générations à travers des recettes traditionnelles de confiseries, le tout en utilisant des produits naturels. En ligne ou en boutique à Montpellier et à Saint-Gély-du-Fesc, on retrouve alors un large choix de gourmandises sucrées comme leurs fameuses réglisses au miel, des gommes arabiques, des guimauves, des dragées et autres bonbons acidulés. Vous pouvez également passer commande pour vos cérémonies.

CONSERVERIE ARTISANALE AZAÏS - POLITO

13, rue de Bruxelles - **SÈTE** ✆ 04 67 51 89 89
www.azais-polito.fr
Ouvert du lundi au vendredi de 9h à 12h et de 14h à 17h. Visites guidées sur réservation.

Fondée en 1963, cette conserverie est aujourd'hui labellisée « entreprise du patrimoine vivant ». Ici, les produits de la mer sont traités avec expérience et respect. Cette conserverie Sétoise est une institution : soupes de poissons, rouille et marinades de poulpe, moules, encornets farcis, brandades... Entre terroir et gastronomie, pour preuve, le Collège Culinaire de France a reconnu cette conserverie artisanale comme un « Producteur Artisan De Qualité ». On peut venir visiter l'entreprise et goûter leurs savoureux produits.

CHÂTEAU CASTILLONNE

Impasse de la Sablette
SAINT-GUILHEM-LE-DÉSERT
https://caviar-castillonne.com/
Ouvert d'avril à septembre tous les jours de 11h à 17h.

Dans l'Hérault, cette entreprise familiale de caviar est née d'une idée novatrice de François René : prélever les œufs d'esturgeon par césarienne, dans le respect de l'animal et de l'environnement. Avec son fils Frédéric, les deux amoureux de la gastronomie et des produits de qualité se lancent en 2019 dans la production de caviar en appliquant cette nouvelle technique. Ils nourrissent les poissons en bio, produisent et affinent eux-même le caviar. N'hésitez pas à leur rendre visite dans leur pisciculture pour en découvrir davantage et déguster leurs produits.

DOMAINE DE L'OULIVIE

Mas de Fourques
COMBAILLAUX
✆ 04 67 67 07 80
www.oulivie.com
100% BIO. Horaires variables selon la saison.

La trentaine d'hectares du site est cultivée en agriculture bio, et poneys et chevaux assurent le désherbage naturel. Juste à côté, le magasin du domaine présente une vingtaine d'huiles d'olive stockées dans des cuves en inox et mises en bouteille à la demande. On trouve des huiles monovariétales (picholine, lucques, violette de Montpellier...) ainsi qu'aromatisées (menthe, safran, basilic, truffe...). Également des olives, des vinaigres aromatisés, des produits du terroir ainsi que des cosmétiques à base d'huile d'olive sont aussi en vente à la boutique.

CHOCOLATERIE DU BLASON

7, rue du Chardonnay - **CLERMONT-L'HÉRAULT**
✆ 04 99 91 68 40
https://chocolateriedublason.com
Ouvert du mardi au samedi de 9h30 à 19h. Boutique à Saint Aunès (ouverte du lundi au samedi de 9h30 à 20h). E-boutique.

Amoureux des gourmandises et passionnés de chocolat, Bernard et Béatrice Manguin ont créé leur atelier-boutique à Clermont-l'Hérault, afin de régaler les papilles de tous les amateurs de chocolat. Perfectionnistes et créateurs dans l'âme, ils aiment réaliser des créations exclusives, inimitables : leur chocolat maison. Chaque pièce est réalisée à la main et vous trouverez en vitrine les plus délicieuses des gourmandises : ganaches, pralinés, pâtisseries et glaces. La Chocolaterie du Blason a été plusieurs fois récompensée au Salon du Chocolat de Paris.

DOMAINE LUPIA

27, route de Vendres - **SÉRIGNAN**
✆ 04 67 32 44 30
www.domainelupia.fr
Lundi au vendredi 16h-20h ; mardi, jeudi et samedi 10h-12h. Visites guidées juillet-août : lundi au vendredi à 18h30

Cette exploitation viticole s'est tournée vers les olives depuis 2002. C'est à cette date qu'a été plantée la première oliveraie dont les variétés prédominantes sont l'olivière, la lucques et la picholine. Les années suivantes, les plantations se sont enchaînées et les variétés enrichies. À présent, on trouve également de la clermontaise, l'aglandau, la cornicabra et l'amellau, une variété particulièrement intéressante pour la confiserie avec son goût de rose typique. Trois « huiles d'olives de France » sont produites ainsi que des olives de table.

L'EPICURIEN

Parc d'activités La Méridienne
LE BOSC
✆ 04 67 88 90 00
www.epicurien.com

Atelier non ouvert au public. Points de vente référencés sur le site internet. Boutique en ligne.

Xavier et Benoit ont sublimé le savoir-faire d'un oncle maître artisan confiturier en gardant une cuisson artisanale au chaudron pour leurs petits pots sucrés et salés. La promesse : une association de goûts insatiable, la préservation des textures et des saveurs d'ingrédients triés sur le volet. Avec leur équipe, ils souhaitent partager la joie de bien manger en proposant une jolie gamme de confitures, pâtes à tartiner, chutneys, confits, condiments, pestos et sauces, huiles, vinaigres et houmous, tartinades ou encore confits de fruits, d'herbes et de vin.

LES ESCALETTES DE MONTPELLIER

1, Place Saint-Roch
SAINT-SATURNIN-DE-LUCIAN
https://lesescalettes.fr/

Liste des épiceries et revendeurs sur le site Internet. Boutique en ligne.

En occitan, *escaleta* désigne la gaufre sèche. Ces biscuits languedociens savoureux à la forme atypique sont subtilement parfumés, cuits dans un moule en fonte et se dégustent en fin de repas ou lors des fêtes de fin d'année. Mamie Alix transmet son savoir-faire à Perrine et Adrien qui, avec passion et authenticité, perpétuent la tradition de cette recette dans l'Hérault. Des escalettes, ils en proposent pour tous les goûts : vanille, citron, anis et même fleur d'oranger !

GLACES ANTOLIN

16, Rue Jean Monnet - **BOUJAN-SUR-LIBRON**
✆ 04 67 62 03 10
www.glacesantolin.fr

Avril à septembre et décembre : Ouvert du lundi au vendredi de 9h à 13h et de 14h à 18h (17h en basse saison).

En 1916, M. Antolin déambulait à Béziers sur son triporteur pour régaler les passants. L'ancienneté de l'entreprise lui permet d'être aujourd'hui l'un des plus anciens glaciers de France en activité. Dans la fabrique de glaces et sorbets de Maison Antolin, vous trouverez plus de 100 parfums, des recettes développées pour favoriser un produit sans arômes et sans colorant artificiel et des gammes dédiées aux particuliers ainsi qu'aux professionnels. Retrouvez les desserts glacés, les petits pots individuels et les bacs de glaces directement à la fabrique !

HALLES DE SÈTE

Rue Gambetta - **SÈTE**
✆ 04 99 04 74 00
www.halles-sete.fr

Ouvert toute l'année. Fermeture le 1er janvier. Tous les jours de 7h à 15h. Restauration. Boutique en ligne.

Élues troisièmes plus belles halles d'Occitanie, elles sont les ambassadrices de la réputation de la gastronomie sétoise. L'ancien bâtiment des années 70 a laissé la place à un bel édifice signé par l'architecte François Fontès. Ouvert tous les matins, il abrite 75 commerçants passionnés de terroir et de produits artisanaux. On découvre, goûte et déjeune les spécialités locales tout en discutant avec des producteurs fiers de faire découvrir leurs trésors. Bouchers, boulangers, fromagers, poissonniers, maraîchers, cavistes, traiteurs : tout est là pour se régaler.

HALLES PLAZA

Rambla des calissons
MONTPELLIER
www.hallesplaza.fr

Ouvert du lundi au samedi de 7h à 19h ; le dimanche de 7h à 13h30. Ouvert le dimanche.

Au cœur du quartier Les Grisettes, ces halles gourmandes modernes à la française célèbrent le terroir et l'art de bien manger en réunissant sous un même toit les meilleurs produits du coin. C'est une adresse incontournable pour remplir son panier de produits frais des artisans locaux en circuit court : traiteurs, primeurs, poissonniers, boucherie, boulanger, fromager, café-bar, restaurants... La philosophie des Halles : Profiter de la vie de quartier, prendre du bon temps pour soi et avec ses proches. Un vrai retour aux sources !

KARINE ET YVAN CAUSSEL, LA NOISETTE D'OC

Site conchylicole du Mourre Blanc (secteur rose)
MÈZE ✆ 04 67 43 70 66
www.lanoisettedoc.com

Vente, tous les jours. boutique en ligne. Du 1er avril au 31 octobre, le midi, dégustation et restauration.

Karine et Yvan Caussel, installés au complexe conchylicole du Mourre Blanc, proposent différentes formules : un package comprenant la visite de leur exploitation conchylicole suivie du repas, la vente à la ferme et en ligne, des conférences, des séminaires ainsi qu'un espace camping-cars. Pour les particuliers, dégustation-restauration de coquillages crus et gratinés, le midi du 1er avril au 31 octobre. De quoi se régaler, avec une superbe vue sur l'étang de Thau !

MAISON DE LA ZEZETTE DE SETE

Route des 4 chansons
SÈTE
✆ 04 67 43 90 67
www.labelleepoque.fr
Ouvert du mardi au samedi de 9h à 19h. Salon de thé. Terrasse. Épicerie fine.

Au cœur du quartier des Salins, cette biscuiterie-salon de thé propose ses biscuits aux amandes, citron, figues, beurre frais et, bien sûr, l'incontournable spécialité locale : la Zezette de Sète. On trouve aussi une collection de biscuits salés d'apéro dont ceux à l'anchois de Collioure ou les tiellettes. Au rayon épicerie fine, on peut remplir son panier de miel, huile d'olive ou jus de fruits locaux, que l'on peut choisir à la pièce ou en coffrets cadeaux.

LES RÊVES D'ANNABELLE

Lieu-dit le Coural - **AVÈNE** ✆ 06 98 71 66 02
www.lesrevesdannabelle.fr
Lundi, jeudi et dimanche : 15h30-18h30 ; mardi et vendredi : 10h30-13h et 15h30-18h30 ; samedi : 10h30-13h.

Annabelle s'installe dans l'Hérault en 2018 et commence la production de fruits et légumes sur la terre de ses ancêtres. Elle débute avec une parcelle et aujourd'hui travaille sur 1 hectare de maraîchage de plein champ. Avec la vente en direct et en collaboration avec des producteurs locaux, elle propose une distribution en circuits courts via des paniers hebdomadaires distribués à ses clients et un point de vente, où vous retrouverez ses framboises, groseilles et fraises. Elle vient également de se lancer dans la production de confiture, sirop et pâte de fruits.

MARCHÉ DES ARCEAUX

Boulevard des Arceaux
MONTPELLIER
Ouvert le mardi et le samedi de 7h à 13h30.

Installé aux pieds de l'aqueduc Saint-Clément, le marché des Arceaux est un incontournable de la cité. Avec ses nombreux étals et son ambiance animée, il fait partie des principaux marchés de la ville. Tous les mardis et samedis, des milliers de clients s'y pressent pour découvrir ce que les quelque 80 exposants leur ont préparé. Ces derniers couvrent des domaines vastes, allant de l'alimentaire à l'artisanat, en passant par la littérature. On y trouve de nombreux produits locaux (maraîchers, fromagers, boulangers...), souvent issus de l'agriculture biologique.

LE SAINT BARTH' - HUITRES TARBOURIECH

Chemin des domaines, Lieu dit Montpenèdre
MARSEILLAN ✆ 04 99 43 97 58
www.tarbouriech.fr
Ouvert du mercredi au dimanche de 10h à 16h ; le samedi de 19h à 21h30 également. Click & Collect de 10h à 16h.

Imaginez un ponton interminable sur une eau éclatante, une cabane de Robinson sur une plage sauvage… C'est Le St Barth'. Ce bar à huitre familial vous propose de déguster chez le producteur les fameuses huîtres Tarbouriech. La Maison propose aussi de commander en ligne et de venir récupérer votre plateau sur place. Pourquoi ne pas vous laisser tenter également par une balade au sein de l'exploitation en barge ostréicole pour découvrir leurs procédés uniques d'élevage d'huîtres ?

LES MARIE FROMAGERIE

Halles Castellane
MONTPELLIER
✆ 04 67 60 99 98
Ouvert lundi de 8h30-19h30, du mardi au samedi 7h30-19h30, dimanche de 8h30-13h30. Halles du Lez : mardi à dimanche.

Cette boutique invite les gourmets à la découverte de son impressionnante palette de fromages au sein des Halles Castellane. Présente tous les jours, la boutique met en évidence plus de 140 fromages frais ou affinés, fermiers et artisanaux ainsi qu'une variété de produits frais (crème crue, faisselle, yaourt fermier...). Marine et Marion sont de formidables guides au milieu de toutes ces saveurs. Dans leur vitrine, elles célèbrent les petits producteurs de la région et respectent la saisonnalité, des raisons supplémentaires de tomber sous leur charme.

LA SALVETAT

Lassoubs - **LA SALVETAT-SUR-AGOUT**
✆ 05 32 11 09 45
www.lasalvetat.fr
Visite guidée (contacter l'office de tourisme pour réserver).

Au cœur du verdoyant Parc naturel régional du Haut-Languedoc se trouve la source de La Salvetat. C'est lors de son long périple dans le sous-sol des monts que l'eau acquiert naturellement sa pétillance, renforcée en gaz carbonique par l'industrie. L'usine d'embouteillage se visite via l'Office de Tourisme. Vous pourrez y découvrir l'impressionnante chaîne de production mais aussi déguster la fameuse eau après votre visite. L'entreprise a modernisé sa gamme en proposant des eaux aux notes de citron et de clémentine, toujours sans sucres, colorant ni conservateur.

LA VINAIGRERIE MONTPELLIERAINE

4, rue des arcs boutants - **LES MATELLES**
✆ 06 22 28 31 52
https://vinaigrerie-montpellieraine.fr
Boutique ouverte le lundi, le mercredi et le vendredi de 15h à 19h. Visite du chai sur rendez-vous.

Nicolas Robinson est un des rares maîtres vinaigriers en France. Il sélectionne les vins et les cépages bio auprès des vignerons Héraultais et a à cœur de produire naturellement des vinaigres de terroirs bio, dans le respect de l'environnement et de les distribuer en circuit court avec un système de consignes. Vinaigre de vin rouge traditionnel, vinaigre balsamique, vinaigre de vin blanc traditionnel... Vous trouverez certainement dans sa boutique le vinaigre qui ravira vos papilles !

LA CAMPAGNOISE

Campagnac
CREYSSE
✆ 05 65 32 23 55
www.la-campagnoise.com
Visite gratuitement du lundi au vendredi à 16h30 en juillet et en août. Boutique en ligne.

Depuis plus de 30 ans, cette ferme typique en bois et pierre fabrique des foies gras d'oie et de canard, dans le souci d'une traçabilité assumée. Vous pouvez visiter la ferme et ainsi découvrir les animaux, les couvoirs, le gavage des oies et l'atelier de découpe et de fabrication. La visite s'achèvera par une dégustation gratuite des produits servis avec un vin blanc moelleux. Tous les produits fermiers sont en vente sur place, sur les marchés environnants et le site internet. Des produits traditionnels fermiers, savoureux, festifs ou simplement gourmands.

CRÈMERIE MARTY

160, rue Nationale - **CAHORS**
✆ 05 65 22 21 94
cremerie-marty.fr
Ouvert du mardi au samedi 8h-12h45 et 15h-19h. Sous la halle, 8h-13h et 15h30-19h, dimanche 9h-12h30.

Damien Marty est fromager affineur, héritier du savoir-faire de son père, Patrick. Il travaille avec une quarantaine de producteurs de toutes les régions. Des productions fermières et artisanales au lait cru. La boutique propose, au fil des saisons, 350 fromages affinés ou frais. Presque tout le plateau français ! Bien sûr, vous trouvez à l'étal une large gamme de fromages lotois et une production maison le Brie à la Truffe *Tuber Melanosporum*. Vous pourrez également acheter du lait cru et bien entendu de la crème fraîche. Une référence fromagère à Cahors !

LA FERME DE LETOU

Letou
SAINT-CIRQ-LAPOPIE
✆ 06 17 58 84 17
www.bienvenue-a-la-ferme.com
Ouvert tous les jours de 10h à 12h et de 16h30 à 20h. Pour assister à la traite : 18h.

À deux pas de Saint-Cirq-Lapopie, La Ferme de Létou élève en plein air au milieu d'une forêt verdoyante des chèvres Alpines pour la production de fromage de Rocamadour. La famille Valette vous invite à venir faire le tour de la ferme, et à assister à la traite à 18h. Vous pourrez visiter la fromagerie, où vous pourrez découvrir toutes les étapes de fabrication, mais aussi tous les délices produits sur place et proposés en boutique : AOP Rocamadour, fromage frais aux épices ou aux fruits mais aussi yaourt au lait de chèvre et faisselle.

LA GOURMANDE - FOIE GRAS JACQUIN

Le Bourg - **PAYRAC** ✆ 05 65 37 65 67
www.foiegras-jacquin.com
Ouvert 7/7 9h/19h en juillet/août et du lundi au vendredi 9h/18h le reste de l'année. Visite de la ferme en été à 18h.

La boutique de Payrac propose les produits en provenance de la ferme à 10 m. D'ailleurs, elle se visite chaque soir de semaine d'été, avec des dégustations. Fraîcheur et qualité des produits garanties ! Le rayon frais occupe une place importante dans la boutique et le barbecue estival n'attend que les saucisses de canard : on ne peut faire plus local. Un restaurant a ouvert en mai 2022, appelé Le Séchoir car il est situé dans un ancien séchoir à tabac, tout près de la boutique.

LOU PASTIS QUERCYNOIS

Grande route - **SAINT-CIRQ-LAPOPIE**
✆ 05 65 35 30 30
www.lou-pastis.fr
D'avril à novembre : ouvert tous les jours de 9h30 à 17h30. Gâteau 6 personnes : 17,80€. 8 personnes : 20,80€.

Au cœur du magnifique village de Saint-Cirq-Lapopie dans sa petite échoppe de vente à emporter ou à déguster sur place côté salon de thé, Adeline vous invite à déguster le Pastis quercynois, ce fameux gâteau traditionnel aux pommes. Le savoir-faire est unique dans le Lot ; la pâte est étirée à la main sur une table napée d'un drap de plusieurs mètres, séchée puis agrémentée d'une couche de beurre, de pommes coupées en tranches, de sucre et d'un alcool local pour lui donner son fondant et son croquant. Les gourmands peuvent aussi commander leur pastis en ligne !

MAISON DULER - DOMAINE DE SAINT-GERY

Saint-Géry
LENDOU-EN-QUERCY
✆ 05 65 31 82 51
Restaurant et hôtel ouvert tous les jours de 9h à 13h et de 18h à 21h. Boutique en ligne : Jambon, Foie Gras, Truffe

Excellence et raffinement sont les maîtres-mots de Maison Duler. Affinés en pleine campagne au cœur du Quercy Blanc dans le Lot, les jambons Patrick Duler (élus «Meilleur jambon du monde» à Barcelone) sont reconnus pour leur goût incomparable et leur qualité, dus à un savoir-faire unique. Maison Duler est aussi artisan du foie gras et éleveur de truffe. Vous pouvez retrouver leurs produits d'exception dans leur boutique en ligne ou directement au domaine.

LE MARCHÉ AUX TRUFFES DE LALBENQUE

rue du Marché aux truffes
LALBENQUE
truffesnoires-lalbenque.com/
Tous les mardis à 10h. Truffe env. 1 000 € le kilo.

La *tubermelanosporum* s'est imposée comme la star hivernale du Lot notamment dans le Quercy Blanc et à Martel. Lalbenque en est la capitale dans le Quercy Blanc. Chaque année de décembre au mois de mars un marché hebdomadaire fait la une des journaux, il s'agit d'un marché entièrement dédié à la truffe où vous ne trouverez que de la truffe. Son parfum commence à embaumer les rues de Lalbenque dès 8 ou 9h. Chaque mardi matin, la truffe est vendue à prix d'or, en vrac ou au détail.

MARCHÉ NOCTURNE DES PRODUCTEURS

Place Vival
FIGEAC
✆ 05 65 34 06 25
www.tourisme-figeac.com
De 18h à 23h à certaines dates en août. Agenda complet sur le site web

Figeac organise aussi son marché nocturne des producteurs de pays. Sur la place Vidal, ce rendez-vous festif, familial et musical est incontournable l'été. Avec plus de 20 artisans d'art et de métiers de bouche, venez y déguster les produits régionaux dans une ambiance conviviale, au choix directement sur les stands des producteurs : foies gras, magrets, truffade, confits, aligot, saucisse, fromages Rocamadour AOC, fouaces... sans oublier le vin de Cahors !

MARCHÉ TRADITIONNEL

Halle de Martel
MARTEL
✆ 05 65 37 30 03
www.martel.fr
Ouvert le mercredi et le samedi de 8h à 13h.

Sous la halle du XVIIIe siècle à Martel dans le Lot, c'est le mercredi et le samedi matin que les maraîchers, les éleveurs, les producteurs et les vendeurs ambulants vous proposent leurs produits du terroir. Profitez d'une flânerie savoureuse entre les étals pour vous laisser porter par les senteurs et les couleurs mais aussi pour remplir votre panier des délicieuses spécialités locales : prunes, fromage Rocamadour, melon du Quercy, safran, agneau fermier du Quercy, noix du Périgord, foie gras mais aussi vin de Cahors ou Coteaux du Quercy.

MARCHÉ TRADITIONNEL

Place de la cathédrale
CAHORS
www.tourisme-lot.com
Le mercredi et le samedi de 8h à 13h.

Le marché de Cahors s'installe au pied de la sublime cathédrale Saint-Etienne, depuis 700 ans et par toutes les météos ! À votre arrivée, vous verrez les étals multicolores remplis de gourmandises, des commerçants traditionnels (bouchers, charcutiers, primeurs, poissonniers...) aux producteurs locaux (fromage Rocamadour, producteurs de canards et de vins de Cahors....). Mais surtout ici, c'est l'ambiance du Sud qui prédomine : familiale, conviviale et authentique, vous aurez l'occasion d'échanger avec les producteurs pour en savoir plus sur leurs produits !

MUSÉE DU SAFRAN DU QUERCY

SAINT-CIRQ-LAPOPIE
✆ 06 84 40 54 83
www.saveursetsafranduquercy.com
Ouvert tous les jours de 11h à 18h. Entrée gratuite.

Valérie et Michel ont voulu mettre en avant cette petite fleur mauve aux grandes vertus. Le Quercy ayant été l'un des plus gros producteurs en France, son safran est réputé pour sa qualité. Avec passion, ils vous accueillent chaleureusement dans leur petit musée et vous offrent une visite guidée autour du savoir-faire pour produire cette épice. En fin de visite, n'hésitez pas à passer par la boutique pour découvrir les produits locaux, fermiers et biologiques à base de safran.

© BEBOY - STOCK.ADOBE.COM

Saint-Cirq-Lapopie.

LES PASTIS D'ÉLISE

1485, rue des Tonneliers - **DOUELLE**
✆ 06 81 51 20 95 - www.lespastisdelise.com
Commander par téléphone. Retrait des commandes le jeudi et vendredi de 10h à 12h. Samedi matin sur le marché de Cahors.

Le fameux pastis quercynois n'est pas à confondre avec la boisson marseillaise, car «pastis» vient de «pâtisserie» en ancien Français. C'est un délicieux gâteau avec pour base une pâte très fine agrémentée de pommes coupées en lamelles et un sirop de rhum. La cuisson lente fait de ce gâteau un subtil mélange de craquant et de fondant. Dans les traditions, ce gâteau des campagnes était réalisé par les grand-mères pour les grandes occasions et, avec une recette tenue secrète, il n'y a aujourd'hui que quelques rares artisans qui connaissent le secret du tour de main.

LA SPIRULINE D'OLT

Nougayrac
SAINT-MARTIN-LABOUVAL
✆ 05 65 21 78 93
www.spirulinedolt.fr
Boutique en ligne. Visite sur rendez-vous.

La spiruline est une microalgue spiralée d'à peine un demi-millimètre, et l'une des premières formes de vie sur la planète Terre. Aujourd'hui, cette algue aux mille vertus est installée dans des lacs chauds et salés. Elle est dotée de nombreuses richesses nutritives exceptionnelles et contient la majeure partie des nutriments indispensables à notre organisme. Adrien la cultive dans sa ferme écologique du Lot et la transforme en vermicelle et en poudre pour la consommation. Retrouvez ses produits dans sa boutique en ligne ou directement à sa ferme.

LES COCHONS DU MONT LOZÈRE

Le pont de montvert
PONT DE MONTVERT - SUD MONT LOZÈRE
✆ 06 22 30 54 52
Vente en direct et au magasin La Lausete à Génolhac, du lundi au samedi 9h à 12h30 et du jeudi au samedi de 15h30 à 19h.

Aux Cochons du Mont Lozère, l'élevage est celui de porcs plein air, mais aussi de bœufs, qui profitent de la verdure des pentes du Mont Lozère ! Les vaches de race Limousine sont élevées au foin et à l'herbe, tout comme les cochons qui pâturent dans les mêmes conditions. Les viandes sont découpées sur place, par Marie et Olivier, dans un atelier agréé. Une vente en circuit-court, des livraisons en Lozère et dans le Gard. Les viandes sont en vente au magasin de producteurs de Génolhac.

FERME DES MOURÈNES

SAINT-ANDRÉ-DE-LANCIZE
✆ 06 87 35 17 85
www.mourenes.fr

La Ferme de Mourènes, au cœur du parc national des Cévennes, abrite une plantation de châtaignes labellisées bio, A.O.P. depuis 2023 et Esprit Parc National des Cévennes. Récoltées et transformées sur place, les châtaignes dévoilent toute leur saveur dans la crème et la confiture de châtaigne avec morceaux, dans la purée et la farine, bien d'autres produits. Le sirop de châtaigne est aussi une spécialité que l'on vous recommande pour assaisonner vos desserts et vos yaourts nature. Une culture de la châtaigne marquant un patrimoine culinaire ancré dans le terroir.

LA FROMAGERIE DES CEVENNES

La Pélucarie
MOISSAC-VALLÉE-FRANÇAISE
✆ 04 66 45 72 35
www.lafromageriedescevennes.com
Ouvert toute l'année du lundi au vendredi de 8h30 à 16h.

La coopérative est née il y a 60 ans dans une envie de produire du lait de chèvre et de mettre en commun leurs moyens pour le transformer. Dans les Cévennes, le fromage de chèvre est roi et la coopérative souhaite le valoriser en alliant la transmission, la qualité et la performance économique. Le lait est collecté dans un rayon de 50 km et de nombreux traiteurs, fromagers et restaurateurs de la région se fournissent à La Fromagerie des Cévennes pour leur activité.

LES FRUITS ROUGES DE LA COSTE

La Coste - **SAINT-GERMAIN-DU-TEIL**
✆ 06 72 62 46 45
www.lesfruitsrougesdelacoste.fr
Ouvert de mars à novembre du mardi au samedi de 9h à 12h et de 14h à 19h. Boutique en ligne et retrait à la ferme.

Marion et Mathieu se sont lancé le défi de faire revivre la châtaigneraie et le petit verger existants sur leur parcelle acquise en 2011. Ils produisent désormais des fruits rouges : fraises, framboises, groseilles, cassis, mûres et myrtilles d'une excellente qualité gustative. Dans les épiceries locales ou en vente directe sur les marchés, vous pouvez aussi commander votre panier de fruits frais, confitures, jus et vinaigres en ligne, puis le récupérer tout prêt à la ferme !

GLACES ARMAND ET MARIE

Lieu-dit Hyelzas - **HURES-LA-PARADE**
www.armand-et-marie.com
Ouvert du 8 avril au 17 septembre. Du jeudi au mardi de 14h à 18h. Juillet/Août, ouvert le mercredi mais fermé le lundi.

Au cœur du causse Méjean en Lozère, les bergers Clément, Lauren, Anaïs et Hugues sont installés dans cette ferme familiale de 1730. Ils ont souhaité rendre hommage à leurs grands-parents à travers une production locale et bio et ont créé «Armand et Marie», une gamme de desserts et de crèmes glacées qu'ils produisent eux-mêmes sur place. Sur réservation, venez découvrir et vous immerger dans leur ferme mais surtout déguster sur place leurs produits de la ferme et leurs délicieuses glaces fermières, du classique chocolat à l'original parfum Chataignes d'Ardèche.

LA GRANGE AU THÉ

Place du Foirail
NASBINALS
✆ 06 33 96 60 56
www.lagrangeauthe.com
Hors saison : Vente en ligne. Livraison possible.

Au cœur du village de Nasbinals, cette boutique à la déco authentique comble toutes les envies, gourmandes ou cosmétiques. On y trouve pêle-mêle des savons, des baumes, des parfums, des petits pavés au chocolat, des sablés, des guimauves, des meringues et même un apéritif... Tous ces produits ont en commun un ingrédient : le thé d'Aubrac ou Calament à grandes fleurs, une plante locale qui pousse à l'état sauvage. Ils peuvent se déguster sur place, dans l'espace salon de thé de la boutique, où un accueil chaleureux sera assuré en saison.

LES SAVEURS DU CASTANET €€

Mas Roure au Castanet - **LE COLLET-DE-DÈZE**
✆ 06 98 91 25 74
www.saveursducastanet.com
Esprit Parc national. Agriculture biologique.

Dans les Cévennes, voici une exploitation familiale où la châtaigne est reine. La châtaigneraie du Castanet pérennise un savoir-faire ancestral pour une culture locale, éthique et biologique. Les fruits de l'arbre à pain, désormais en AOP depuis janvier 2023, sont récoltés pour les transformer en confiture, en farine et marrons au naturel ou autres produits. La production de pommes et de petits fruits rouges complètent l'exploitation. Offrez-vous un séjour dans son gîte nature, et faites-vous plaisir de n'importe où avec la boutique en ligne !

USINE D'EMBOUTEILLAGE QUEZAC ★

Chemin des Cayres - Quézac
GORGES DU TARN CAUSSES ✆ 04 66 45 47 15
www.eaudequezac.com
De mi-juin à mi-septembre. 4 départs pour les visites : 10h, 11h, 14h, 15h. Adulte : 4 €. Réservation obligatoire.

De la source à l'usine ! Les qualités de l'eau de Quézac, une eau « carbo-gazeuse sodique », sont reconnues. Durant la saison estivale, des visites guidées de la source de l'eau Quézac sont proposées. Au départ du bureau du tourisme, vous découvrez le cycle de l'eau de sa source jusqu'à l'arrivée à l'usine. Vos guides vous dévoileront son histoire, ses qualités minérales exceptionnelles, le phénomène hydrologique, l'importance pour l'économie locale de l'usine d'embouteillage...

ANCHOIS ROQUE

17, route d'Argelès
COLLIOURE
✆ 04 68 82 04 99
www.anchois-roque.fr
Ouvert tous les jours. visite et dégustation gratuite. Livraison possible.

Saleurs à Collioure depuis 1870, l'entreprise familiale travaille toujours dans le respect de la tradition artisanale. Ces spécialités sont fameuses et se déclinent salés, au vinaigre, nature, ou en anchoïade et tapenades. Dans les ateliers du premier étage, vous pourrez discuter avec les anchoyeuses qui s'efforcent de perpétuer des gestes ancestraux. La visite des ateliers et les dégustations sont gratuites et valent vraiment le détour. Qu'on se le dise, dans cet établissement, de l'anchois au sel à l'olive farcie aux anchois, tout est délicieux !

CONFISERIE DU TECH

Chemin de Saint Gauderique
CABESTANY
✆ 04 68 50 69 63
www.confiseriedutech.com
Ouvert le lundi de 14h à 19h ; du mardi au samedi de 9h30 à 12h30 et de 14h à 19h.

Animés par la passion du produit, de la tradition et de la culture catalane, André Labaume ouvre La Confiserie du Tech en 1964. Il conçoit dans son petit atelier les recettes de la délicieuse Rousquille, puis des Croquants et des Tourons. Aujourd'hui, c'est la troisième génération qui perpétue et pérennise les traditions en donnant un souffle de modernité à l'entreprise. On retrouve toujours la rousquille, le croquant et le touron sur les étals mais se sont rajoutés d'autres gourmandises, comme le caprice, le délice, la couronne ou encore le mantecados.

DOMAINE OLÉICOLE DU MAS BOUTET

Route D114 - Corniche-de-Collioure
ARGELÈS-SUR-MER
✆ 06 14 90 52 51
Ouvert du mardi au samedi. Visite guidée et gratuite de la propriété jeudis et vendredis en saison.

Gildas s'occupe des 12 ha d'arbres du domaine qui a la particularité d'être à cheval sur la frontière. Olivière, picholine et picual se partagent la vedette avec des variétés très spécifiques comme l'argudell et la rudunell. A chaque saison sont réalisées 4 huiles monovariétales en fruité vert et fruité noir. Isabelle cuisine également une savoureuse confiture d'olives, de la pâte d'olives, des olives de table et des petites préparations. Face à la mer, le panorama est enchanteur...

LES HALLES VAUBAN

37-39, Quai Sébastien Vauban
PERPIGNAN
Ouvert le mardi et le mercredi de 8h à 12h ; du jeudi au samedi de 8h à 23h ; le dimanche de 8h à 13h.

Ces 2000 m^2 de vie et de partage sont la vitrine du pays catalan et de son savoir-faire. Ce sont plus de 20 artisans de la gastronomie de tout horizon qui tiennent boutique dans les Halles Vauban au cœur de Perpignan. Dans une ambiance conviviale, à midi, à l'apéro ou au dîner, artisans de bouche, commerces traditionnels, épiceries, restaurants et bar vous accueillent et vous proposent leurs spécialités. Il ne vous reste plus qu'à vous y attabler pour déguster des produits du pays, frais et de qualité et passer un bon moment en famille ou entre amis !

MEUNIER CATALAN

4, Place Jean Payra
PERPIGNAN
✆ 04 68 34 50 00
Ouvert du mardi au samedi de 7h30 à 13h et de 16h à 19h30. Ouvert le dimanche (de 7h30 à 13h).

La réputation de cette maison n'est plus à faire. Vous y trouverez des dizaines de « cocas » sucrées ou salées – fougasses catalanes – plus appétissantes les unes que les autres. Vous serez chaleureusement accueilli par Annie et Guy qui vous feront découvrir la richesse du savoir-faire local. La liste des spécialités est aussi riche que les croustillantes anecdotes pour chacune d'entre elles. Le Meunier Catalan propose également un grand choix de pains rustiques au levain et de pains bio. Adresse à connaître pour s'offrir une belle tranche de gourmandise.

BISCUITERIE DEYMIER

2B, avenue de Rosières
CARMAUX
✆ 05 63 76 51 53
www.saveursdutarn.fr
À retrouver sur les foires et marchés du Ségala.

Depuis plus de 100 ans, la production d'échaudés de la Biscuiterie Deymier est élaborée dans un petit atelier familial, où chaque biscuit est unique, façonné à la main, avant d'être poché dans l'eau chaude puis cuit au four. Charles Deymier a décidé de remanier à sa façon la recette traditionnelle de ces biscuits à l'anis en y ajoutant du sucre, qu'il fit breveter sous le nom de « Charlot » onze ans plus tard. Avis à tous les gourmands : vous pourrez retrouver Marie, Véronique et leurs délicieux biscuits sur les foires et marchés du Ségala !

CHARCUTERIES- SALAISONS - OBERTI & FILS

Chemin de Granisse - **LACAUNE**
✆ 05 63 37 00 21 - www.oberti.fr
Visite libre avec audioguide, du lundi au samedi : de 9h30 à 11h et de 14h30 à 16h30. 4 €. Boutique en ligne.

L'histoire commence en 1956 lorsque le père de l'actuel gérant monte cette société. Entre transmission des savoir-faire et adaptation aux techniques et impératifs modernes, la famille Oberti, qui se définit comme « salaisonnière », travaille des viandes de porc fraîches et produites localement afin de proposer toute une gamme de produits frais, secs, cuits, tranchés et certifiés : saucisse de Toulouse, Jambon de Lacaune IGP, boudins et fritons pour ne citer que quelques exemples.

DRAGEES PECOU

5, rue Ernest Pécou
MONTAUBAN
✆ 05 63 92 04 10
https://dragees-pecou.com/
Liste des revendeurs sur leur site internet.

Dragées aux amandes, céréales croustillantes enrobées de chocolat, Liquicroc®, nougatine au chocolat blanc ou encore chocolats au praliné ou à la ganache vous font saliver ? Ce sont les spécialités de Maison Pécou, depuis 1880 à Montauban. La cinquième génération de fabricants de dragées, Alain, Florence et Bernard Pécou œuvrent à faire perdurer les recettes traditionnelles de ces gourmandises. À offrir, à partager entre amis ou en famille à Pâques ou à Noël, ou simplement pour se faire plaisir, vous trouverez forcément votre bonheur !

LA FERME DU RAMIER

2250, route de Saint-Etienne - **MONTAUBAN**
✆ 05 63 03 14 49
www.lafermeduramier.fr
Du lundi au samedi de 9h à 12h et de 15h à 18h30. Visite de la ferme les mercredis et samedis à 16h, 4 € par personne.

Une magnifique ferme dont on peut louer la réussite : imposer un fromage, la « tome du Ramier » à partir d'une région qui, *a priori*, n'est pas franchement des plus fromagères, ce n'était pas joué d'avance. C'est ce qu'a réussi la famille Maraval, avec un troupeau de 110 laitières et un magnifique outil de production des plus *high-tech*. Ce sont les vaches qui choisissent elles-mêmes le moment de la traite avec un système de libre-service. Aujourd'hui se sont les filles Edith et Hélène qui ont repris la ferme. La boutique propose fromages affinés et produits frais.

MAISON MICOULEAU

19, rue Nationale - **BEAUMONT-DE-LOMAGNE**
✆ 05 63 02 34 16
www.micouleau-beaumont.fr
Produits du Sud-Ouest. Ouvert du mardi au jeudi 8h à 12h30 et 14h à 17h30. Le vendredi 8h à 12h30. Fermé le week-end.

Cette entreprise familiale de conserverie fondée en 1888, une véritable institution à Beaumont de Lomagne, a su garder intact son caractère artisanal tout en négociant au mieux le développement et la diversification. Les produits Micouleau, haut de gamme, sont un vrai florilège de la gastronomie gasconne : terrines de canard, cassoulets, confits, foies gras, produits régulièrement médaillés au Concours Général Agricole de Paris depuis 2009... Le mieux reste cependant de se les procurer à la boutique, question d'atmosphère et d'ambiance !

MARCHÉ AU GRAS

Rue de la Solidarité
CAUSSADE
✆ 05 63 93 10 45
www.foiegras82.fr
De novembre à mars : le lundi dès 9h.

Le marché au gras de Caussade rassemble tous les amoureux des produits du terroir. Exposés sur de grandes tablées, de nombreux produits sont prêts à être cuisinés : canards mulards et de Barbarie, oies, foie gras frais, carcasses entières ou sans le foie... On propose également aux acheteurs une prestation de découpe pendant toute la durée du marché, et si vous voulez retrouver les producteurs, ils vous accueillent à la ferme sur rendez-vous. Vous trouverez également tout près le marché de plein vent avec de nombreux produits frais, locaux et de qualité.

MARCHÉ DES PRODUCTEURS

Allées de l'Emmereur
MONTAUBAN
✆ 05 63 63 60 60
www.montauban-tourisme.com
Le mercredi (place Lalaque) et le samedi de 8h à 13h.

Les étals des marchés de Montauban débordent de produits frais gorgés de saveurs et de soleil. Vous pouvez venir vous y régaler tout au long de l'année, le mercredi place Lalaque sur la rive gauche du Tarn, et le samedi au cœur de Montauban. Vous y trouverez entre 160 et 190 exposants à l'accent du Sud-Ouest et à la bonne humeur : maraîchers, viticulteurs, fromagers, poissonniers, charcutiers et autres commerçants de bouche, de bazar et de textile, de lithothérapie, d'huiles essentielles ou encore brocanteurs... Il y en a pour tous les goûts !

MARCHÉ TRADITIONNEL

SAINT-ANTONIN-NOBLE-VAL

Le dimanche à partir de 7h et à partir de 13h sur la place des Halles.

Ne pas manquer le typique marché du dimanche matin dont les étalages de fromages fermiers et de charcuteries locales, entre autres, affolent les gourmands. Bénéficiant d'un terroir prolixe, le marché est la vitrine de tous ces produits avec une relation privilégiée entre le producteur et le consommateur. Laissez-vous emporter par les senteurs, les effluves de lavande, de croustade, d'huile de noix mais aussi de foie gras, de magrets confits de canard, de boudin noir de truffes cultivées (en hiver) sur les plateaux du Causse, de miel de coing pour la confiture !

MUSÉE ART DU CHOCOLAT ★

13, place Paul-Saissac - **LISLE-SUR-TARN**
✆ 05 63 33 69 79
www.chocolat-tarn.fr

Basse saison : du mardi au dimanche de 10h à 12h30 et de 14h à 18h. Haute saison : 7j/7 de 10h à 12h30 et de 14h à 19h.

Ce musée gourmand est une sortie incontournable pour les familles et les amateurs de cacao. Tout au long de l'année, on y admire les sculptures et œuvres d'art en chocolat, découvrant salle après salle ce qui fait la richesse de la fève. Que vous participiez ou non aux ateliers du musée, vous repartirez avec de nouvelles connaissances : les secrets de la fabrication du chocolat, de la plantation de cacaoyers, la réalisation du produit fini, les techniques de sculpture, etc. Vous souhaitez poursuivre l'apprentissage ? Participez aux ateliers !

MAISON OBERTI ET FILS

Chemin de Granisse - **LACAUNE**
✆ 05 63 50 82 04 - www.oberti.fr

Boutique ouverte du lundi au samedi de 9h30 à 12h et de 14h30 à 18h. Visite de l'atelier de fabrication : 4 €.

Ernest Oberti débute son activité en 1956 comme revendeur de charcuterie avec sa femme Georgette et leur fourgon, avec lequel ils vont sillonner les foires et les marchés locaux. Dans les années 1970, ils commencent à fabriquer leurs propres produits de charcuterie et salaisons dans le sous-sol de leur maison. Avec des éleveurs de cochons partenaires basés dans le Tarn et les départements voisins, la Maison Oberti a toujours misé sur le local et les circuits courts. Elle a aujourd'hui un palmarès impressionnant de médailles au concours général agricole de Paris.

MUSÉE DES ARTS DU SUCRE ET DU CHOCOLAT

33, Grand Rue Raimond VII - **CORDES-SUR-CIEL**
✆ 05 63 56 02 40 - https://yvesthuries.com

Mi-juillet à fin août : tous les jours de 9h30 à 19h30. Autres horaires sur le site web. Entrée adulte : 5,50 €

Dans la sublime cité médiévale de Cordes-sur-Ciel, le Meilleur Ouvrier de France Yves Thuriès ouvre en 1989 le musée des Arts du Sucre et du Chocolat, où il y installe son laboratoire de pâtisserie. Ce Tarnais passionné du bon goût expose ses œuvres uniques au monde faites de sucre et de chocolat. Après votre visite, une dégustation gourmande des spécialités vous sera offerte, et dans la boutique, vous retrouverez tablettes, coffrets, pâtes à tartiner et bien sûr croquants aux amandes.

MARCHÉ COUVERT D'ALBI

Rue Émile Grand
ALBI
https://marchecouvert-albi.com/

Ouvert du mardi au dimanche et les jours fériés de 7h à 14h.

Au cœur d'Albi à quelques mètres de la cathédrale, les halles vont réjouir vos yeux et vos papilles. Les producteurs locaux et les commerçants de proximité sont réunis en un seul et même lieu pour vous accueillir et vous proposer les meilleurs produits de la région. Vous y retrouverez de nombreux commerces : boulangeries et pâtisseries, conserveries, charcuteries et boucheries, épiceries fines, producteurs de vin, fromageries, crèmeries, poissonneries, traiteurs et producteurs d'huîtres, traiteurs, rôtisseurs et primeurs… De quoi vous régaler !

SALAISONS DE LACAUNE

16, rue de la Mairie - **LACAUNE** ✆ 09 85 15 58 02
www.salaisons-lacaune.fr

Six points de vente à Lacaune. Produits à retrouver dans nombreuses épiceries et supermarchés du Sud-Ouest.

Élaborés de génération en génération par des salaisonniers passionnés, les salaisons de Lacaune sont vendues partout dans le Sud-Ouest. Les saucisses, saucissons et jambons de Lacaune IGP sont soigneusement sélectionnés et séchés dans les hauteurs de Lacaune, dans le savoir-faire traditionnel. Subtilement salés, poivrés avec une touche de muscade, les gourmands les apprécient particulièrement pour leur saveur unique. Parmi les spécialités, on retrouve également la bougnette, une grosse boule à base de poitrine de porc, et les boudins Melsat et Galabar.

LES ALCOOLS

Que vous soyez vin rouge, blanc ou rosé, doux ou sec, pétillant, floc ou armagnac, vins du Languedoc, du Roussillon, du Sud-Ouest, vous trouverez forcément votre bonheur parmi les bouteilles des producteurs de la région. Sur les 280 000 hectares de vignobles répartis sur toute l'Occitanie, les vignerons de la région produisent une très grande diversité de cépages et veillent sur la richesse, l'authenticité et la qualité de leurs vignobles qu'ils travaillent à préserver, à transmettre de génération en génération et à faire découvrir aux visiteurs et aux amateurs de vins. Des vignobles du Gers aux vignobles de l'Aude, en passant par ceux bien connus du Tarn, de l'Hérault et des Pyrénées-Orientales, le *Petit Futé* vous amène découvrir, déguster (avec modération !) et vous régaler dans la plus grande région viticole du monde avec des adresses incontournables des nombreux producteurs, vignerons et caves d'Occitanie !

L'abus d'alcool est dangereux pour la santé.

GASTRONOMIE

LA CAVE DE GRUISSAN

Boulevard de la Corderie
GRUISSAN
✆ 04 68 49 01 17
www.cavedegruissan.com
Fermé le 1er janvier, le 1er mai et le 25 décembre.

Voilà un temple du vin qui fait rêver par son large choix de produits et sa présentation attrayante. Cette cave coopérative regroupe 45 vignerons passionnés sur 280 ha ayant su mettre leurs cépages à l'honneur : Les Pujots, Les Vignerons, le Grussius, IGP Les Sens de la Garrigue, IGP Les Sens des Etangs et AOP La Clape Alta Vinha. Vous trouverez également des vins de liqueur comme le muscat et la cartagène. La devise du lieu, par Léonard de Vinci, rend hommage aux vignerons : « le bonheur vient aux hommes qui naissent là où l'on trouve le bon vin. »

CHÂTEAU DE GAURE

Gaure - **ROUFFIAC-D'AUDE** ✆ 06 43 47 36 85
www.chateaudegaure.fr
Ouvert sur rendez-vous du lundi au vendredi de 9h à 19h ; le week-end de 9h à 18h. Boutique en ligne.

Au cœur d'un vignoble situé entre 200 et 450 m d'altitude dans l'Aude, Pierre Fabre a hérité sa fibre vigneronne des cinq générations qui l'ont précédé. Ce vigneron passionné et mais aussi artiste-peintre talentueux conçoit au Château de Gaure des vins bio en AOP Limoux et AOP Languedoc. Il produit 6 cuvées : deux en mono-cépages et quatre autres issues d'assemblages valorisant la typicité des parcelles et l'accord des cépages. Il distribue alors trois vins blancs et trois vins rouges. Au Château de Gaure, on vous accueille également en chambre et table d'hôtes.

CHÂTEAU DE PARAZA

1, rue du Viala - **PARAZA**
✆ 09 64 33 37 43
www.chateau-de-paraza.com
1/10 au 30/04 : lun-ven 10h-18h, sam sur réservation. 1/05-31/08 : lun-dim 10h-20h. 1 au 30/09 : lun- dim : 10h-18h30.

Dynamisé sous l'impulsion de la famille Danglas, ce domaine situé au cœur du Minervois ne pourra que vous séduire. Il vous subjuguera par la beauté et la grandeur de l'imposant bâtiment du XVIIIe siècle, abritant tout à la fois en enfilade le caveau de dégustation, la cave avec ses cuves et le chai avec ses barriques de chêne. Vous pourrez déguster, soit à l'intérieur soit dans le parc dominant le canal du Midi et jouxtant le château du domaine, ses vins rouges et blancs d'AOC Minervois. Agriculture raisonnée et pratique responsable dans la cave sont la règle ici.

CHÂTEAU DU GRAND CAUMONT

Château du Grand Caumont - RD61
LÉZIGNAN-CORBIÈRES ✆ 04 68 27 10 82
www.grandcaumont.com
Ouvert du lundi au vendredi 8h30-12h et 14h-17h30, sur RDV le week-end.

Ce château appartient depuis 1906 à la famille Rigal, connue pour avoir créé la société des Roqueforts Rigal. Depuis 2003, c'est Laurence Rigal qui exploite le domaine. Au château, on vous proposera bien évidemment de déguster les vins du domaine, comme l'emblématique Réserve de Laurence (cuvée féminine) ou les cuvées Impatience en blanc et en rouge, mais vous pourrez également visiter la cave, l'imposante noria du XIe siècle et la tour du XVe siècle qui abrite de vieux outils du monde viticole et offre un panorama exceptionnel sur le vignoble et les environs.

CHÂTEAU L'HOSPITALET

Route de Narbonne-Plage
NARBONNE
✆ 04 68 45 28 50

Ouvert 365j/365. Juillet-août, visite guidée sur résa. 19 €/pers pour comprendre la biodynamie + dégustation offerte.

Au cœur d'un paysage taillé par les vents, sur un terroir riche de sa civilisation méditerranéenne, le Château l'Hospitalet se déploie sur 1000 hectares de garrigue et de vignes. Jusqu'en 1561, ce domaine était la propriété des moines de l'hospice de Narbonne qui y cultivaient la vigne. De nos jours, le domaine en Biodynamie, outre ses vins prestigieux et régulièrement primés, ainsi que sa superbe cave de dégustation, est un lieu d'art et de création. Un séjour au calme réussi avec son hôtel 5 étoiles, son spa, ses deux piscines et son restaurant gastronomique.

DOMAINE DE BARON'ARQUES

51, Lambert - **SAINT-POLYCARPE**
✆ 04 68 31 96 60
www.domaine-de-baronarques.com

Ouvert du lundi au vendredi 9h-12h/13h-17h. Le week-end sur rdv. 4 formules de visites au choix de 20 à 90 €/pers.

Propriété de la famille de Rothschild et de ses enfants, ce domaine fondé au XVIIe siècle, ancienne métairie, a fait l'objet d'une importante rénovation de son vignoble et de ses installations techniques. Un impressionnant chai à barriques aide à sublimer toujours plus, les vins issus de ce terroir riche de promesses. Alliant des méthodes de travail d'excellence et le savoir-faire de la famille Rothschild adaptés au terroir du Limouxin, le Domaine produit trois vins en AOC Limoux, Domaine de Baronarques Grand Vin rouge ou blanc et La Capitelle.

DOMAINE DE L'HERBE SAINTE

Route de Ginestas
MIREPEISSET
✆ 04 68 46 30 37
www.herbe-sainte.com

Accueil, visite et dégustation sur RDV. Vente online

Depuis les années 80, la famille Greuzard rêvait de faire du vin. Cela fut fait en 1987 avec l'achat de parcelles de carignan à Sallèles-d'Aude. Le développement de l'exploitation s'est poursuivi en 2001 par l'achat du domaine de l'Herbe Sainte. Sur leurs terres, les viticulteurs produisent de manière raisonnée et respectueuse de l'environnement. C'est aussi au domaine de l'Herbe Sainte que vous sont proposés, face à la belle piscine, 4 superbes gites spacieux et fort bien agencés.

DOMAINE LA LOUVIERE

La Louvière - **MALVIÈS**
✆ 04 68 20 71 55
www.domaine-la-louviere.com

Cave et boutique : du lundi au vendredi de 9h à 18h. Visites du vignoble tous les mardis de mai à septembre.

Rigueur et passion du travail bien fait, sont les leitmotivs de La Louvière. Culture de la vigne traditionnelle, innovations techniques, conduite raisonnée, vendange manuelle, tri, égrappage rien n'est laissé au hasard, tout relève du soin le plus attentif. À la dégustation, la satisfaction est totale. L'AOC malepère, un rouge à la fois puissant et élégant, vin de pays d'Oc rouge, blanc et rosé. N'hésitez pas à vous rendre à la cave, Corinne et Jem seront ravis de vous faire faire une visite du vignoble et une dégustation de leurs vins.

DOMAINE LERYS

13, avenue des Hautes Corbières
VILLENEUVE-LES-CORBIÈRES ✆ 06 32 94 09 84
www.domainelerys.com

Ouvert le lundi, le mardi et du jeudi au samedi de 10h à 18h. Mercredi et dimanche sur rendez-vous. Appeler avant.

À Villeneuve-les-Corbières, au cœur de l'AOP Fitou près de l'AOP Corbières, la 8e génération de vignerons assure l'héritage du Domaine Lérys. Alban et Anaïs Izard exploitent 50 hectares de vignes en agriculture biologique et produisent 4 AOC : Fitou, Corbières, Rivesaltes et Muscat de Rivesaltes. Sur réservation, ils vous accueillent avec plaisir pour une visite chaleureuse de leurs vignes et de leur chai pour une dégustation et un moment d'échange autour des secrets de leur terroir, de leurs vignes, de leurs vinifications et surtout de leurs vins.

DOMAINE ROSE ET PAUL

158, Chemin de la Malepère - **ARZENS**
✆ 04 30 34 30 33
www.rose-paul.fr

Chai de dégustation est ouvert tous les jours de 17h à 19h, ou sur rendez-vous.

La famille Foussat est établie depuis deux siècles sur le massif de la Malepère. En 2009, la 5e génération a relevé ses manches pour extraire ce que le raisin a de meilleur. Un domaine qui renoue avec son histoire, sur une superficie de 43 ha qui comprend des cépages tels que merlot, cabernet franc, cabernet sauvignon, malbec, grenache, chardonnay, pinot noir… issus d'une agriculture raisonnée. Des cuvées prometteuses et des vins légers et agréables en bouche : côtes-de-prouilhe [blancs et rosés], AOP malepère [rosés et rouges], pays d'oc [rouge] et malbec.

KINA KARO

6, boulevard de la promenade - **LAGRASSE**
04 68 49 58 71
www.kinakaro.fr
Boutique ouverte 7j/7 de 10h à 19h. Bar du 1er mai au 30 septembre de 10h à 21h. Boutique et bar à vins. Terrasse.

Créé en 1928, cet apéritif à base de quinquina, d'épices et de plantes a été de tous les repas et soirées festives. Aujourd'hui, près d'un siècle après sa création, Aurélien Carrelas, un Audois amoureux de son terroir, a fait évoluer le produit qu'il décline en trois versions. Vous pourrez les déguster sur place en cocktail ou juste bien fraîches accompagnées de planches à partager. Bières et vins d'ici permettront de varier les plaisirs. Soirée DJ le jeudi, huîtres le vendredi soir et retour de marché le samedi dès 11h. Côté boutique, ce n'est que du local et du bon.

LA BRASSERIE DU LARZAC

La Blaquière du Larzac
MILLAU
07 81 12 69 01
Vente directe le mercredi et le vendredi de 14h à 18h.

Tout près de Millau, la Brasserie du Larzac s'est fait une place dans le domaine de la bière. Cette micro-brasserie créée par Rémi et Camille propose des bières artisanales biologiques non filtrées et non pasteurisées, au choix entre Blonde, Blanche, Ambrée, Indian Pale Ale, Triple ainsi que des brassins éphémères comme la Gardarem, l'East Causse et l'Imperial Blaque IPA. Ils privilégient les fournisseurs locaux et les circuits courts, on peut alors se procurer leurs bières en vente directe à la brasserie ou dans des magasins bio en Aveyron et dans l'Hérault.

MAISON GUINOT

3, chemin de Ronde
LIMOUX
04 68 31 01 33
www.blanquette.fr
Boutique en ligne et visite de caves du lundi au vendredi à 10h30, 14h30 ou 16h.

Parmi les quelque 250 producteurs de blanquette de Limoux, Maison Guinot est un domaine qui mérite d'être cité car convivial et à taille humaine. La fabrication reste artisanale et familiale depuis 1875, avec une mise en bouteilles sur place, un remuage manuel de 30 000 bouteilles quotidien. Au cours de la visite « Bulles et Lumière » qui dure 45 minutes, vous découvrirez les caves, et toutes les étapes de la fabrication de ce vin mousseux. La visite est complétée par une vidéo en 3D et votre visite se termine comme il se doit par une dégustation.

BRASSERIE MOUSSES DU ROUERGUE

1 bis, Impasse léna
DECAZEVILLE
06 41 12 44 71
https://moussesdurouergue.fr
Boutique en ligne.

Dans leur brasserie à Decazeville, Azeb et Regis n'utilisent que des matières premières issues de l'agriculture biologique pour leurs bières artisanales. Elles sont produites par infusion et sans filtration, ni pasteurisation, ce qui leur donne un goût unique. En boutique, vous trouverez alors une Blanche, une Blonde au miel, une Ambre Red Ale, une Blonde Pale Ale, une IPA Rye et une Porter Brune, le tout proposé en fût de 30L avec pompe à bière ou en bouteilles de 33cl et 75cl.

BRASSERIE D'OLT

16, ZA de la Salle - **SAINT GENIEZ D'OLT ET D'AUBRAC** 05 65 52 75 03
www.brasseriedolt.com
Lundi au vendredi de 8h30 à 12h et de 13h30 à 17h, samedi de 10h à 12h. Visites de la brasserie toute l'année sur rdv.

Amateur de bière et amoureux de son terroir, l'Aubrac et la Vallée du Lot, Sébastien Blaquière a créé la Brasserie d'Olt dans son village natal, Saint-Geniez d'Olt, en 1998. Ses bières et soft drinks -limonades et colas- sont fabriqués avec l'eau des boraldes et des monts d'Aubrac. Une gamme de bières, blondes, blanches ou ambrées est d'ailleurs dédiée au plateau et à son côté sauvage. Les limonades bio à la châtaigne ou à la gentiane sont aussi une ode aux richesses naturelles du territoire. En été, les visites de la brasserie se terminent par une dégustation.

LES VIGNERONS DU VALLON/ CAVE DE VALADY

D 840
VALADY
05 65 72 70 21
www.vigneronsduvallon.com
Haute saison : du lundi au samedi de 9h à 12h30 et de 14h à 19h.

Assise sur un cépage identitaire, le Fer Servadou, localement appelé Mansois, et des vignes plantées en terrasse sur un terroir de type rougier, cette cave coopérative propose une gamme de vins rouges et rosés, un vin de noix ainsi qu'un apéritif : le ratafia qui peut aussi bien se déguster avec un melon qu'avec un bon fondant au chocolat. Quant aux vins, grâce à des cuvées très différentes, tantôt légères, tantôt plus soutenues, ils s'accordent avec tout ou presque.

DOMAINE TARDIEU FERRAND

1000, Route d'Uzès
ARGILLIERS
✆ 06 16 51 63 55
www.domainetardieuferrand.fr
Ouvert du lundi au samedi de 10h à 12h30 et de 14h30 à 18h.

Le Domaine Tardieu Ferrand est né du mariage, amoureux et viticole, de deux vignerons et de deux domaines (un situé dans l'Uzège et l'autre dans la vallée du Rhône). Ici, vous pourrez déguster et découvrir des vins de l'appellation IGP Coteaux du Pont du Gard. Si le domaine est à cheval sur différentes appellations, ce parti pris permet au couple de vignerons de jouir d'une liberté totale au niveau de la vinification. Très actifs, les vignerons participent à de nombreuses animations et manifestations pour faire découvrir leur domaine et leurs vins...

LES MAÎTRES VIGNERONS DE VAUVERT ET GALLARGUES

152, rue de l'Ausselon - **VAUVERT**
✆ 04 66 88 20 31
www.lesmaitresvignerons.com
Basse saison : lundi au samedi de 9h à 12h et de 15h à 18h. Haute saison : lundi au samedi de 9h à 12h et de 16h à 19h.

Avant 2010, il y avait deux caves : celle de Vauvert et celle de Gallargues-le-Montueux. Les deux ont fusionné pour ne faire qu'une seule et même entité. Cependant, chacune des deux caves a gardé une identité propre et celle de Vauvert, qui existe depuis 1939, propose un Costières de très grande qualité, quand la cave de Gallargues, qui existe depuis 1929, est davantage tournée vers le vin de pays d'Oc. Elle regroupe 70 coopérateurs, entre Nîmes et Montpellier.

LES VIGNERONS DE SAINT-DÉZERY

28, route de Saint-Chaptes - **SAINT-DÉZÉRY**
✆ 04 66 81 21 31
www.cave-saintd.fr
Ouvert du lundi au samedi de 9h à 12h et de 14h à 18h. Livraison possible. IGP Pays d'Oc, Gard et Cévennes.

Construite en 1928, la cave de Saint-Dézery est située à un carrefour stratégique entre Nîmes, Alès, Uzès et Anduze. Elle est connue pour la création de la gamme « Saint D », issue d'une agriculture raisonnée, d'une sélection rigoureuse du vignoble, des vinifications soignées et de 42 vignerons qui décident de bousculer doucement mais sûrement l'image des coopératives. Une image un peu en disgrâce, malgré le très beau travail de certaines. Bonne dégustation !

VINOPANORAMA

32, route de la Cave - **CALVISSON**
✆ 04 66 01 77 93
www.oenopole-calvisson.com
Du lundi au samedi 10h-12h30 (dès 9h l'été) et 14h30-19h (dès 15h30 l'été), et le dimanche de 9h à 12h30. Gratuit.

L'oenopole de Calvisson est un centre d'interprétation ouvert à tous proposant un voyage ludique et pédagogique au pays du vin. Ainsi, il permet à travers différentes activités de découvrir l'histoire du vin, et de s'initier, sous la conduite d'un sommelier, à sa dégustation. Il s'agit ainsi d'un magnifique espace créé à partir de découvertes archéologiques (d'amphores notamment) réalisées dans les environs. Enfin, vous pourrez vous balader dans le jardin ampélographiques afin de découvrir des cépages emblématiques de la région. Bonne visite !

VINS DES SABLES DE CAMARGUE

Route d'Arles
AIGUES-MORTES
✆ 04 66 53 99 57
www.vin-sable-camargue.com
Ouvert du lundi au vendredi de 9h à 12h et de 14h à 17h. Vente en direct.

La vigne pousse sur le sable ! Les vins des sables sont connus et appréciés depuis le XIVe siècle. Ce terroir produit un vin original à l'arôme subtil dans lequel se reflète l'image de la côte sablonneuse sur laquelle il a été conçu, cordon littoral qui longe le golfe du Lion entre les Saintes-Maries-de-la-Mer et le Cap d'Agde. Les sables siliceux et calcaires qui composent le sol et le micro-climat marin constituent un milieu naturel, unique en France.

ARMAGNAC CASTARÈDE

MAULÉON-D'ARMAGNAC
www.armagnac-castarede.fr
Boutique en ligne et point de vente à Paris.

Dans l'ouest gersois au Domaine de Maniban, Armagnac Castarède est la plus ancienne maison de négoce d'Armagnac. Au cœur du bas-Armagnac, les 16 hectares de vignes du domaine se composent de trois cépages : la Folle Blanche, le Colombard et l'Ugni Blanc. Depuis 1832, leur savoir-faire se transmet de génération en génération : distillation sur la propriété selon la méthode traditionnelle, avec deux alambics ; vieillissement doublé par rapport au minimum légal dans des fûts de chêne noir local ; mise en bouteille sur la propriété.

ARMAGNAC DARTIGALONGUE

10, Place du Four - **NOGARO** ✆ 05 62 09 03 01
www.dartigalongue.com
Boutique ouverte du lundi au jeudi de 8h à 12h et de 14h à 18h, jusqu'à 17h le vendredi. Visite à 14h30 l'été, 10 €

Cette maison fondée sous Louis-Philippe se flatte d'être la plus ancienne en Armagnac. Depuis 180 ans, les Dartigalongue veillent à la maturation de leurs eaux-de-vie dans un magnifique chai à visiter, installé en plein cœur de Nogaro. Leurs armagnacs sont le fruit de l'assemblage de l'ugni blanc, du baco et de la folle-blanche. Ils sont distillés dans un alambic à basse température et élevés pendant de longues années dans des fûts de chêne en provenance de la région. La maison présente une collection très complète d'eaux-de-vie (VSOP, hors d'âge, millésimés...).

ARMAGNAC DELORD

Rue Principale - **LANNEPAX**
✆ 05 62 06 36 07
www.armagnacdelord.com/fr
Ouvert du lundi au vendredi de 9h à 12h et de 14h à 18h. Sur réservation pour les groupes de plus de 6 personnes.

Au cœur du joli village de Lannepax, la maison Delord distille des armagnacs d'exception depuis 1893. Fondée par Prosper Delord, distillateur ambulant et maître de chai, l'entreprise est aujourd'hui dirigée par le tandem dynamique de ses arrière-petits-fils Jérôme et Sylvain qui, tout en préservant avec passion le trésor d'un savoir-faire familial construit sur quatre générations, la font entrer de plain-pied dans la modernité. Les millésimes, ainsi que les assemblages savants lentement maturés dans les belles pièces du chai bénéficient d'une aura internationale.

ARMAGNAC JEAN CAVÉ

Rue Principale
LANNEPAX
✆ 05 62 06 36 01
www.armagnac-jean-cave.fr
Ouvert du lundi au vendredi de 9h à 12h et de 14h à 17h.

Depuis 1883, l'armagnac est ici au cœur de toutes les attentions. Les savoir-faire, acquis et transmis depuis plus de 130 ans ont permis la constitution d'une collection des meilleures eaux-de-vie, car la maison parcourt sans relâche les terres de l'armagnac pour y dénicher les trésors oubliés dans les domaines. Nulle part ailleurs dans le monde vous ne trouverez une aussi vaste gamme de vieux millésimes. Mais il faut parfois être prêt à débourser plusieurs milliers d'euros pour une bouteille des plus anciens armagnacs ! Une adresse incontournable.

ARMAGNAC VEUVE LAFONTAN

Cutxan
CAZAUBON
✆ 05 62 69 77 10
www.armagnac-veuve-lafontan.com
Visite du lundi au vendredi, sur réservation téléphonique.

Du doux paysage gersois, voici une adresse qui en a tout puisé. Veuve Lafontan élève la distillation de vin au rang d'excellence. Béatrice Mandon ne produit que des armagnacs d'exception. Déguster ses armagnacs, c'est découvrir des trésors de diversité et de complexité et une palette aromatique authentique. Les eaux-de-vie sont élevées dans des pièces en chêne pédonculé de 200 à 400 litres. La salle des trésors renferme une collection d'exception avec une gamme de millésimes allant de 1888 à 1969 conservés dans des bonbonnes.

CHÂTEAU DE LAUBADE

SORBETS
✆ 05 62 09 06 02
www.chateaudelaubade.com
Du lundi au vendredi de 8h30 à 12h et de 13h30 à 16h. Visite + dégustation 5 Armagnacs : 15 €. Sur réservation

Bâti en 1870, le domaine de 105 hectares appartient à la Famille Lesgourgues depuis trois générations. Leur vignoble est planté sur des coteaux à pentes douces et leurs vins blancs non sulfités sont distillés juste après leur fermentation alcoolique, afin d'en récolter tout leur potentiel aromatique, dans l'unique alambic « armagnacais ». Si vous souhaitez découvrir le château, n'hésitez pas à réserver votre visite-dégustation ; vous pourrez approfondir vos connaissances, votre goût et votre appréciation pour cette grande eau-de-vie.

CHÂTEAU DE MONLUC

SAINT-PUY ✆ 05 62 28 53 51
www.monluc.fr
Ouvert l'été du mardi au samedi de 10h à 12h et de 15h à 19h ; le dimanche et les jours fériés de 15h à 19h.

Le château Monluc possède une longue histoire. Il existe et est habité depuis 929. C'est le berceau de Blaise de Monluc, le pacificateur de la Gascogne pendant les guerres de religion. Outre les vins, les flocs et les armagnacs, le château Monluc est à l'origine du cocktail pousse-rapière, inventé par René Lassus, une liqueur apéritive à base d'armagnac associée à un pétillant, le fameux « Vin Sauvage », que vous pourrez goûter lors d'une visite-dégustation d'une heure. L'accueil est à la hauteur des saveurs uniques de ce site emblématique de la Gascogne.

CHÂTEAU DU POUEY

Château du Pouey - **VIELLA** ✆ 05 62 69 78 25
www.chateaudupouey.fr
Ouvert du lundi au vendredi de 9h à 12h et de 14h à 18h. Le samedi de 9h à 12h et de 14h à 18h en juillet et août.

À Viella, sur le vignoble de Madiran, les 24 hectares de vignes du Château du Pouey se dessinent sur les pentes argilo-graveleuses exposées au sud. Le jeune vigneron talentueux Bastien Lannusse y vinifie des Pacherenc-du-Vic-Bilh, Madiran et Côtes de Gascogne. Pour les épicuriens, on vous propose une expérience unique au cœur des paysages du Sud-Ouest : une balade à vélo dans la campagne gersoise face à la chaîne des Pyrénées, puis une visite du chai du château et une délicieuse dégustation de leurs vins, accompagnés d'une planche gourmande.

CHÂTEAU LAFFITTE-TESTON

Teston - **MAUMUSSON-LAGUIAN** ✆ 05 62 69 74 58
www.chateau-laffitte-teston.com
Visite et dégustation gratuites du lundi au vendredi : 9h-12h30 et 14h-17h30 ; le samedi 9h-12h30 (sur RDV l'après-midi)

Installée sur un promontoire cerné de vignes, la cave de Jean-Marc Laffitte s'impose dans le paysage tout comme son vin sur les grandes tables. Ici la production est assurée en famille car le viticulteur est accompagné de ses enfants, Ericka et Joris. De multiples récompenses et des articles élogieux dans la presse spécialisée ont rendu célèbre cette production. Ce sont trois types de Madiran et deux de Pacherenc du Vic-Bilh qui sont produits tous les ans, avec un excellent rapport qualité-prix pour chacun, raison de leur reconnaissance dans les revues d'œnologie.

DOMAINE BERTHOUMIEU

VIELLA
✆ 06 83 06 11 55
www.domaine-berthoumieu.com
Ouvert du lundi au samedi de 8h à 12h et de 14h à 18h30, uniquement sur rendez-vous.

Fondé en 1850 sur 25 hectares, ce domaine aux portes des Pyrénées Atlantiques s'attache à sublimer les appellations madiran et pacherenc du vic-bilh. Il a été récemment repris par deux jeunes sœurs, Claire et Marion Bertolussi. Elles travaillent dans le respect de la certification Haute Valeur Environnementale, qui préserve la biodiversité et veille à limiter la pression des pratiques agricoles sur l'environnement. Les sœurs Bertolussi proposent une gamme de 6 vins et une liqueur de vin, le Tanatis, élaboré comme un porto, mais à partir de raisin 100 % tannat.

DOMAINE CHIROULET

Heux - **LARROQUE-SUR-L'OSSE**
✆ 05 62 28 02 21
www.chiroulet.com
Ouvert du lundi au samedi de 9h à 12h30 et de 14h30 à 18h30. Livraison possible.

Cinq générations. 150 ans d'exploitation. 45 ha de vignes. Ce Domaine vous accompagne dès l'apéritif Floc de Gascogne, en passant par les accords de rouges rocailleux et puissants, les petits rosés ou les blancs servis frais, et en clôturant par un armagnac hors d'âge qui fleure bon le terroir.Philiipe Fezas a su imposer ses crus de grande qualité : récompensés par 5 médailles d'or en 2015, à l'occasion de compétitions nationales telles que le Concours Général Agricole de Paris, le Concours des vins du Sud-Ouest, et internationales à Hong Kong ou au Canada.

DOMAINE DE JOŸ

D33 - **PANJAS**
✆ 05 62 09 03 20
www.domaine-joy.com
Boutique ouverte du lundi au vendredi de 9h à 12h et de 14h à 18h. Visite et dégustation sur rdv le samedi.

Racheté au début du XXe siècle par la famille Gessler, ce sont aujourd'hui Vanessa et Kevin, représentants de la 4e génération, qui ont la main sur le Domaine de Joÿ. Amoureux des vins blancs depuis toujours, les Gessler mettent en valeur les cépages traditionnels avec beaucoup de délicatesse. Pressurage à basse pression, fermentation dans des cuves à températures contrôlées et climatisation du chai permettent d'élever le vin en douceur et de ne pas ajouter de sulfites. Folle-blanche et baco sont également cultivés pour produire le célèbre armagnac.

DOMAINE DE LAGAJAN-GEORGACARACOS

EAUZE
✆ 05 62 09 81 69
http://www.lagajan.com
Ouvert tous les jours de 9h à 19h. Visite gratuite du chai et de l'alambic.

Bienvenue dans ce domaine familial transmis par les femmes de génération en génération depuis le XVIIe siècle. L'esprit de conservation du patrimoine a poussé les propriétaires à ouvrir un musée où s'accumulent de vieux outils agricoles. La visite se poursuit dans la salle de l'alambic et au chai aux immenses pièces de chêne. Viticulture et vinification, animation du musée, accueil, commercialisation, ici, chaque tâche est assignée à un membre de la famille.

DOMAINE DE PAJOT

Pajot - **EAUZE** ✆ 05 62 09 93 50
www.domainepajot.com
Ouvert du lundi au vendredi de 9h à 12h30. Dégustation gratuite sur rendez-vous. Visites guidées proposées.

Le domaine de Pajot, a entamé sa conversion bio en 2001 et obtenu la certification en 2013. Il produit côtes-de-gascogne, floc et armagnac. Les cépages de colombard, d'ugni-blanc, de gros manseng et de sauvignon sont sélectionnés avec passion et rigueur par Damien Barreau. À travers la visite des vignes et la dégustation de vins, flocs et armagnacs, vous serez conseillé et accompagné pour trouver celui adapté à vos goûts. Nous vous conseillons par exemple le Quatre Cépages, un vin blanc sec frais aux notes aromatiques d'agrumes, de buis et de fruits exotiques.

DOMAINE DES CASSAGNOLES

GONDRIN
✆ 05 62 28 40 57
www.domainedescassagnoles.com
Certifié HVE. Accueil du lundi au vendredi de 9h à 12h30 et de 14h à 18h, le samedi de 9h30 à 12h30 et de 14h à 17h30.

Les terres et les vignes du Domaine de Cassagnoles sont travaillées depuis plusieurs siècles de père en fils ou fille. Laure tient désormais les rênes de la propriété de 60 hectares exploités en viticulture raisonnée et certifié Haute Valeur Environnementale depuis 2016. Essentiellement tourné vers l'armagnac jusqu'au début des années 70, le domaine a su s'agrandir et s'intéresser à d'autres cépages pour produire des flocs mais aussi du vin. Les propriétaires proposent aussi des gourmandises comme les fruits à l'armagnac ou macérés dans du vin.

DOMAINE LAOUGUÉ

Route de Madiran
VIELLA
✆ 05 62 69 90 05
www.domaine-laougue.fr
Ouvert du lundi au vendredi de 9h à 12h et de 14h à 18h.

Ce domaine ne compte plus les médailles : concours de Bordeaux, Toulouse, Mâcon et Concours général agricole de Paris, Challenge international des vins, Concours européen des masters, Fédération des vignerons indépendants. Les commentaires de la littérature spécialisée se joignent à ce concert d'éloges. Une belle reconnaissance pour cette propriété familiale créée en 1980 sur 20 ha, qui donne quatre cuvées de madiran et deux de pacherenc. Désormais, Sylvain reprend le sillon tracé par son père, perpétuant un travail d'excellence.

DOMAINE LES REMPARTS

Le Bourdilet
CONDOM
✆ 05 62 28 39 30
https://silas.fr/
Ouvert du lundi au vendredi de 8h30 à 17h30.

En Côtes de Gascogne non loin de Condom, le vigneron Silas Marcellin s'inspira du village fortifié de Gazaupouy pour donner à son domaine viticole le nom de Domaine Les Remparts. Labellisé Haute Valeur Environnementale, le Domaine se distingue par l'équilibre de son terroir entre rouges et blancs, ses Armagnacs de Ténarèze millésimés et son Floc de Gascogne récemment primé. Dans la cave, vous trouverez aussi les fameux pruneaux d'Agen au Floc. En vente directe, vous pouvez passer au vignoble découvrir et vous procurer leurs bouteilles.

DOMAINE SÉAILLES

Domaine Séailles
MOUCHAN
✆ 05 62 28 44 03
www.domaineseailles.fr/
Ouvert tous les jours sur rendez-vous.

Près du Château de Laressingle et de l'abbaye de Flaran, le Domaine Séailles s'impose depuis 1961 sur ce terroir de coteaux d'altitude et de sols argilo-calcaires. Ce domaine familial est composé de 26 hectares de vignes plantés à la fois de cépages blancs ; Sauvignon, Gros Manseng, Ugni Blanc mais aussi de cépages rouges : Merlot, Cabernet Sauvignon, Cabernet Franc et Syrah. Le cœur de leur production sont l'Armagnac et les vins aux signatures aromatiques, entièrement bio depuis 2022. Vous pouvez prendre rendez-vous par téléphone si vous souhaitez y passer.

DOMAINE TARIQUET

Domaine du Tariquet - **EAUZE**
✆ 05 62 09 87 82
www.tariquet.com
Ouvert du lundi au samedi de 10h à 12h et de 14h à 18h.

Après avoir traversé une immense allée bordée de vignes s'étendant à perte de vue (des centaines et des centaines d'hectares), une jolie demeure gasconne s'impose à vous dans toute sa splendeur : c'est le château du Tariquet. La famille Grassa en est propriétaire depuis 1912. Elle fait partie de ces producteurs d'armagnac qui ont choisi de maintenir le cépage folle-blanche, le plus ancien de la région. Ils ont également relancé avec succès l'appellation côte-de-gascogne dans les années 1980, en proposant une gamme de blancs de haute qualité à petits prix.

DOMAINE VILLA DRIA

Vignoble Drieux
EAUZE
✆ 05 62 08 38 19
www.villadria.com
Ouvert du lundi au vendredi de 9h à 12h et de 14h à 18h. Visite sur rendez-vous.

Le domaine Villa Dria est réputé pour ses côtes-de-gascogne légers, fins et fruités. Ce nom insolite a été donné au domaine en souvenir de l'époque où les Romains implantèrent la vigne dans la région. Ils avaient deviné que cette terre composée de sables, d'argiles et de limons, agréablement tempérée et doucement ensoleillée, conviendrait à merveille à la viticulture. Aujourd'hui, les principaux cépages de la Gascogne y sont presque tous présents, pour donner des blancs, rouges et rosés qui remportent régulièrement des prix dans les concours agricoles.

HAUTS DE MONTROUGE

Les Hauts de Montrouge
NOGARO
✆ 05 62 09 01 79
www.hautsdemontrouge.com
Ouvert du mardi au vendredi de 9h à 12h30 et de 14h à 17h30 ; le samedi de 9h à 12h30.

Fièrement implantée dans la région de Nogaro, la cave coopérative Les Hauts de Montrouge représente et rassemble 60 vignerons depuis 1963. Dans un travail commun, ils œuvrent à valoriser leur terroir à travers côtes-de-gascogne, flocs et armagnacs. Avec pas moins de 14 cuvées différentes de blancs, ils permettent de déguster en subtilité la richesse du terroir gascon et de ses cépages. À noter que l'Armagnac VSOP Hauts de Montrouge a été récompensé par une médaille d'or aux Talents de l'Armagnac 2021 ! La cave accueille également des groupes.

JEAN-CHARLES MOREL - DOMAINE UBY

Avenue de l'Uby - **CAZAUBON**
✆ 05 62 09 51 93
www.dom-uby.com
Ouvert du lundi au vendredi de 9h à 12h et de 14h à 18h. Juillet et août : le samedi de 10h à 13h et de 14h à 18h.

L'Uby a été créé par la famille Morel en 1920. Transmis de génération en génération, le domaine a pour philosophie de produire des vins plaisirs de qualité, de convivialité et de partage à l'image des vins de Gascogne et de la région. En plus du fameux UBY, on trouve dans leur gamme le BYO, pour les amateurs 100% nature. Il y a également le CUB, blanc, rosé ou rouge en cubi de 5L, la gamme TORTUE et aussi DOMUS. Le domaine produit également de l'armagnac.

MAISON GELAS

46-48, avenue Edmond-Bergès - **VIC-FEZENSAC**
✆ 05 62 06 30 11
https://gelas.com/fr/
Ouvert du lundi au vendredi de 9h à 18h et le samedi de 9h à 12h. Visite guidée et dégustation : 3 €.

La Maison Gélas fait partie des références incontournables du Bas-Armagnac. Une visite guidée vous mène à travers son chai fondé en 1865 par Baptiste Gélas. Vous y découvrirez la salle des alambics où sont distillées les eaux-de-vie, ainsi que les différents métiers liés à la fabrication de l'armagnac : bouilleur de cru, maître de chai, tonnelier... La cave-boutique attenante renferme plus de 800 références d'armagnacs, de flocs de Gascogne, d'eaux-de-vie de prune ou de liqueurs. La maison a aussi mis au point des recettes de vinaigre ou de moutarde à l'Armagnac.

PLAIMONT

Route d'Orthez - **SAINT-MONT** ✆ 05 62 69 62 87
www.plaimont.com
Ouvert du lundi au samedi de 9h à 12h30 et de 14h30 à 15h, le dimanche de 14h à 18 ; en continu de 9h à 19h en été.

Au pays de Saint-Mont, Plaimont vous fera découvrir des vins à la typicité bien gasconne. Créée en 1979 par l'association des caves de Plaisance, Aignan et Saint-Mont, le nom Plaimont est leur acronyme. En 1999, les Caves de Crouseilles et de Condom ont rejoint le groupe, ajoutant à la corbeille les appellations pacherenc du vic-bilh, madiran et l'IGP côtes-de-Gascogne. Les emblématiques « vignerons au béret » ont réussi à préserver une parcelle de vignes pré-phylloxériques inscrite à l'inventaire des Monuments historiques. Vieille de 200 ans, elle se visite.

VIGNOBLES BRUMONT

Château Bouscassé et Montus
MAUMUSSON-LAGUIAN
✆ 05 62 69 74 67
www.brumont.fr
Ouvert du lundi au vendredi de 9h à 12h30 et de 14h à 18h. Le weekend sur rendez-vous.

Alain Brumont a eu le mérite à ses débuts de donner une image forte au madiran et au tannat, le cépage roi de l'appellation. Cela fait plus de trente ans que ce vigneron à l'aura incontestée s'emploie à développer son domaine avec un art indéniable de la communication. Le chai souterrain construit en 1988 est le premier du genre dans le Sud-Ouest. Avec 26 références, dont les célèbres Montus et Château Bouscassé, Brumont couvre toute la gamme vinicole de la région : madiran, pacherenc du Vic-Bilh, côtes-de-gascogne et même chardonnay ou pinot noir.

BLACK MOUNTAIN WHISKY

COLOMIERS

www.blackmountain.fr

Boutique en ligne. Points de vente en Haute-Garonne et dans le Gers listés sur le site internet.

Cédric, Laure, Jacques et Pierre, quatre amateurs de whisky, ont créé leur propre marque de whisky «Black Mountain» en 2011 près de Toulouse. Seulement un an après, ils mettent en bouteille leur premier whisky d'assemblage ; le «BM2», un produit gourmand, généreux et accessible. Aujourd'hui, on ne compte pas moins de 15 whiskies dans leur boutique en ligne et en points de vente. Leur objectif à travers leur gamme : créer des whiskies d'excellence élaborés avec le plus grand soin en Occitanie afin de séduire et ravir les sens des amateurs.

MAISON VICTORS

166, impasse Timbal - **VACQUIERS**

✆ 06 79 42 26 96

www.maison-victors.com

Boutique ouverte le vendredi et le samedi de 10h à 12h30 et de 14h à 18h. Visite gratuite sur RDV. Boutique en ligne.

Grâce au succès de ses spiritueux et à des nouveaux projets d'extension, la distillerie bio et artisanale Straw Bale est récemment devenue Maison Victors. Tout commence par une production de pastis, whisky et gin, en retournant aux sources des meilleurs spiritueux, sans colorants ni arômes artificiels. Aujourd'hui, la boutique en ligne propose une belle gamme de gins, pastis, whiskies single malt et rhums blancs d'excellence et l'entreprise peut se vanter d'avoir collaboré avec les meilleurs cavistes, restaurateurs étoilés et bars prestigieux de la région.

CHÂTEAU CLAMENS

740, chemin de Caillol

FRONTON

✆ 05 61 82 45 32

www.chateauclamens-fronton.com

Ouvert du lundi au vendredi de 9h à 17h.

Né en 1868, le domaine familial est de nos jours entre les mains de la sixième génération. Le vignoble de vingt-trois hectares s'étend sur les communes de Fronton, de Pompignan et de Fabas. Vieillis dans l'ancienne cave en torchis, les vins très typés sont devenus incontournables des bonnes tables de la région. La totalité de la production est mise en bouteille à la propriété. Côté cépages : négrette à 50 %, syrah, cabernet franc, sauvignon et côt. Les vins rouges élevés en cuve ou en fûts de chêne sont primés chaque année, ainsi que la cuvée Julie, pour le rosé.

BRASSERIE ALARYK

2, rue des Poiriers - **BÉZIERS**

✆ 04 67 80 12 76

www.alaryk.fr

Boutique ouverte du mardi au samedi de 10h à 12h30 et de 15h à 19h (ouvert le lundi l'été). Visite sur réservation.

Les bières Alaryk sont produites artisanalement à Béziers. Bio et sans additif, on y trouve seulement de l'eau, du malt, des houblons et de la levure. Dans le respect du savoir-faire, les bières de spécialité sont à la fois riches en goût et agréables à boire, savoureuses et élégantes, le tout inspiré par le terroir viticole du Languedoc. La brasserie vous ouvre ses portes sur réservation pour découvrir leurs méthodes de fabrication mais vous pouvez aussi déguster leurs bières chez des cavistes héraultais ou au Comptoir Alaryk à Montpellier.

MAISON DES VINS DE FRONTON

FRONTON

✆ 05 61 82 46 33

www.vins-de-fronton.com

Du mardi au samedi de 10h à 12h30 et de 14h30 à 19h. D'octobre à avril jusqu´à 18h. Salle de dégustation. Gratuit.

Situé dans le château de Capdeville du XIXe siècle, cet espace de dégustation et de vente sert de vitrine à l'appellation AOP Fronton. Des vins très aromatiques élaborés à partir d'un cépage local, la négrette. Trois vins en dégustation libre chaque semaine, près de 150 références appartenant aux différents domaines de l'appellation Fronton. Rando, musique en vigne, exposition, dégustation de vins et de chocolat... le Fronton se consomme sans modération ou presque !

BRASSERIE DE L'OPPIDUM

46, Cour Belfort

CAPESTANG

www.brasserieoppidum.fr

Boutique : ouverte du mardi au samedi de 11h à 14h et de 19h à 21h.

La brasserie Oppidum propose des bières biologiques et artisanales à emporter ou à déguster sur place, toutes fièrement ancrées dans leur région. L'Oppidum propose une gamme de 5 bières classiques avec une Blonde, une Blanche, une Indian Pale Ale (IPA), une Ambrée et une Pale Ale. La brasserie propose également des créations en fonction des saisons et une gamme plus originale, avec leur bière Point of Entry, une brune onctueuse aux saveurs de café, chocolat et caramel mais aussi la Harvest, une bière aux houblons frais, 100% occitane.

BRASSERIE IMPULSIVE

4 bis, rue du Pounchou
MURVIEL-LÈS-BÉZIERS
https://brasserieimpulsive.fr
Vente directe le vendredi de 16h à 19h et sur rendez-vous. Présence sur certains marchés d'Hérault.

Jimmy a souhaité partager son amour de la bière artisanale en créant sa micro-brasserie. Il élabore lui-même chaque recette dans son atelier au cœur de l'Hérault entre terre, mer et montagne, pour réaliser des bières originales, aromatiques, rafraichissantes, fuitées, fleuries ou encore épicées. Il propose des bières éphémères et une gamme classique avec une Blanche citron-basilic, une Pale Ale, une IPA, une Ambrée au Rhum et une bière Blonde au piment. Pour les amateurs, ses bières sont vendues par packs de 6, cartons de 12, et même par palette !

CAVE DE ROQUEBRUN

62, Avenue des Orangers - **ROQUEBRUN**
✆ 04 67 89 64 35
www.cave-roquebrun.fr
Ouvert du mardi au samedi de 10h à 12h et de 14h à 18h. 7j/7 en juillet et août. Livraison possible. Boutique en ligne.

Classé en AOC Saint-Chinian-Roquebrun et Saint-Chinian, doté de plus de 800 médailles d'or en dix ans, le vignoble de Roquebrun est situé dans le Parc régional du Haut-Languedoc, à 30 km au nord de Béziers. Il bénéficie d'un microclimat exceptionnel permettant la culture d' orangers et citronniers. Présenté comme « le petit Nice de l'Hérault », c'est un haut lieu touristique de la vallée de l'Orb. Ce climat, associé à des sols schisteux caractéristiques, permet de produire des vins souples et élégants, une référence dans la région du Languedoc.

CHÂTEAU CHÊNAIE

1, Rue du Carcan - **CAUSSINIOJOULS**
✆ 06 09 49 62 26
www.chateau-chenaie-vins.fr
Ouvert du lundi au vendredi de 10h à 12h et de 14h à 18h. Sur rendez-vous le samedi, dimanche et jours fériés.

Au-dessus de la mer Méditerranée et à seulement 20 minutes de Béziers aux portes des Cévennes, c'est dans le petit village de Caussiniojouls que le Château Chênaie produit des grands vins depuis maintenant 6 générations. Sur une surface d'une quarantaine de parcelles de vignes disséminées dans la garrigue, la famille Chabbert élabore depuis 1994 des vins blancs, rosés et rouges issus du terroir de schiste de l'appellation Faugères. Aujourd'hui, la famille se compose de Cathy, Cyril et Éric les deux frères, puis maintenant Gauthier et Adrien.

CHÂTEAU HAUT-BLANVILLE

Route de Gignac - Rieutort
SAINT-PARGOIRE
✆ 04 67 25 22 53
www.blanville.com
Visite sur rendez-vous. Boutique en ligne.

Ce domaine familial fondé en 1997 par Béatrice et Bernard Nivollet se situe sur les appellations Languedoc « Grés de Montpellier » et Languedoc « Pézenas » dans un climat typiquement méditerranéen. Inspirée de sa culture bourguignonne, la famille Nivollet a ainsi constitué son vignoble par l'acquisition progressive de parcelles, donnant naissance aux mono-parcellaires de Blanville. Dans leur palette languedocienne, dominent les Syrah, Mourvèdre, Grenache et Carignan pour les rouges, et les Marsanne, Roussane, Sauvignon, Rolle et Viognier pour les blancs.

CHÂTEAU MARIS

7, rue de l'occitanie - **FÉLINES-MINERVOIS**
✆ 04 68 91 42 63
www.chateaumaris.com
Boutique : lundi 9h-12h30 et 14h-17h ; mar/jeu/vend 10h-12h et 14h30-17h ; mer. 14h-17h. Visite et dégustations sur RDV.

La motivation de Robert Eden et Kevin Parker, lors de leur acquisition de Château Maris en 1997, était de produire des vins hautement qualitatifs en Minervois La Livinière. Aujourd'hui, pionniers de la biodynamique, leurs vins se distinguent parmi les domaines du Languedoc et Château Maris est le premier en Europe à obtenir la certification BCorporation®, label reconnu par l'ONU et la Commission Européenne. En cave, on trouve des rouges aux cépages Syrah et Grenache, des blancs en Grenache gris et des rosés toujours en cépages Grenache gris et rouge.

CHÂTEAU PUECH-HAUT

2250, route de Teyran
SAINT-DRÉZÉRY
✆ 04 99 62 27 27
puech-haut.com
Du lundi au samedi 10h-12h et 14h-19h.

Le vignoble du château Puech-Haut s'étend sur 184 ha, dont 92 ha en Saint-Drézéry et 19 ha en Pic-Saint-Loup, en passant par Theyron et Lunel. Cette impressionnante production en fait l'un des plus gros vignobles de la région. Dirigé par Gérard Bru, le domaine brille par la qualité de ses cépages et la richesse de la production. Cette dernière s'articule autour de dix vins rouges, deux blancs et trois rosés. Si le domaine est jeune, il a vite acquis une réputation en raison de son identité, de ses cuvées et de son dirigeant.

DOMAINE DE BON AUGURE

Joncelet
JONCELS
✆ 06 63 56 01 35
www.domainedebonaugure.fr
Vente en ligne

Dans le parc du Haut-Languedoc, ce sont 5 hectares de chardonnay en biodynamique que Cédric Guy cultive sur le Domaine de Bon Augure depuis 2013, à plus de 600 m d'altitude. Fils et petit-fils de vigneron, ancien copropriétaire de l'Abbaye Sylva Plana, il cultive en plus sur ses terres de 9 hectares, un hectare de petit manseng, un autre en pinot noir ainsi que quelques rangs en grenache gris, sauvignon blanc, chenin blanc et petite arvine. Il défend l'agroécologie et une viticulture biologique et propose alors des vins blanc et rouge bio.

DOMAINE DE SAINT CELS

Lieu-Dit Saint Cels
SAINT-CHINIAN
✆ 06 23 36 78 90
http://saintcels.fr
Visite sur rendez-vous.

À l'ouest de Béziers, le Domaine de Saint Cels de 80 hectares en agriculture biologique s'étend sur des sols schistes, argilo-calcaires et galets roulés. Cet environnement offre alors une belle diversité de cépages : Grenache, Syrah, Mourvèdre, Cinsault, Carignan, Chardonnay, Roussanne, Colombard, Vermentino... pour une gamme de vins claire et cohérente. On peut trouver alors Les Étincelles et Les Naturelles déclinées en vins rouges et vins blancs ainsi que Les Intemporelles et Les Confidentielles s'inscrivant dans le cahier des charges des vins de Saint Chinian.

DOMAINE DE SAUZET

Route de Montoulieu - **SAINT-BAUZILLE-DE-PUTOIS**
✆ 04 67 73 34 84
www.domaine-de-sauzet.fr
Sur rendez-vous : mardi au samedi de 10h à 13h et 15h à 18h. Juillet/Août : lundi au samedi de 10h à 13h et 16h à 19h.

Au cœur du site classée Natura 2000, le vigneron François Massol et de son œnologue Nicolas Moine travaillent ensemble pour répondre aux enjeux des 16 hectares du domaine de Sauzet, certifié bio : engendrer des vins en parfait accord avec la force minérale et la biodiversité du site. Chaque parcelle est vendangée manuellement à parfaite maturité puis vinifiée dans sa cuve, pour pouvoir offrir un vin blanc, deux rosés, un rosé mousseux vinifié par « méthode traditionnelle » et sept vins rouges. On vous accueille au domaine tout l'année pour une visite.

DOMAINE LA PROVENQUIÈRE

La Provenquière - **CAPESTANG**
✆ 04 67 90 54 73
https://provenquiere.com
Vente directe du lundi au vendredi 9h-12h et 13h-18h ; le samedi 9h-12h et 15h30-18h (le matin seulement d'oct. à mars).

Le Domaine La Provenquière et son magnifique château du XVe siècle accueillent un vignoble de 155 hectares. La famille Robert-Boularand y perpétue l'héritage viticole et familial de quatre générations de vignerons passionnés en y cultivant une vingtaine de cépages, dont l'IGP Pays d'Oc et l'IGP Coteaux d'Ensérune en blanc, rouge, rosé et orange. Pour découvrir ce domaine et en savoir plus sur l'histoire des vins du Domaine La Provenquière, n'hésitez pas à vous rendre au château pour une expérience œnologique, culturelle et authentique au cœur de leur vignoble.

DOMAINE LA ROUVIOLE

Lieu dit La Rouviole - **SIRAN** ✆ 04 68 91 42 13
www.larouviole.fr
Ouvert du lundi au vendredi de 9h à 12h et de 14h à 18h. Le week-end et en septembre sur rendez-vous.

Situé au nord de l'appellation Minervois entre Carcassonne et Narbonne sur terroir du « Petit Causse », Le Domaine La Rouviole s'étend sur près de 36 hectares dont 26 hectares de vignes et 10 hectares de garrigues et d'oliviers. Le sol argilo-calcaire conjuguées aux influences méditerranéennes et à la fraicheur du « Causse » donnent à leur vin une belle typicité. En agriculture biologique depuis 2011 et en conversion en Biodynamie depuis septembre 2022, le Domaine propose des vins rouges, blancs et rosés aux cépages dominants de Syrah, Grenache et Carignan.

ERMITAGE DU PIC SAINT-LOUP

Rue Cami-Lou-Castelias
SAINT-MATHIEU-DE-TRÉVIERS
✆ 04 67 54 24 68
www.ermitagepic.fr
Visites jusqu'à 15 pers du lundi au samedi de 9h à 12h et de 14h à 18h. Fermé dimanche et jours fériés.

Pierre, de formation agricole, s'occupe de la vigne, et Xavier, le cadet diplômé d'une école de commerce, gère la commercialisation. Une entreprise familiale soudée et engagée, pratiquant des méthodes naturelles à la vigne comme à la cave, pour améliorer la qualité des vins de l'exploitation. Jean-Marc est fier de compter aujourd'hui dans le pays 50 % de vignerons en lutte raisonnée et 20 % en agriculture biologique. La conversion du domaine est aujourd'hui bel et bien engagée !

L'ESTABEL

20, Route de Fontes - **CABRIÈRES**
✆ 04 67 88 91 65
www.estabel.fr
Lundi au samedi : 9h à 12h et 14h à 18h (9h-12h30 et 14h-19h l'été) ; le dimanche : 10h à 12h et 15h à 18h (19h l'été).

Passionnés de nature, les vignerons de l'Estabel apportent un soin particulier à leurs méthodes de culture pour respecter leur environnement. Vous êtes invité à découvrir les vins rouges de l'Estabel, les blancs AOP Clairette du Languedoc et AOP Languedoc ainsi que les rosés AOP Languedoc Cabrières, à la fois dans le caveau de vente mais aussi dans le caveau muséographique, avec sa vue imprenable sur le chai souterrain d'élevage de vins en barriques. Leurs vins ont été plusieurs fois médaillés au Concours Général Agricole Paris ou encore au Millésime Bio.

LES DOMAINES PAUL MAS

Route de Villeveyrac - **MONTAGNAC**
✆ 04 67 90 16 10
www.paulmas.com
Caveau ouvert du lundi au vendredi de 10h à 18h ; le samedi de 10h à 12h30 et 13h30 à 18h. Dégustation sur réservation.

Les domaines Paul Mas, c'est une histoire de famille, mais aussi une success story. Si au tout début de son histoire le vignoble ne mesurait « que » 9 hectares, il s'étend aujourd'hui à plus de 940 ha dont 30% en bio ! Rassemblant au total une quinzaine de domaines, les vins possèdent chacun leurs caractères propres grâce aux 45 cépages différents dont certains sont traités selon les normes de l'agriculture biologique. Après plus de 100 ans d'existence, les domaines Paul Mas peuvent se targuer de multiples récompenses dont 14 médailles d'or rien qu'en 2023.

MAISON DES VINS DU LANGUEDOC

LATTES ✆ 04 67 06 04 44
www.languedoc-aoc.com
Boutique ouverte le lundi 15h - 19h ; du mardi au samedi de 10h à 12h30 et de 15h à 19h. Restaurant. Boutique en ligne.

Le Syndicat AOC Languedoc est abrité dans la Maison des Vins du Languedoc, à Lattes. Véritable vitrine des AOP de la région, il comprend une boutique riche de plus de 600 références, le restaurant du chef Bernard Cabiron, ainsi qu'une école des vins où les œnologues amateurs et passionnés pourront participer à des ateliers et formations. La maison propose aussi des balades gourmandes et des salles à la location pour les mariages, réceptions privées, séminaires, salons…

MAISON NOILLY PRAT ★

1, rue Noilly - **MARSEILLAN**
✆ 04 67 77 20 15
www.noillyprat.com
Ouvert tous les jours en haute saison, de 10h à 12h et de 14h30 à 19h. Bar. Boutique. Visite à partir de 9,50 (45 min).

Implantée sur le port de Marseillan depuis plus de 150 ans, la célèbre Maison Noilly Prat offre un accès exclusif à son patrimoine et au savoir-faire de son maître de chai. Au programme : découverte de la Maison Noilly Prat grâce aux visites guidées, dégustation des différentes productions, initiation à l'art des cocktails... Vous pourrez y découvrir d'impressionnants foudres en chêne, un musée où resplendissent les cuivres des machines d'antan, la «salle des secrets» où prend forme l'ultime étape de macération et d'assemblage...

LA PINTE HÉRAULTAISE

8, rue du Servent
CLERMONT-L'HÉRAULT
✆ 06 66 47 93 79
Ouvert du mardi au vendredi de 10h à 12h30 et de 15h à 19h ; le samedi de 9h30 à 19h.

À Clermont-l'Hérault, Franck Ortz a ouvert sa brasserie artisanale, dans un style industriel et moderne. On y découvre des grandes cuves en inox, où la sainte boisson est préparée par ses soins, mais La Pinte Héraultaise est aussi un lieu de rencontre et d'échange autour de la bière ; on peut s'installer dans les canapés pour déguster la bière du moment et acheter à emporter celles que l'on préfère, Blanche, IPA, Blonde ou Ambrée. Rendez-vous sur sa page Facebook pour savoir où retrouver Franck sur les évènements de la région.

BRASSERIE ARTISANALE RATZ

725, avenue Saint-Exupéry
FONTANES
✆ 05 65 53 05 63
www.biereratz.fr
Du lundi au samedi de 9h à 18h - en été 19h. Visites sur réservation du lundi au vendredi à 11h et 15h, le samedi à 15h.

Christophe Ratz s'est fait la main en Belgique et en Angleterre avant d'ouvrir sa propre brasserie en 2001, à Fontanes, à quelques encablures de Cahors. Alliance de pur malt, de houblon aromatique, de levure et d'eau lotoise, ses bières sont naturelles et non pasteurisées. En un peu plus de quinze ans, Christophe Ratz a mis au point une quinzaine de recettes, déclinées en plusieurs gammes : tradition, spéciale, bio, R de Ratz, auxquelles il faut rajouter les bières saisonnières.

CHÂTEAU DE GAUDOU

Gaudou
VIRE-SUR-LOT
✆ 05 65 36 52 93
www.chateaudegaudou.com
Ouvert du lundi au vendredi de 9h à 12h et de 14h à 18h. Samedi sur rendez-vous.

À Vire-sur-Lot, le Château de Gaudou est un royaume historique de la viticulture locale. Fabrice Durou y élabore des vins de Cahors en cépage Malbec qui concilient avec tradition et contemporanéité. Entre pépites et trésors, on trouve dans sa cave des rouges, blancs et rosés : Caillau Fauve, Caillou Blanc, Chemin d'Orgueil, Chemin du Rey, Chemin de Gaudou mais aussi la cuvée Le Sang de ma Terre, une sélection parcellaire des grands terroirs du domaine créée en 2013 et issue d'un duo entre le vigneron et l'écrivain Jean-Pierre Alaux.

CHÂTEAU DE HAUTE-SERRE

Château de Haute-Serre
CIEURAC
✆ 05 65 20 80 20
www.hauteserre.fr
Fermé en décembre et mars. Dégustation des vins du vignoble : 5-10-20 €. Visites sur réservation.

Propriété Viticole en plein cœur de l'appellation de Cahors sur les plateaux Kimméridgiens, elle est l'une des plus anciennes de l'appellation. Bertrand Gabriel Vigouroux 4ème de sa génération y produit des Malbecs de Cahors. De nombreuses activités y sont proposées pour vous permettre de vous immerger dans ce lieu authentique : visite du vignoble et des chais ponctuée par une dégustation, ateliers de dégustation ou ateliers vendanges aux mois de septembre et octobre, repas champêtre, jeux en bois, parcours d'orientation, escape games, etc.

LES CLAIES DE MAILLOL

1011, route des fosses
GOURDON
✆ 07 83 28 04 51
Visite le mardi et le vendredi à 18h en juillet et en août. Sur rendez-vous le reste de l'année.

Non loin de Gourdon, Les Claies de Maillol est une petite exploitation qui produit du Vin de Grenier. Ce vin est issu d'un raisin passerillé hors souche. Pour le blanc, le cépage utilisé est la fleur de mai élevé en fût d'acacia. On sent alors une belle amplitude en bouche et un nez de fleurs blanches marqué de miel d'acacia. Pour le rouge, les cépages utilisés sont l'Abouriou et le Jurançon noir, et le raisin est issu d'une vinification au chaudron qui offre une robe puissante avec des arômes de cassis, griottes et pruneaux.

CLOS TROTELIGOTTE

VILLESÈQUE
✆ 06 74 81 91 26
www.clostroteligotte.com
Boutique : lun-ven 9h-12h ; 14h-18h. Le samedi sur RDV. Vente et dégustation gratuite à la propriété (Appeler avant).

Les vins du Clos Troteligotte sont produits en AOC Cahors sur un terroir d'exception de 19 ha, à 350 mètres d'altitude. Plus qu'une dégustation, c'est un moment de partage et de découverte des méthodes de culture biodynamiques qui est ici mis en avant : visite du chai, repas et k'as-croûtes vignerons à partir des productions potagères, circuits de randonnée au milieu des vignes et accessibles aux familles avec enfants. Faites le plein d'activités au Clos Troteligotte ! Ponctuez votre venue par un séjour dans le nouveau gîte, doté bientôt d'un bain nordique.

DISTILLERIE CRUSÒL

136, Rue des Prés Vignals
LE VIGAN
✆ 06 79 26 03 12
Ouvert du lundi au vendredi de 10h à 12h et de 15h à 18h30. Visite gratuite de la distillerie.

Crusòl signifie *creuset* en occitan, là où se mélange les cultures. Cette distillerie franco-russe a été créée par Kristina, venue de Saint-Pétersbourg et Thomas, originaire de Gourdon. Ils allient leurs deux cultures pour créer des spiritueux bio, délicats et racés, avec une gamme de gin, vodka au Safran du Quercy et même des rhums blancs, ambrés et arrangés. N'hésitez pas à passer les voir, ils vous feront visiter la distillerie, avec leur alambic manufacturé sur mesure, par un meilleur ouvrier de France et vous proposeront une dégustation de leurs spiritueux !

DISTILLERIE LOUIS-ROQUE

41, avenue Jean-Jaurès - **SOUILLAC**
✆ 05 65 32 78 16
www.lavieilleprune.com
Ouvert du lundi au vendredi de 8h30 à 12h et de 14h à 17h30. Visite gratuite et dégustation offerte.

La Maison Louis Roque est le fruit d'une tradition familiale, une passion qui se transmet depuis cinq générations. Elle a été installée en 1905 à Souillac par Louis Roque. On y élabore de nombreux produits dont la Vieille Prune aujourd'hui considérée comme un des ambassadeurs du Lot. D'autres liqueurs, apéritifs régionaux, crèmes et eaux-de-vie, fruits en bocaux, condiments... y sont confectionnés. En vente également dans la boutique des gammes de carafes et des coffrets cadeaux. On ne peut venir à Souillac sans passer chez Louis Roque !

DOMAINE LE VENT DES JOURS

815, chemin du Roy
VILLESÈQUE
© 06 20 81 20 45
Ouvert du lundi au vendredi de 9h30 à 12h et de 14h à 18h. Le week-end sur rendez-vous.

En 2018, les deux amis passionnés de vin Laurent Marre et Francois Sudreau s'associent pour créer le domaine Le Vent des Jours sur les hauts plateaux de l'appellation de Cahors. Leur vin, travaillé en biodynamie, reflète pleinement la fraîcheur et la finesse des terroirs calcaires du Jurassique qui composent leur domaine. On y trouve également des lavandes, des oliviers et des ruches, une harmonie offrant à la vigne un environnement naturellement riche pour un raisin de qualité.

MAS DEL PÉRIÉ

Le Bourg - **TRESPOUX-RASSIELS**
© 05 65 30 18 07 - www.masdelperie.com
Ouvert du lundi au vendredi de 9h30 à 11h45 et de 14h30 à 18h et le samedi sur rendez-vous. Dégustation gratuite.

Le Mas Del Périé est situé sur les plus hauts coteaux de Cahors à la jonction des terroirs des coteaux du Quercy et ceux de Cahors. Cette petite exploitation familiale produit quatre vins de Cahors issus de parcelles âgées de 40 ans et travaillées dans le plus grand respect de l'environnement : travail du sol mécanique, biodynamisme et agriculture biologique pour cet encépagement : le malbec (côt). Sur 27 hectares, Fabien Jouves produit une belle gamme de vins dont chacune des cuvées affirmant son caractère propre, porte le nom de la parcelle dont elle provient.

VIN DE CAHORS

Place François Mitterand - **CAHORS**
© 05 65 23 82 35
https://vindecahors.fr
Liste des domaines, caves, coopératives sur le site internet.

Les vignerons de Cahors, ce sont des hommes et des femmes portant haut les valeurs du Sud-Ouest et travaillant sur 21 700 ha de calcaire répartis sur 45 communes du Lot, entre Causses et vallée du Lot. L'AOC Cahors a été créée en 1971 et est réservée exclusivement aux vins rouges élaborés à partir de Malbec à 70%, même si deux autres cépages, le Tannat et le Merlot, sont autorisés. Si vous cherchez un domaine labellisé AOC Cahors en particulier, vous pouvez le retrouver facilement sur le site internet du collectif de l'Union Interprofessionnelle du Vin de Cahors.

BRASSERIE DE LA NAINE

3, avenue des Entrepreneurs
SAINT-CHÉLY-D'APCHER © 04 66 31 94 84
www.brasseriedelanaine.fr
Ouvert le mardi, le jeudi et le vendredi de 10h à 13h et de 15h à 18h30 ; le mercredi et le samedi de 10h à 18h30.

Gwendoline et Florian ont rassemblé leurs connaissances en biologie végétale et en qualité de l'eau pour ouvrir La Brasserie de la Naine à Saint-Chély-d'Apcher, et opté pour un approvisionnement via les circuits les plus courts possible. Le houblon est français ; le malt, la gentiane et autres herbes aromatiques et médicinales, départementaux. Gwendoline et Florian ont aussi fait le choix du bio pour leurs trois bières blanches, blondes et ambrées, et leurs spéciales. Toutes sont en vente directe à la brasserie du mardi au samedi.

LES BRASSEURS DE LA JONTE

Lieu-dit Le Castel
GATUZIÈRES
© 07 87 20 88 68
www.lesbrasseursdelajonte.fr
Haute saison : ouvert du lundi au vendredi. Ouvert tous les jours d'avril à septembre.

Dans un ancien moulin, Jean et Thomas brassent des bières artisanales A base de l'eau pure de l'Aigoual, des houblons, et de quelques sortilèges locaux si possible. Chaque bière porte un nom lié au terroir ou aux traditions brassicoles. La Fario évoque la truite sauvage des rivières cévenoles. La Ratapenada – chauve-souris en occitan – renvoie aux pipistrelles qui occupent la salle de dégustation en hiver. La Fauve suggère les vautours qui rôdent au-dessus de la brasserie.

CHÂTEAU DE CALADROY

Château de Caladroy
BÉLESTA
© 04 68 57 10 25
http://chateaudecaladroy.fr/
Accueil, visite et dégustation. Ouvert du lundi au vendredi de 9h à 18h.

Entre Millas et Bélesta, juché à 354 m d'altitude, le château de Caladroy entouré de vignes, oliviers et garrigue, offre un bel horizon. Dès le XIIe siècle, il défendait la frontière franco-espagnole, et de destructions en reconstructions, son passé est chargé de faits de guerre et d'histoire. Propriété viticole depuis le XIXe siècle, de son passé tumultueux, il conserve une architecture spectaculaire qui marie harmonieusement les époques traversées. Le caveau de dégustation est aménagé sous les fondations du château, dans une chapelle construite au XIIe siècle.

CHÂTEAU MONTANA

Route de Saint-Jean-Lasseille
BANYULS-DELS-ASPRES ✆ 04 68 37 54 84
www.chateaumontana.com

100% bio. Ouvert du lundi au vendredi. Accueil, visite et dégustation. Cours de dégustation, soirées vigneronnes.

« Laisser respirer les sols, protéger le biotope et maintenir des rendements faibles », commente Patrick alors que nous nous promenons dans ses vignes. Le domaine s'étend sur 30 ha autour d'imposants bâtiments finement rénovés - on se croirait dans un hameau. Sa renommée dépasse les frontières, les vins de Patrick sont souvent encensés par la presse spécialisée et cerise sur le gâteau le Château Montana est une des rares maisons en Roussillon dont tous les vins sont médaillés chaque année ! Le Château Montana est une halte incontournable sur la route des vins.

CLOS CASTELL

Chemin du Mas-Guillaume - **BANYULS-SUR-MER**
✆ 06 07 36 80 45 - www.closcastell.fr

100 % bio. Dégustation sur RDV. Miel et gourmandises. Balades dans les vignes, dégustations avec accord mets et vins...

Sur les hauteurs de la baie de Banyuls, Jean Christophe écrit l'histoire du Clos Castell jour après jour. « Un bon vin commence à la vigne », commente cet orfèvre qui élabore des vins de niche que seuls les plus chanceux pourront déguster car il ne fait que 8 000 bouteilles ! L'effet en bouche de ses flacons est aussi saisissant que la vue sur les sommets environnants ! L'absence de traitement mécanique et chimique préserve les arôme de ses nectars. Nous avons découvert un personnage au grand cœur comme on les aime au *Petit Futé*, un puriste attachant, une pépite.

DOMAINE MAS CAMPS

Mas Camps
MAURY
✆ 06 23 78 76 82
www.mas-camps.com

Visite sur rendez-vous

Le vigneron passionné Olivier Castells reprend, en 2003, les 25 hectares de vignes du domaine familial vinifiés en cave coopérative, avec pour objectif la vinification de ses propres vins. Il étend l'exploitation à 30 hectares en conduisant son vignoble sous la certification Haute Valeur Environnementale, où il concilie blancs et rouges. Il fait cohabiter les cépages Maccabeu, Grenache blanc et gris, Muscats d'Alexandrie et à Petits grains ainsi que Sauvignon en plaine et fait naître les rouges par l'alliance des Grenache, Syrah, Mourvèdre et Carignan.

DOMAINE PIETRI-GERAUD

22, rue Pasteur - **COLLIOURE**
✆ 04 68 82 07 42
www.domaine-pietri-geraud.com

Ouvert du mardi au samedi de 10h30 à 12h30 et de 15h à 18h. Boutique en ligne.

Bien ancré dans la tradition colliourenque, le domaine Piétri-Géraud possède le savoir-faire de 5 générations de vignerons, et aujourd'hui ce sont 2 femmes, Maguy et Lætitia, qui tiennent les rênes du domaine. 20 ha dont 16 sur des terrasses schisteuses, un terroir rude empreint d'une forte identité. Les vins sont vinifiés et dorment au cœur du village. En vin sec ou doux, les cuvées du domaine sont à découvrir. Mention spéciale aux vieux millésimes de Banyuls. La presse spécialisée ne s'est pas trompée et récompense régulièrement les nectars du domaine.

DOMAINE SAINT-THOMAS

Chemin de la salanque, Lieu dit las Honors
ARGELÈS-SUR-MER ✆ 06 12 64 57 87
www.domaine-st-thomas.com

Accueil, visite et dégustation. Wine Tour en 4x4, visites privées. Produits du terroir, fruits et légumes. 3 gîtes.

Le Domaine Saint Thomas s'étend sur 25 ha de vignes, 3 ha de cerisiers, 3 ha d'abricotiers, 3 ha d'oliviers. En saison, venez au domaine récolter vos cerises et acheter leurs fruits au caveau. Laurence et Pierre Jean se consacrent à l'œnotourisme : 3 gîtes ruraux 4 épis, location d'une salle vigneronne de 90 places, visite guidée du domaine tout l'été, Wine Tour en 4X4 dans les vignes de Collioure avec pique-nique et dégustation… Mais la force du Domaine Saint Thomas, c'est 3 terroirs viticoles pour offrir une gamme complète pour tous les goûts et les budgets.

DOMAINE TAMBOUR

136bis, avenue du Puig-del-Mas
BANYULS-SUR-MER ✆ 04 68 88 12 48
www.cave-tambour.com

Ouverture du lundi au samedi. Oenotourisme : cours de dégustation, soirées vigneronnes, visite à partir de 5 €.

Depuis 1976, les familles Herre et Berçot sont vignerons, récoltants, vendeurs de leur propre marque : la Cave Tambour. De la rencontre entre mer et montagne sont nés des paysages spectaculaires conquis de force sur la nature que le domaine vous propose de découvrir de la mer en catamaran, du ciel en hélico et bien sûr depuis terre à pied, en buggy ou 4x4. Le domaine propose aussi de belles prestations en œnotourisme : agapes vigneronnes, initiations à la dégustation avec visite de chai et soirées à thème juste pour ressentir le vin fleurter avec la musique !

TERRES DES TEMPLIERS

Route du Mas-Reig - **BANYULS-SUR-MER**
✆ 04 68 98 36 92
www.terresdestempliers.fr
Horaires selon les saisons sur le site Internet. Visite gratuite. Circuits et animations autour de l'oenotourisme.

Le vignoble de Banyuls et Collioure existe depuis 26 siècles, la grande Cave Terres des Templiers est un hommage au travail des hommes. Le clou de la visite guidée est la découverte de la superbe et grandiose salle des foudres, ces cuves d'une capacité allant de 800 hl à 1 000 hl, l'allée des cuves bicentenaires et à l'extérieur les demi-muids contenant les banyuls secs, exposés au vent et au soleil pendant 12 mois. Vous bénéficierez également d'une dégustation privilégiée des Grands Vins des Terres des Templiers. À découvrir absolument.

VIGNERONS CATALANS

Avenue Julien-Panchot
PERPIGNAN
✆ 04 68 85 04 51
www.vigneronscatalans.com
Boutique en ligne.

Avec ses 15 000 ha cultivés sur tout le département et ses 2 500 producteurs affiliés, Vignerons Catalans s'impose sur le marché du vin par la diversité et la qualité de ses crus. Les marques créées correspondent aux attentes des amateurs de vins et se déclinent en Croix Milhas, Rafale, Haute Coutume, Fruité Catalan, Villages de Terroir Catalan, tous AOC avec des certifications Internationales pour le respect d'une charte de qualité stricte. Le plaisir est au rendez-vous dans ces gammes qui étreignent tout le savoir ancestral et novateur viticole d'Occitanie.

VIGNOBLES DOM BRIAL

14, avenue Maréchal-Joffre - **BAIXAS**
✆ 04 68 64 22 37
www.dom-brial.com
Du lundi au samedi, 9h-12h et 14h-18h30 (juillet-août : 9h-12h30 et 14h-19h). Visite cave et dégustation à 10h et à 15h.

Créés en 1923, les Vignobles Dom Brial exploitent à ce jour plus de 2 500 ha de vignes dont le plus grand vignoble de Muscat de Rivesaltes de tout le Roussillon. La diversité de ce terroir permet d'élaborer des cuvées très différentes, des vins doux aux vins secs. Investis dans une démarche respectueuse et solidaire, les Vignobles Dom Brial sont reconnus par le label Vignerons en Développement Durable depuis 2010. Plusieurs formules sont proposées pour une visite passionnante du vignoble au cœur d'un paysage exceptionnel expliqué par des vignerons dynamiques.

VIGNOBLES TERRASSOUS

46, avenue des Corbières - **TERRATS**
✆ 04 68 53 02 50 - www.terrassous.com
Du mardi au samedi en juillet et Août : visite de la cave à 11h. Hors période, sur rendez-vous. Boutique en ligne.

La production des vignobles Terrassous, avec plus de 90% du vignoble des Aspres classé en AOP, est chaque année d'environ 30 000 hl. Les vins du Terrassous se distinguent par la richesse de leurs arômes et la finesse de leurs tanins. Vins sur le fruit ou vins élaborés en barrique, le plaisir est toujours au rendez-vous. Le savoir-faire de cette coopérative est indéniable et ses vins sont fortement prisés par les restaurateurs. Découvrez également les mythiques Rivesaltes élevés jusqu'à 40 ans en fûts de chêne. Profitez d'une visite et dégustation toute l'année.

BRASSERIE DES VIGNES

9, avenue Marcel-Pagnol
GRAULHET
✆ 06 22 38 16 10
www.brasseriedesvignes.blogspot.com
Ouvert tous les jours. Sur rendez-vous. Vente sur les marchés et la propriété.

Un brasseur dans le Tarn ? Oui, vous avez bien lu ! Cette micro-brasserie est née de la passion de Stéphane, houblonné de la tête aux pieds. Il vous contera les techniques de fabrication de la bière au milieu de ses machines, elles aussi très artisanales, et vous apprendra à déguster une bière, comme on le fait pour le vin. Libertine (blonde), Clandestine (blonde), Délinquante (brune), Tout ô black (brune), Bulles de Vignes et Vent d'Ange (2 bières de type gueuze), ces bières sont en appellation « Nature et Progrès ». Un coup de cœur pour ce brasseur !

CAVE DU TECOU - VINOVALIE

100, Route de Tecou
TÉCOU
✆ 05 63 57 18 10
www.cavedetecou.fr
Ouvert du lundi au samedi de 8h30 à 12h30 et de 14h à 18h. Entrée gratuite. Label Tourisme & Handicap.

Fondée en 1953, la Cave de Técou, avec ses 465 ha de vignes, est située entre Toulouse et Albi, au cœur du vignoble gaillacois sur la rive gauche du Tarn. Rattachée à Vinovalie, elle est pionnière en ce qui concerne l'élevage en barrique et compte aujourd'hui 650 fûts de 225 litres de capacité. Si vous êtes amateur de vins et que vous souhaitez en découvrir plus, la cave organise des visites de ses chais à barriques ainsi qu'une dégustation gratuite.

CHÂTEAU CLÉMENT TERMES

RD18 - **LISLE-SUR-TARN**
✆ 05 63 40 47 80
www.clement-termes.com
Ouvert le samedi de 10h à 12h30 et de 14h30 à 19h. L'été : du lundi au vendredi de 8h30 à 12h30 et de 14h30 à 19h.

Le château Clément Termes est le théâtre d'une longue histoire de vignerons, débutant en 1860 avec Jean-Pierre Termes, qui léguera l'exploitation à son fils Clément. Ce dernier y construisit en 1868 un chai de vinification avant d'édifier le château. En 1996, Olivier David, œnologue et sa sœur Caroline, la 6e génération, perpétuent la tradition. Le château Clément Termes se retrouve aujourd'hui sur les meilleures tables françaises. Cette qualité est reconnue régulièrement par des récompenses au Concours général agricole de Paris.

CHÂTEAU DE TERRIDE

185, Route de Ste Catherie - **PUYCELSI**
✆ 05 63 33 26 63
https://chateaudeterride.com/
Ouvert du lundi au samedi de 10h à 12h et de 14h à 19h. Visite de cave sur rendez-vous. Vente au domaine et en ligne.

Le château de Terride est une magnifique bastide du Haut Moyen Âge. Alix et Romain y exploitent un vignoble de 40 ha, idéalement exposé, donnant au vin force, puissance et délicatesse. Ils privilégient la culture des cépages ancestraux et spécifiques du terroir gaillacois : le braucol, la syrah et le duras pour les rouges, le mauzac et le loin de l'œil pour les blancs. Méthodes de vinifications exigeantes, savoir-faire, élevage en barriques ou en cuves, et au final des vins primés et cités. À découvrir : «Ta main sur mon chemin», un Rouge de 2020, 100% Braucol.

DISTILLERIE CASTAN

La Souparié
VILLENEUVE-SUR-VÈRE
✆ 05 63 53 04 61
www.distillerie-castan.com
Qualité Tourisme. Boutique sur place et en ligne. Visite et dégustation à partir de 12 €.

C'est en sédentarisant l'alambic du grand-père Castan que Céline et Sébastien Castan ont créé leur distillerie. Déjà connus pour leurs alcools blancs de fruits, ils sont aujourd'hui reconnus pour leurs whiskys artisanaux lancés en 2010. Vous pourrez vous procurer votre bouteille numérotée choisie parmi cinq styles du Vilanova : le Berbie, issu d'une maturation en fûts neufs ; le Gost, vieilli en fût de chêne américain à bourbon ; le Terrocita, tourbé, vieilli en fût de chêne ; le Roja vieilli en fût de vins rouges et le Ségala, au malt de seigle.

DOMAINE BARREAU

Boissel
GAILLAC
✆ 05 63 57 57 51
www.domaine-barreau.com
Ouvert du lundi au samedi de 9h à 12h et de 14h à 18h. Dégustation. Boutique en ligne.

Exposé plein sud et bénéficiant d'un microclimat typique de la « petite Toscane » du Tarn, le vignoble de la famille Barreau produit des vins remarquables en blancs, rosés et rouges. Leurs bouteilles sont facilement reconnaissables à la feuille de vigne qui figure sur l'étiquette. Si vous avez besoin d'une autre information pour vous convaincre d'aller découvrir ce domaine gaillacois, sachez que la production du Domaine Barreau est marquée Vigneron Indépendant, emblème d'une famille de professionnels responsables et respectueux de la tradition.

DOMAINE CARCENAC

Le Jauret
MONTANS
✆ 05 63 57 57 28
www.domainecarcenac.com
Ouvert du lundi au samedi de 8h à 12h et de 14h à 19h. Visite sur rendez-vous. Boutique en ligne

Nicole et Cédric Carcenac sont les héritiers d'une histoire familiale depuis plus de 7 générations. Le domaine s'étend sur 60 ha de rouge et 10 de blanc, sur 3 terroirs géologiquement différents : grave, argilo-graveleux et argilo-calcaire. Cette diversité permet de produire et de vinifier un grand nombre de cépages de caractère : braucol, duras et syrah en rouge, loin de l'œil, mauzac et muscadelle en blanc, et prunelard en rouge un des plus vieux cépages de Gaillac aux arômes de violette. Le domaine organise fréquemment des dégustations et des portes ouvertes.

DOMAINE CINQ PEYRES

Lieu dit Cinq Peyres - **CAHUZAC-SUR-VÈRE**
✆ 05 63 33 23 34
www.domaine-cinqpeyres.fr
Visite sur réservation du lundi au samedi de 9h à 12h et de 14h à 19h.

Près de Cahuzac-sur-Vère sur le plateau cordais, le domaine Peyres Roses est remarquable par la qualité et la typicité de ses vins. On s'attelle ici à donner le meilleur des vignes ; sur les 15 hectares de coteaux argilo-calcaires de Peyres Roses, 8 ha (dont une majorité de plus de 40 ans) seulement sont consacrés au vignoble avec ses rouges, ses blancs secs (très fruités) et doux. Le reste du vignoble est consacré « au bien-être de la vigne » (plantations de chênes truffiers et de fleurs). Les visiteurs peuvent même se balader et pique-niquer dans les vignes.

DOMAINE DE BRIN

Brin
CASTANET
✆ 05 63 56 90 60
www.domainedebrin.com
Ouvert du lundi au samedi de 10h à 12h et de 14h à 18h. Sur rendez-vous.

Engagé dans le respect et l'amour de sa terre, Damien Bonnet apporte un soin particulier à ses vignes. Au cœur du Tarn sur le territoire de Gaillac, ce vigneron passionné fait preuve d'un pragmatisme actif dans la vinification et l'élevage. Il permet alors à sa vigne de produire des vins à forte personnalité, et de pouvoir occuper une place de choix dans l'évolution de l'appellation des vins biologiques de Gaillac. Vous pouvez vous découvrir son histoire, son chai et vous procurer ses vins en vente directe au domaine, sur rendez-vous.

DOMAINE DU CHÂTEAU LASTOURS

Chateau Lastours - **LISLE-SUR-TARN**
✆ 05 63 57 07 09
www.chateau-lastours.com
Visite et dégustation sur rendez-vous du lundi au samedi de 9h à 12h30 et de 13h30 à 18h30.

Implanté entre Gaillac et Lisle-sur-Tarn, ce château du XVIIe siècle est un site de production de vin de qualité. Transmis de génération en génération au sein de la famille Faramond, Château Lastours est aujourd'hui aux mains de Louis, ingénieur agronome, qui se charge de pérenniser le patrimoine de ses ancêtres. Au sein de ses 60 hectares de vignes, il produit une gamme de vins rouges, blancs et rosés réputée et régulièrement médaillée lors de concours nationaux et régionaux.

DOMAINE GAYRARD

1, Hameau de Capendut - **MILHAVET**
✆ 06 12 09 01 34
www.maison-gayrard.com
Vignobles et Découvertes. Caveau : du lundi au vendredi 10h-18h (le samedi sur rendez-vous). Boutique en ligne.

La Maison Gayrard fait honneur à la terre des Causses, en bordure du célèbre vignoble de Gaillac, depuis déjà 5 siècles. Après une courte reconversion du domaine en culture céréalière, Pierre Fabre a repris la main de cette propriété familiale et y a replanté, avec la complicité de sa femme Laure, les vignes en 2013. Le duo a développé 35 ha en bio sur le terrain de l'arrière-grand-père de Pierre et a construit en quelques années un beau circuit commercial, autour de l'œnotourisme à la propriété et dans les restaurants du Tarn.

DOMAINE MICHEL ISSALY

817, route de la Ramaye - **GAILLAC**
✆ 05 63 57 06 64
www.michelissaly.com
Ouvert du lundi au samedi de 10h à 12h et de 14h à 18h. Visite sur rendez-vous.

Au cœur des vignobles gaillacois, l'amour des vignes se transmet depuis des dizaines de générations. Michel Issaly est de ces passionnés de la première heure, il met son énergie au service de son domaine de 6,5 hectares en cépages ancestraux : Duras, Braucol, Prunelard, Mauzac et Ounden. Le propriétaire a décidé de transmettre sa passion au cours de visites et d'adapter son exercice d'aujourd'hui : l'un de ses combats concerne le respect de la faune et de la flore, ainsi, le vignoble s'est orienté bio et biodynamie, agroforesterie et Haute Valeur Environnementale.

DOMAINE ROTIER

Petit Nareye
CADALEN
✆ 05 63 41 74 14
www.domaine-rotier.com
Visite du lundi au samedi de 9h à 12h et de 14h à 19h. Jusqu'à 18h de novembre à mars.

Une invitation à la promenade, à la découverte d'un vignoble et d'une culture, la rencontre d'un terroir et de cépages de ce domaine familial de 35 hectares certifié bio depuis 2012, que se partagent Francis Narre et Alain Rotier. Deux cuvées principales constituent la gamme du Domaine Rotier : Les Gravels, vins du terroir, ronds et fruités, en rouge, rosé, blanc sec et doux, et Renaissance rouge, en blanc sec et Vendanges tardives, tous issus d'une sélection des meilleures parcelles du domaine. S'y ajoutent également une cuvée de rouge sans sulfites.

DOMAINE SARRABELLE

Les Fortis - **LISLE-SUR-TARN**
✆ 05 63 40 47 78
www.sarrabelle.com
Ouvert du lundi au samedi de 9h à 12h et de 14h à 19h sur rendez-vous. Vente au domaine. Visite et dégustation.

Laurent et Fabien Causse sont la sixième génération de vignerons sur le domaine. Ils ont souhaité donner le nom de la source à leurs vins haut de gamme, comme la cuvée Saint-André (un rouge AOC, 12 mois en fût) et le mauzac (un blanc, qui reste en fût de chêne pendant 6 mois), mais aussi à leurs vins traditionnels et de pays, dont un rosé. Un travail de recherche permanent, en agriculture raisonnée, a abouti à l'élaboration d'un vin doux (série limitée) servi sur les grandes tables de la région, entre tradition, innovation et qualité.

BRASSERIE OC'ALE

547, Chemin du Château d'eau - **BRESSOLS**
✆ 09 50 33 54 90
www.bieres-ocale.fr

Visite et vente à la brasserie de préférence sur rendez-vous, du lundi au vendredi de 10h à 18h.

Les bières Oc'Ale sont nées à Lafrançaise en 1998. C'est une des brasseries les plus anciennes de Midi-Pyrénées. Sortent de cette brasserie des bières assez classiques, réalisées à l'ancienne, dans la pure tradition des bières à fermentation haute. Les premiers brassins donnent deux bières : une blanche très douce et une noire plutôt maltée. Suivent une blonde et une ambrée. Arrivée de nouvelles bières comme une IPA et désormais une gamme de sept bières. Il est possible de visiter la fabrique en prenant rendez-vous au préalable. Accueil sympa et très pédagogique.

CHÂTEAU BELAYGUES

1755, chemin de Bonneval
LABASTIDE-SAINT-PIERRE ✆ 06 58 69 28 28
chateaudebelaygues.com

Lundi, mardi, jeudi et samedi : 14h - 18h30. Vendredi : 9h - 18h30. Mercredi et dimanche sur rdv. Visites, dégustation.

Le Château de Belaygues fait partie du réseau Vignobles et découvertes ainsi que de Bienvenue à la Ferme. Guillaume Veyrac, le propriétaire, produit des vins d'appellation Fronton. Vins élégants aromatiques et fleuris rouges et rosés, appellation Fronton, mais aussi des bancs secs (100% Viognier) et doux (100% Semillon). Adeptes d'œnotourisme, ils vous ouvriront les portes de leur chai et vous feront découvrir leurs 13 ha de vignes. Pas de découverte sans dégustation au caveau... L'accueil des cavaliers et des camping-cars est possible.

DOMAINE DE MASSOUGNÉ

528, route des aygues - **BARRY-D'ISLEMADE**
✆ 05 63 31 67 49
www.domainedemassougne.fr

D'avril à septembre : lundi 16h-19h ; le mardi, mercredi, vendredi, samedi 10h-12h et 16h-19h. Autres horaires en ligne.

Jean-Jacques Omassi puise son énergie dans la vigne. En tant qu'artisan-vigneron, il privilégie une culture raisonnée et respectueuse de son environnement. Sur ses 10 hectares, il propose des vins de caractère issus de sa passion et dans les traditions familiales, il récolte, vinifie et commercialise son vin depuis sa cave. Il propose du Ratafia, un vin de liqueur fabriqué au moment des vendanges avec le jus de raisin frais, mais aussi deux vins rouges, deux rosés et un blanc. N'hésitez pas à lui rendre visite au domaine pour un moment de partage.

DOMAINE DE MAZUC

Lieu-dit Mazuc - **PUYLAROQUE**
✆ 05 63 64 90 91
https://vins-coteaux-quercy.fr

Label Vignobles et Découvertes. Visite sur rendez-vous. Vente au domaine.

Le Domaine de Mazuc est un vignoble familial tenu par Erick Carles, la 4e génération. Avec des cépages de Cabernet Franc, Merlot, Malbec, Tannat, il cultive la vigne sur de fortes pentes sur lesquelles les terrains argileux sont très calcaires et peu profonds pour élaborer des vins rouges et des rosés en AOC Coteaux du Quercy. Les vins du Domaine de Mazuc se démarquent des autres terroirs par les arômes de fruits rouges, et plus spécialement de cassis. Leurs bouteilles sont en vente directe au domaine mais vous pouvez aussi profiter d'une visite sur rendez-vous.

DOMAINE DE MONTELS

Chemin de la Tauge - **ALBIAS** ✆ 05 63 31 02 82
www.domaine-de-montels.com

Ouvert du lundi au samedi de 9h à 12h et de 14h à 19h. Boutique en ligne pour commande dans la France entière.

Dans les années 70, la famille Romain reprend ce très vieux domaine, arrache les plans hybrides pour replanter en cépages plus nobles. L'appellation Vins de Pays des Coteaux et Terrasses de Montauban était née. Depuis plus d'une vingtaine d'années, les fils Philippe et Thierry sont aux commandes de ce beau vignoble de 70 hectares, et proposent une gamme des plus complètes. Des rouges généreux, des blancs très honorables. Les rosés également comme le rosé Syrah qui a été primé médaille d'argent et le rosé du Mas des Anges, médaille d'or au Mondial du Rosé.

DOMAINE DE THERMES

Domaine de Thermes - **AUVILLAR**
✆ 05 63 39 62 09 - www.domainedethermes.fr

Ouvert le lundi et le mercredi de 9h à 12h et 14h à 18h ; le jeudi et le samedi de 9h à 12h ; le vendredi de 14h à 18h.

En 2013, le Domaine de Thermes a fêté les 100 ans de l'exploitation familiale et des 9 hectares de vignes plantées à la frontière entre le Gers et le Tarn-et-Garonne. En 2018, ce sont sur 10 hectares en production que les vignerons du Domaine produisent des vins rouges, rosés et blancs. Labellisé Haute Valeur Environnementale, on y travaille de manière éco-responsable pour proposer des AOC Brulhois en rouge et en rosé ainsi que des blancs IGP Comté Tolosan. Le Domaine vous accueille avec plaisir pour vous faire découvrir les vins lors d'une visite et dégustation.

DOMAINE LABASTIDUM 🍷

400, Chemin de Loubet
LABASTIDE-SAINT-PIERRE
✆ 06 78 73 52 52
www.domainelabastidum.com
Visite sur rendez-vous. Vente en ligne.

En 1952, Angelo Iseppi et sa famille quittent l'Italie pour le Tarn et Garonne. Cela fait sept générations que la passion du vin perdure au Domaine Labastidum. En 1981, Alain, son deuxième fils a agrandi la propriété implantée sur les origines du village de Labastide-Saint-Pierre, qui compte aujourd'hui 55 hectares et c'est Jérémy, le petit-fils d'Angelo, qui reprend l'exploitation familiale pour continuer à garantir leur savoir-faire. Ils proposent une cuvée pétillante, des rouges AOC Fronton et un blanc de cépages chardonnay et sémillon.

SYNDICAT DE L'APPELLATION COTEAUX DU QUERCY 🍷

BP8 - **MONTPEZAT-DE-QUERCY**
✆ 05 63 63 59 66
www.vins-coteaux-quercy.fr
Ouvert du lundi au vendredi de 9h à 12h30 et de 14h à 18h

L'aire de production «Coteaux du Quercy» s'étend sur 400 ha du Sud de Cahors au Nord de Montauban, de part et d'autre des départements du Lot et du Tarn-et-Garonne. Chaque année, la fête des vins des Coteaux du Quercy rassemble les viticulteurs, producteurs de produits régionaux, artisans… C'est une occasion sans pareil de découvrir ces vins de terroir si divers et variés, sortis de caves de producteurs passionnés et rigoureux dans leur travail des vignes.

MAISON DES VINS DE GAILLAC 🍷

Place Saint-Michel
GAILLAC
✆ 05 63 57 15 40
www.vins-gaillac.com/maison-des-vins
Basse-saison : lundi-samedi 10h-12h/14h-18h, dimanche 10h-13h. Haute-saison : tous les jours 10h-13h/14h-19h.

Située dans une ancienne abbaye, la Maison des Vins sert de vitrine au vin de Gaillac, classé parmi les appellations AOP et IGP, avec une centaine de vins à déguster. Une visite où vous comprendrez les nuances entre les secs et les perlés, les vins primeurs ou issus de vendanges tardives, les méthodes ancestrales ou traditionnelles. Des initiations à la dégustation sont proposées, ainsi que des séances à thèmes autour du vin et du chocolat ou du fromage. Sur réservation impérativement.

PASSEPORT

LANGUES ET LITTÉRATURE

Les langues et la littérature occitanes et catalanes font partie intégrante du patrimoine vivant et culturel de l'Occitanie. Les deux langues, l'occitan et le catalan, sont enseignées en Occitanie de la maternelle à l'université, que ce soit dans l'enseignement public bilingue ou optionnel ou dans les réseaux d'écoles associatives laïques immersives. Aujourd'hui, elles se parlent au quotidien par une partie de la population et leur présence est renforcée par des auteurs talentueux et figures littéraires emblématiques. On peut lire l'occitan et le catalan à travers les pages de polars, d'essais, de théâtre, de poésie ou encore de littérature jeunesse et la Région apporte un soutien important à la préservation de cette richesse culturelle. Le Petit Futé vous amène à la rencontre des acteurs d'Occitanie qui font vivre ces langues et sa littérature.

LES LANGUES

L'occitan et le catalan sont les langues présentes et enseignées en Occitanie que ce soit dans l'enseignement public bilingue ou optionnel ou dans les réseaux d'écoles associatives laïques immersives (Bressolas et Calandretas). L'occitan, également appelé « Langue d'Òc », fait toujours partie de ces langues d'aujourd'hui. Ce sont 55 000 élèves qui apprennent l'occitan de la maternelle à l'université, et la langue est parlée en moyenne par 7 % de la population des territoires de tradition occitane. Le catalan, lui, est la langue officielle de 10 millions d'habitants européens ; d'une culture et d'une littérature très riches, il est le pilier de l'identité catalane et de la personnalité des Pays Catalans. Dans les Pyrénées-Orientales, 37 % de la population sait parler catalan et 65 % en a la compréhension écrite ou orale. À travers ces adresses, le Petit Futé vous amène à la rencontre des acteurs qui font vivre ces langues en Occitanie.

APRENEM L'OCCITAN !

11, rue Malcousinat
TOULOUSE
www.aprenemloccitan.com
Cartographie en ligne des lieux de cours d'Occitan.

Si vous cherchez un cours, un stage, des ateliers ou un groupe de conversation en occitan dans votre région, l'Institut d'Etudes Occitanes met gratuitement à votre disposition ce site doté d'une cartographie qui regroupe toutes les offres disponibles au plus près de chez vous. Pour la plupart, vous retrouverez des cours d'Occitan, des stages ou des ateliers de conversation dans le sud-ouest de la France, mais vous aurez peut-être la chance d'en trouver également du côté de Toulon, Nice, Lyon, Clermont-Ferrand et même à Poitiers ou à Paris.

INSTITUT RÉGIONAL D'ÉTUDES OCCITANES

11, Rue Malcousinat - **TOULOUSE**
✆ 06 34 16 63 90
https://ieo-oc.org/
Secrétariat ouvert du lundi au jeudi de 10h à 12h et de 14h à 16h.

Cette association créée en 1945 a pour but le maintien et le développement de la langue et de la culture occitanes. Ses adhérents œuvrent pour maintenir la culture occitane comme une culture vivante et contemporaine, créatrice et innovante, tout en assumant son histoire. Associée à d'autres structures, l'association propose des cours d'occitan pour adultes, mais aussi un centre de ressources et recherche ainsi que des campagnes de communication pour le grand public.

COLLÈGI D'OCCITANIA

11, rue Malcousinat
TOULOUSE
✆ 06 81 10 28 19
www.collegioccitania.com
Ouvert le mardi et le jeudi à partir de 9h30 et à partir de 17h30 ; le mercredi de 15h à 18h.

Fondé en 1927 à Castelnaudary par Prosper Estieu et Joseph Salvat, le Collège d'Occitanie assure une formation en continu et un enseignement à distance de l'occitan. Les cours sont proposés pour tous niveaux : de l'initiation pour les débutants aux cours de littérature et de civilisation pour les plus avancés. La structure de formation propose également des ateliers de conversation, des ateliers d'écriture ainsi qu'un accompagnement pour le baccalauréat ou un concours. L'établissement a été reconnu d'utilité publique en 1969.

OPLO - OFFICE PUBLIC DE LA LANGUE OCCITANE

22, boulevard du Maréchal Juin
TOULOUSE
✆ 05 31 61 80 50
www.ofici-occitan.eu

L'Office Public de la Langue Occitane est un organisme public qui vise à promouvoir la transmission et la visibilité de la langue occitane. Il rassemble la Région Occitanie, la Région Nouvelle-Aquitaine et l'État. Depuis sa création en 2016, l'OPLO soutient notamment des actions en direction des écoles, des lycées et des associations. Quel que soit votre âge, l'OPLO peut vous accompagner ou vous orienter dans votre apprentissage de la langue occitane !

RECTORAT DE L'ACADÉMIE DE TOULOUSE

75, rue Saint Roch
TOULOUSE
✆ 05 36 25 70 00
www.ac-toulouse.fr
Ouvert du lundi au vendredi de 8h30 à 17h30.

Le rectorat de Toulouse se charge de décliner la politique éducative définie par le gouvernement, en partenariat avec les communes pour l'enseignement primaire, les conseils généraux pour les collèges et la région pour les lycées. Dans l'académie de Toulouse, ce sont plus de 60 000 élèves qui bénéficient de l'enseignement de l'occitan, de la sensibilisation à l'enseignement bilingue. L'occitan est enseigné à l'Université Jean Jaurès et Paul Sabatier à Toulouse et à l'INSPE de Toulouse.

UNIVERSITÉ TOULOUSE JEAN JAURÈS

5, allées Antonio Machado
TOULOUSE
✆ 05 61 50 47 16
https://occitan.univ-tlse2.fr/
Renseignement sur les formations auprès du secrétariat.

La section Occitan de l'Université Toulouse Jean Jaurès propose plusieurs possibilités aux étudiants pour étudier l'Occitan. On peut y retrouver la Licence d'Occitan et la Licence bidisciplinaire Occitan-Catalan, le Diplôme Universitaire d'Occitan (centré exclusivement sur la pratique de la langue), l'option Occitan comme option langue vivante à retrouver dans tous les cursus universitaires ou bien encore le Master Etude et Valorisation des Patrimoines Occitan et Catalan.

CENTRE FORMATION PROFESSIONNELLE EN OCCITAN

2, Rue Jeanne Jugan
BÉZIERS
✆ 04 67 28 75 36
www.cfpoccitan.org
Agenda des stages et des cours sur le site web.

L'association forme depuis 30 ans les personnes souhaitant parler la langue occitane et découvrir la culture. Elle propose des formations avec des cours hebdomadaires et des stages de langue : le stage « parlar » vous permettra de progresser pour réussir à parler et écrire l'occitan, en immersion et de façon ludique. Les ateliers hebdomadaires d'occitan pour adultes vous permettront d'apprendre ou d'approfondir la langue occitane à votre rythme en petit groupe.

CONFEDERACION CALANDRETA

117 Rue des États Généraux
MONTPELLIER
✆ 04 67 06 81 16
http://calandreta.org/fr/

La Confédération Calandreta - Enseignement laïc en immersion occitan, œuvre pour la transmission de l'occitan à l'école. Les « écoles Calandreta » proposent un enseignement laïc bilingue français-occitan, pour une immersion dès le plus jeune âge dans la langue occitane. Il existe plus de soixante écoles maternelles et primaires, quatre collèges ainsi qu'un lycée Calandreta. Chaque établissement enseigne alors l'occitan de sa zone dialectale. Une initiative remarquable qui permet aux calandrons d'assimiler un patrimoine linguistique et culturel de manière vivante. La première école Calandreta a vu le jour en 1979 vers Pau, et le premier collège en 1997 dans l'Hérault.

RECTORAT DE L'ACADÉMIE DE MONTPELLIER

31, Rue de l'Université
MONTPELLIER
✆ 04 67 91 47 00
www.ac-montpellier.fr
Ouvert du lundi au vendredi de 8h45 à 11h45 et de 13h45 à 16h15.

L'académie de Montpellier couvre l'Aude, le Gard, l'Hérault, la Lozère et les Pyrénées Orientales. Les autres départements de l'Occitanie sont gérés par l'académie de Toulouse. L'académie de Montpellier mène une politique dynamique pour promouvoir le catalan et l'occitan, en partenariat avec l'OPLO et l'OPLC. Afin d'accroître le nombre de locuteurs et de favoriser l'enseignement de l'occitan et du catalan, elle a conclu deux conventions avec les collectivités territoriales.

UNIVERSITÉ MONTPELLIER III - PAUL VALÉRY

Route de Mende - **MONTPELLIER**
✆ 04 67 14 20 00
www.univ-montp3.fr
Informations et formations disponibles sur le site web ou par téléphone.

L'Université Paul Valéry de Montpellier est une faculté spécialisée dans les Lettres, Arts, Langues et Sciences humaines et sociales qui compte plus de 22 000 étudiants. Dans ses 6 unités de formation et de recherche, vous trouverez la Licence Occitan, qui forme les futurs spécialistes à la langue et de la culture occitanes. Ouverte à tous, les étudiants pourront s'orienter à l'issue de la formation vers les secteurs professionnels qui exigent la connaissance de la langue.

LO CONGRÈS

5, rue de la Fontaine
PAU
https://locongres.org
Dictionnaires et ressources sur le site web.

Lo Congrès est l'organisme interrégional de régulation de la langue occitane. Il rassemble les institutions et les fédérations historiques occitanes. Lo Congrès est soutenu par les collectivités et le ministère de la Culture et de la Communication. Sur leur site, vous trouverez toutes les informations et les actualités liées à la culture et à la langue occitane, aux actions du Congrès, l'agenda des évènements, mais aussi tout un espace de ressources avec dictionnaires, lexique, correcteur orthographique, grammaire et conjugaison.

ASSOCIATION BRESSOLA

Rue Nature
PERPIGNAN
✆ 04 68 66 50 01
www.bressola.cat
Informations et liste des écoles sur le site web.

L'association Bressola naît en 1976 dans le but de promouvoir l'enseignement en catalan en Catalogne du Nord. Elle crée alors la première école d'immersion à Perpignan, avec 7 enfants. Elle lutte de longues années pour sa reconnaissance et pour l'obtention de subventions. Aujourd'hui, avec 7 écoles et 1 collège et plus de 1 000 élèves, La Bressola est devenue une référence pédagogique, d'immersion linguistique, culturelle mais aussi associative du pays. Pour en savoir plus, le site internet de l'association vous informe sur son système éducatif et ses activités.

ÒMNIUM CULTURAL

23, Avenue du lycée
PERPIGNAN
✆ 04 68 55 47 90
www.omnium-catnord.eu
Informations sur les formations et les cours sur le site web.

L'Òmnium Cultural de Catalogne du Nord enseigne le catalan pour adultes depuis plus de 30 ans. Pour les salariés du secteur public ou privé, Òmnium propose l'apprentissage du catalan pour répondre à leurs besoins, leurs activités professionnelles en Catalogne Nord ou pour les échanges transfrontaliers. Les objectifs sont de faire découvrir ou renforcer les connaissances des apprenants en langue et culture catalane, afin qu'ils acquièrent progressivement des compétences en catalan et qu'ils puissent parler, lire, l'écrire et l'appliquer au travail.

OPLC - OFFICE PUBLIC DE LA LANGUE CATALANE

52, Avenue Paul Alduy - **PERPIGNAN**
✆ 04 11 81 95 85
http://oplcat.eu/
Ouvert du lundi au vendredi de 9h à 17h30.
Agenda des cours sur le site web

L'Office public de la langue catalane (OPLC) rassemble l'ensemble des acteurs publics et privés œuvrant au service de l'enseignement, du développement et de l'usage régulier de la langue catalane. Il a pour mission de structurer l'apprentissage du catalan à l'échelle du département. L'OPLC propose du matériel pédagogique pour les enseignants, des ressources pour les curieux souhaitant s'initier ou développer leur apprentissage et oriente aussi vers ses partenaires.

UNIVERSITÉ DE PERPIGNAN VIA DOMITIA

52, avenue Paul Alduy - **PERPIGNAN**
✆ 04 68 66 20 00
www.univ-perp.fr
Informations sur les formations sur le site web ou par téléphone.

L'Université de Perpignan accueille les étudiants après le BAC souhaitant réaliser des études dans les arts, les lettres et les langues, mais aussi dans de nombreux autres domaines. À taille humaine, pluridisciplinaire et ouverte à l'Occitanie, aux pays catalans et l'international, ce sont 9500 étudiants qui étudient sur ses campus. Les linguistes peuvent choisir une Licence Catalan, cette formation à la langue et à la culture catalanes prend en compte l'ensemble des Pays Catalans.

UNIVERSITÉ OCCITANE D'ÉTÉ - LENGA VIVA

Rue de la Mairie
LAGUÉPIE
✆ 05 63 30 20 81
En juillet. Agenda complet sur le site web.

Chaque été, les associations Lenga Viva et Escambiar organisent l'Université Occitane d'Eté de Laguépie. La semaine est alors animée par des conférences, des ateliers de langue, de danse ou de chant, de concerts autour de la langue et de la culture occitanes. Lieu et temps d'enseignement, d'animation et d'étude, c'est aussi un moment de rencontres où les élèves ont l'opportunité de parler avec des occitanophones du voisinage, des écrivains et des artistes de renom.

LA LITTÉRATURE

La littérature occitane et catalane est toujours bien vivante en Occitanie, avec des auteurs au talent reconnu, à l'image de Jean Larzac, Yves Rouquette, Serge Bec et Pierre Bec, Marcelle Delpastre, Jean-Luc Sauvaigo ou encore Serge Javaloyès et Aurélia Lassaque. Aujourd'hui, elle trouve sa place dans de nombreux domaines : polar, essai, théâtre, poésie, bande dessinée… et même la littérature de jeunesse. Soutien à la création littéraire avec accompagnement des auteurs en région et soutien aux manifestations littéraires de qualité, la Région Occitanie met en œuvre différentes interventions en faveur du livre et de la lecture. Rendez-vous dans l'une des deux antennes du Centre international de recherche et de documentation occitanes (CIRDOC), à la Bibliothèque d'Études et du Patrimoine à Toulouse ou dans l'une des bibliothèques de la région, lors du Total Festum ou lors d'une des nombreuses manifestations autour du livre organisées sur le territoire.

CENTRE CULTUREL - ABBAYE MÉDIÉVALE DE LAGRASSE

4, rive gauche - **LAGRASSE** ✆ 04 68 43 15 99
www.abbayedelagrasse.fr

Bistrot littéraire ouvert du vendredi au lundi de 11h à 18h. L'été, ouvert du jeudi au mardi de 10h à 19h.

Dans l'Aude, cette prestigieuse abbaye transformée en centre culturel est dédiée aux « arts de lire ». Ouvert à tous les curieux de patrimoine, d'art et de littérature, le site renferme un bistrot littéraire et sa librairie. Il accueille le Banquet du Livre d'été et propose aussi des visites toute l'année, des animations patrimoniales et pédagogiques, des rencontres d'auteurs et conférences, des ateliers, des expositions, des concerts et des projections de films de cinéma indépendant.

MUSÉE DES ARTS ET MÉTIERS DU LIVRE

39, rue de la Mairie - **MONTOLIEU**
✆ 04 68 24 80 04
www.montolieu-livre.fr

Ouvert toute l'année. Gratuit jusqu'à 6 ans. Exposition permanente visite guidée 10 €. Visite libre : 5 €.

Au centre du village médiéval de Montolieu, entrez dans l'univers de Gutenberg. Ici depuis des décennies, tout est livre, tout gravite autour de l'encre, du papier, de la plume et de la machine à écrire. Bienvenue au musée des Arts et Métiers du Livre. Vous percerez tous les secrets de l'histoire de l'écriture, de sa naissance jusqu'à l'essor de l'imprimerie en passant par les différents supports utilisés. Le musée propose toute l'année des ateliers, stages et conférences.

LES RENCONTRES DE SALINELLES

Château de Salinelles
SALINELLES
✆ 06 84 90 73 92
www.lauceulibre.com

Fin juin, pendant 3 jours. Gratuit. Conférences, expositions, salon du livre, contes pour enfants…

Dans le cadre de Total Festum et de la promotion de la culture occitane, est organisé les Rencontres de Salinelles, un évènement culturel autour de la littérature et des créations d'Oc. Au programme, expositions et conférences sur de nombreux thèmes de la culture occitane, des «siestes poétiques», des concerts de musique locale, un salon du livre occitan ou encore des contes pour enfants. De belles journées culturelles, gratuites, pour petits et grands !

ACADÉMIE DES JEUX FLORAUX

7, Place d'Assezat - **TOULOUSE**
✆ 05 61 21 22 85
https://jeuxfloraux.fr/

Agenda et calendrier des rendez-vous sur le site web.

Les Jeux floraux ont été institués en 1323, à Toulouse, par sept troubadours pour maintenir le lyrisme courtois. Considérée comme la plus ancienne société savante d'Europe, l'Académie des Jeux floraux fut reconnue d'utilité publique en 1923 et se donne pour mission aujourd'hui de promouvoir la poésie en français et en occitan à travers le monde. Elle s'efforce de favoriser la création littéraire et la diffusion de la culture, notamment par ses lectures et ses conférences publiques.

Toulouse.

BIBLIOTHÈQUE D'ÉTUDES ET DU PATRIMOINE

1, Rue de Périgord
TOULOUSE
Ouvert le mardi, le mercredi, le vendredi et le samedi de 10h à 19h ; le jeudi de 13h à 19h. Emprunt sur adhésion.

Pour redécouvrir la richesse du fonds patrimonial occitan de Toulouse, dirigez-vous vers la Bibliothèque d'Etudes et du Patrimoine. Inaugurée en 1935 et appelée aussi « Périgord », elle est très plébiscitée par les étudiants et les chercheurs. D'une surface de 9 000 m², c'est l'une des plus importantes en France et accueille plus de 35 000 livres édités depuis 1990 dans tous les domaines dont 5 000 documents depuis 1945 concernant Toulouse et la région Midi-Pyrénées.

BIBLIOTHÈQUE D'ÉTUDES MÉRIDIONALES

56, ue du Taur
TOULOUSE
✆ 05 61 50 24 63
https://bibliotheques.univ-tlse2.fr
Ouvert du lundi au jeudi de 9h à 18h.

Cette bibliothèque dépend de l'Université de Toulouse. Elle est spécialisée dans l'histoire, les langues et la littérature du grand Midi de la France et de l'Espagne, de l'Antiquité à nos jours, au service d'abord de l'ensemble de la communauté universitaire, mais aussi ouverte à tous les publics. Elle conserve un très large éventail de documentation sur l'histoire, les langues et la littérature du sud de la France et de l'Espagne et est dotée d'un fonds occitan.

LE MARATHON DES MOTS

✆ 05 61 99 64 01
www.lemarathondesmots.com
En juin. Entrée libre et gratuite.

Fondé en 2005, ce festival dédié au patrimoine littéraire est un rendez-vous essentiel. Porté par une vingtaine de librairies indépendantes de l'agglomération toulousaine, il s'organise en cycles thématiques mettant en lien des plumes françaises et étrangères. Près de cent cinquante animations, débats, lectures et autres forums donnent ainsi vie à la littérature. Dominique Blanc, Brigitte Giraud ou encore Didier Eribon : découvrez les invités de marque de cette édition dès le mois de mars ainsi que le programme complet du festival courant mai.

ROSALIS - BIBLIOTHÈQUE NUMÉRIQUE PATRIMONIALE

Place du Capitole
TOULOUSE
Bibliothèque numérique accessible à tous.

Créée par la mairie de Toulouse, Rosalis est une bibliothèque numérique diffusant et mettant en valeur les collections anciennes, rares et précieuses de sa bibliothèque municipale. La collection « Langue d'oc » regroupe à la fois des poésies, des pièces de théâtre, des enquêtes de linguistique, des écrits révolutionnaires, des pièces musicales et des écrits théologiques en langue occitane. Ce fonds est riche de plusieurs dizaines de manuscrits du Moyen Âge jusqu'au XXe siècle.

CIRDOC - INSTITUT OCCITAN DE CULTURA

1 bis, boulevard Bertrand Du-Guesclin - **BÉZIERS**
✆ 04 67 11 85 10
www.oc-cultura.eu
Ouvert le lundi de 13h30 à 18h ; du mardi au vendredi de 10h à 18h. Entrée libre et gratuite

Le Centre International de Recherche et de Documentation Occitanes est chargé de la sauvegarde, de la connaissance et de la promotion de la culture occitane. Il articule ses missions et services sur ses deux sites physiques : la Mediatèca à Béziers et l'Etnopòle à Pau. La médiathèque de Béziers, en libre accès, vous ouvre ses portes afin d'y découvrir des ressources culturelles et des activités pour tout public souhaitant étudier la culture occitane ou pratiquer la langue.

VOIX VIVES

15, rue Lacan - **SÈTE**
✆ 04 99 04 72 51
www.sete.voixvivesmediterranee.com
En juillet. Rencontres poétiques gratuites. Spectacles au Théâtre de la Mer dès 25 €.

Depuis 1997, ce festival anime la ville de Sète de ses poésies avec plus de 650 rencontres poétiques et musicales, au rythme de plus de 80 rendez-vous quotidiens dans des jardins, publics ou privés, sur les places, dans les rues transformées pour quelques jours en jardins, sur le brise-lames, au Théâtre de la Mer, en bateau… Le festival accueille plus de cent poètes venus de toute la Méditerranée qui sont entourés de nombreux artistes, conteurs, musiciens, chanteurs, comédiens et plasticiens qui proposent des concerts, des ateliers et des expositions.

LA COMÉDIE DU LIVRE

MONTPELLIER
✆ 04 67 34 73 30
www.comediedulivre.fr
En mai. Entrée libre.

La Comédie du Livre est incontestablement l'un des rendez-vous les plus plaisants. Au cours de cette manifestation, créée en 1986 par l'association Cœur de Livres, la ville devient le pôle des rencontres littéraires et culturelles. L'événement se déroule sur trois jours et s'articule autour de débats, d'ateliers, d'expositions et de lectures. C'est l'occasion rêvée pour rencontrer des auteurs et découvrir des genres littéraires. En 2023, des auteurs d'Espagne, de Suisse, d'Italie, de Grèce ou encore du Royaume-Uni étaient présents.

SANT JORDI - SALON DU LIVRE

Médiathèque
PERPIGNAN
www.mairie-perpignan.fr
Pendant la Sant Jordi, de mi à fin avril. Informations complètes sur le site de la mairie.

C'est un rendez-vous incontournable du monde littéraire qui se déroule à Perpignan lors de la Sant Jordi. Durant 10 jours, le livre est mis à l'honneur avec une jolie programmation : conférences, expositions, spectacles, salon du livre et dédicaces, atelier d'écriture, hommages, projections de films et remise des prix Méditerranée… Des animations hautes en couleur et une attention particulière portée aux figures locales. Le programme complet est à retrouver en ligne.

OCCITANIE LIVRE ET LECTURE

47, quai du Verdanson
MONTPELLIER
✆ 04 67 17 94 69
www.occitanielivre.fr
Pour les professionnels du livre seulement et sur rendez-vous.

L'Occitanie offre un maillage dense d'acteurs du livre avec plus de 1 200 auteurs et traducteurs, 280 maisons d'édition, 250 librairies indépendantes, 1 000 bibliothèques et archives et 330 médiateurs du livre. Avec une équipe répartie entre Montpellier et Toulouse, l'agence a pour objectif de rassembler tous les professionnels du livre pour un développement harmonieux de la filière dans la région et donne accès à des ressources, anime des réseaux et conseille les professionnels.

FESTIVAL LETTRES D'AUTOMNE

41, rue de la Comédie - **MONTAUBAN**
✆ 05 63 63 57 62
www.confluences.org
Mi-novembre. Programmation et tarifs sur le site Web.

Depuis 1991, l'association Confluences organise le festival littéraire Lettres d'automne chaque année fin novembre à Montauban et à travers tout le département. Durant quinze jours, la programmation propose dans différents lieux des rencontres, des lectures en scène, des spectacles, des concerts littéraires, des expositions ateliers, la librairie du festival, ainsi que des passerelles de la littérature vers diverses disciplines artistiques (cinéma, sculpture, danse…).

MUSIQUE ET DANSE

Elles sont incontournables des évènements festifs en Occitanie, presque indissociables : la musique et la danse traditionnelles résonnent dans le cœur des habitants de la région comme un patrimoine toujours bien vivant, à préserver. Le Petit Futé vous présente les évènements et manifestations organisées autour de la danse et de la musique d'ici et lors desquels vous découvrirez les instruments traditionnels. Accordéon, violon, tambourin à cordes, hautbois, flaviol, tambori... Ils rythment la borrèia (la bourrée), la danse des treilles, la sardane ou encore la sévillane, ces danses typiques et conviviales partagées lors des bals traditionnels et des Trad'sessions. Le Petit Futé vous propose également des adresses de clubs, d'associations et d'évènements où vous pourrez vous initier, lors d'un atelier ou d'un stage, à la musique ou à la danse traditionnelle !

MUSIQUE D'ICI

Au cours de vos déambulations aux quatre coins de l'Occitanie, vous découvrirez que la musique fait partie intégrante de la vie des habitants, encore plus lors des différentes festivités organisées tout au long de l'année. Lors des *balètis* (bals traditionnels), des Trad'sessions et des nombreuses fêtes de village, on chante et on danse sur des musiques d'ici, jouées par des instruments traditionnels, propres à chaque territoire et à chaque célébration ; cabrette, boha, accordéon, violon, tambourin à cordes, hautbois, cobles ou fifre... Tous ces instruments sont encore d'actualité ! C'est sans oublier les chants traditionnels que l'on peut entendre résonner lors d'un repas de fête ou encore dans les stades de rugby. La musique des pays occitans et catalans se joue encore aujourd'hui, s'écoute lors des fêtes locales et festivals, et s'apprend aussi bien au Conservatoire que dans différentes associations culturelles.

FESTIVAL BOULEGAN A L'OSTAL

Dans le village, à l'espace Paulhan
et aux Halles
SAINT-JEAN-DU-GARD
https://festivalboulegan.com
En avril. Accès concerts : 14 € et 16 €. Bals, expositions d'instruments, stage de musique et danse, conférences.

Ce festival familial à Saint-Jean-du-Gard rassemble les amoureux de la musique et de la danse traditionnelles. Devant la scène, vous pourrez joindre le bal et valser à vos souhaits, accompagné d'un orchestre. Dans le village, de nombreuses animations sont organisées : ateliers de musique et de danse, salon des luthiers (la plus grande exposition de facteurs d'instruments du sud), conférences, déambulation musicale dans les rues, concerts... De quoi passer un vrai week-end festif !

CENTRE OCCITAN MUSIQUES & DANSES TRADITIONNELLES

5, rue du Pont-de-Tounis - **TOULOUSE**
✆ 05 34 51 28 38
www.comdt.org
Ouvert toute l'année. Cours adultes entre 17h et 21h30. Tarifs jeunes - 20%. Adulte de 180 à 270 €.

Depuis plus de quarante ans, le Centre occitan des musiques et danses traditionnelles a pour but la diffusion des musiques et danses traditionnelles, la sensibilisation et la transmission ainsi que la conservation et la valorisation de ce patrimoine vernaculaire. Il organise des concerts, propose des cours ainsi que des stages de chant occitan, et organise également des ateliers d'initiation. À vos instruments : accordéon, hautbois, cornemuse gasconne, vielle à roue...

CONSERVATOIRE RÉGIONAL DE TOULOUSE

17, rue Larrey
TOULOUSE
✆ 05 61 22 28 61
Ouvert du lundi au vendredi de 8h à 22h ; le samedi de 8h à 18h.

Fondée en 1820, l'école de musique devient vingt ans plus tard une annexe du conservatoire de Paris, avec les pôles musique, danse et théâtre. Il est équipé de nombreux studios de travail, d'une salle de musique de chambre, d'un amphithéâtre, d'un plateau d'orchestre et d'une salle d'orgue. En partenariat avec le COMDT, les disciplines enseignées des musiques traditionnelles du domaine occitan sont le chant, le violon, la cornemuse des landes de Gascogne et l'accordéon diatonique.

ESCAMBIAR

3, rue Escoussières Arnaud Bernard
TOULOUSE
✆ 05 61 21 33 05
www.escambiar.com
Informations complètes sur l'association et les événements organisés sur le site Web.

L'association voit le jour en 1981 grâce au musicien et directeur artistique Claude Sicre. Le projet est de favoriser l'émergence de nouvelles activités culturelles dans le quartier. Les activités de l'association sont alors nombreuses : activités musicales pour petits et grands, accompagnement et direction d'artistes, organisation d'événements, participation à des colloques, rencontres, conférences, interventions en milieux scolaires et universitaires... Escambiar produit également Les Nouveaux Cantadors, un groupe occitan aux influences brésiliennes.

ORCHESTRE NATIONAL DU CAPITOLE DE TOULOUSE

Théâtre du Capitole et Halle aux Grains
TOULOUSE ✆ 05 61 63 13 13
http://onct.toulouse.fr/
Billetterie au Capitole du mardi au samedi de 11h à 18h. À la Halle aux Grains : 1h avant le spectacle.

Fort de sa centaine de musiciens, l'Orchestre National du Capitole placé sous la direction artistique de Tugan Sokhiev depuis 2005 est l'un des meilleurs orchestres français. Il assure la saison symphonique à la Halle aux Grains ainsi que la saison lyrique au Théâtre du Capitole avec une programmation riche toute l'année, participe à de nombreuses tournées à travers l'Occitanie mais aussi à l'international, tout en étant l'invité de nombreux festivals.

FESTIVAL DANSES ET MUSIQUES DU MONDE

AMÉLIE-LES-BAINS-PALALDA
https://festivaldamelielesbains66.com
Début août pendant 6 jours.

Sur des airs d'Amérique et d'Afrique du Sud jusqu'en Europe, vous pourrez profiter des concerts de musique du monde, des animations de rues, des défilés et ateliers variés sur les arts et traditions populaires des pays invités. Mais ces dernières éditions particulièrement, la culture locale et régionale est mise en avant avec des expositions sur les instruments de musique de la cobla, les traditions culinaires et populaires qui font la richesse culturelle du pays catalan.

FESTIVAL LES TROUBADOURS CHANTENT L'ART ROMAN

www.festival-troubadoursartroman.fr
D'avril à octobre. De nombreuses dates dans tous les départements d'Occitanie. Programme complet en ligne.

Venez découvrir l'esprit des troubadours à travers ce festival original ! D'avril à octobre, près d'une cinquantaine de concerts ont lieu dans les 13 départements de la région Occitanie, avec des artistes venus du monde entier réinterprétant les chants de l'art roman. Ce festival itinérant se déroule dans des lieux représentatifs de l'histoire médiévale occitane, comme l'abbaye de Saint-Guilhem-le-Désert, l'abbaye Notre-Dame de Flaran ou encore la cathédrale de Saint-Lizier.

FESTIVAL FESTA MAJORQUE

Palais des Rois de Majorque
PERPIGNAN
www.ledepartement66.fr
Mi-juillet. Programmation sur le site Web du département.

La première édition du festival Festa Majorque a rencontré un franc succès ! Avec une programmation éclectique mise en œuvre par des producteurs catalans avec le soutien du département, c'est au cœur de Perpignan, dans le somptueux palais des rois de Majorque, que les festivaliers peuvent profiter de deux jours enchantés : jeux traditionnels en bois pour petits et grands, bains sonores aux airs locaux, cirque d'antan, danse et scènes rock, électro ainsi que *sound system*… C'est une soixantaine d'artistes catalans qui se réunissent lors de ce bel événement local.

TOULOUSE LES ORGUES

22 bis, rue des Fleurs - **TOULOUSE**
✆ 05 61 33 76 87
www.toulouse-les-orgues.org
15 jours début octobre. De 14 € à 28 € pour un plein tarif. Tarif jeune de 5 € à 10 €.

Ce festival international s'engage depuis près de 25 ans à faire entendre l'orgue dans toutes ses combinaisons, des plus classiques aux plus audacieuses, sous les mains d'organistes internationaux. Dalbade, Saint-Étienne, Augustins, église du Jésus… autant d'églises, autant d'orgues différentes. Ne manquez surtout pas les concerts donnés dans la basilique Saint-Sernin, qui possède des grandes orgues Cavaillé-Coll réputées dans le monde entier ! Un festival incontournable à ne manquer sous aucun prétexte, apprécié par les mélomanes comme par les simples curieux.

FESTIVAL COBLÍSSIM

Parc du Château d'Aubiry
CÉRET
www.music-ceret.com
✆ 04 68 87 40 40
Fin juillet, sur 1 jour.

Coblíssim est un tout jeune festival qui a vu le jour en 2022. Organisé par le Musée de la musique (CIMP), il a pour ambition de réinventer la musique traditionnelle du sud de l'Occitanie. Ce festival totalement gratuit met à l'honneur la tradition des cobles, orchestres traditionnels catalans habituellement composés de 11 musiciens. Au programme, mélange des esthétiques et des genres afin de proposer une cohabitation musicale originale entre percussions, bandas, musique ska ou encore musique électronique. Tout cela dans le cadre grandiose du parc du Château d'Aubiry.

DANSES TRADITIONNELLES

Pastourelles, *borrèia* (la bourrée), danse des treilles, sardane, sévillane, rumba catalane, quadrilles… Vous aussi initiez-vous à ces danses traditionnelles et typiques en Occitanie ! L'agenda de la région est rempli de rendez-vous où vous pourrez découvrir ces traditions, dans tous les départements. Lors des *balètis*, des Trad'sessions ou des fêtes votives, l'été ou toute l'année, les habitants aiment rejoindre la piste, en rond, en couple ou quatre par quatre, au son des instruments traditionnels et musiques d'ici pour partager un moment convivial aux saveurs d'antan. De nombreuses associations font encore vivre ces danses en proposant des cours, des ateliers et des stages aux amateurs et aux initiés, afin que perdurent ces trésors d'autrefois, incontestable patrimoine vivant. Le Petit Futé vous invite à découvrir les adresses, les festivals et les salles de cours… et à rejoindre la danse !

LA NUIT DU TRAD'

Parc des Expositions
SAINT-GIRONS
https://agendatrad.org
Grand bal traditionnel. En novembre. Entrée : 10 €. Gratuit -12 ans. Stages et initiations. Restauration sur place.

La Nuit du Trad' rassemble les amoureux des bals traditionnels lors d'une soirée où s'enchaînent 4 orchestres. Des stages de danse et de musique sont organisés l'après-midi, une restauration sur place avec des produits locaux est prévue, et dès 19h c'est l'ouverture du Grand Bal Trad' ! Que vous soyez danseur, amateur de musique ou épicurien, les Biroussans vous invitent à profiter d'une soirée festive et conviviale ! Et si vous êtes un musicien couche-tard, amenez vos instruments pour un bœuf musical jusqu'au bout de la nuit !

FESTIVAL TRAD'HIVERNALES

SOMMIÈRES
✆ 06 43 98 93 45
www.tradhivernales.com
Mi-janvier. Ateliers musique, chant, danse, concerts. Informations complètes sur le site de l'évènement.

Cela fait 25 ans que le festival Trad'Hivernales se déroule à Sommières, pour le plus grand bonheur des amateurs de musique et de danse d'ici et d'ailleurs. Pendant 5 jours, un beau programme anime la ville ; ateliers contes, tables rondes, concerts et jazz cafés, ateliers de musique et de chant, initiation aux danses de bal, israéliennes, catalanes et flamandes, pour finir avec une soirée musicale et un bal traditionnel… Avis à tous les amoureux de la culture et de la musique, ne manquez pas ce joli évènement hivernal au sud du Gard !

LO RONDÈU DE CASTELNAU

Coeur du village - **CASTELNAU-BARBARENS**
✆ 05 62 65 90 73 - www.lorondeu.com
Fin juin. Stage de danse 12 € / Repas 10€ à 15 € / Bal 12 € à 15 €. Animations, bal, ateliers, concerts. Repas.

À Castelnau-Barbarens on attend toujours avec impatience le fameux Rondèu de Castelnau qui amène dans les rues médiévales, tout autour de l'église des spectacles de musique gasconne mais aussi des bals et des repas où tout le monde se rassemble dans une bonne humeur contagieuse ! Cette grande fête met la culture régionale à l'honneur avec au programme des stages de danses traditionnelles et d'ateliers de musique, des démonstrations de danses et des concerts de groupes locaux. Préparez-vous à vivre un beau moment mélangeant convivialité, culture et joie de vivre !

ATELIER BAL TRADITIONNEL - MJC DEMOISELLES

63 bis, avenue Saint-Exupéry
TOULOUSE
✆ 05 61 52 24 33
http://mjc.demoiselles.free.fr
Tous les premiers jeudis du mois. Se renseigner auprès de la MJC.

Tous les premiers jeudis du mois, la MJC Pont des Demoiselles à Toulouse propose un atelier bal traditionnel. Les animateurs d'instruments de musique traditionnelle et leurs élèves peuvent prendre la scène pour tester leur répertoire, faire danser et se mettre en situation de musiciens de bal. Il s'agit là d'un vrai moment de convivialité et de partage, où les danseurs amateurs et expérimentés peuvent rejoindre les musiciens sur scène pour profiter de la musique.

ATELIER FLAMENCO

20, rue Louis-Eydoux - **TOULOUSE**
✆ 06 82 37 51 65
www.atelierflamenco.com
Frais d'adhésion : 25 €. Atelier technique durée 1h30 : 25 € (30€ non-adhérent).

Atelier Flamenco vous initie à la gestuelle sensuelle et dynamique des danses flamencas et des sévillanas. Bien plus qu'une danse, c'est tout l'art du flamenco qui vous est transmis ici. Adultes et enfants apprendront les techniques savantes des pieds et des mains, leurs placements et la posture du corps dans l'énergie du mouvement. Vous pourrez danser avec un accompagnement de guitare, tout en évoluant dans une atmosphère conviviale. Une façon plus que sympathique de faire vivre les traditions et de distiller des émotions à travers une danse très expressive.

DANSES TRADITIONNELLES - MJC

20, Avenue de Toulouse - **CASTANET-TOLOSAN**
✆ 05 61 81 83 56
Cours le mardi et le jeudi de 20h30 à 23h, une semaine sur deux en fonction des niveaux. 226 € à l'année.

La MJC de Castanet-Tolosan s'engage dans la transmission du répertoire patrimonial dans toute sa diversité de manière conviviale et festive en proposant des cours de danses traditionnelles. Dans une pratique collective, vous pouvez participer à des cours de danse du pays d'Oc et des voisins (Pays basque, Berry…) ainsi que de danses traditionnelles d'Europe (Balkans, Irlande, pays catalans…) pour tous niveaux. Le groupe participe aussi à plusieurs événements festifs dans l'année.

CENTRE OCCITAN MUSIQUES & DANSES TRADITIONNELLES

5, rue du Pont-de-Tounis - **TOULOUSE**
✆ 05 34 51 28 38
www.comdt.org
Ouvert toute l'année. Cours adultes entre 17h et 21h30. Tarifs jeunes - 20%. Adulte de 180 à 270 €.

Depuis plus de quarante ans, le Centre occitan des musiques et danses traditionnelles a pour but la diffusion des musiques et danses traditionnelles, la sensibilisation et la transmission ainsi que la conservation et la valorisation de ce patrimoine vernaculaire. Il organise des concerts, propose des cours ainsi que des stages de chant occitan, et organise également des ateliers d'initiation. À vos instruments : accordéon, hautbois, cornemuse gasconne, vielle à roue…

LA PLACE DE LA DANSE

5, avenue Étienne Billières - **TOULOUSE**
✆ 05 61 59 98 78
https://laplacedeladanse.com/
Billetterie du lundi au vendredi de 10h à 13h et de 14h à 18h. Billet : 16 €. Formule 3 spectacles au choix : 45 €.

La Place de la Danse (ou Centre de développement chorégraphique national) soutient la création et les recherches des artistes chorégraphiques en les accueillant en résidence, en produisant ou coproduisant leurs œuvres ainsi qu'en les diffusant au cours de sa saison et lors de son festival annuel. L'institut accompagne tous les publics, forme les danseurs à travers la formation « Extensions » et propose plusieurs rendez-vous dans la saison : le Jour de la danse, le festival Ici & Là, Danse à la cinémathèque ou encore le Bloom Festival.

CLUB DE DANSES D'OCCITANIE ET D'AILLEURS

Place de la mairie
TOURNEFEUILLE
Danses occitanes : tous les quatrièmes mardis du mois de 20h30 à 22h30. Abonnement annuel 1 personne 35 €. Couple 60 €.

Danseurs débutants ou confirmés, c'est le plaisir de la danse à découvrir et à pratiquer qui réunit les membres du Club de danses d'Occitanie et d'ailleurs de Tournefeuille un mardi par mois. L'association propose d'apprendre les nombreuses danses que l'on retrouve dans les bals traditionnels partout en France, mais surtout celles plus spécifiques à la région Occitanie : rondeaux, bourrées, sauts béarmais… Pour pratiquer, un bal ouvert à tous est organisé une fois par trimestre.

FESTIVAL TRAD'AZUN

ARRENS-MARSOUS
https://tradazun.jimdofree.com/
Début septembre. Entrée 1 jour : 12 €. Forfait 3 bals + 3 repas : 60 €. Stage danse/chant : 12 € (3h). Concert : 5 €.

Dans les montagnes du Val d'Azun, l'association En Cadence organise chaque année ce festival de musiques traditionnelles et de danse. Locaux et amoureux de la culture occitane se rassemblent lors de ce rendez-vous, pour différents stages et ateliers de musique et de danse mais surtout lors du bal ! Sur plusieurs jours, on chante, on danse, on profite des expositions du salon de lutherie et facture instrumentale, d'une balade contée, des démonstrations de quilles de neuf et du marché de producteurs locaux. Une immersion totale dans la culture locale !

Chaussures traditionnelles de sardane.

FESTIVAL DES SARDANES

Centre ville
CÉRET
✆ 04 68 87 00 53
www.vallespir-tourisme.fr
3 jours en juillet. Ouvert à tous.

Rendez-vous pour 3 jours autour de la danse traditionnelle catalane à Céret ! Cette danse tient une place particulière dans le cœur de chaque Roussillonnais. Durant le festival, vous pourrez rencontrer des « colles » (groupes de danseurs) venus des 4 coins du département et de la Catalogne Espagnole. Au son des coblas (orchestres de la sardane), initiez-vous à cette danse ou profitez de la musique dans les rues et places du village ! Un joli évènement qui se clôture par la « Germanor », une sardane de la fraternité réunissant dans une ronde jusqu'à 500 danseurs.

LES TRAD'SESSIONS

LÉDIGNAN
www.lefilproduction.com/tradsessions
Événements dans différentes salles de la région. Dès 12 €.

Organisée par Le Fil Production, la Trad'session est une saison itinérante des musiques traditionnelles dans les salles de musiques actuelles de la région Occitanie. Chaque session est un nouvel appel au partage et à la fête pour les amateurs de musique et de danses traditionnelles. Les évènements permettent de mettre en valeurs les musiques traditionnelles mais aussi faire découvrir à un nouveau public une esthétique de musique peu représentée dans les salles de musiques actuelles. Ces rendez-vous hivernaux sont à noter dans l'agenda !

PASSPORT

SPORTS

La région Occitanie est marquée par une empreinte sportive très importante. Depuis toujours, la passion du sport se transmet ici de génération en génération et de nombreux sports traditionnels perdurent grâce à la volonté et à l'enthousiasme de ses pratiquants. Rugby, courses landaises et traditions bouvines, joutes languedociennes, jeux de quilles, jeu de balle au tambourin, falcons et castells catalans... L'Occitanie compte de nombreux amateurs (et professionnels !) de ces sports typiques et la Région a pour objectif de développer la pratique partout et pour tous. Mais la passion du sport en Occitanie ne serait rien sans toutes ses fêtes ! Le Petit Futé vous offre le meilleur des adresses des clubs et associations sportives, des lieux de manifestations et un agenda des évènements incontournables. Rendez-vous alors dans un stade, dans une arène, au bord d'un terrain de terre battue ou encore sur les quais d'un port de Méditerranée !

PAGES

LES SPORTS TRADITIONNELS

Occitanie, terre de sport ! Depuis toujours, le territoire est marqué par la pratique d'activités aujourd'hui devenues cultes et inscrites dans le cœur des gens d'ici. Ce patrimoine, qui se vit avec passion et se transmet de génération en génération, englobe de nombreux sports traditionnels pratiqués en clubs et dans différentes associations.

Le rugby, aujourd'hui vrai sport national, est particulièrement présent dans le quotidien des habitants de la région. On compte plus de 400 clubs en Occitanie, 70 000 licenciés (joueurs et dirigeants confondus) et des matchs toute l'année à tous les niveaux. Tout comme les courses landaises (25 clubs) et les joutes languedociennes (28 sociétés), qui rythment les étés dans le Gers et du côté de la Méditerranée. Dans ces héritages traditionnels, on retrouve aussi la bouvine et les courses camarguaises, toujours bien vivantes dans les arènes mythiques de Nîmes ou encore de Beaucaire. Quant aux jeux de quille, ils se pratiquent partout dans la région. Les quilles au maillet, populaires en Gascogne, comptent 16 clubs en Occitanie. Les quilles de huit sont particulièrement populaires en Aveyron (119 clubs dans le département sur les 125 clubs de la région !) et les quilles de neuf comptent 5 clubs, tous dans les Hautes-Pyrénées. La présence de certaines pratiques varie selon les départements, comme lo jòc de bala al tambornet (le jeu de balle au tambourin) qui se pratique dans l'un des 14 clubs de l'Aude, du Gard et de l'Hérault, ou encore le palet gascon, qu'on ne retrouve que dans le Gers et le Lot-et-Garonne. Enfin, dans les traditions catalanes, vous rencontrerez forcément, lors d'une fête, les falcons et les castells catalans, formant de grandes figures acrobatiques et chorégraphiques humaines pour les uns et de grandes tours, ou *castell* (château) humains, pour les autres. Que ce soit pour pratiquer ou simplement profiter du spectacle sportif, le *Petit Futé* vous offre le meilleur des adresses des clubs et des lieux de manifestations sportives de la région. Dans un stade, une arène ou au bord d'un terrain de terre battue, vous serez à coup sûr embarqué par la ferveur de ces pratiques populaires !

PARC DES SPORTS ET DE L'AMITIÉ

4, avenue Pierre de Coubertin
NARBONNE
www.rcnm.fr
Billet dès 5 €. Boutique du Racing Club Narbonnais. Calendrier des matchs sur le site internet.

Inauguré en 1976, le stade a été entièrement réhabilité en 1992-1993 à l'occasion des Jeux Méditerranéens. Ce magnifique stade, et ses terrains annexes (sur lesquelles se déroulent les matchs de football), a une capacité d'accueil de 10 200 spectateurs et est tout à fait digne d'une équipe de Top 14. Il n'attend qu'une performance du XV *septimanien* pour recevoir l'élite des clubs français. Il accueille les matchs de rugby du RCN, dont vous pouvez retrouver le calendrier en ligne.

RACING CLUB NARBONNAIS

4, avenue Pierre de Coubertin
NARBONNE
✆ 04 51 33 06 51
www.rcnm.fr
Boutique et billetterie en ligne.

Le club fait vibrer les Narbonnais depuis 1907, sa création ! C'est en 1979, année de l'apothéose avec un double Bouclier de Brennus que le Racing Club Narbonnais se hissera tout en haut de l'élite du rugby français. Aujourd'hui, le club évolue en Nationale 1 et s'appuie sur un centre de formation au sein de l'Association RCNM et son encadrement de valeur, soutenu par de forts partenaires mais surtout des supporters passionnés. À l'heure des matchs, rendez-vous au Parc des Sports et de l'Amitié pour applaudir l'équipe dans une ambiance survoltée !

ARÈNES DE BEAUCAIRE

Rue du Champ-de-Foire
BEAUCAIRE
Ouvert suivant l'organisation des manifestations corridas, courses camarguaises et concerts.

Aux arènes de Beaucaire, environ 6 000 personnes peuvent prendre place dans les gradins et assister aux événements organisés par la ville. Ces arènes accueillent de grosses manifestations comme la Cocarde d'or ou autres manifestations taurines. Dans la capitale de la course camarguaise, de nombreuses manifestations plus ou moins canoniques se succèdent régulièrement, qui vont du taureau piscine les soirs de semaine (en été) à la corrida espagnole ou portugaise, sans oublier sa principale raison d'exister, les courses camarguaises.

FÉDÉRATION FRANÇAISE DE LA COURSE CAMARGUAISE

485, rue Aimé Orand - **NÎMES**
✆ 04 66 26 05 35
www.ffcc.info
Informations complètes sur le calendrier des courses, les classements et les arènes sur le site web.

Dans une partie de l'Occitanie, la Course Camarguaise est bien plus qu'un sport traditionnel extrême à haute intensité émotionnelle, technique et artistique. Il s'agit surtout d'un art de vivre et d'une tradition à préserver, par la richesse de sa culture et la force de son histoire. La Fédération Française de la Course Camarguaise vous invite à découvrir ce sport aux nobles valeurs dans les arènes de la région durant la saison des courses et surtout, à y vivre une expérience unique !

ARÈNES DE NÎMES ★★★★

Boulevard des Arènes
NÎMES
✆ 04 66 21 82 56
www.arenes-nimes.com
Ouvert toute l'année. Sauf durant les férias et les spectacles. Adulte 10 €. Pass Nîmes 13 €. Gratuit moins de 7 ans.

Cet incontournable vestige de l'histoire antique datant de la fin du Ier siècle est l'emblème de Nîmes. Ce monument est l'un des mieux conservés au monde. Sur le parvis, on admire la statue du plus grand matador français, El Nimeño II. Le torero dédia sa vie et son âme aux arènes. Un jour de septembre 1989, un taureau qui s'appelait « Panolero » eut raison de l'idole et lui brisa les vertèbres cervicales. L'amphithéâtre mesure 133 m de long sur 101 m de large. Sa façade, haute de 21 m, à la symétrie parfaite est divisée en 60 travées sur deux niveaux. On observe quelques bas-reliefs et sculptures encore très bien conservés. Petit à petit, plaisirs païens et barbaries n'ont plus leur place et les spectacles des jeux sont remis en cause. La gladiature disparaît en 404 de notre ère. Au XIIe siècle, un château est édifié à l'intérieur de l'enceinte et un village s'organise déjà autour du monument : « les chevaliers des arènes » sont nés. C'est au XVIIIe siècle que commencent le dégagement et la restauration de l'amphithéâtre avec l'idée de lui redonner son aspect originel et antique. En 1840, les arènes de Nîmes sont classées au titre des Monuments Historiques. La fondation Culturespace, qui gère les arènes propose bon nombre d'animations prestigieuses. 30 mai 1952, première féria officielle : la tauromachie devient légale. Depuis, la féria de la Pentecôte est l'une des plus renommées pour le plus grand plaisir des aficionados. Les arènes sont devenues un haut lieu des concerts en plein air.

ARÈNES JOSEPH-FOURNIOL

18, Avenue Edmond Berges
VIC-FEZENSAC
✆ 05 62 06 34 90
www.ot-dartagnan-fezensac.com
Visite possible via l'office de tourisme. Corrida à la Pentecôte

Les arènes de Vic-Fezensac s'animent lors de la feria et des Ganaderias. À la Pentecôte, les 7 000 places sont alors prises d'assaut. Elles ont été construites en 1929 par la volonté et l'engagement de 70 aficionados, et inaugurées par deux courses landaises. La toute première novillada s'est jouée le 20 septembre 1932, devant 3 500 personnes, et 1933 a été l'année de la première corrida formelle. Vic est désormais une étape incontournable de la temporada franco-espagnole. Une statue grandeur nature du torero Ruiz Miguel vous accueille à l'entrée.

ARÈNES NIMEÑO II DE EAUZE

Avenue d'Ampuero
EAUZE
✆ 05 62 09 99 98
www.mairie-eauze.fr
3 600 places. Feria en juillet.

Les arènes Nimeño II appartiennent à la municipalité élusate et ont été inaugurées en 1982. Leur style architectural est inspiré des arènes de Séville et de Bogotá, en privilégiant l'inspiration andalouse. Avec leurs 3 600 places, elles permettent chaque année la tenue d'une grande Feria le 1er week-end de juillet. Des jeux taurins sont aussi organisés, une novillada sans picador, une corrida, ainsi qu'une course landaise. Ces arènes accueillent ponctuellement concerts et spectacles.

© UNCLESAM - STOCK.ADOBE.COM

Arènes de Nîmes.

CLUB TAURIN DE NOGARO

Arènes de Nogaro - **NOGARO** ✆ 05 62 69 07 12
www.nogaro-armagnac.fr

Renseignements pour le club auprès de la mairie de Nogaro. Informations des manifestations sur la page Facebook.

Comme dans ses villages voisins, Nogaro est fortement influencée par les traditions sportives landaises de par sa proximité avec les Landes. Son arène et son Club Taurin accueillent les rencontres annuelles de courses landaises dans une ambiance festive et un public survolté lors de l'arrivée de la vache. Durant la saison, le club vous invite également à participer à leurs différentes manifestations avec démonstrations et courses, bandas, concours et exposants, repas conviviaux. Des rendez-vous immanquables pour s'immerger dans cet art de vivre authentique !

CLUB TAURIN VICOIS - TOROS EN VIC

Allées Gabarrot - **VIC-FEZENSAC**
✆ 05 62 06 56 55
https://toros-en-vic.fr

Informations sur le club et les évènements sur le site web. Feria en mai.

Le Club Taurin Vicois réussit depuis des années à maintenir la tradition des courses landaises. C'est avec cœur et passion que le club s'efforce de promouvoir cet art de vivre et organise chaque année Toros en Vic à Pentecôte. Venez vibrer avec la foule durant la saison des courses aux arènes de Vic-Fezensac ; animations musicales avec bandas et ambiance taurine, présence des ganaderos et des toreros lors du repas organisé par le Club... Un vrai moment de fête !

FÉDÉRATION DES FOYERS RURAUX DU GERS

44, rue Victor Hugo
AUCH
✆ 05 62 05 69 25
www.foyersruraux-gers.org

Agenda des compétitions sur le site web.

Grâce à de nombreux acteurs gersois, le palet gascon, longtemps oublié, connait une seconde vie dans les années 80. C'est alors que le premier Championnat du Monde de Palet Gascon est organisé à Lialores en 1990, avec à la clé, une dotation impressionnante de produits du terroir ! Une section « palet gascon » est enfin créée au sein de la Fédération Départementale des Foyers Ruraux en 1994 pour réglementer le jeu, gérer le calendrier des concours et organiser les épreuves annuelles.

BLAGNAC RUGBY

1, Allée de la Piscine - **BLAGNAC**
✆ 05 61 71 52 15
http://www.blagnac-rugby.fr

Billetterie en ligne et sur place. Calendrier des matchs sur le site web.

Le club du nord ouest de Toulouse est né il y a presque 90 ans. Aujourd'hui en Fédérale 1, le Blagnac Rugby détient un beau palmarès ; il est Champion de France en Fédérale 2 en 2001 et 2010, Champion de France de rugby à 7 en 2015, et plus récemment Champion de France des Espoirs Nationaux en 2021. Les matchs se tiennent au stade Ernest Argelès, au bord de la Garonne et non loin de l'aéroport. Vous pouvez voir l'équipe 1 affronter ses voisins Albi, Dax ou encore Tarbes. Le club possède également un Pôle Jeune et une équipe Féminine qui évolue en Élite 1.

LIGUE OCCITANIE DE BOWLING ET SPORTS DE QUILLES

CROS Occitanie
BALMA
Listes des comités départementaux, des clubs locaux et le calendrier des compétitions sur le site web.

La Ligue Occitanie de Bowling et de Sports de Quilles a pour but de promouvoir la pratique du bowling, mais aussi des quilles de huit, quilles de neuf et des quilles au maillet. Ces trois derniers sont des sports originaux mais typiques et traditionnels de la région que la ligue s'applique à faire perdurer. Vous souhaitez jouer près de chez vous ? Vous trouverez toutes les informations sur un club local ou un terrain auprès de la Ligue. À vos quilles !

STADE TOULOUSAIN

114, Rue des Troènes - **TOULOUSE**
www.stadetoulousain.fr
À partir de 10 €, selon les matchs. Informations complètes sur le site web pour le calendrier des matchs et les équipes.

Créé en 1907, le Stade Toulousain est l'un des clubs de rugby le plus mythique et titré de France. Avec son palmarès impressionnant (Champion de France à 21 reprises, 5 fois Champion d'Europe), le club, dirigé aujourd'hui par Didier Lacroix, a vu passer les plus légendaires joueurs français et compte aujourd'hui les meilleurs joueurs français et internationaux, comme le meilleur joueur du monde de 2021, Antoine Dupont. Pour voir jouer le Stade Toulousain dans une ambiance unique, rendez-vous aux matchs de Top 14 et de Coupe d'Europe au stade Ernest Wallon !

LIGUE OCCITANIE DE RUGBY

TOULOUSE
✆ 05 61 61 81 15
https://ligueoccitanie.ffr.fr/
Informations complètes sur le site internet. Possibilité de recherche d'un club de rugby près de chez soi.

Le rugby fait partie des sports les plus pratiqués en Occitanie ! À travers les 13 départements, la Ligue Occitanie de Rugby totalise 80 000 licenciés (joueurs et dirigeants confondus) pour 393 clubs et 700 arbitres. Sur leur site internet, vous retrouverez toutes les informations sur les différents types de rugby pratiqués dans la région (rugby à 15, rugby à 7, rugby à 5, beach rugby...) mais aussi toutes les compétitions et évènements. Et si vous souhaitez pratiquer le rugby, un simple clic suffit pour trouver un club près de chez vous !

TOULOUSE OLYMPIQUE XIII

114, rue des Troènes
TOULOUSE
✆ 05 61 57 80 00
www.to13.com
Billet dès 9 €. Calendrier des matchs en ligne. Boutique en ligne et au stade.

Le TO XIII est une vénérable institution qui, en 2017, a soufflé ses 80 bougies ! Implanté dans le stade Ernest Wallon aux côtés du Stade Toulousain, ce club de rugby à XIII représentait, lors de sa création, la quatrième équipe de la ville. Il dispute sa première finale de coupe de France en 1939. Il a, depuis, accroché de nombreuses récompenses à son tableau d'honneur et évolue aujourd'hui en 2e division du Championnat Anglais de Championship. Le club dispose d'un centre de formation et accueille une équipe féminine, junior et une équipe de rugby-fauteuil.

STADE ERNEST WALLON

114, rue des Troënes - **TOULOUSE**
✆ 05 34 42 24 22
www.stadetoulousain.fr
Calendrier des matchs et évènements sur le site web. Boutique en ligne et au stade. Restauration lors des évènements.

Le stade Ernest Wallon est l'arène dans laquelle la fameuse équipe du Stade Toulousain joue à domicile. Situé dans le quartier des Sept Deniers, il reçoit des matchs sévèrement défendus, dans une ambiance unique et inimitable. Doté d'un centre de formation et de développement sportif équipé à la pointe de la technologie, d'un restaurant, d'un club-house, de salles de réception, de nombreux vestiaires et de salles médicalisées, ce vaste complexe ultra connecté accueille aussi une école de rugby, bénéficiant de son propre terrain de jeu. Un lieu festif inégalable !

UNION SPORTIVE COLOMIERS RUGBY

Allée de Brière - **COLOMIERS** ✆ 05 61 78 92 00
www.colomiers-rugby.com
Matchs dès 5 € en tarifs réduits. 10 € pour un placement debout. 15 € en tribune honneur. Gratuit moins de 12 ans.

Le club de rugby de Colomiers fait perdurer avec brio une tradition datant de 1915, son année de fondation ! Au stade Michel Bendichou, anciennement stade du Séléry, les adeptes du ballon ovale évoluent dans une arène à la hauteur de leurs ambitions : quatre terrains d'entraînement, deux tribunes couvertes et une capacité totale de plus de 10 000 places. Outre son équipe 1 qui évolue actuellement en Pro D2, l'association encadre des cadets, des espoirs et un centre de formation.

STADE MAURICE-TRÉLUT

Avenue Pierre-de-Coubertin
TARBES
✆ 09 67 12 59 31
Informations complètes sur le site web.

Inauguré en 1969, le stade Maurice-Trélut accueille les matchs de Nationale 1 du Stado Tarbes Pyrénées Rugby ainsi que ceux du Tarbes Pyrénées Football. L'enceinte a déja vu jouer également l'équipe de France lorsqu'elle s'est imposée contre l'Argentine le 26 octobre 1997 lors de la Coupe latine. Avec une capacité d'accueil de 15 000 places, il fait partie des plus grands stades d'Occitanie. Le Stado Tarbes Pyrénées Rugby y joue ses matchs dans une ambiance festive typique du sud. À ne pas manquer donc, pour une expérience pure occitane !

STADO TARBES PYRÉNÉES RUGBY

Avenue Pierre-de-Coubertin
TARBES
www.tpr65.com
Billet dès 18 € en tarif normal.

Le STPR a été fondé en 1902, en tant que « Stade Ceste ». Avec des débuts prometteurs comme vice-champion de France en 1914, le club est monté jusqu'en Championnat de France dans les années 50 et en Pro D2 dans les années 2000. Le club a finalement changé de nom pour celui connu aujourd'hui comme Stado Tarbes Pyrénées Rugby, en référence au nom historique du club, le Stadoceste tarbais. Il évolue aujourd'hui en Nationale 1, aux côtés de ses adversaires Blagnac, Albi ou encore Dax.

AS BÉZIERS HÉRAULT RUGBY

Avenue Olympiades
BÉZIERS
✆ 04 67 11 80 90
www.asbh.net
Stade accessible lors des matchs. Billet entre 10 € et 20 €.

Le sport-roi de l'agglomération de Béziers Méditerranée est naturellement le rugby et plusieurs villages possèdent une ou plusieurs équipes. Le rugby est à Béziers ce que le foot est à Marseille : une véritable histoire d'amour entre les habitants et leur équipe. Record des victoires en championnat de France, record d'invincibilité à domicile, seul club français vainqueur de la coupe d'Europe des clubs. Indissociable du club, le stade Raoul-Barrière, résidence actuelle de l'ASBH en lieu et place du mythique stade de Sauclières. «Aqui es Besiers» !

FÉDÉRATION FRANÇAISE DE JEU DE BALLE AU TAMBOURIN

100, Chemin Marc Galtier - **GIGNAC**
✆ 04 67 42 50 09
https://ffsport-tambourin.fr/
Liste des clubs, agenda et résultats des compétitions sur le site web.

Né dans l'Hérault, le jeu de balle au tambourin est un véritable sport de compétition ancré dans la culture et le patrimoine languedocien. Ce sport traditionnel était pratiqué lors de fêtes ou à l'occasion de défis dans les années 1860 et le premier concours fut créé à Pézenas en 1909. Aujourd'hui, le sport a évolué avec des règles et du matériel spécifiques. La Fédération a à cœur de promouvoir le jeu, ses différents clubs en France et ses compétitions. Un sport à découvrir !

GGL STADIUM

500, avenue de Vanières - **MONTPELLIER**
✆ 04 67 47 27 69
www.ggl-stadium.com
Billetterie sur place et en ligne. Brasserie. Boutique du club au stade.

Construit en 2007, ce stade est implanté dans le quartier Ovalie. Aussi appelé *complexe Yves-du-Manoir* – en hommage à l'ancien joueur de rugby et capitaine de l'Équipe de France –, cet ensemble sportif appartient à la Métropole de Montpellier et accueille le club Montpellier Hérault Rugby ainsi que des matchs de compétition nationale et internationale. Établi sur 16 000 m² avec une capacité d'accueil de 15 000 supporters, il est composé de 2 terrains d'entraînement pour les écoles de rugby, d'un stade d'entraînement et de compétitions pour les équipes premières.

LIGUE JOUTES LANGUEDOCIENNES

SÈTE
www.ligue-jouteslanguedociennes.com
Calendrier des évènements et classement en ligne. Liste des équipes et clubs de joutes de la région disponible en ligne.

Connaissez-vous la joute nautique ? Très populaire en Hérault, il s'agit d'un sport collectif à bord d'une barque où deux jouteurs s'affrontent à l'aide d'une lance et doivent faire tomber leur adversaire dans l'eau. Originaire de l'Antiquité, les règles varient en fonction des régions. La méthode languedocienne est la plus historique. La Ligue des Joutes Languedociennes vous fait découvrir cette tradition durant les différents évènements de la saison. Spectacle garanti !

LIGUE OCCITANIE DE SPORT TAMBOURIN

1039, rue Georges Méliès
MONTPELLIER
✆ 06 20 89 12 60
https://tambourin-ligueoc.fr
Liste des clubs et compétitions régionales sur le site web. Clubs dans l'Aude, l'Hérault et le Gard.

Créée en 1996, la Ligue a pour but de promouvoir et de développer la pratique du Jeu de balle au Tambourin en Occitanie. Associée avec les différents comités départementaux, elle est à la disposition de tous les joueurs souhaitant pratiquer en loisirs et en compétition mais aussi en soutien aux nouveaux dirigeants souhaitant créer un club. La ligue soutient également l'organisation d'événements promotionnels et d'initiation au jeu de balle traditionnel !

MONTPELLIER HERAULT RUGBY CLUB

500, Avenue de Vanières - **MONTPELLIER**
✆ 04 67 47 27 69
www.montpellier-rugby.com
Abonnement de 75 € à 610 €. Calendrier des matchs et boutique en ligne pour les maillots de l'équipe et produits divers.

Le Montpellier Hérault Rugby Club, bien que jeune formation en comparaison de ses adversaires, a pourtant su tirer son épingle du jeu. Le club est fondé en 1986, né d'une fusion entre deux équipes montpelliéraines. Il monte une première fois en D1 en 1990, puis de nouveau en 2003, date à partir de laquelle il reste parmi l'élite. Il a depuis remporté le challenge européen en 2021, et a gagné la finale du Championnat de France (Top 14) et le Bouclier de Brennus en 2022 !

STADE RAOUL-BARRIÈRE

Avenue des Olympiades
BÉZIERS
www.asbh.net
Ouvert lors des matchs. Restauration sur place, buvette, bodega, boutique du club.

Le Stade de la Méditerranée se prénomme désormais le Stade Raoul-Barrière. Construit en 1989, il est la nouvelle résidence du club de rugby de la ville, l'AS Béziers Hérault. Il a été l'un des premiers complexes accueillant la Coupe du Monde de Rugby en 1999. Avec sa capacité de 18 555 spectateurs, il détient des tribunes couvertes, un terrain d'entrainement, 2 terrains annexes, une salle de presse, des espaces réceptifs, une boutique du club, 21 loges, une brasserie, une bodega et plusieurs buvettes qui ravissent les supporters de l'ASBH !

LES DRAGONS CATALANS

10, avenue du Languedoc - **PERPIGNAN**
✆ 04 68 35 45 30
www.catalansdragons.com
Billetterie en ligne France Billet et Ticket Net à la boutique du stade et aux guichets le jour du match. Restauration.

Le club de rugby à XIII fut créé en 2005, fusion du XIII Catalan fondé en 1934 et Saint-Estève fondé en 1965. Présidé par Bernard Guasch, le club, qui vient de fêter ses 10 ans d'existence, dispute le championnat de France de la discipline, celui de la Super League de rugby, ils sont les seuls représentants français dans cette compétition. L'autre compétition majeure à laquelle participe les Dragons Catalans est la Challenge Cup. Ils ont leur stade Gilbert Brutus à Perpignan qui peut accueillir 7 000 personnes assises et 2 000 debout.

STADE AIMÉ-GIRAL

11, allée Aimé-Giral - **PERPIGNAN**
✆ 08 92 68 66 15
www.usap.fr
Informations sur les infrastructures sur le site Web. Navettes jour de match à domicile. Billetterie en ligne.

La Cathédrale ! Certains pourraient penser que ce surnom donné au stade Aimé-Giral est un peu pompeux ! Et pourtant, à chaque match à domicile, l'USAP devient la grande prêtresse d'une véritable messe sportive. Les supporters garnissent les tribunes d'oriflammes sang et or ; ici, nous disons «Maî morirem ! « (On ne meurt jamais !) parce que l'USAP est plus qu'un club, une religion. Aimé-Giral est le genre de stade où il ne fait pas bon être un visiteur lorsque résonne l'*Estaca*, ce chant que reprennent 11 000 cœurs chantant à l'unisson ! Un moment incroyable.

UNION SPORTIVE ARLEQUINS PERPIGNAN (USAP)

11, allée Aimé-Giral
PERPIGNAN
✆ 08 92 68 66 15
www.usap.fr
Billet dès 15 €. Buvette, restauration sur place. Boutique du club au stade.

Les Arlequins rassemblent les professionnels et les compétiteurs de rugby régionaux. Entraînements, matchs, club des supporters... Le club mène une foule d'activités en lien avec le ballon ovale, car à Perpignan, le rugby est une religion ! Avec un beau palmarès et plusieurs victoires du Championnat de France, le club évolue en Top 14 durant la saison 2022-2023. Pour voir l'équipe jouer à domicile dans une ambiance typique catalane, rendez-vous au stade Aimé Giral !

CASTRES OLYMPIQUE

205, avenue Charles De Gaulle - **CASTRES**
✆ 05 63 51 45 00
www.castres-olympique.com
Calendrier des matchs en ligne. Abonnement dès 99 €. Billets de 11 € à 60 €. Tarifs réduits étudiants et -18 ans.

Les «Bleu et Blanc» du Castres Olympique forment un des clubs historiques en Occitanie fondé dans les années 20. Ils évoluent en Top 14 depuis plusieurs années et font la fierté des tarnais. Et il y a de quoi ! Le Castres Olympique a été Champion de France en première division en 1949, 1950, 1993, 2013 et 2018 et a gagné de nombreuses autres compétitions nationales. Au niveau européen, le CO a gagné le Parker Pen Shield (bouclier Européen) en 2003. Si vous souhaitez voir un beau derby, choisissez celui contre le Stade Toulousain, leurs redoutables adversaires !

© GABRIEL-M - ISTOCKPHOTO.COM

STADE SAPIAC

Rue Léo Lagrange
MONTAUBAN
https://usmsapiac.fr
Ouvert lors des matchs. Restauration sur place. Billetterie en ligne et sur place. Boutique du club.

C'est un édifice qui fait la fierté et la renommée du patrimoine Montalbanais ! Surnommé «La Cuvette», à cause de son emplacement inondable, il est inauguré avec des gradins en bois en 1908 devant plus de 4 000 spectateurs. Aujourd'hui, le stade a une capacité d'accueil de 15 000 personnes et détient plusieurs loges et des agencements sportifs récents. L'Union Sportive Montalbanaise et ses supporters vous invitent à venir vibrer avec eux lors des matchs au stade Sapiac au milieu des drapeaux et maillots vert et noir en tribune ! Une sacrée ambiance !

SPORTING CLUB ALBIGEOIS

283, avenue du colonel Teyssier
ALBI
✆ 05 63 54 51 59
www.sca-albi.com
Billet dès 10 € jusqu'à 23 €. Billetterie en ligne. Boutique du club au stade et en ligne.

Créé en 1906, le premier titre du SCA arrive 20 ans plus tard, en novembre 1926, une victoire en finale du championnat des Pyrénées, le sommet du rugby régional, contre le Stade Toulousain. Le club joue aujourd'hui en Fédérale 1 contre notamment les clubs de Narbonne, Dax ou Tarbes. Lors des matchs, le Stadium Municipal prend vie aux couleurs des «Jaune et Noir» et ce sont toutes les tribunes qui font déjà la fête tandis que les joueurs s'échauffent. Une vraie ambiance festive et typique du sud-ouest à venir vivre tout au long de l'année !

UNION SPORTIVE MONTALBANAISE

118, rue Léo-Lagrange - **MONTAUBAN**
✆ 05 63 20 16 03
www.usmsapiac.fr
Billet de 5 € à 35 € selon catégorie. Billetterie et boutique du club en ligne. Calendrier des matchs sur le site web.

Le stade de Sapiac accueille les joueurs de l'Union Sportive Montalbanaise et ses supporters. Dans le monde professionnel de la Pro D2 depuis plusieurs années, le club a atteint ce niveau en battant Massy en finale de Fédérale 1 en 2014 et devient alors l'un des rares clubs champion dans les 3 premières divisions nationales. Les «Vert et Noir» rassemble des milliers de supporters à chaque match lors desquels la fan zone sait mettre le feu ! Allez Sapiac !

STADE PIERRE FABRE

Rue de Bisseous
CASTRES
https://castres-olympique.com
Ouvert les jours de match. Restauration sur place. Boutique du club.

Le stade du Castres Olympique, au nord de la ville, accueille le club de manière permanente depuis 1990. Auparavant nommé «Stade Pierre-Antoine» en mémoire de l'illustre joueur, il a été rebaptisé «Stade Pierre Fabre» en 2017 en l'honneur de l'homme et de son groupe. Le soutien indéfectible de Pierre Fabre a permis au Castres Olympique de rayonner à son niveau actuel. Ce grand complexe détient plusieurs loges et lors des matchs, vous y trouverez un village gourmand, un espace enfant, la boutique du club et de nombreuses buvettes !

LES FÊTES AUTOUR DU SPORT

La passion du sport en Occitanie ne serait rien sans toutes ses fêtes ! Ici, on voit alors des milliers de passionnés de rugby rejoindre les stades lors des matchs de Top 14 mais aussi lors des nombreuses manifestations organisées dans la capitale du ballon ovale. Les amateurs sont servis ! Quant aux passionnés de traditions bovines, les héritages traditionnels se traduisent notamment lors des nombreuses courses landaises et camarguaises de mars à novembre à travers la région, mais aussi lors des autres festivités typiques telles que l'abrivado, le bandido ou l'encierro. Dans l'Hérault, on retrouve aussi un bel agenda de tournois de joutes languedociennes, particulièrement lors de la fête de la Saint Louis. Et si vous souhaitez découvrir les sports traditionnels et ancestraux, rendez-vous lors du Festival des Sports Traditionnels à Vielmur-sur-Agout dans le Tarn, au Championnat du Monde de palet gascon à Condom dans le Gers et lors des nombreux ateliers organisés dans la région lors du Total Festum.

GRUISSAN BEACH RUGBY

Gruissan Beach Rugby
GRUISSAN
www.gruissanbeachrugby.com
Fin juillet. Ouvert à tous. Restauration sur place et animations.

Quel rendez-vous immanquable ! Cet évènement sportif convivial se déroule sur la plage de Gruissan pendant 3 jours. Il s'agit du plus important tournoi « touch » du littoral méditerranéen, vous pourrez assister à de beaux matchs de beach rugby mais ici, pour plus de vitesse, moins de temps morts et plus de spectacle, c'est sans plaquage ! De nombreuses animations sont également organisées ; beach rugby pour les femmes, les enfants et ados, dédicaces de joueurs, concerts... Un week-end sensationnel pour les amoureux du ballon ovale !

COURSES CAMARGUAISES

Arènes de Beaucaire
BEAUCAIRE
✆ 04 66 59 10 06
www.beaucaire.fr
Programme, tarifs et renseignements auprès de la Mairie.

La Ville de Beaucaire est le « berceau » de la tradition des courses camarguaises. Avec un programme bien rempli chaque année, le sport attire des milliers de spectateurs dans les arènes de la ville ; au printemps se déroule le Muguet d'Or, durant l'été se déroule la Palme d'Or et la Palme d'Argent et enfin, l'automne, le grand rendez-vous taurin est le Trophée Marius Gardiol. Lors de ces courses, pas de mise à mort de l'animal : les «raseteurs» tentent seulement d'attraper des attributs primés fixés au frontal et aux cornes d'un bœuf. Du vrai spectacle !

COURSES CAMARGUAISES

3, Route d'Aigues-Mortes - **LE GRAU-DU-ROI**
✆ 04 66 51 12 12
www.arenesdugrauduroi.com
D'avril à septembre. De 7 € à 18 € selon catégorie et course (Enfant 5 €). Programme complet et calendrier en ligne.

D'avril à septembre, rendez-vous aux arènes du Grau-du-Roi pour ne pas rater ce spectacle sportif étonnant ! Chaque nouvelle saison rallume la flamme de la tradition taurine avec de nombreuses compétitions sur plusieurs après-midi festives ; le Trophée des As, le Trophée de l'Avenir, le Trophée de la Mer, les courses de vaches cocardières et de taureaux jeunes et la Course des écoles de raseteurs. N'hésitez pas à rejoindre les gradins des arènes si vous souhaitez vous plonger dans cette tradition du sud et découvrir ces trophées mythiques !

COURSES CAMARGUAISES ET CORRIDAS

Arènes de Nîmes - **NÎMES**
✆ 08 91 70 14 01
arenesdenimes.com
Course Camarguaise (en mai) : dès 14 €. Corrida : dès 19 €. Programme complet et billetterie en ligne.

Dans les splendides et historiques arènes de Nîmes, rendez-vous en mai à Pentecôte pour les fameuses ferias et ses courses camarguaises ! Pendant 5 jours, les festivités battent leur plein dans une ambiance déchaînée ; Royale de la manade Saumade, corridas, concours international des recortadores, novillada de la cape d'Or... Nulle part ailleurs vous pourrez vivre cette incroyable atmosphère à la fois festive, mythique et traditionnelle dans un décor unique !

CHAMPIONNAT DU MONDE DE PALET GASCON

Lialores - **CONDOM**
✆ 05 62 28 16 93
http://foyersruraux-gers.org
Chaque année le 15 août. Inscription : 8 €. Enfant : 5 €. Restauration sur place.

Chaque année, un hameau de Condom accueille dans la bonne humeur les participants de ce jeu traditionnel. Cette discipline perdure encore aujourd'hui dans quelques régions et c'est donc tout naturellement que les Gascons ont invité les autres spécialistes du palet à venir découvrir leur façon de jouer. Ces championnats du monde rassemblent plus d'une centaine de joueurs de tous âges qui viennent s'amuser. Une manifestation à ne pas manquer pour sa convivialité assurée !

CONCOURS DE PALET GASCON

Vicnau - **CONDOM** ✆ 05 62 05 69 25
https://foyersruraux-gers.org/
Début juillet. Participant adulte : 5 € (Gratuit -13 ans). Renseignements auprès des Foyers Ruraux du Gers.

Près de Condom dans la campagne gersoise, les Foyers Ruraux du Gers organisent chaque année des concours de palet gascon. Amateurs ou curieux, rendez-vous à Vicnau pour jouer aux côtés de vingt-cinq passionnés, ou simplement pour découvrir ce sport traditionnel ! Ici, on allie sport et plaisir : c'est un concours de trois heures où tout le monde est récompensé. Si vous ne connaissez pas les règles de cette pratique qui ne demande qu'un peu d'adresse, on vous y initiera avec plaisir ! Vous en voulez plus ? Inscrivez-vous au Trophée du Trad'athlon Gascon !

COURSE LANDAISE

Arènes de Cazaubon
CAZAUBON
✆ 05 62 69 26 59
www.barbotantourisme.fr
Plusieurs dates : en juillet, août et octobre. Voir sur le site de l'Office de Tourisme.

Quand les jolies arènes colorées de Cazaubon, dans le Gers, accueillent les fameuses courses landaises l'été, c'est jour de fête ! Les évènements sont organisés par le Club Taurin Darrigada et se déroulent sur plusieurs après-midis et soirées, de juillet à octobre. Ces rendez-vous sont toujours des moments festifs, musicaux et sportifs exceptionnels qui enchantent autant les locaux que les visiteurs. Avec un speaker, des spectateurs et des toreros survoltés, on vous promet de la bonne humeur mais surtout un spectacle sensationnel !

GRANDE COURSE LANDAISE DE LA CORNE D'OR

Place des Arènes - **NOGARO** ✆ 05 62 09 13 30
www.nogaro-tourisme.fr
Chaque année le 14 juillet à 17h30. Entrée : 20 €. Places en tribunes et gradins de face : 23€. Gratuit -15 ans.

En ce jour férié, les arènes de Nogaro ont pour tradition de donner une grande course landaise, sous la forme du concours de la « Corne d'or ». Les meilleurs sauteurs et écarteurs y brillent de tous leurs talents devant des vaches chevronnées, le tout sous l'œil bienveillant du sponsor Paul-Ricard (histoire de se rafraîchir les babines…). Au programme de la journée : démonstrations de l'école taurine, repas gascon avec chants traditionnels et soirée tapas après la fameuse course !

GRANDES FÊTES ET FERIA D'EAUZE

Arènes Nimeño-II
EAUZE
✆ 05 62 09 99 98
Premier week-end de juillet. Gratuit. Programme complet sur le site de l'office de tourisme.

La Feria d'Eauze maintient la tradition de la corrida et de la course landaise dans une ambiance animée par les bandas et les bodegas. Organisée chaque année le premier week-end de juillet, elle est le rendez-vous incontournable des *festayres*. Vente d'huîtres, repas et concerts de rue, fête foraine, concerts, concours et bals, novilladas font monter la tension festive dont le paroxysme est atteint le dimanche avec la corrida dans les arènes Nimeno II.

TROPHÉE DU TRAD'ATHLON GASCON

PEYRUSSE-GRANDE ✆ 06 22 57 73 17
https://foyersruraux-gers.org
En septembre. 3ème et dernière journée du tournoi. Inscription : 7 € (pour la journée). Menu du midi 15 €.

C'est un dernier rendez-vous important pour les amateurs des jeux traditionnels du Sud-Ouest, car il s'agit de la journée finale du Trophée ! Sur ce tournoi ouvert à tous, les joueurs sont répartis par groupes sur les trois ateliers : quilles au maillet, palet gascon et rampeau. Les débutants peuvent aussi s'inscrire pour participer à ce concours convivial. Bien sûr, participant ou spectateur, ne manquez pas la remise des récompenses et le pot de l'amitié en fin de journée !

SPORTS

HSBC WORLD RUGBY SEVENS SERIES

114, Rue des Troènes - **TOULOUSE**
www.world.rugby/sevens-series
En mai. Dès 20 € pour le pass journée. Restauration. Matchs tout le week-end, bandas, bodega, animations en fan zone.

Toulouse est une étape majeure du circuit mondial de rugby à 7 masculin et féminin. Cet évènement enflamme chaque année le stade Ernest Wallon et des supporters des quatre coins du monde y viennent pour encourager leur pays. Les matchs se déroulent toute la journée pendant 3 jours et à la Fan Zone, tout est fait pour que les spectateurs profitent de l'évènement : buvettes, food trucks, ventre-glisse, animations rugby, escalade, zone détente, bandas... Un pur week-end festif !

TOULOUSE RUGBY FESTIVAL

Place du Capitole
TOULOUSE
Début juin. Gratuit. Tournois, ateliers et initiations rugby, exposition, Haka géant, bandas, rencontres, animations.

Événement emblématique en terre de rugby, le Toulouse Rugby Festival propose un rendez-vous festif ouvert à tous avec une animation joyeuse dédiée au ballon ovale. Au programme, des matchs d'exhibition de rugby classique et de rugby-fauteuil, des initiations pour les enfants, de nombreuses animations ludiques... Plusieurs tournois sont organisés : rugby à 5, rugby féminin, rugby-entreprise ou encore matchs inter-écoles pour les plus jeunes. Une belle fête du sport qui se termine généralement par un Haka géant et une diffusion d'un match de TOP 14 !

WATERUGBY

Port de la Daurade
TOULOUSE
http://waterugby.com/
Fin juin - début juillet. Restauration sur place. Animations, buvettes. Programme complet en ligne. Gratuit.

Comment passer à côté de cet évènement estival unique au monde et complètement fou ! Le concept est simple : un terrain de rugby de 35x40 m flottant sur la Garonne en plein cœur de la ville rose, pas de touche, ni d'en-but : il faut plonger pour marquer ! Ce sont 4 jours placés sous le signe du rugby, de la fête et de la convivialité, avec le tournoi principal EAU'LL STAR comptant des joueurs français et internationaux mais aussi plusieurs tournois organisés en parallèle pour permettre à tous les amateurs de fouler la pelouse et de plonger dans le fleuve !

À LA DÉCOUVERTE DE L'OCCITANIE : SPORT & TRADITION

Place du 14 Juillet - **BÉZIERS** ✆ 06 81 70 10 53
www.laregion.fr
Début juin. Gratuit. Initiations aux sports traditionnels, animations.

Dans le cadre de Total Festum, la Ligue du Tambourin organise à Béziers des ateliers autour du sport et des traditions de la région Occitanie. Au programme des animations, retrouvez des initiations à la Balle au Tambourin, aux jeux en bois, aux danses traditionnelles, des parcours ludiques proposés par le CIRDÒC, du rugby, de la course camarguaise... Mais aussi une soirée festive avec des initiations musicales, des chants en occitan et une restauration sur place animée.

LA SAINT-LOUIS

Port et centre-ville
SÈTE
Courant août. Animations dans la ville. Restauration sur place.

La Saint-Louis, c'est 4 jours de fête où s'enchaînent défilés (représentant tous les quartiers) dans les rues au rythme des *peñas*, tournois de boules carrées, hommages aux cheminots et concerts au théâtre de la mer. Au dernier jour des festivités, les Sétois et les jouteurs se rassemblent à la place de la mairie, surnommée « Place du Poufre » pour déguster la *macaronade* (et prendre des forces !), avant les tournois de joutes languedociennes qui achèvent ce grand week-end. Pour vivre ces moments conviviaux et authentiques, rendez-vous en août !

TOURNOIS DE JOUTES LANGUEDOCIENNES

MARSEILLAN
En juillet. Agenda en ligne.

Soyez spectateur lors d'un nouveau tournois de joutes languedociennes, cette fois-ci à Marseillan ! Ce sport traditionnel qui trouve ses racines à Frontignan dès 1627, est resté intact et est pratiqué dans huit villes de l'Hérault et dans une ville du Gard. Le combat débute dès que les hautbois et les tambours sonnent la charge et vous pourrez assistez alors, dans un ambiance musicale traditionnelle, à l'affrontement des jouteurs tout de blanc vêtu, sur leurs barques bleues et rouges.

TOURNOIS DE JOUTES LANGUEDOCIENNES

Cathédrale Saint-Etienne
AGDE
✆ 04 67 94 60 00
Chaque été de juin à septembre. Gratuit.

Tous les étés, une dizaine de compétitions est organisée par la Société Nautique des Jouteurs Agathois et le Pavois Agathois. Au pied de la Cathédrale Saint-Étienne ou à proximité du littoral, ces affrontements permettent de découvrir de manière joviale et festive la tradition régionale. Les tournois à l'affiche, aux différentes catégories, sont parfois attachés à des événements majeurs tels que le tournoi de la Fête des Pêcheurs ou le tournoi régional des Écoles de Joute.

TOURNOIS DE JOUTES LANGUEDOCIENNES

Quai Augustin Descournut
MÈZE
Plusieurs compétitions de fin juin à fin août. Gratuit. Agenda sur le site web.

L'été, le port de Mèze retrouve l'effervescence des tournois de joutes languedociennes, organisés par les deux sociétés locales : la Nouvelle Lance Mézoise et la Jeune Lance Sportive Mézoise. Les quatre catégories (juniors, séniors, moyens et lourds) s'affrontent sur l'eau au grand plaisir des spectateurs ! En terrasse d'un restaurant ou sur le quai, une glace à la main, profitez de ces compétitions sportives traditionnelles qui rythment la saison !

TOURNOIS DE JOUTES LANGUEDOCIENNES

6, Quai des Jouteurs
FRONTIGNAN
www.tourisme-occitanie.com
Plusieurs dates en juillet. Gratuit. Programme et agenda complet sur le site web.

En 1629, les tournois de joutes offrirent un spectacle unique au cardinal de Richelieu lors de son passage à Frontignan. Cette tradition locale se perpétue de nos jours, particulièrement à l'occasion du tournoi de la Ville, le 14 juillet. Vêtus de blanc, lance et pavois bien en main, les jouteurs s'affrontent au son du tambour et du hautbois languedocien, lors de combats nautiques dans une ambiance des plus festive. Venez rejoindre la foule au bord du canal pour les applaudir !

TOURNOIS DE JOUTES LANGUEDOCIENNES

55, Avenue du Port
BALARUC-LES-BAINS
Plusieurs dates en août. Gratuit. Agenda sur le site web.

Chaque été, les eaux thermales de Balaruc-les-Bains accueillent des tournois de joutes languedociennes, notamment lors de sa fête annuelle. Tout comme dans ses villes voisines, les tournois se déroulent au port. Armés de leur lance et de leur pavois, les jouteurs tentent de faire tomber leurs adversaires à l'eau, sous les yeux écarquillés des enfants et amusés des plus grands. Des rendez-vous à ne pas louper lors de votre passage à Balaruc et ses environs !

FESTIVAL DES SPORTS TRADITIONNELS

Place de la Mairie - **VIELMUR-SUR-AGOUT**
✆ 05 34 25 13 03
www.cros-occitanie.fr/actualites
Début juillet. Gratuit. Démonstrations et initiations aux sports traditionnels, marché, animations musicales.

Dans le Tarn, le Festival des Sports Traditionnels invite les amateurs et tous les curieux à venir découvrir les sports traditionnels issus des cultures qui reflètent le patrimoine riche et varié de la région Occitanie. Marché des producteurs, initiation au tambourin, aux quilles au maillet, au palet Gascon ou encore à la pelote basque, démonstrations par des clubs... En corrélation avec le festival culturel Total Festum, la culture Occitane et Catalane est à l'honneur !

SALON DU RUGBY

Base de loisirs de Pratgraussals
ALBI
www.tourisme-occitanie.com
Début septembre. Gratuit. Restauration sur place. Animations et ateliers rugby, diffusion des matchs, bodega, bandas.

Le rugby est encore à l'honneur, cette fois dans le Tarn ! Car Albi est l'une des places fortes du rugby français, au carrefour de nombreux clubs de rugby. Alors en septembre, rendez-vous à cette grande fête de l'ovalie où vous pourrez profiter en famille ou entre amis d'une bodega géante sous des airs de bandas et vous balader parmi les stands des nombreux exposants. L'événement est aussi ponctué d'animations, d'ateliers autour du rugby, d'un marché gourmand, d'une soirée cabaret et de retransmissions de matchs sur grands écrans !

PASSPORT

FESTIVALS - MANIFESTATIONS

Plus qu'une terre de sport, l'Occitanie est aussi une terre de fête ! Toute l'année, les agendas des départements d'Occitanie sont remplis de rendez-vous festifs, traditionnels ou contemporains, à ne pas manquer ! Le Petit Futé vous fait découvrir les fêtes votives lors desquelles vous pourrez profiter, vous aussi, des parades et animations traditionnelles, des repas conviviaux et des bals nocturnes. Nous vous invitons également aux grandes ferias traditionnelles de la région ainsi qu'aux fêtes aux couleurs occitanes et catalanes. Sans oublier les festivals de renommée nationale et internationale, mais aussi les foires gourmandes et artisanales et marchés typiques, où vous pourrez dégoter les meilleurs délices du terroir. Le Petit Futé a rassemblé quelques-uns de ces événements, des plus incontournables aux plus authentiques, des plus populaires aux plus intimistes, qui sont aussi à retrouver sur l'agenda des festivals du site de la région (laregion.fr/occitanie-festivals). Venez vivre au plus près ce patrimoine vivant exceptionnel !

LES FÊTES VOTIVES

S'étalant le plus souvent durant toute la belle saison, les fêtes votives sont légion en Occitanie. D'origine religieuse et également appelée fête patronale, c'est lors de cette fête que les communes célèbrent leur saint patron, celui qui protège le village et ses habitants. Parade, repas, feux d'artifice, attractions foraines, concours de pétanque et de pêche, bal nocturne et autres activités animent le village pendant plusieurs jours. Témoin on ne peut plus vivant d'un patrimoine foncièrement ancré dans les habitudes de chaque habitant d'Occitanie, les fêtes votives incarnent à elles seules la reconnaissance de tous envers les traditions. Un passé qui est toujours très présent et qui fait naître un sentiment d'appartenance. De la fête locale à la grande feria, de la Saint Jean à la Saint Roch, nous vous invitons ici à découvrir certaines de ces manifestations pour vous imprégner de ces ambiances si caractéristiques de l'Occitanie !

FERIA DE CARCASSONNE

boulevard Barbès
CARCASSONNE

4 Jours fin août - début septembre. Gratuit. 40 bodegas, concerts gratuits, sévillanes, bandas...

La Ville de Carcassonne clôture sa saison estivale avec l'une des animations les plus attendues par les Carcassonnais : la Féria ! Au programme de la fête : des groupes de salsa, flamenco, musique occitane, tango, musette, bandas et fanfares déambulatoires, danses sevillanes et chanteurs populaires ! Tous les jours et tous les soirs, des animations musicales rythment les rues de la ville. Et pour se restaurer, rendez-vous à l'une des 40 bodegas associatives qui proposent tous les soirs tapas, paella, etc., des concerts et des animations gratuites !

FESTIVAL DE LA SAINT-JEAN

place Notre-Dame
VILLEFRANCHE-DE-ROUERGUE
✆ 06 43 67 64 22

Fin juin, pendant 3 jours. Gratuit. Bandas, défilés de chars et parade nocturne, animations, fête foraine.

Fière de sa culture occitane, Villefranche est une cité festive et animée. L'un des évènements les plus importants pour les Villefranchois se déroule fin juin, à la Saint-Jean. Corso fleuri et défilé de chars, bandas sur les places et dans les rues, groupes musicaux traditionnels venant de tous les pays européens, défilés de majorettes et de groupes folkloriques, sans oublier la grande fête foraine… La ville danse et s'émerveille pendant ces 3 jours de fête.

FÊTE DE LA SAINT-PIERRE

Centre-ville
GRUISSAN
✆ 04 68 75 21 21

Fin Juin. Messes, cortège et défilé, animations.

Période du solstice d'été, la Saint-Pierre célébrée à Gruissan est l'événement fort du village. Cette fête religieuse est un bel hommage des pêcheurs à Saint Pierre. Ce retour aux racines se formalise par un cortège de pêcheurs portant la statue de leur saint patron dans les rues, suivis de juges en toge noire, de la Prud'homie en toque d'or, des assesseurs en toque d'argent et du petit orchestre gruissanais. Après la grande messe, l'événement prend un côté plus festif entre offrandes, chants, jet de gerbes en mer... pour finir par un bal avec orchestre.

FESTIVITÉS DE LA SAINTE FOY

Abbaye Sainte-Foy de Conques
CONQUES-EN-ROUERGUE
✆ 05 65 69 85 12
https://abbaye-conques.org

Début octobre. Conférences, marche-pèlerinage, messes, concerts. Programme complet en ligne.

En octobre, locaux et visiteurs se rassemblent pendant 3 jours pour des animations religieuses lors de la célébration de la fête de la Majesté Sainte Foy à Conques. Après une conférence le vendredi, les célébrations continuent le samedi ; marche-pèlerinage, Premières Vêpres et présentation du Tympan de l'Abbaye, procession aux flambeaux dans le village... Le week-end se termine par la procession solennelle de Sainte Foy, une messe et un concert de la maîtrise.

FÊTE DE LA SAINT-BOURROU

Centre-ville
MARCILLAC-VALLON
✆ 05 65 72 85 00
www.tourisme-conques.fr
En mai, week-end de Pentecôte. Restauration sur place, bodega, fanfare, défilé, fête foraine, bal.

Dans le vallon de Marcillac, la Saint-Bourrou est l'un des évènements les plus populaires de l'année, à ne surtout pas manquer ! Traditionnellement, il s'agit de célébrer Saint Bourrou, le saint patron de la ville, et de bénir les bourgeons de vigne. Durant 4 jours, une fête foraine anime le village pendant que de nombreuses animations se déroulent dans les rues ; dégustation gratuite de vins et produits locaux, repas traditionnel, défilé des vignerons, intronisations, messe, concerts... Un rendez-vous convivial en immersion dans les traditions !

L'ABRIVADO DES PLAGES

Plage du Boucanet
LE GRAU-DU-ROI
✆ 04 66 51 67 70
Début mars, sur la plage. Programme en ligne.

L'abrivado désignait jadis la conduite des taureaux depuis les pâturages jusqu'aux arènes sous la surveillance des gardians. Aujourd'hui, il s'agit d'une tradition taurine qui consiste à simuler ces transferts de taureaux en les lâchant dans les rues des villages lors des fêtes traditionnelles camarguaises. L'Abrivado au Grau-du-Roi est le premier rendez-vous de l'année qui lance la saison des traditions bovines. Vous voulez la vivre au Grau-du-Roi ? Ici, c'est original, elles se déroulent à la fois dans les rues du centre-ville, mais surtout sur la plage !

FÊTE DE LA SAINT LOUP

Place du foirail
SALLES-CURAN
✆ 05 65 46 31 73
Fin août pendant 3 jours. Quine, apéro-concert, concours de pétanque, vide-grenier, restauration sur place.

Non loin du lac de Pareloup sur le haut plateau du Lévézou, le village de Salles-Curan s'anime lors de la fête de la Saint Loup ! Venez vivre trois jours en immersion dans les traditions du sud lors d'animations festives et conviviales pour petits et grands : quine, apéro-concert et tapas aveyronnais, concours de pétanque, vide-grenier, spectacle traditionnel, repas campagnard, brasucade animée par des bandas, rodéo en taureau mécanique et ventre glisse... Rendez-vous entre amis ou en famille pour profiter de ce temps fort de l'été en Aveyron !

FERIA DE NÎMES

NÎMES
✆ 04 66 58 38 00
www.nimes.fr/feria-de-pentecote.html
Du mercredi précédent la Pentecôte jusqu'au lundi de Pentecôte, puis en septembre pour la feria des vendanges.

Cette feria qui a célébré ses 70 ans en 2022 est certainement le plus gros événement accueilli à Nîmes, et tout simplement l'une de des plus grandes fêtes françaises. Foulard rouge et tee-shirt blanc pour tout le monde, dans l'ambiance flamenco, la tauromachie est reine mais de nombreux concerts, expositions, et animations familiales sont également proposés. Corridas dans les arènes, *encierros* (lâcher des taureaux dans les rues) et pégoulade sur les boulevards, la feria est une joyeuse immersion dans les traditions camarguaises.

FÊTE VOTIVE D'ANGLARS

Au village - **ANGLARS-SAINT-FÉLIX**
✆ 05 65 80 26 04
www.tourisme-pays-rignacois.com
Début Juin. Concerts, apéro, bandas, déjeuner traditionnel, animations.

Depuis 30 ans en juin, le village d'Anglars se transforme en musée vivant, dans le cadre de sa fête votive. 350 figurants se costument le temps d'une après-midi pour faire renaître les métiers anciens, les scènes de la vie, les personnages typiques et la vie d'un village, pour ce spectacle à partager. La fête d'Anglars, gratuite, attire environ 7 000 personnes, dont plus de 5 000 au spectacle du dimanche. D'autres animations sont organisées durant le week-end : concert d'un groupe local, apéro avec bandas, déjeuner traditionnel, feu d'artifice et bal musette.

FESTIVAL DU FILM TAURIN ET CAMARGUAIS

1, Rue 19 Mars 1962
SAINT-GÉNIÈS-DE-MALGOIRÈS
www.saintgeniesdemalgoires.fr
Février. Gratuit. Programmation sur le site web.

Depuis 1997, ce petit village gardois sert de décor à un festival de cinéma pas comme les autres. Au programme : manifestations de rues, expositions, concours photos et, bien entendu, projection de films sur des sujets cernant de près le thème du festival. Les aficionados peuvent donc avoir la joie ou l'émotion de redécouvrir une course, une finale, une cocarde d'or, etc. Et également découvrir des témoignages, des reportages sur la vie d'une manade, les fêtes de village... Un plaisir.

FÊTE D'UZÈS

Centre-ville
UZÈS
✆ 04 66 03 48 56
www.tourismegard.com
Début août. Animations, manades, repas, bodegas, concerts.

Pour une grande fête colorée, familiale et conviviale, rendez-vous à Uzès début août ! De nombreuses animations festives raviront petits et grands pendant 4 jours : concours de pétanque, de pêche, de belote, concours des manades, grand prix cyclistes, pégoulades, concerts dans les rues, bodegas, défilés, repas traditionnels, soirée électro et bals en plein air... Un grand week-end festif qui se termine avec un grand repas du maire avec orchestre et une soirée aux arènes d'Uzès et le traditionnel taureaux piscine. Sensationnel !

FÊTE DE GARONS

Centre-ville
GARONS
✆ 04 49 29 59 00
www.tourismegard.com
Fin juin. Animations, repas, manades.

Dans le Gard, la mairie de Garons s'associe au club taurin Le Mistral pour proposer de nombreuses animations lors de la fête votive de fin juin. C'est l'occasion de se retrouver en famille ou entre amis lors d'animations festives tout le week-end. La fête débute avec la pégoulade (défilé d'ouverture de la féria avec des chars) et se poursuit avec des olympiades gratuites, des repas traditionnels, des bandas et animations aux peñas, le fameux spectacle de taureaux piscine, des apéritifs et des concerts. Un rendez-vous immanquable !

FÊTE VOTIVE D'AIMARGUES

AIMARGUES
✆ 04 66 73 12 12
www.aimargues.fr
10 jours de fête en Juillet. Ouvert à tous.

Rejoignez la fête à Aimargues pour 10 jours mémorables ! Chaque année, la programmation de ces festivités est monumentale : grand intervillage entre Aimargues et le village de Vauvert, concours de manades aux arènes avec de nombreux Trophées tous les jours, apéritifs musicaux, concours de pétanque, bandas, bals traditionnels avec orchestre, animations pour les petits et les grands... et pour clôturer les festivités taurines, un grand bandido de 100 taureaux est organisé ! Encore un moment fort à vivre en immersion dans les traditions gardoises !

FERIA DE PENTECÔTE

VIC-FEZENSAC
✆ 05 62 06 56 55
https://toros-en-vic.fr/
En mai.

Dans la pure tradition des rencontre taurines, la feria de Vic-Fezensac est une véritable institution. Cartels d'exception, ambiance de folie, cette fête cumule le spectacle des arènes à celui de la rue. Les aficionados viennent de toute l'Europe pour assister à un programme de haute qualité. Des matadors d'envergure internationale se donnent rendez-vous à Vic pour des novilladas non piquées, tiendas de l'avenir, encierros matinal et corridas. Expositions, fanfares, concerts, corridas pédestres et bodégas complètent cette grande fête.

FÊTE DE COLOGNE

Au village
COLOGNE
https://comitedesfetescologne.fr
En août. Animations, repas, marché gourmand, bal, feu d'artifice.

Dans le Gers, Cologne organise sa fête annuelle en août. Les grandes festivités sont étalées sur 4 journées pendant lesquelles se déroulent un marché gourmand le vendredi, des sérénades, concours de pétanque et repas traditionnel le samedi ainsi qu'un grand rassemblement auto-motos-tracteur le dimanche. Le soir, un copieux et chaleureux repas sous la Halle est prévu, accompagné de son traditionnel lâcher de montgolfière et d'un bal avec orchestre. Le lundi, vous pouvez clôturer votre week-end festif en participant au concours de pétanque !

FÊTE DE L'ISLE-JOURDAIN

Centre-ville
L'ISLE-JOURDAIN
✆ 05 62 07 32 50
www.mairie-islejourdain.fr
Fin juillet. Animations, fête foraine, manèges et bals.

L'Isle-Jourdain se met à la fête en juillet ! Organisées par le Comité des Fêtes, les animations sont variées et des plus festives : fête foraine, manèges, nombreux stands de restauration et buvettes aux couleurs locales, concours de pétanque et de pêche, bals traditionnels avec orchestre sur la place de l'Esplanade des Pyrénées... Vous pourrez également profiter du beau feu d'artifice aura lieu au Grand Lac pour clôturer les festivités ! Des beaux moments de bien-vivre, d'échange, de rires et de convivialité à vivre en famille et entre amis.

FÊTE DE MONTRÉAL-DU-GERS

Au village
MONTREAL
✆ 06 38 65 58 12
www.montrealdugers.fr
Début août. Marché gourmand, animations, course landaise, bandas.

Dans cette magnifique bastide typique du Moyen Âge se déroule chaque été la grande fête locale de 4 jours. Après la remise des clés de la ville, un grand apéritif est organisé, suivi d'une démonstration de danse country, d'une randonnée nocturne et d'un repas en musique. Le reste du week-end est tout aussi animé : nombreux repas traditionnels et grillades, concours de pétanque, jeux pour les enfants et fête foraine, course landaise et bal disco. Un programme riche en couleurs, en émotions et en convivialité à ne pas manquer !

FÊTES DE NOGARO

Centre-ville - **NOGARO**
✆ 05 62 09 13 30
www.nogaro-tourisme.fr
3 jours en août. Animations, repas, course landaise, défilé, fête foraine, bandas.

Traditionnellement festive, Nogaro organise de nombreuses animations pendant 4 jours lors de sa fête votive : fête foraine, bodega animée, concours de pétanque et de pêche, apéritifs et repas traditionnels, jeux taurins d'intervilles entre Nogaro et sa voisine Riscle dans les arènes, randonnées pédestres et équestres, promenades en calèche, démonstration de voltige, défilé humoristique et corso fleuri, vide grenier et foire aux produits régionaux, courses landaises, lâcher de vache dans les rues, feu d'artifice et bal disco. Un évènement mémorable !

GRANDES FÊTES ET FERIA D'EAUZE

Arènes Nimeño-II
EAUZE
✆ 05 62 09 99 98
Premier week-end de juillet. Gratuit. Programme complet sur le site de l'office de tourisme.

La Feria d'Eauze maintient la tradition de la corrida et de la course landaise dans une ambiance animée par les bandas et les bodegas. Organisée chaque année le premier week-end de juillet, elle est le rendez-vous incontournable des *festayres*. Vente d'huîtres, repas et concerts de rue, fête foraine, concerts, concours et bals, novilladas font monter la tension festive dont le paroxysme est atteint le dimanche avec la corrida dans les arènes Nimeno II.

LES BRANDONS EN BAROUSSE

MAULÉON-BAROUSSE
✆ 05 62 99 21 30
https://tourisme-neste-barousse.fr
Feu de la Saint Jean, en juin. Renseignements à l'office de tourisme.

Communément appelé «feu de la St Jean», cette fête a lieu fin juin et les quelque 25 villages de Barousse lui sont fidèles. Les brandons sont des troncs d'arbre préparés avec la même technique depuis des décennies. Rendez-vous intergénérationnel, il rassemble d'abord les hommes qui préparent des semaines à l'avance l'événement selon un rituel précis. Parfois décorés de fleurs, ces arbres sont bénis avant d'être brûlés et les flammes perdurent jusqu'à ce qu'ils tombent. L'occasion pour le public de partager danse et chants lors de ce magnifique moment de fête !

FÊTES DE LOURDES

Avenue Maréchal Foch
LOURDES
✆ 05 62 94 65 65
www.tourisme-hautes-pyrenees.com
Fin juin / Début juillet. Animations, concerts, repas.

Dans le Jardin des Tilleuls à Lourdes, la ville s'anime pendant plusieurs jours de fête. Vous aurez l'occasion de vivre un week-end festif avec de nombreuses animations dont des concerts, des après-midi récréatives et des animations pour les enfants, des bals traditionnels... Le tout s'adressant à un large public. Autour de cette fête intergénérationnelle et chaleureuse, des « casetas » sont installées dans le jardin, ces stands de restauration et buvettes sont tenus par des commerçants de la ville. Des moments de convivialité en perspective !

FOIRE DE LA SAINT-MICHEL

Au village
GUCHAN
www.tourisme-hautes-pyrenees.com
En septembre. Marché, animations, repas, concert.

Dans les montagnes des Hautes-Pyrénées, non loin de Saint-Lary-Soulan, la Saint-Michel est fêtée à Guchan, lors d'une journée riche en animations festives et conviviales à l'Espace Pastoral : bodéga, marché d'artisans et producteurs locaux, fabrication du jus de pomme et gâteau à la broche, vide-grenier, animations gratuites pour enfants, concours ovins, rallye des voitures anciennes, repas, bals... La journée se termine traditionnellement par un beau concert sous le chapiteau, comme en 2023 avec la présence de Collectif Métissé !

FERIA DE BÉZIERS

1, avenue Jean-Constans
BÉZIERS
✆ 04 67 76 13 45
www.feriabeziers.fr
Quatre jours autour du 15 août.

Les arènes de Béziers perpétuent la tradition des novilladas et des corridas depuis leur construction en 1897. Béziers est depuis surnommée la Séville française. Les arènes ont vu toréer les plus grands matadors. La féria de Béziers quant à elle existe depuis 1968. Événement majeur dans le milieu de la tauromachie, c'est surtout une fête populaire incontournable de la région Sud-Est rassemblant chaque année durant 5 jours près d'un million de personnes. Bodegas, spectacles, danse, musique, animations... Laissez-vous emporter par la fièvre espagnole !

FÊTE DE LA SAINT-APHRODISE

Place Gabriel Péri
BÉZIERS
Fin avril. Programme de l'évènement complet en ligne.

Tous les ans, les Biterrois se retrouvent le 28 avril pour célébrer leur saint patron, saint Aphrodise, décapité sur ordre des Romains pour avoir voulu évangéliser la cité. Dès 10h, le rassemblement est donné place Saint-Aphrodise où petits et grands se retrouvent pour une multitude d'activités culturelles, ludiques et même gourmandes : c'est en effet l'occasion de déguster les fameuses, et délicieuses, Coques de Saint-Aphrodise. Une fête traditionnelle pleine de convivialité.

FÊTE DE LA SAINT-PIERRE

VALRAS-PLAGE
www.ville-valrasplage.fr
Fin juin. Programme de l'évènement sur le site de la ville.

Le dernier week-end de juin, la ville rend hommage pendant trois jours aux pêcheurs d'hier et d'aujourd'hui : ils sont à l'origine de la ville et contribuent toujours à son identité. Solidement ancrée dans le cœur des Valrassiens, cette fête donne lieu à des démonstrations et dégustations de la spécialité culinaire locale, le traditionnel ragoût de seiches, à des soirées dansantes, des spectacles déambulatoires, fanfares et peñas, mais surtout, à la cérémonie du souvenir, en mer, avec toute la flotte des pêcheurs de Valras. Une manifestation à voir absolument !

FÊTE DE LA SAINT-ROCH

Place de la comédie
MONTPELLIER
www.montpellier-tourisme.fr
Le 16 août, chaque année. Défilé et cortèges, animations festives.

Le 16 août est l'occasion de célébrer, chaque année, le saint-bienfaiteur de la ville de Montpellier : Saint Roch, dans sa ville de naissance. Montpellier organise les Fêtes de la Saint Roch, un évènement ouvert à tous, qui accueille non seulement des milliers de pèlerins mais aussi des visiteurs et touristes venus du monde entier. Au programme de ces jours de fête : un circuit consacré à Saint-Roch avec les guides de l'Office de Tourisme, un colloque international, des cortèges et manifestations liturgiques, des animations festives dans les rues et des concerts.

SANT-BLASI - TEMPORADA DE CARNAVAL

PÉZENAS
✆ 04 67 90 41 00
www.ville-pezenas.fr
En février.

Le saint patron de Pézenas, Saint Blaise est grandement fêté dans ce coin d'Occitanie lors du passage au printemps ! Durant près d'un mois, ce sont alors des rassemblements en musique, des danses traditionnelles et des défilés déguisés qui animent les rues, sans oublier le traditionnel ragout d'escoubilles et son championnat du monde. Un événement qui rassemble toutes les générations et qui témoigne de la ferveur des Occitans pour leurs traditions !

FESTIV'MARNHAC

Au village
LABASTIDE-MARNHAC
✆ 06 73 59 77 22
www.festivmarnhac.com/evenements
Début août sur 3 jours. Gratuit. Manèges, brocante, buvette, restauration sur place, concerts.

Pour vivre l'expérience d'une fête traditionnelle, rendez-vous à Festiv'Marnhac à Labastide-Marnhac ! Les festivités débutent avant l'heure avec les aubades chez les habitants, une tradition où les jeunes du village ayant atteint l'âge de 18 ans sont accompagnés d'un accordéoniste et vont de porte en porte chanter en leur honneur pour recevoir en retour un coup à boire et un don au Comité des fêtes. En août débutent enfin les animations : fête foraine, concours de pétanque, apéro-concerts... Des moments sous le signe des traditions et du partage !

FÊTE VOTIVE DE PUY-L'EVÊQUE

Promenade de héron
PUY-L'EVÊQUE
Début août, pendant 3 jours. Gratuit. Animations, restauration, marché gourmand, repas, concert, feu d'artifice.

Quel beau programme vous attend à Puy-l'Évêque lors de sa fête votive ! Marché gourmand en musique, baptême de jet-ski et traversée du Lot en tyrolienne, concours de radeaux, de pêche et de pétanque, grand prix cycliste, jeux pour enfants, soirée tapas, repas au bord du Lot et feu d'artifice, grand bal et concerts... De nombreuses animations conviviales et festives dont vous pourrez profiter pendant 3 jours. Le Comité des fêtes en a prévu pour tous les goûts, et les âges !

FÊTE VOTIVE DE SAINT-CIRQ-LAPOPIE

Au village
SAINT-CIRQ-LAPOPIE
Mi-juillet. Gratuit. Restauration sur place, animations.

Dans le Lot, la fête votive annuelle se déroule mi-juillet. Se déroulent tout d'abord les aubades aux habitants, puis les animations de la fête pour petits et grands : apéro convivial, valses, bourrées et farandoles lors du bal traditionnel, jeux et fête foraine, marché gourmand, concert d'un groupe local, feu d'artifice... Trois jours de festivités qu'on vous invite à découvrir, mais surtout à profiter, dans l'un des plus beaux villages de France !

FÊTE DE SAINT-CHÉLY-D'APCHER

Place du Foirail
SAINT-CHÉLY-D'APCHER
✆ 04 66 31 00 67
Début août.

Saint-Chély-d'Apcher organise sa traditionnelle fête annuelle début août, dans une ambiance conviviale et familiale. Rendez-vous au Foirail pour la fête foraine, et dans les rues de la ville pour les nombreuses animations organisées : concerts, jeux gonflables, baby-foot géant, dîner musette des producteurs et bal traditionnel, expositions de voitures anciennes, descente de caisses à savon, défilé de rue, grand feu d'artifice... Un week-end sensationnel !

LA FÊTE DES PATURAGES

Station du Mont Lozère
MONT LOZÈRE ET GOULET
www.lafetedespaturages.fr
Fin juillet. Gratuit.

L'association Paroles Gabales et la FDSEA organisent la fête des Pâturages afin de permettre à tous de découvrir le monde agricole. Tout au long de la journée, vous pourrez découvrir les animaux des fermes de la Lozère et rencontrer vaches, veaux, moutons, agneaux, chèvres, chevaux, ânes, lapins… mais aussi profiter de démonstrations de savoir-faire locaux (fenaison, tonte de brebis, sciage de bois, dressage de chiens de troupeau...), de danses traditionnelles, d'un marché fermier et artisanal avec de beaux produits locaux et d'animations pour les enfants.

FESTA MAJOR

Avenue de la République - **BANYULS-SUR-MER**
✆ 04 68 88 31 58
www.banyuls-sur-mer.com
Courant août. Ouvert à tous. Marché des créateurs, animations, restauration sur place, bal masqué, feu d'artifice.

La Festa Major, ou «fête grand» en catalan, est une fête très populaire dans les villes et villages des Pyrénées Orientales. Tous se mettent à la fête et à Banuyls, de nombreuses animations festives sont organisées : Marché des créateurs, sardinade des contrebandiers, grand bal, sardanes, initiation gratuite à l'aviron, déambulations et défilés, course de carrioles et la cavalcade de nuit du Carnaval, bal masqué et concert... Cinq jours pour une belle immersion dans la culture catalane, qu'on vous invite à profiter entre amis ou en famille !

FÊTE DE LA SANT JORDI

www.ledepartement66.fr/agenda/sant-jordi/
Le 23 avril. Si ce jour tombe en semaine, les festivités se déroulent le week-end avant ou après cette date.

Le jour de la Sant Jordi (Saint Georges) les catalans fêtent l'amour et le savoir, les hommes offrent une rose à leur dulcinée et les femmes un livre à l'élu de leur cœur. C'est une sorte de Saint Valentin à la sauce catalane. Jordi, représenté terrassant le dragon est le symbole de la victoire du bien sur le mal. L'UNESCO a déclaré le 23 avril comme « Journée mondiale du livre et du droit d'auteur », donnant tout son sens à la Sant Jordi, à savoir la victoire du savoir et de la connaissance sur l'obscurantisme, la rose rouge symbolisant le sang du dragon terrassé.

FÊTES DE LA SAINT-VINCENT

Centre-ville
COLLIOURE
✆ 04 68 82 05 66
www.collioure.fr
Mi-août. Expositions, jeux nautiques, fanfares, sardanes, jeux.

Cette grande fête traditionnelle a pour origine les célébrations de l'arrivée des reliques du saint patron de la ville en 1701. Les fêtes de Saint-Vincent à Collioure sont devenues aujourd'hui le moment fort de la vie colliourencque. Sur 5 jours, habitants et visiteurs se rassemblent pour profiter des animations : procession en mer en barques catalanes, jeux nautiques, concerts et bandas, bals, sardanes, arts de la rue… sans oublier le grandiose feu d'artifice lancé sur la baie !

FEUX DE LA SAINT JEAN

52, Avenue Maréchal Foch - **PERPIGNAN**
✆ 04 68 35 07 60
www.mairie-perpignan.fr
Le 23 juin. Programmation sur le site web de la mairie.

Focs de Sant Joan immanquable nuit fêtée le 23 juin où de toutes parts, des feux illuminent la nuit du solstice d'été. Fête païenne récupérée par l'église au Ve siècle pour la (re) «baptiser» Saint-Jean. Cette célébration de l'été commence le dimanche qui précède le 23/06 avec la *Trobada del Canigó* où hommes et femmes issus des 2 côtés des Pyrénées portent les fagots garnis de papiers de souhaits au sommet de la montagne sacrée pour y régénérer la flamme conservée au Castillet à Perpignan et redescendre le «feu sacré» dans chaque village afin de célébrer l'été.

FÊTE DE LA SAINT NOÉ

Centre-ville
AUVILLAR
www.auvillar.fr
Début juin. Animations, marché, messe, repas gourmand, bal.

À Auvillar, on fête le saint patron le dimanche de la Trinité. La ville s'anime et les vignerons se rassemblent avec les musiciens et les groupes folkloriques. Après la plantation du Mai, c'est un repas gourmand qui vous attend à la Halle, suivi par la procession des Arbudets en musique, et un grand bal. Vous serez réveillé le lendemain au son du canon, alors que les enfants du village vendent des fleurs et que les plus grands profitent du marché fermier. Messe, bandas, cortèges, danses traditionnelles et repas convivial assurent la suite des festivités.

FÊTE DE LA SAINT JEAN

Centre-ville
CASTRES
✆ 05 63 62 63 62
www.tourisme-castresmazamet.com
Fin juin. Animations, bal.

Très appréciée des Castrais, la fête de la Saint-Jean s'articule autour de la tradition campanaire du carillon de Notre-Dame-de-la-Platé, des instruments et musiques traditionnelles, des danses et des chants occitans. Le marché des producteurs sera accompagné en musique de la craba, grande cornemuse de la Montagne Noire, et du graile, hautbois des Monts de Lacaune et du Sidobre. Rejoignez le grand bal occitan, ses farandoles et ses branles, qui sera interrompu à la tombée de la nuit par le traditionnel feu autour duquel la foule danse au son des Bufarèls !

FÊTE DE SERVIÈS

Centre-ville
SERVIÈS
✆ 06 70 41 40 43
Fin juin, pendant 2 jours. Gratuit. Animations, repas, concert.

Dans le Tarn, le village de Serviès est en fête courant juin. Il invite et rassemble habitants et visiteurs des villes voisines pendant deux jours autour d'animations festives et conviviales : tournoi de basket ouvert à tous, repas traditionnels, jeux pour les enfants, apéro-concert, rassemblement de voitures et motos anciennes pour les amateurs, concours de pétanque et concerts en plein air. Un évènement que le Comité des Fêtes organise avec cœur afin de rassembler les générations, dans une ambiance chaleureuse et de partage.

FÊTES DE BRASSAC - MESCLADIS FESTIVAL

Centre-ville - **BRASSAC**
✆ 05 63 74 00 18
https://brassac.fr
Début août, pendant 4 jours. Gratuit. Animations, restauration sur place.

Le Mescladis Festival est le nom donné aux fêtes de Brassac-sur-Agout, dans le Tarn. Durant 4 jours, toutes les générations se retrouvent, toutes les musiques se côtoient dans une ambiance conviviale et déjantée. Associés aux orchestres rock, aux traditionnels bals variétés ou musettes et autres bandas et fanfares qui enflamment les rues la journée, les concerts donnent au Mescladis Festival un parfum unique. Un rendez-vous estival à ne pas manquer !

GRANDES FÊTES GÉNÉRALES DE LISLE

Place Paul Saissac - **LISLE-SUR-TARN**
✆ 05 63 33 35 18
www.ville-lisle-sur-tarn.fr/agenda
Fin Juillet, pendant 4 jours. Animations, fête foraine, bals gratuits, buvette, restauration sur place.

Un programme festif et convivial vous attend lors des grandes fêtes de Lisle-sur-Tarn, fin juillet ! De nombreuses animations pour petits et grands égayeront les rues de la ville : Fête foraine, repas champêtres, bals traditionnels et concerts, concours de pêche et de pétanque, jeux pour enfants... Un rendez-vous estival à ne pas manquer, et qui se termine par un grand spectacle pyrotechnique tiré depuis les rives au-dessus du lac Bellevue. Remarquable !

LA JANADA - FEU DE LA SAINT-JEAN

Place Sainte-Cécile - **ALBI**
✆ 05 63 49 10 10
centre-occitan-rochegude.org
Le 25 juin. De 16h30 à 00h00. Gratuit, ouvert à tous.

La Janada, fête traditionnelle de la Saint-Jean où l'on fêtait à l'époque la fin des moissons, est organisée depuis 1979 par le Centre Culturel Occitan d'Albi. Rendez-vous sur la Place Sainte-Cécile pour ce grand rassemblement festif aux nombreuses animations : farandole dans les rues, bal des enfants, marché, concert... Puis arrive enfin, avec leur flambeau, le cortège des enfants des écoles occitanes qui allument le feu, autour duquel la foule danse pour terminer la soirée !

LA SAINT PRIVAT

CARMAUX
www.carmaux.fr
4 jours en août.

Fête religieuse à son origine, qui louait le protecteur de la ville de Carmaux, La Saint Privat est devenue un événement phare de l'été à Carmaux depuis plus de 100 ans. Populaire et ouverte à tous, de nombreuses animations y sont organisées pour le plaisir de tous les Carmausines, les Carmausins et les visiteurs : Bodéga, cavalcade et nocturne, concours de pétanque, feu d'artifice, concerts et manèges, vide-greniers, course cycliste... Rendez-vous pendant 4 jours en août pour faire la fête à la tarnaise, en famille ou entre amis !

LES FÊTES POPULAIRES

Les fêtes populaires sont plus que de simples manifestations attirant les touristes. Ces fêtes sont ancrées dans les mœurs, dans la vie des gens d'ici. Des traditions qui se poursuivent, au fil des générations, sans perdre en intensité, bien au contraire ! C'est avec hâte que les uns et les autres attendent l'arrivée de ces fêtes, synonymes de convivialité, de chaleur et de rencontres. On se plaît à admirer cette ferveur et l'intensité avec laquelle chacun s'investit, tant dans l'organisation que dans la participation. Dans ces fêtes populaires d'Occitanie, il n'y a pas que des fêtes locales aux couleurs occitanes et catalanes. On y retrouve également de grands festivals renommés tels que Jazz in Marciac, le Rose Festival ou encore Rio Loco. Les fêtes populaires animent villes et villages : *Le Petit Futé* vous invite, à travers cet agenda, à vivre au plus près ce patrimoine vivant !

TOTAL FESTUM

www.laregion.fr/total-festum

En juin, partout en Occitanie. Programmation complète en ligne.

Qu'es aquo Total Festum ? C'est le festival des langues et cultures catalanes et occitanes en Occitanie. Autour du solstice d'été et de la Sant Joan, la musique côtoie les danses trad', les animaux totémiques se mêlent aux spectacles, la littérature est à l'honneur et les spectacles de feu illuminent les cœurs. Entre convivialité, partage et découvertes, cette manifestation est une ode aux traditions et à la mémoire, un regard résolument tourné vers l'avenir et un ancrage dans le présent. Un festival où la richesse vient du monde et de sa diversité.

FESTIVAL DE BANDAS

Place du Maréchal Leclerc

MIREPOIX

Mi-juin, pendant 2 jours. Gratuit. Animations, restauration sur place, buvette.

Organisé par le comité des fêtes de Mirepoix, le festival des bandas et ses fanfares ambulatoires animent cette jolie ville historique, en juin. Percussions et grosses caisses résonnent dans les rues, pendant que petits et grands dansent au son des trompettes. Ce sont cinq bandas présents dans la soirée qui défileront autour des cafés et sur la place du Maréchal Leclerc afin d'apporter joie et bonne humeur. Pour vivre un des temps fort de l'été, rendez-vous alors en famille ou entre amis pour profiter de ces animations musicales festives !

AUTREFOIS LE COUSERANS

SAINT-GIRONS ✆ 05 61 96 26 60

autrefois-le-couserans.com

Début août. Gratuit. Restauration sur place, animations, spectacles, défilés, bandas, feu d'artifice.

Le premier week-end d'août du jeudi au dimanche, depuis 1992, c'est dans la bonne humeur et la convivialité que se déroule la grande manifestation des traditions rurales, de la vie fermière, des savoir-faire ancestraux, et qui attire tous les ans plusieurs milliers de personnes. Défilé dans les rues, bal traditionnel, marché artisanal et marché gourmand. Tout est mis en œuvre pour étonner le palais des plus gourmets. Plus de 700 bénévoles participent avec un grand défilé, des tracteurs, vaches, moutons et vous font revivre la vie du Couserans d'autrefois.

FESTIVAL FESTEN D'OC

SAURAT

www.festenoc.com

En juillet. Gratuit. Bals, concerts, stages, films, théâtre, salon du livre, conférences, ateliers, jeux traditionnels.

Dans le petit village ariégeois de Saurat, le festival Festen'Oc a pour objectif d'être, dans un cadre festif et chaleureux, une vitrine de la culture occitane. Quatre jours pour découvrir ou redécouvrir la culture occitane dans tous ses états, lors d'une programmation bien remplie : bal trad', apéritifs et repas du terroir, conférences, musique de rue, salon du livre et des jeux anciens, marché traditionnel, stages de danse, ateliers de chant, projection de film en occitan, théâtre... Convivialité, bonne humeur et traditions sont au rendez-vous !

FESTIVAL TRAD'ESTIU

FOIX

✆ 06 74 91 83 07

https://tradestiu.fr

En juillet. Gratuit. Bal traditionnel, concerts, jeux en bois, restauration sur place, spectacles, théâtre en occitan.

L'association Trad'Estiu organise chaque été son festival du même nom. Avec l'objectif de faire rayonner et perdurer la culture et les traditions occitanes, le collectif œuvre à organiser des animations pour petits et grands. Pendant 4 jours, la ville de Foix s'anime avec des *trad'apéros*, des bals trad' gratuits avec orchestres occitans, des jeux en bois, des spectacles de danses traditionnelles... Et pour vous immerger encore plus, vous pourrez également profiter d'une pièce de théâtre en occitan «sous-titrée» en français et d'une visite de Foix en occitan !

FÊTES HISTORIQUES DE MIREPOIX

MIREPOIX

✆ 05 61 68 83 76

www.tourisme-mirepoix.com

En juillet.

Du vendredi au lundi, les Fêtes historiques de Mirepoix sont une reconstitution d'une histoire riche, d'un cadre magnifique, de costumes époustouflants et de bénévoles motivés qui ont le secret de ce festival. Défilé historique, saynètes nocturnes et marché artisanal et médiéval, jeux géants en bois et présentation de jeux d'antan ; venez découvrir l'ambiance moyenâgeuse au cœur de la magnifique cité de Mirepoix qui se clôture avec un défilé aux flambeaux et une messe en occitan.

LES JEUDIS DU CARLA

Place de l'Europe

CARLA-BAYLE

✆ 05 61 68 51 32

www.ariegepyrenees.com

Les jeudis, tout l'été. Ouvert à tous. Restauration sur place, concerts.

Depuis des années, les jeudis soir de l'été sont animés par la tradition d'un grand banquet populaire à Carla-Bayle. Au cœur du village, la place de l'Europe s'anime et s'ambiance, sous les couleurs pastel de ses maisons et sous les yeux ébahis des curieux. Profitez alors de concerts gratuits sur cette jolie place, de grandes tablées animées et conviviales avec des belles assiettes de produits du terroir… et rejoignez la danse au milieu de la foule ! Réservez vos jeudis soir d'été au Carla, une belle excuse pour faire la fête !

TRANSHUMANCE EN BETHMALE

BETHMALE ✆ 05 61 96 26 60

www.transhumance-en-bethmale.fr

En juin. Départ à 6h30 de Lescure. Programmation et horaires sur le site web. Animations, repas traditionnel.

La transhumance, du latin « trans » (au-delà) et « humus » (la terre, le pays) est la migration estivale des troupeaux vers d'autres terres plus riches, plus vertes, comme les estives pyrénéennes. Chaque année, on y organise une grande fête du pastoralisme où vous aussi, pourrez accompagner les troupeaux de moutons, vaches et chevaux à travers les villages des montagnes. Votre parcours sera jonché d'animations, de repas conviviaux traditionnels et de spectacles folkloriques. Un moment fort à vivre en immersion dans les traditions ariégeoises !

TRANSHUMANCES EN HAUT SALAT

SEIX ✆ 05 61 96 00 01

www.transhumances-haut-salat.com/

Mi-juin. Horaires des passages des troupeaux et programmation complète en ligne. Animations, repas, spectacles.

Les fêtes de la Transhumance animent le petit village de Seix en juin. Vous pouvez vous aussi accompagner les troupeaux (moutons, bovins, chevaux, Mérens) en montagne sur cinq itinéraires différents lors de ce traditionnel rendez-vous. Ne manquez pas l'un des moments forts du week-end au cœur du village : le Grand défilé des troupeaux animé par des bandas et des groupes folkloriques. Et pour terminer la journée, rejoignez le Repas des Bergers animé par un groupe de musique !

CARNAVAL DE LIMOUX

Place de la République

LIMOUX

De janvier à mars. Restauration. Calendrier et programme détaillé du carnaval sur le site de la ville.

La ville de Limoux est connue pour sa blanquette, mais aussi pour son carnaval, le plus long du monde par sa durée. Il débute en janvier pour s'achever plus de dix semaines plus tard, en apothéose par la nuit de la blanquette. Attesté dès le XVIIe siècle, ses origines remonteraient au XIVe siècle, époque à laquelle les meuniers célébraient la remise de leurs redevances au monastère de Prouilhe, le jour du Mardi Gras, traversant la ville en lançant de la farine au visage des passants. Depuis lors, celui-ci a évolué et reste extrêmement codifié.

EMBRASEMENT DE LA CITÉ

CARCASSONNE

Le 14 juillet à la tombée de la nuit. Renseignements à l'office du tourisme de Carcassonne 04 68 10 24 30.

Considéré comme l'un des plus beaux feux d'artifice de France, l'embrasement de la Cité est un extraordinaire spectacle son et lumière. Durant 30 minutes, des millions d'étoiles, chorégraphiées avec brio, illuminent les cieux au-dessus de la Cité, grandiose ! Le spectacle se termine en apothéose avec l'embrasement des remparts, sur le front Ouest, donnant l'illusion de prendre feu en cascades continues. Créé en 1898 en l'honneur de l'arrivée des Cadets de Gascogne dans la ville, cet évènement fascine chaque année plus de 700 000 spectateurs venus du monde entier.

FESTEJADES - FLEURY-D'AUDE

FLEURY

✆ 04 68 46 60 60

www.cote.indigo.fr

3 jours en août. Gratuit.

Chaque été, en août, le charmant village de Fleury d'Aude organise ses *festejades*, trois jours de fête populaire rythmés par de nombreuses animations. Gratuit, l'événement s'articule autour de plusieurs concerts. Ces dernières années, les rues de la commune ont résonné au rythme des chansons des Négresses vertes, d'Alpha Blondy, de Sergent Garcia, d'Amir ou de Lio. Une programmation impressionnante qui attire tous les ans un grand nombre de vacanciers et de locaux. Ambiance garantie !

LES FESTEJADES - GRUISSAN

GRUISSAN

✆ 04 68 49 09 00

gruissan-mediterranee.com/festejades

Week-end de la Pentecôte. Bodegas, concerts, animations.

Les Festejades (« fêtes/célébrations » en occitan) annoncent le début de la belle saison et rythment le week-end de la Pentecôte. Elles allient tradition et partage : cuisine, musique, fête, sonorités festives, danses, spectacles de rue, groupes, jongleurs, bodegas... Les rues en circulade laissent échapper leurs richesses, produits du terroir et vins locaux sont à l'honneur et les enfants du pays y sont nombreux. N'hésitez pas à venir partager ce moment !

FÊTE D'ANTAN

Au village

CUBIÈRES-SUR-CINOBLE

✆ 06 61 99 60 64

www.audetourisme.com

Fin Juillet. Gratuit. Animations, démonstrations, repas, bal.

Cubières-sur-Cinoble replonge dans les années 1900 le temps d'une journée. Vous pourrez retracer la vie de vos grands-parents et arrière-grand-parents, rythmée au fil des 4 saisons, avec des démonstrations et des animations autour du travail de la terre. Les villageois vous invitent à venir découvrir les prouesses des métiers d'autrefois ; écriture à la plume, véhicules anciens, sabotier, boulanger, moulin, cerclage, battage du blé, lavandières... un véritable musée à ciel à ouvert, accompagné d'animations, d'un repas festif et d'un bal traditionnel.

JOURNÉE MÉDIÉVALE DE MONTSÉRET

Au village

MONTSERET

http://montseret11.free.fr

Début Juin. Gratuit. Restauration sur place, animations médiévales, jeux.

Plongez dans le temps et découvrez Montséret au Moyen Âge pendant une journée ! Louez un costume sur place et immergez-vous au milieu des villageois pour profiter des nombreuses animations qui régaleront petits et grands ; stands d'armurerie au campement de la troupe médiévale La Garde de l'Alaric, démonstration et initiation au combat, contes, expositions, jeux en bois, stand d'artisans d'antan, initiation de la calligraphie, balade en âne... Une immersion totale garantie !

FÊTE DE LA TRANSHUMANCE EN AUBRAC

Coeur du village - **AUBRAC** ✆ 05 65 44 21 15

https://transhumance-aubrac.fr/

Fin mai. Horaires des passages des éleveurs sur le programme en ligne. Animations, salon du terroir, repas traditionnel.

Cette fête traditionnelle célèbre les vaches rejoignant leur beau plateau. Au fil des années, cette coutume est devenue une véritable fête à laquelle le grand public est convié pour assister au défilé des vaches décorées par leurs éleveurs. Le spectacle du passage des troupeaux s'accompagne de nombreuses animations : marché du terroir, danses folkloriques et gigantesques repas autour des spécialités de l'Aubrac : aligot, bœuf, fromage de laguiole... Pur moment passion et tradition !

HIER UN VILLAGE

3, Place de l'église - **FLAGNAC**
✆ 05 65 64 09 92
www.hierunvillage.com
Plusieurs représentations de fin juillet à début août. Adulte : 22 €. Enfant : 7 € (7-11 ans), 18 € (11-17 ans).

S'il y a bien un spectacle historique son et lumière à ne pas manquer en Aveyron, c'est bien celui-ci ! Depuis plus de 40 ans, Hier un Village est la grande fresque vivante de la Vallée du Lot, avec une histoire autour des paysans du coin chargée d'émotion et un spectacle rempli d'effets spéciaux. Avec 20 000 spectateurs par an, cette représentation grandiose fait appel à 200 metteurs en scène, 600 bénévoles dont 250 figurants de la région, une magnifique scénographie, une pyrotechnie et des décors spectaculaires... Frissons et émotions garantis !

FESTIVAL D'ARTAGNAN CHEZ D'ARTAGNAN

LUPIAC
www.dartagnanchezdartagnan.org
En août. Amateurs en costume d'époque et reconstitutions, foire artisanale, spectacles, concerts.

Le village natal de d'Artagnan se devait de fêter son illustre mousquetaire. Comme dans un spectacle vivant, tous les habitants y participent en costume de paysans, musiciens, barons, chasseurs et même bohémiens et ils colorent les rues de Lupiac. Tout le village et ses visiteurs dansent, chantent et se retrouvent sur le marché gourmand, les stands d'artisanat ou devant les concerts de musique traditionnelle. Vous y passerez une magnifique journée, qui fait revivre un temps révolu.

FESTIVAL DES BANDAS

Place Bossuet - **CONDOM**
✆ 05 62 68 31 38
www.festivaldebandas.fr
En mai. Entrée dès 13,80 €. Programme et billetterie sur le site.

Crée en 1973 par une bande de copains de Condom, le festival fête sa cinquantième bougie ! Il s'agit du plus grand rassemblement européen de cuivres et de percussions, où la fête est au rendez-vous tout le week-end. Ne loupez pas les défilés des bandas dans les rues, la course landaise et le match de rugby du samedi, la remise des prix des meilleures bandas, le grand paquito au milieu de la place, les concerts d'artistes français et internationaux, les ateliers et jeux pour enfants mais aussi les dégustations gourmandes sur les stands des producteurs locaux.

FESTIVAL ESCOTA E MINJA

Boulevard des Poumadères
L'ISLE-JOURDAIN
www.tourisme-occitanie.com
Début juillet. Gratuit. Restauration. Marché, visite bilingue de la ville, chants, initiation danses occitanes, concerts

Le 1er week-end de juillet, l'association Escota é Minja («écoute et mange», en occitan) a un mot d'ordre : *amortis la television, bèu un còp e bolèga-te !* («éteins la télé, bois un coup et bouge-toi ! «). Il s'agit plus que d'un simple festival, c'est un rendez-vous annuel qui met en valeur la culture occitane, le lien intergénérationnel et l'art de vivre, la gastronomie et le développement durable. Durant deux jours, vous pouvez profiter de concerts gratuits pour petits et grands et de musique traditionnelle ou actuelle dans une ambiance festive et conviviale.

TRAD'ENVIE

PAVIE
✆ 06 81 33 11 52
www.tradenvie.fr
En mai. Concerts dès 12 €.

Créé en 1991 par un groupe de danse traditionnelle occitane, le festival Trad'envie s'est donné pour mission de diffuser et de mettre en lumière toute la diversité de la culture populaire occitane à travers les danses, les chants, la musique et, bien sûr, la langue occitane... Le festival accueille aussi le salon de lutherie et chaque année, l'audace et l'éclectisme sont au rendez-vous. Avec pas moins d'une vingtaine de concerts et de bals, nul doute que chacun pourra profiter de belles découvertes musicales, mais aussi de bons repas gascons !

31 NOTES D'ÉTÉ

TOULOUSE
✆ 05 34 45 58 30
www.haute-garonne.fr
Spectacles, concerts, visites guidées et expositions à travers tout le département de la Haute-Garonne. Gratuit.

Depuis vingt-cinq ans, le festival 31 Notes d'été allie culture, patrimoine et tourisme en proposant gratuitement à travers toute la Haute-Garonne des concerts, des spectacles, une cinquantaine de visites touristiques et culturelles et des expositions. L'objectif étant de créer du lien, ce sont pas moins de 36 000 personnes qui se sont réunies en 2022 au total sur l'ensemble du festival à travers le département pour vivre des moments d'émotion partagée. Retrouvez en ligne les nombreuses dates à Toulouse, Grenade, Paulhac, L'Isle-en-Dodon ou encore Montréjeau.

CAMPESTRAL

Mairie - **AUREVILLE**

https://campestral.fr

En septembre tous les deux ans (le prochain en 2024). Gratuit. Expo, concerts, bals occitans, théâtre, foire artisanale.

Près de Toulouse, rendez-vous en septembre pour le Campestral, une grande fête champêtre et occitane accessible à tous ! Chaque année, l'évènement mobilise et fédère la population d'Aureville, toutes générations et origines confondues, autour d'un projet original et culturel qui est devenu aujourd'hui une véritable institution, attirant des milliers de visiteurs. Entre amis ou en famille, profitez des nombreuses animations organisées : marché, exposition de voitures anciennes, raid multi-sport, théâtre itinérant et en occitan, bal pour les enfants, concerts...

FESTIVAL CONVIVENCIA

Port de l'Embouchure - **TOULOUSE**

www.convivencia.eu

Début juillet à Toulouse. Plusieurs étapes de Montech à Frontignan. Gratuit. Buvette, concerts, restauration sur place.

Depuis un quart de siècle, ce festival unique en son genre consiste en une scène navigante sur le canal du Midi. L'association culturelle Convivencia, située aux portes sud de Toulouse, à Ramonville, programme des concerts sur une péniche itinérante. Différentes musiques du monde sont représentés en déambulation de Toulouse à la Méditerranée. À chaque escale sa programmation. Les concerts sont accompagnés de dégustations, d'animations autour du patrimoine fluvial, d'expositions... De grands moments festifs et conviviaux en perspective au fil de l'eau.

FESTIVAL DEODAT DE SEVERAC

44, rue Déodat-de-Séverac

SAINT-FÉLIX-LAURAGAIS

www.festival-deodat-de-severac.fr

Animations estivales à Saint-Felix de juin à août, animations automnales à Toulouse en novembre. Tarifs selon concerts.

Lieu de naissance de Déodat de Séverac (1872-1921), Saint-Felix-Lauragais accueille chaque année un festival en l'honneur de ce compositeur original et engagé. Créé en 1989 par le petit-fils de l'artiste, sa direction est désormais assurée par le chanteur lyrique Jean-Jacques Cubaynes. Héritière de l'esprit de Déodat de Séverac, la programmation des concerts, stages, colloques et expositions s'appuie sur l'art populaire pour célébrer la richesse de la culture occitane.

FESTIVAL MURETH L'OCCITANE

Allées Niels - **MURET**

✆ 05 61 51 95 95

www.mairie-muret.fr

En septembre. Gratuit. Spectacle en soirée. Animations en journée avec l'IEO.

Ce festival au sud de Toulouse plonge les visiteurs dans la vie au Moyen Âge : tentes et échoppes médiévales, ateliers et démonstrations, jeux en bois, histoires et découvertes de la culture occitane... La journée est clôturée par un grand spectacle historique son et lumières retraçant la bataille de Muret, avec feux d'artifices, projections et cascades... Ce sont 150 figurants qui se prêtent au jeu ! Avis à tous les amateurs, la mairie fait un appel à figurants chaque année !

FESTIVAL OCCITANIA

✆ 05 61 11 24 87

www.festivaloccitania.com

En octobre. Tarifs selon événement.

L'Institut d'Études Occitanes de la Haute-Garonne organise le festival Occitania depuis plus de vingt ans. Ce rendez-vous joyeux et coloré vise à promouvoir la culture occitane contemporaine au grand public. S'appuyant sur de nombreux partenaires, il propose de nombreuses animations, déployées à Toulouse et dans sa région. Une riche programmation vous emmène à la découverte des nombreux domaines d'expression de la culture occitane : théâtre, cinéma, expositions, concerts, lectures, spectacles sons et lumières, ateliers, marchés, conférences, fête des enfants...

FÊTE DE LA COCAGNE

Place Guillaume-de-Nogaret

SAINT-FÉLIX-LAURAGAIS ✆ 05 62 18 96 99

www.lacocagne.sitew.com

En avril (le week-end de Pâques). Entrée : 7 €. Gratuit jusqu'à 12 ans. Restauration.

Depuis 47 ans, la bastide de Saint-Félix-Lauragais accueille des milliers de visiteurs pour la fête historique de la Cocagne. Une réunion populaire, joyeuse et colorée qui vous emmène à la rencontre des métiers et des traditions d'autrefois : combats de mousquetaires, quadrilles en costume d'époque, fanfares insolites, vols de rapaces, promenades en calèche, jeux anciens... Bien sûr, chacun pourra défier le mât de cocagne ! À ne pas manquer : les défilés historiques dont les superbes costumes ont été confectionnés par de talentueuses couturières bénévoles.

FÊTE DU PAPOGAY

RIEUX-VOLVESTRE

✆ 05 61 98 46 46

http://tourisme-volvestre.fr

Trois jours début mai.

La compagnie des Archers du Papogay a été fondée en 1585. Depuis cette époque, la tradition du tir au Papogay est restée vivace dans la cité de Rieux-Volvestre. Au programme des festivités, trois journées de sérénades, avec bal, spectacle médiéval, défilé royal, danses folkloriques et, bien entendu, des séances de tir au Papogay : on vise avec un arc ou une arbalète une cible représentée par un oiseau en bois, perché au bout d'une perche, nommée le Papogay. Une animation pittoresque à ne pas manquer, qui met à la tradition à l'honneur !

LES PÈLERINAGES À LOURDES

LOURDES

✆ 05 62 42 78 78

www.lourdes-france.org

Calendrier des pèlerinages détaillé sur le site.

Chaque saison, les pèlerins sont invités à méditer sur un sujet. La saison sera aussi évidemment rythmée par le Pèlerinage National Français autour du 15 août, ainsi que par ceux de l'Ordre de Malte ou du Rosaire, ou encore par des rassemblements nationaux de fidèles venus de tous les pays. Pour en savoir plus, consultez le calendrier et le programmation édités chaque année et n'oubliez pas la procession aux flambeaux qui a lieu chaque soir pendant toute la période.

GRAND FÉNÉTRA

31, allée Jules-Guesde - **TOULOUSE**

✆ 06 86 55 20 24

http://fenetra.free.fr

Premier week-end de juillet, du mardi au samedi. Gratuit.

Purement toulousaine, les origines de la fête remonteraient à l'époque gallo-romaine ! Le fénétra, aussi orthographié férétra, initialement fête dédiée aux défunts, a connu plusieurs évolutions dans sa pratique comme dans sa symbolique, avant de devenir l'évènement actuel : une fête populaire célébrant les traditions. Elle démarre par un défilé, nommé *passo carriero*, jusqu'au Capitole puis se prolonge pendant plusieurs jours par des spectacles de chant et de danse. Les costumes sont superbes, l'ambiance des plus festives. Un beau moment de liesse et de partage.

TARBA EN CANTA

TARBES

✆ 05 62 51 30 31

www.tarbes-tourisme.fr

En juin. Concerts de 5 € à 15 €. Stages et cours, concert-balade, apéros-concerts, expos, marché.

C'est un festival assez rare et son succès bien établi : 10 000 spectateurs assistent aux concerts de Tarba en Canta. Ce rendez-vous met à l'honneur les traditions polyphoniques du sud de la France. Pendant quatre jours, les concerts se succèdent et vous redécouvrez la ville au gré des chants symphoniques. Dans les églises, en plein air, apéro-concerts dans les bars partenaires, canteras, au jardin Massey, au marché : à vous d'arpenter les rues pour écouter le maximum de mélodies ou pour trouver celle qui saura vous faire chavirer...

MUCHAS BANDAS

34, rue Maréchal-Foch

PIERREFITTE-NESTALAS

www.valleesdegavarnie.com

Début août. Festival de bandas avec bodegas de rue, défilés et animations.

Vous pensiez les bandas réservées aux Landes et Pays Basque ? Les Hautes-Pyrénées ont depuis longtemps adopté la tradition et ont leur propre festival ! Pierrefitte-Nestalas résonne au son des grosses caisses et des cuivres assuré par 300 musiciens sous les yeux de plus de 8 000 spectateurs. Passe-rue, bodegas et défilé forment un fil conducteur joyeux et bruyant tandis que partout l'heure est à l'amusement ; tir à la corde, grand Paquito, danses et stands gourmands... Un rendez-vous haut en couleurs et en émotions qui vous laissera de magnifiques souvenirs !

EMBRASEMENT DU FORT BRESCOU

Plages Richelieu et Rochelongue

Port et Vieux Port - **AGDE** ✆ 04 99 41 24 10

www.ville-agde.fr

Début août. Gratuit. Spectacle pyrotechnique à 22h30, visible depuis les plages et le port.

Sur un îlot vieux de 740 000 ans issu d'une coulée de lave, un bâtiment se dresse à quelques encablures des côtes agathoises. En 1586, le vicomte de Joyeuse s'empare de l'île pour y édifier le premier fort : Le Fort de Brescou. La ville d'Agde met à l'honneur cet édifice remarquable qui veille sur leurs côtes, en tirant un magnifique feu d'artifice sur les remparts du fort. Rendez-vous tous en août pour admirer le spectacle depuis le Vieux-Port ou les plages Richelieu et Rochelongue !

FESTIVALS - MANIFESTATIONS

ESCALE À SÈTE

22, quai d'Alger - **SÈTE**
✆ 04 30 17 42 09
www.escaleasete.com
Tous les deux ans en avril. Prochaine édition en 2024

Escale à Sète est une occasion en or pour admirer les plus beaux navires du monde et plonger dans le patrimoine maritime local. Né d'un groupe de musiciens des joutes languedociennes et de chansonniers du Golfe du Lion, l'événement fédère aujourd'hui le monde maritime et bien au-delà de la Méditerranée. Parades, expositions, concerts, jeux... Pendant une semaine, 2 000 mètres de quais et de canaux sont investis par des pêcheurs, conchyliculteurs, dockers, pilotes remorqueurs, lamaneurs, jouteurs, rameurs, charpentiers, poissonniers, cuisiniers, musiciens...

FESTIVAL ESCAMBIS

Au coeur du village et ses environs
SAINT-CÉRÉ
Fin mai. Spectacles, marché des producteurs et artisans, expositions, jeux, restauration, concerts et autres animations.

Organisé par l'association Aquí l'Òc, le Festival Escambis («échanges» en occitan) a pour but de faciliter les rencontres en s'adressant à un large public, même à ceux qui ne parlent pas occitan ! Ce festival original favorise la diversité culturelle dans une ambiance conviviale et festive, dans la *convivéncia*, cet art de vivre ensemble. Vous pourrez alors profiter d'une programmation large et accessible à tous, dans de nombreux domaines tels que la musique, le chant, la danse, l'artisanat, le sport, la littérature, le théâtre, la balade contée...

FESTA FOGASSA

Pré du Carabiol
MURVIEL-LÈS-MONTPELLIER
Début juin. Gratuit. Fanfare, DJ, aubades, ateliers fougasse, initiation occitan, spectacle de danse, feu de la St-Jean.

Dans l'Hérault, cet évènement original met la fougasse à l'honneur ! Vous savez, ce pain du sud, plat à croûte molle et à la mie épaisse et moelleuse. Pendant deux jours, on danse le baleti, on saute au-dessus du feu de le Saint-Jean au rythme des tambours, on chante et on profite d'un apéro lors des concerts, on apprend à faire sa fougasse... Le collectif organisateur vous y invite pour déguster des fougasses bien grasses puis éliminer quelques calories en profitant de cette délirante, extravagante mais formidable programmation !

FESTIVAL ESTIV'OC

Centre-ville
LALBENQUE
✆ 06 76 08 63 57
https://estivoc.com
Début août. Programmation en ligne.

Tous les étés, entre Causses et Quercy, le cœur de Lalbenque dans le Lot se met à battre au rythme de la culture occitane. Un moment où l'on s'arrête, où l'on profite entre amis au détour d'un verre ou d'un *balèti* (bal traditionnel). Vivez quatre jours de festival dans cette culture occitane vivante, étendue sur le territoire et ouverte au monde ! Expositions, projections cinématographiques, stages de chant en occitan, de danses traditionnelles, marché nocturne gourmand, grand bal avec cracheur de feu et illuminations... Un rendez-vous festif à ne pas manquer !

FÊTE DES PÊCHEURS ET DE LA MER

Sur la Criée - **AGDE**
www.herault-tourisme.com
En juillet. Accès libre. Arrivée du bateau le vendredi soir. Animations, danses traditionnelles, peña.

La Fête des pêcheurs et de la mer est une des grandes festivités traditionnelles agathoises. En hommage à Saint Pierre, patron des pêcheurs, elle se déroule à Agde et au Grau d'Adge sur deux jours. Messe le samedi suivie d'un défilé dans les rues puis d'une cérémonie en hommage aux hommes de mer, bénédiction des bateaux et concert en soirée. Dimanche, messe à l'église Saint-Sever d'Agde et sortie en mer en hommage aux marins disparus. De grands moments de convivialité !

LES MÉDIÉVALES DE GOURDON

GOURDON
✆ 07 84 41 22 48
Fin juillet / Début août. Entrée : 5 €. Enfant : 2,50 € (Gratuit -6 ans). Restauration sur place.

Pendant deux jours, Gourdon se transforme en village médiéval. Les compagnons du Chêne Ardent montent alors les tentes du campement médiéval avec jeux en bois, salle d'arme et catapulte à bonbons alors que non loin, des combats de chevaliers et un tournoi de chevalerie et de voltige équestre prennent place. En vous baladant, vous tomberez sur des stands d'artisans d'époques, des spectacles poétiques et comiques et finirez votre voyage dans le temps avec un concert de hard folk festif !

FEST'OC

MARVEJOLS

www.lozere-tourisme.com

Début juin. Gratuit. Animations autour de la culture occitane, jeux traditionnels, buvette.

À Marvejols en Lozère, ce festival célèbre la culture et la langue occitane autour de différents arts tels que le chant, le cinéma, la littérature et la poésie. Gratuit, et en lien avec Total Festum à travers la région, vous pourrez profiter de projections de films en occitan, d'histoires contées, de repas traditionnels, de concerts mais aussi d'animations sur les stands : la cabane à histoire multilingue, la table de livres occitans, des jeux pour enfants et jeux en bois en libre accès, une vente de livres en occitan… Un beau week-end d'immersion culturelle !

LES MÉDIÉVALES DU MALZIEU

LE MALZIEU-VILLE

https://lesmedievalesdumalzieu.org

En mai. Spectacle historique : 20 €. Animations, concerts, démonstration, restauration sur place.

Pendant tout le week-end, damoiselles, damoiseaux, preux chevaliers et bandits de grands chemins sillonnent les rues, proposant animations et spectacles. Artisans et commerçants se prêtent volontiers au jeu dans leurs boutiques ou dans les échoppes du marché. Et le village superbement entretenu offre un écrin idéal avec ses ruelles et vieilles bâtisses… Concerts, spectacles et repas se relaient pour plus de deux jours de liesse appréciés de tous.

TRANSHUMANCE AU MONT LOZÈRE

Station de ski du Mont Lozère

MONT LOZÈRE ET GOULET ✆ 04 66 65 60 00

www.lozere-tourisme.com

Courant juin. Restauration sur place. Randonnée, marché paysan et artisanal, ateliers, démonstration, concert et bal.

La transhumance est un événement traditionnel et convivial, qui est chaque année attendu par des milliers de personnes. On y célèbre la montée des troupeaux vers les pâturages et les hauts plateaux pour l'été, où l'herbe est plus tendre. Si vous souhaitez profiter de cette journée unique, rendez-vous à 4h30 pour une randonnée et un petit-déjeuner à l'ancienne. Accueillez ensuite les éleveurs et leurs troupeaux sur le Mont Lozère et participez aux nombreuses animations traditionnelles !

CARNAVAL ET LES GRÉGOIRES AMÉLIENS

AMÉLIE-LES-BAINS-PALALDA

✆ 04 68 39 01 98

Une semaine en février.

Avec ses chars fleuris, ses bals et ses animations, le Carnaval d'Amélie-les-Bains est l'un des plus beaux et des plus populaires carnavals des Pyrénées-Orientales. Connu depuis le XIXe siècle sous le nom de cavalcade, le carnaval voit se succéder des foules en liesse. Le moment le plus étonnant reste le défilé des « Grégoire améliens » : des pénitents vêtus de blanc, enterrent le Grégoire, la Majesté Carnaval, en le promenant dans la ville avant de le brûler sur la place publique.

FESTA CATALANA

Office de tourisme de Banyuls sur Mer

BANYULS-SUR-MER

www.banyuls-sur-mer.com

Début juillet. Gratuit. Informations sur le site web de la ville.

Sur la côte Vermeille, Banyuls fête la culture catalane au mois de juillet. La fête débute avec un défilé de groupes de musique accompagné des impressionnants géants Capgrossos Torroellencs, une tradition datant de 400 ans née à Torroella-de-Montgri. Profitez de cette joyeuse cavalcade au son de la gralla tout au long du parcours. Ne manquez pas les sardanes qui animent les rues, les nombreux concerts et le marché catalan du bord de mer. Les festivités se terminent par un grand feu d'artifice. Un rendez-vous familial qui met à l'honneur les traditions catalanes !

FESTIVAL IDA

1, rue Jean-Vielledent

PERPIGNAN

✆ 04 68 62 17 22

www.casamusicale.net

Quatre jours la première semaine de juin.

Sous l'impulsion de la Casa Musicale et de la Région et depuis 1997, le festival est né de l'idée d'un événement gratuit pour tous mettant en avant les musiciens amateurs de la région. Aujourd'hui, Ida est devenu le rendez-vous incontournable de la vie perpignanaise qui attire plus de 20 000 personnes durant quatre jours. On y retrouve des artistes de renom mais aussi locaux, sous des airs de rock, du rap, de la pop, de la salsa, du métal, du hip-hop, des musiques du monde et des tambours dans le Bronx, sans oublier la rumba catalane.

FESTIVAL IDENTI'CAT

PÉZILLA-LA-RIVIÈRE

✆ 04 68 92 00 10

www.mairie-pezilla-riviere.fr

Fin mai. Bals, concerts, théâtre en occitan.

Depuis 2002, le festival Identi'Cat est porté de manière festive par l'association Baotenca Aire Nou de Baho, au nom de la «normalité» de la langue et la culture catalane en Catalogne nord. Débutant à Pézillà et s'achevant à Baho, on y célèbre la vigueur du catalan et la richesse de la culture des pays catalans, par le biais d'une programmation d'exception gratuite et ouverte à tous ; théâtre, concerts, spectacles, danses, *correfocs*, géants catalans, défilé... Un festival authentique et engagé à découvrir ou redécouvrir, mais à ne surtout pas manquer !

CARNAVAL D'ALBI

Centre-ville

ALBI

✆ 05 63 45 19 48

www.tourisme-tarn.com

Fin février. Défilés. Tombola. Soirées dansantes.

Le Carnaval d'Albi est l'un des plus grands carnavals de la région Occitanie. Le cœur de la belle tarnaise bat au rythme de nombreux défilés et activités au cours de cette semaine animée. Dans les faits, vous aurez le plaisir d'y observer une vingtaine de chars, des parades géantes, des groupes costumés et bien d'autres animations. Des stands restauration sont également proposés chaque année afin de combler les appétits des curieux en goguette. Si vous avez envie de découvrir la diversité et la richesse culturelle du Tarn, c'est un épisode à ne pas rater.

FÊTE DE L'OURS

Centre-ville - **ARLES-SUR-TECH**

✆ 04 68 39 11 99

www.sudcanigo.com/traditions

Début février (mi-février à Prat-de-Mollo et fin février à Saint-Laurent-de-Cerdans). Animations musicales.

Dans 3 villages catalans des Pyrénées-Orientales, on célèbre chaque année, en février, une très ancienne fête de carnaval, étant désormais une fête traditionnelle : la fête de l'ours. À l'origine de ces festivités, la légende d'un ours féroce qui, en quête d'une compagne, décide d'enlever une jeune fille des environs. À Arles-sur-Tech, Prats-de-Mollo-La-Preste et Saint-Laurent-de-Cerdans, c'est l'occasion d'assister à un évènement unique festif et transgressif au cœur du Pays Catalan, où l'on peut redécouvrir les coutumes de la région comme les sardanes.

FÊTE DU POIS CHICHE

MONTAREN-ET-SAINT-MÉDIERS

https://fetedupoischiche.com/chiche/

Début juin. Gratuit. Balades, fanfares, concerts et animations.

La Fête du Pois Chiche est un événement culturel désormais incontournable pour les amateurs de musique et de spectacle vivant ! Le Kollectif du Pois Chiche Masqué vous invite pendant 3 jours à vivre au rythme des animations et de leurs activités les plus farfelues ; fanfares, concerts, street art, bals traditionnels, théâtre et spectacle de rue déjanté et poétique, expositions éphémère au Musée International du Pois Chiche, « moment chichtuel »... de la musique occitane à l'électro, rap ou encore rock'n'roll, le collectif vous y réserve un week-end délirant !

SALONS DU TERROIR ET DE L'ARTISANAT

Terroir et artisanat se fêtent ici, en Occitanie, à l'occasion de foires gourmandes de vins et de produits du terroir, de festivals d'art, de marchés typiques et authentiques. C'est en vous rendant ici et là que vous constaterez que ces domaines que sont la gastronomie et l'artisanat font bel et bien partie du patrimoine local. Cerise, melon, châtaigne ou cassoulet, presque chaque produit local ou plat typique a sa fête ; une bonne raison pour les habitants de se rassembler et de partager des moments conviviaux autour de ces gourmandises qui font la réputation de leur territoire. Les savoirs, les passions et les traditions transparaissent dans l'ensemble de ces manifestations. On y prend goût, et on a hâte chaque année qu'elles reviennent ! Le *Petit Futé* a rassemblé quelques-uns de ces événements qui ponctuent l'agenda des départements d'Occitanie.

AUTREFOIS LE COUSERANS

SAINT-GIRONS © 05 61 96 26 60
autrefois-le-couserans.com
Début août. Gratuit. Restauration sur place, animations, spectacles, défilés, bandas, feu d'artifice.

Le premier week-end d'août du jeudi au dimanche, depuis 1992, c'est dans la bonne humeur et la convivialité que se déroule la grande manifestation des traditions rurales, de la vie fermière, des savoir-faire ancestraux, et qui attire tous les ans plusieurs milliers de personnes. Défilé dans les rues, bal traditionnel, marché artisanal et marché gourmand. Tout est mis en œuvre pour étonner le palais des plus gourmets. Plus de 700 bénévoles participent avec un grand défilé, des tracteurs, vaches, moutons et vous font revivre la vie du Couserans d'autrefois.

FESTIVAL DES SAVEURS

AX-LES-THERMES
www.festivalsaveurs.com
En septembre. Restauration.

Le Festival des saveurs est une manifestation favorisant la rencontre des producteurs, des artisans de métiers de bouche et des restaurateurs du département afin de mettre en valeur leur savoir-faire. et proposer le meilleur de la gastronomie ariégeoise dans le respect des produits du terroir. Le concours des binômes met en relation un restaurateur et un producteur pour une création gastronomique originale où le public peut participer à la dégustation des plats. Et enfin le concours des azinats, ce plat typique est réservé aux familles et aux amateurs de cuisine.

FÊTE DE LA FIGUE DU MAS D'AZIL

LE MAS-D'AZIL
© 05 61 68 97 08
www.effets-nature.com
Chaque premier week-end d'octobre.

De la cueillette à l'assiette… venez partager les divers plaisirs de la figue au Mas-d'Azil : confection et dégustation de confitures à la figue par la Confrérie qui honore ce fruit depuis plus de 20 ans. Cette journée de fête est l'occasion de découvrir le marché artisanal et les fabricants de produis autour de la figue mais également de mets locaux. Distraction assurée par les spectacles de rue, des musiciens, des saltimbanques. Ambiance festive et (dé) gustative !

FÊTE DE LA POMME DE MIREPOIX

Place du Maréchal-Leclerc
MIREPOIX
© 05 61 68 83 76
En octobre.

Marché fermier avec les producteurs, tous produits dérivés, fabrication de jus de pomme, distillation... Voilà une bien belle façon d'accueillir l'arrivée de l'automne. L'association des commerçants s'évertue comme toujours à embellir la belle bastide de Mirepoix. Sous les couverts et autour de la ville se déploient des centaines de mains qui manipulent les pommes pour le plus grand plaisir de nos yeux. Un thème choisi chaque année oriente les sculptures de pommes de la fête.

FÊTE DU FROMAGE ET DU MIEL DES PYRÉNÉES

Au village - **CASTILLON-EN-COUSERANS**
✆ 05 61 02 71 69
www.parc-pyrenees-ariegeoises.fr
Pendant 9 jours en août. Visite des fermes, randonnée, concerts, marché des producteurs, dégustations, animations.

Avis à tous les curieux et les gourmands, apprêtez vous à vous lécher les babines ! La Fête du fromage et du miel des Pyrénées se déroule en août et de nombreuses animations sont organisées autour de ces produits locaux pour ravir petits et grands. Soirée festive avec bandas et groupes traditionnels, marché aux fromages, aux miels et aux produits locaux et artisanaux Pyrénéens, atelier fabrication d'un fromage fermier et d'objets en bois, dégustations... Un délicieux rendez-vous !

DAVALDA

Ste Geneviève sur Argence
ARGENCES EN AUBRAC
✆ 05 65 66 19 75
Du 7 au 8 octobre 2023.

Comment allier gourmandise, traditions et sportivité ? En participant à la Davalda ! Sur un weekend, c'est une grande randonnée à la fois sportive et gourmande, qui est organisée à Argences en Aubrac. Sur une vingtaine de kilomètres, de burons en burons, les participants traversent les pâtures et les paysages saisissants de l'Aubrac. Après l'effort, le réconfort : dans chacun des burons présents sur le cheminement, vous découvrirez les produits du terroir local. Des moments conviviaux qui se poursuivent jusqu'à l'arrivée où un marché de producteurs vous attend !

FOIRE AU GRAS

MAZÈRES
En décembre.

Au programme, un concours qui met en concurrence de bons produits du terroir : foie d'oie et de canard, oies et canards entiers, oies et canards ouverts, chapons, dindes et oies de Guinée, et une catégorie plus récente : foies d'oie ou de canard en bocaux ou en boîte. Le jury déguste et le public peut donner son avis ! Bien sûr, les gourmands et gourmets peuvent aussi venir se procurer sous la halle couverte les délices qu'ils concocteront pour les fêtes. Le samedi soir a lieu le traditionnel repas du gras, avec foie gras en perspective !

FESTIVAL DES BOEUFS GRAS DE PÂQUES

LAGUIOLE
✆ 05 65 44 35 94
En mars.

Les éleveurs et professionnels de la race bovine Aubrac ont choisi Laguiole pour se réunir et présenter les labels et filières de qualité «Boeufs Fermier Aubrac Race Aubrac Label Rouge», «Fleur d'Aubrac IGP» et «Animaux Bio de race Aubrac». Sous chapiteau, le nouveau foirail accueille 220 animaux en exposition. Le dimanche, un défilé des bêtes dans les rues du village, décorées aux couleurs du festival, attire l'attention des visiteurs. Les bœufs seront aussi bénis !

FÊTE DU CASSOULET

Centre-ville - **CASTELNAUDARY**
✆ 04 68 60 03 69
www.fete-du-cassoulet.com
Mi-août pendant 5 jours. Programme complet en ligne. Restauration sur place, animations.

Castelnaudary ne peut pas manquer une année sans fêter son cassoulet ! La fête débute avec la ronde du cassoulet, une marche et course nocturne et se poursuit les jours suivants avec des déambulations musicales de bandas, des spectacles et concerts, un marché artisanal, une randonnée cyclotouriste ou encore les déambulations de la Grande Confrérie du Cassoulet. Dansez au rythme des fanfares dans la journée ou jusqu'au bout de la nuit à la discothèque à ciel ouvert, sans oublier d'accompagner le corso fleuri, un grand cortège de chars en l'honneur du cassoulet !

FÊTE DE LA CHATAIGNE

Place du village
SAUVETERRE-DE-ROUERGUE
www.tourisme-aveyron.com
Dernier week-end d'octobre. Restauration sur place. Animations musicales.

Sauveterre-de-Rouergue célèbre les produits de la saison : la châtaigne et le cidre doux. « La castagna », châtaigne en occitan, faisait partie du rituel bien établi des veillées qui permettaient de se retrouver en famille. Alors depuis plus de 50 ans, le dernier dimanche d'octobre dans le joli décor de la place des Arcades, vous dégusterez des châtaignes grillées lors de ce rendez-vous annuel, en admirant les mouvements d'un groupe de danse folklorique. Voilà une jolie manière d'allier plaisir des yeux et gustatif ! Un moment savoureux à partager en famille !

FÊTE DE LA RACE AUBRAC

SAINT GENIEZ D'OLT ET D'AUBRAC
✆ 05 65 70 43 42
En août.

Organisée sous l'impulsion de l'association des éleveurs Aubrac du Pays d'Olt, cette fête a pour objectif de mettre en lumière les valeurs de la qualité de la viande de la Race Aubrac. Les consommateurs sont ici informés sur les produits gastronomiques locaux, dont le fameux aligot. Le matin, 90 bêtes sont présentées sur l'ancien foirail aux bœufs. Vous pourrez les admirer et découvrir cette jolie race. Le soir venu, un repas traditionnel préparé par les éleveurs, sur le Cours Haut est organisé et l'accordéon vous invite à un moment convivial !

FESTIVAL DE CÉRAMIQUE

Parc des Cordeliers
ANDUZE
www.festival-ceramique-anduze.org
En août. 9h-19h.

Le parc des Cordelliers, à Anduze, accueille la 19e édition du festival de Céramique en 2023. Organisée par l'association Planète Terre, cette manifestation regroupe pas moins de 50 artisans-exposants. Fidèle à son savoir-faire ancestral et ouvert à la création contemporaine, le festival met en lumière les méthodes de façonnage, les techniques d'émaillage, le travail de la terre dans sa globalité. C'est une grande fête autour de l'artisanat d'art qui mêle convivialité et création, animations ludiques et expositions. Un événement fédérateur à ne pas manquer !

FOIRE AUX VINS DE MARCILLAC

Centre-ville
MARCILLAC-VALLON
✆ 05 65 71 13 18
www.tourisme-conques.fr
Mi-août. 4 € un verre de dégustation. Dégustation, animation musicale.

Au cœur du Vallon, les vignerons de Marcillac fêtent leurs vins ! Lors de ce rendez-vous d'une soirée, vous êtes invité à déguster, aux côtés des vignerons, les vins des 4 AOP (Marcillac, Entraygues-le-Fel, Estaing, Côtes de Millau) et des vins en IGP Aveyron. La soirée est animée par l'orchestre de l'Harmonie de Marcillac et, en début de soirée, vous assistez à la typique intronisation par l'Echansonnerie de la Saint Bourrou. Un évènement authentique à ne pas louper !

FÊTE DE LA CHÂTAIGNE ET DE LA SOUPE

Plan de Brie
ANDUZE
✆ 06 84 75 21 12
www.cevennes-tourisme.fr
Courant octobre. Ouvert à tous. Marché, concours de soupe, dégustations.

En octobre, Anduze rend hommage à l'arbre symbolique des Cévennes avec deux rendez-vous populaires : la fête de la châtaigne et de la soupe. Le village se transforme en un immense marché d'artisanat d'art, des saveurs et des produits du terroir (châtaignes grillées, miel, vin, charcuteries, fromages...). On y organise aussi un concours de soupe et des dégustations. Voici sans conteste une fête populaire avec ses accents et ses traditions gardoises !

LES MARCHÉS GOURMANDS

Jardin Public - **SAINT-AFFRIQUE**
✆ 06 08 15 91 66
https://ville-saintaffrique.fr
De mi-juillet à mi-août (jeudi) de 18h à 23h. Ouvert à tous. Assiettes paysannes, animations musicales, artisanat d'art.

Organisés par les Fermiers de l'Aveyron, les Marchés Gourmands de Saint-Affrique se déroulent sur plusieurs dates estivales, le jeudi soir, au jardin public de la ville. Ce sont plus de quarante producteurs locaux et artisans d'art qui sont présents pour vous faire partager leur savoir-faire traditionnel. Dès 18h, passez sur les stands des producteurs pour remplir votre assiette de nombreux produits fermiers cuisinés sur place. Des soirées gustatives ponctuées d'animations musicales qui vont vous faire découvrir la gastronomie aveyronnaise en quelques bouchées !

FOIRE DE LA POMME ET DE L'OIGNON DOUX

Place du quai - **LE VIGAN**
✆ 04 67 81 01 72
www.tourismecevennesnavacelles.com
Fin octobre. Marché. Restauration. Animation. Randonnée thématique. Visite.

De nombreux produits du terroir du Gard sont réunis dans cet immense marché déployé au pied d'une impressionnante pyramide de pommes reinettes et d'oignons doux. Les gourmands apprécieront la soupe à l'oignon géante ou les beignets d'oignons doux à la farine de châtaigne, ou le menu « spécial foire » dans les restaurants de la ville. On y trouve aussi taureau de Camargue, olives, huîtres de Bouzigues, pélardons, châtaignes, champignons, figues de Vézénobres, truffes noires d'Uzès...

TERRALHA, FESTIVAL EUROPÉEN DES ARTS CÉRAMIQUES

SAINT-QUENTIN-LA-POTERIE

✆ 04 66 22 74 38

En juillet.

Véritable institution dans ce village potier, cet événement artistique est attendu de tous les artisans, amateurs et passionnés d'art céramique et de création contemporaine. Au cœur du village, un parcours initiatique et artistique invite à découvrir, dans des lieux atypiques, insolites et privés, les créations surprenantes d'une vingtaine d'artistes-céramistes européens. Ce festival est aussi l'occasion de profiter d'ateliers participatifs et de s'initier à la poterie !

FÊTE DU MELON

Place Général-de-Gaulle - **LECTOURE**

✆ 06 25 78 27 58

www.asso-promotion-melondelectoure.fr

Mi-août. Dégustations, animations, repas, bal. Cortège avec bandas et costumes.

C'est à la mi-août, lorsqu'il est parfaitement gorgé de soleil, que le melon de Lectoure est en fête ! Production locale par excellence, ce fleuron gourmand mérite bien que la ville lui rende hommage. Au programme : dégustation de melon pendant le marché et élection du meilleur producteur. Le soir venu, la confrérie ouvre les festivités et les bandas animent l'apéritif. Au menu du repas, du melon, bien sûr, mais aussi de délicieuses spécialités gasconnes. Un DJ anime la soirée, qui rassemble très nombreux d'estivants et de Gersois fidèles à ce rendez-vous estival.

FESTIVAL AUCH, LE GOÛT !

AUCH

www.auchlegout.fr

En mai. Entrée libre. Repas à 30 € et 90 €.

Ce jeune festival va de nouveau, cette année, surprendre vos papilles ! « Auch : le goût » est un festival gourmand qui met en avant la gastronomie gersoise et gasconne. Les connaisseurs, les amateurs, les gourmands et les gourmets se retrouvent ainsi autour de marchés, de repas gastronomiques, masterclass, concours et de diverses animations qui soulignent le travail des producteurs, artisans, viticulteurs et métiers de bouche. Avec ses rendez-vous culinaires et ses dégustations, c'est un festival de la gastronomie gasconne que l'on vous recommande vivement !

LES GASCONNADES

LECTOURE

✆ 05 62 64 00 00

https://lesgasconnades.fr/

Dernier week-end d'août. Dîner et bal de 18 à 20 €.

Depuis sept ans, l'association des Gasconnades organise un festival dédié à la culture gasconne. Le festival démarre le vendredi avec un dîner et un bal animé par des groupes de musique occitane. Le samedi voit arriver des animations : jeux de quilles, démonstration de béhourd (combat médiéval), contes bilingues, initiation à la danse gasconne... Un repas gastronomique est servi le soir sous les marronniers de la mairie au son des groupes gascons. Le festival se clôture le dimanche à l'occasion d'une messe en occitan, célébrée à la cathédrale de Lectoure.

FÊTE DU FLOC DE GASCOGNE

Place Bossuet - **CONDOM**

✆ 05 62 28 00 80

www.tourisme-gers.com

Le mardi, en août. Ouvert à tous. Visite guidée de la cathédrale, concert d'orgues, marché gourmand, bandas.

Dans le cadre des «Mardis de l'Été», le Floc de Gascogne, apéritif incontournable du Sud-Ouest, est la star d'une journée pendant laquelle sont organisées des animations cocktails (initiation et dégustation) pour découvrir la boisson. Dans la journée, profitez d'une visite guidée de la Cathédrale et d'un concert gratuit d'orgue des Vespérales. Enfin, le soir, le traditionnel marché gourmand des producteurs locaux vous attend ! Remplissez votre assiette de produits gourmands et profitez-en pour déguster les vins du pays et l'Armagnac, au son des bandas !

LA RONDE DES FOIES GRAS

Chemin de la Vierge - **MAUVEZIN**

✆ 05 62 06 84 67

www.rondedesfoiesgras.com

Mi-octobre. Participation : 35 € pour la course et repas du midi ; 16 € repas accompagnateur ; 15 € repas samedi.

Chaque année, le deuxième dimanche d'octobre, a lieu la traditionnelle course de la Ronde des foies gras autour de Mauvezin. Le circuit de 25 kilomètres sillonne les fermes des environs, sept au total. Les coureurs et cyclistes s'y arrêtent pour se ravitailler en foie gras entier. Ils sont près de 2 000 à cumuler course et casse-croûte. Comme chez Jacques Martin, ils gagnent tous et sont récompensés du même lot : T-shirt et conserve de foie gras. Un repas convivial est organisé sous la halle après la course, qui rassemble coureurs et organisateurs.

SAINT-MONT, VIGNOBLE EN FÊTE

SAINT-MONT

✆ 05 62 69 62 87

www.plaimont.com

Dernier week-end de mars. Entrée libre, 15 € pour le circuit des Châteaux en bus.

L'appellation Saint-Mont célèbre ses vignerons et ses vignes au cours d'un festival de 3 jours riche en animations culturelles. Une dizaine de villages de l'Astarac prennent des allures de fête et proposent des activités originales : visite guidée et dégustation dans les châteaux, démonstrations culinaires, visite de la seule vigne de France inscrite aux monuments historiques, course de barriques ou encore atelier d'assemblage, qui vous permettra de repartir avec votre propre cuvée.

SALON DES ARTS ET DU FEU

MARTRES-TOLOSANE

✆ 05 61 98 66 41

tourisme-martres-tolosane.fr

Premier week-end de novembre.

Les créateurs et les artisans sont présents à Martres pour l'amour de la faïence. Les artisans maîtrisent la faïence, la céramique, la porcelaine, le grès, et se déplacent de France, des Pays-Bas, d'Espagne ou d'Algérie pour présenter leurs réalisations. Depuis 2021, un espace est dédié aux jeunes créateurs de la région Occitanie. Ces derniers sont invités à concourir au « Prix du jeune créateur ». Des ateliers et des démonstrations sont proposés au public. Le salon est un rendez-vous incontournable pour les amateurs de l'art et des traditions !

FRAGMENTS - SALON DES MÉTIERS D'ART

2, rue Charles Viguerie

TOULOUSE

www.metiersdart-occitanie.com

4 jours fin novembre/début décembre. Entrée libre et gratuite.

Dans ce lieu architectural et patrimonial emblématique du quartier Saint-Cyprien à Toulouse, sur les rives de la Garonne, le salon Fragments vous invite à découvrir les métiers d'art de la région. Ce sont 80 exposants, avec 13 départements représentés, qui vous accueillent pour partager avec vous leur passion. Vous y trouverez de nombreux corps de métiers artisanaux : ameublement, architecture, joaillerie, restauration, céramique, cuir, métal, orfèvrerie, papier, textile, verre...

TOULOUSE À TABLE

Square Charles-de-Gaulle

TOULOUSE

✆ 06 80 14 39 24

https://toulouseatable.org

Toute l'année. Festival en septembre.

L'association Toulouse à Table organise tout au long de l'année des événements culinaires, mais Le Grand Banquet est le rendez-vous de l'année ! Sur la place du Capitole, l'événement est pensé comme un lieu de découvertes gustatives, de rencontres, de vente, d'information, en un mot : de partage. Le mot d'ordre : valoriser les savoir-faire locaux et sublimer les produits régionaux. Des nocturnes thématiques sont organisés sur de grandes tablées autour du fromage, des huîtres, du foie gras, de la bière... Un grand rendez-vous festif !

JOURNÉES GASTRONOMIQUE ET ARTISANALE

OÔ

✆ 05 61 79 21 21

www.luchon.com

En août. Gratuit. Restauration sur place.

Oô, bien connu des cruciverbistes, accueille, sous le signe de la convivialité, le meilleur du terroir de Haute-Garonne. Depuis 28 ans, cette manifestation propre à la ville est reprise tous les étés, pour le plus grand bonheur des gourmands. Une quarantaine de producteurs se réunissent pour vous faire découvrir leurs productions et les spécialités locales. Le rendez-vous des gourmands, des gourmets et d'une variété de savoir-faire au service du patrimoine culinaire local.

FÊTES DU VIN DES VIGNOBLES DE MADIRAN

Parc du Prieuré - **MADIRAN**

✆ 05 62 31 90 67

https://madiran-pacherenc.com

Mi-Août. Restauration sur place. Expositions, marché, ateliers, concerts, animations.

C'est au cœur du mois d'août, alors que les fêtes de Madiran battent leur plein, que les producteurs de vin de Madiran (rouge) et de Pacherenc-du-vic-bilh (blanc) vous donnent rendez-vous pour partager de savoureux moments. Au programme : deux jours de dégustation en leur compagnie pour découvrir leurs meilleurs millésimes. Vous êtes ici sur un vignoble dont les vins sont reconnus en AOC depuis plus 60 ans, gage d'une qualité qui ravira novices et connaisseurs !

LES TABLÉES DE VIC

Place de la Halle
VIC-EN-BIGORRE
✆ 05 62 37 63 55
www.lestableesdevic.com
3 jours fin-juin. Adulte : 35 € (entrée + concerts + 1 menu au choix) Enfant : 10 €.

Les Tablées de Vic s'imposent désormais comme un des rendez-vous les plus originaux de l'été... mais aussi un des plus délicieux. Grand rassemblement culinaire autour des produits du terroir, ceux-ci sont travaillés par des chefs régionaux et nationaux : c'est la simple recette d'un événement plus que parfait. Musique, concerts, animations, bonne humeur et show gastronomique, plus de 3 000 visiteurs ont déjà pris place sous la halle afin de goûter et d'admirer ces artistes en pleine création. Trois jours de fête comme on les aime !

TERRO'ART

Place Marcadieu - **TARBES**
✆ 05 62 44 38 38
www.tarbes.fr
Fin septembre. Ouverture le samedi de 10h à 20h et le dimanche de 9h à 18h. Entrée gratuite. Restauration sur place.

Quand la Halle Marcadieu se fait l'écrin des artisans et des artistes, difficile de nier qu'art rime avec terroir ! Dans ce majestueux cadre de type Baltard, une centaine d'exposants, venus du grand Sud-Ouest présente durant deux jours savoir-faire et créations. Qu'ils enchantent les yeux ou les papilles, leurs domaines ont en commun un talent indéniable et une inspiration qui leur est propre. Ils partagent leur travail mais surtout leur passion… L'occasion de faire de belles découvertes. Une belle expérience à vivre et faire vivre.

LES ESTI'VÉDAS

Parc de la Peyrière - **SAINT-JEAN-DE-VÉDAS**
✆ 04 67 07 83 00
https://saintjeandevedas.fr/actualites
Plusieurs dates en juillet et août. Entrée : 5 €. Artisans créateurs, dégustations de vins, restauration, concerts.

L'un des évènements préférés des Védasiens se déroulent au Parc de la Peyrière en été. La ville vous invite à venir partager des soirées conviviales et festives en famille ou entre amis autour de produits de terroir et de bons vins. Au programme : soirées vigneronnes, expositions et stands d'artisans créateurs, dégustations de vins locaux, marché nocturne et food trucks, jeux et animations pour les enfants mais également concerts viendront animer les soirées. Une programmation aussi sympathique qu'alléchante pour une belle soirée d'été !

FÊTE DE LA TRUFFE

Place Sémard
BÉZIERS
Accès libre. 8h-15h.

Depuis 5 ans, Béziers accueille cet événement gourmand que les amateurs et gourmets ne manqueraient pour rien au monde ! Place Sémard, autour des Halles, les trufficulteurs se réunissent autour de leur trésor, la *Tuber melanosporum*. Un marché de la truffe et un marché paysan mettant en lumière les productions locales complètent cette manifestation très attendue de tous. Au programme : des animations, des conférences, un apéritif offert par la ville après l'inauguration, des dégustations... De quoi passer un agréable dimanche !

L'OURSINADE DE THAU

Place Leon Blum
SÈTE
Deux jours fin mars. Dégustations. Vente en direct. Concerts. Animations. Restauration.

Chaque année, Sète Agglopôle Méditerranée organise l'Oursinade de Thau, une fête gourmande et populaire au mois de mars. De la place Léon Blum à la rue Gambetta en passant par la rue de Strasbourg, une quarantaine d'exposants vient présenter le terroir de la région et enchanter les papilles des amateurs de coquillages, oursins et autres fruits de mer. L'ambiance est conviviale, ponctuée de concerts, et d'autres spécialités culinaires locales sont également à l'honneur comme la brasucade, les tielles et autres recettes ancestrales ou plus contemporaines.

O'MILLÉSIMES

178, Rue de la Carrierasse
MONTPELLIER
www.montpellier-tourisme.fr
Deux week-ends en juillet et août. Entrée libre. 2 dégustations + un verre gravé : 6 euros. Restauration.

Anciennement, ce rendez-vous gourmand se nommait « Les Estivales » et se situait au centre-ville de Montpellier. O'Millésimes a été délocalisé au magnifique Domaine d'O, pour trinquer toujours en plein air mais un peu plus au frais ! Ce festival gastronomique se déroule sur deux week-ends l'été et tous les amoureux des produits du terroir se rassembleront pour des dégustations et des concerts, pour un marché nocturne fourmillant de bons petits plats et vins locaux, de l'artisanat, des rencontres, des conférences et des ateliers.

LES RENCONTRES VIGNERONNES

MONTPELLIER
www.montpellier-tourisme.fr
En novembre. Gratuit. Programme et plan des caves et domaines participants en ligne.

Depuis 2021 en novembre, la Métropole de Montpellier organise Les Rencontres Vigneronnes afin de mettre en avant les producteurs de la région. Vous êtes alors invité à découvrir leurs meilleurs vins dans les caves et domaines autour de Montpellier. Dans une ambiance festive et conviviale, tout a été pensé pour que vous passiez un agréable moment lors de votre découverte du vin : visites des caves et des vignes, conseils œnologiques, ateliers de dégustation, animations, randonnées...

SALON VIGNOBLES ET TERROIRS DU CANAL DU MIDI

Château de Sériège - **CRUZY**
✆ 06 51 99 54 43
https://vignoblesetterroirs.com/
Fin octobre. Entrée gratuite sur réservation. Restauration sur place.

Cet évènement vous invite à découvrir l'ensemble des spécialités du terroir du Canal du Midi, de Carcassonne à Sète. Lors de ce rendez-vous gourmand, on vous fera déguster les meilleurs vins mais aussi les meilleurs produits : miel, truffe, foie gras, melon, huîtres, crustacés et autres parmi les centaines de spécialités culinaires produites sur les rives du Canal. À noter que c'est un événement solidaire au profit de la replantation du Canal du Midi avec Voies Navigables de France.

FÊTE DE LA LAVANDE DU QUERCY

Salle et Cour de la Raymondie - **MARTEL**
✆ 06 62 21 25 69 - www.fetesdelalavande.fr
3 jours fin juin. Expositions, conférences, marché naturel, ateliers distillation, apéritif musical, balade botanique...

La Fête de la Lavande fait revivre la lavande du Quercy depuis 2018 et a permis au village de Martel et ses environs de voir s'installer de nouveaux lavandiculteurs. Respirez ces odeurs voluptueuses à travers les rues durant tout le week-end ! On vous proposera de participer à de nombreux ateliers cueillette, distillation ou encore plantation collective de la lavande. Vous pourrez également profiter d'un marché naturel avec les producteurs locaux ou encore d'un apéritif musical !

FÊTE DE LA NOIX

Le Bourg
THÉGRA
✆ 05 65 33 22 00
www.vallee-dordogne.com
Fin octobre. Animations, bandas, manèges. Restauration sur place.

En octobre, les noix tombent de leur péricarpe et l'on peut en déguster quelques-unes trouvées sur les chemins. La récolte enfin terminée, les Noix du Périgord font leur fête à Thégra ! La village y organise des animations et des dégustations sous le soleil d'automne. Au programme : bandas dans les rues, tour en calèches et manèges pour les enfants, et toute la journée des animations pour petits et grands, comme des ateliers de fabrication d'huile au moulin à l'huile de noix, de fabrication de jus de pommes ou encore de pain cuit au four à bois. Immanquable !

FÊTE DES FROMAGES FERMIERS DE ROCAMADOUR

Bois de Belveyre
ROCAMADOUR
✆ 05 65 33 22 00
www.vallee-dordogne.com
Fin mai au Bois de Belveyre (stade). Gratuit.

Rocamadour fête ses célèbres fromages de pays fabriqués dans la région depuis le XVe siècle ! Au programme : une messe des fruits de la terre, le passage dans le village et bénédiction des troupeaux en musique, un grand marché paysan, un repas champêtre et de multiples animations. Et, chaque année, un fromage étranger, d'une autre région voire d'un autre pays, est invité d'honneur. Une belle rencontre, conviviale, festive et gourmande pour les amoureux du fromage.

FÊTE DU SAFRAN

rue de la cascade
CAJARC
www.tourisme-figeac.com
Fin octobre. Ouvert à tous. Restauration. Animations, visite de safranière et marché au safran.

Cette fête traditionnelle, organisée par l'association des producteurs du safran du Quercy, allie fleurs et gastronomie. Les Safraniers du Quercy vous accueillent pour vous présenter la culture de cette petite fleur violette dans son ensemble, de la plantation à la récolte, de l'émondage à la gastronomie. Vous pourrez alors goûter le safran dans ses multiples utilisations : apéritifs, produits salés ou sucrés. C'est aussi l'occasion de visiter les safranières et de remplir votre panier de produits locaux au safran ! Une sortie gourmande à savourer en famille !

LOT OF SAVEURS

CAHORS

✆ 05 65 53 20 65

www.lotofsaveurs.fr

Premier week-end de juillet.

Le Grand Cahors met la gastronomie à l'honneur autour d'un produit (la truffe, le melon, le safran, etc.), d'un chef et d'un grand banquet au cœur de la ville. En promouvant l'art culinaire à son plus haut niveau, Lot of Saveurs se place dans la tradition d'une cuisine qui rassemble et qui donne envie de partager. Créé pour faire honneur à ses chefs, le festival est celui du « bien manger ». Ancré et attaché à son territoire, Lot of Saveurs est inscrit au patrimoine mondial de l'Unesco pour son célèbre banquet organisé comme point d'orgue du festival.

MARCHÉ AUX TRUFFES D'ÉTÉ

Place d'Occitanie

LIMOGNE-EN-QUERCY

✆ 05 65 31 50 01

www.tourisme-lot.com

Les dimanches matin de début juin à début juillet, à 10h précises.

À Limogne-en-Quercy, les marchés aux paniers s'inscrivent dans la tradition de la truffe et ce rendez-vous offre la possibilité aux amoureux de ce joyau rare de remplir leurs paniers. Les truffes d'été n'ont pas la même valeur culinaire que les truffes noires d'hiver et leur coût est moindre. Les amateurs savent que c'est un régal sur un toast de beurre salé à l'apéritif ou dans une omelette ! Le rendez-vous est à 10h précises, car attention, la vente démarre immédiatement et il arrive parfois que tout soit vendu au bout de quelques minutes !

LE MARCHÉ AUX TRUFFES DE LALBENQUE

rue du Marché aux truffes

LALBENQUE

truffesnoires-lalbenque.com/

Tous les mardis à 10h. Truffe env. 1 000 € le kilo.

La *tubermelanosporum* s'est imposée comme la star hivernale du Lot notamment dans le Quercy Blanc et à Martel. Lalbenque en est la capitale dans le Quercy Blanc. Chaque année de décembre au mois de mars un marché hebdomadaire fait la une des journaux, il s'agit d'un marché entièrement dédié à la truffe où vous ne trouverez que de la truffe. Son parfum commence à embaumer les rues de Lalbenque dès 8 ou 9h. Chaque mardi matin, la truffe est vendue à prix d'or, en vrac ou au détail.

FÊTE DU PELARDON

SAINTE-CROIX-VALLÉE-FRANÇAISE

Fin avril-début mai. Entrée libre.

Consacré AOC en 2000, le pélardon est un petit fromage de chèvre au lait cru. Chaque année, le dernier dimanche d'avril ou le premier dimanche de mai, Sainte-Croix-Vallée-Française, village situé au cœur du parc national des Cévennes, célèbre ce produit du terroir, à travers un programme de festivités éclectiques. Marchés paysans, musique et ateliers manuels (tournage sur bois, découverte de la pêche à la truite…) animent ainsi cette journée qui réunit toutes les générations. Possibilité de restauration le midi (sur réservations).

SALON DU VIN

Espace Georges Frèche

MENDE

✆ 04 66 94 00 23

www.mende-coeur-lozere.fr

Mi-juin. Entrée gratuite. Restauration sur place. Concours, ateliers, animations, repas, concerts.

Le Salon du Vin à Mende met les vins de l'Occitanie à l'honneur durant deux jours d'animations en juin. Vous pourrez y rencontrer une trentaine de viticulteurs et de producteurs locaux qui proposeront ventes et dégustations, et, tradition oblige, le concours du vin rouge récompensera les meilleurs crus ! De nombreux ateliers et animations ponctueront le week-end : atelier chocolat, atelier fromages et vins, atelier dégustation des vins primés ou encore repas festif avec soirée musicale... Les amoureux du vin et des produits du terroir sont au bon endroit !

FESTIVAL INTERNATIONAL DES ARTS DU VERRE

PALAU-DEL-VIDRE

✆ 06 14 72 25 98

www.palau-verrier.com

5 jours, début août. Entrée Libre. Démonstrations, initiations, expositions.

Depuis 1994, le Festival International des Arts du Verre réunit, dans des locaux pittoresques du vieux village, des exposants et artistes renommés, tout en privilégiant les techniques de soufflage et les créations contemporaines. Des expositions, des initiations et des démonstrations de maîtres verriers de renommée internationale animent le cœur du village. Tous les arts du verre sont représentés afin de faire connaître au grand public cet art particulier sous toutes ses formes.

FÊTE DE L'HUILE D'OLIVE ET DES PRODUITS DU TERROIR

Jardins de la Mairie - **SORÈDE** ✆ 04 68 89 31 17
www.mairie-sorede.fr
Mi-mai. Gratuit. Restauration sur place. Marché, expositions, bar à huile, animations, fanfares, repas, concours.

Cet événement se tient dans les jardins de la mairie : des producteurs locaux et artisans de tout le département sont présents. Des producteurs d'huile d'olive, de tapenades, d'olives, de miels, de confitures, de vins, de jus de fruits, ainsi qu'un bar à huile et des dégustations. Des animations pour les enfants, un déjeuner champêtre avec une fanfare pour l'ambiance, etc. Depuis 17 ans, cette manifestation met à l'honneur les produits du terroir et connaît un succès grandissant.

FÊTE DE L'AIL BLANC

Halle – Centre ville
BEAUMONT-DE-LOMAGNE
✆ 05 63 02 42 32
https://tourisme.malomagne.com
En juillet. Entrée : 2 €.

En plein cœur de l'été, Beaumont-de-Lomagne fête l'ail blanc avec faste ! De nombreux producteurs d'ail se rassemblent pour partager avec gourmands et gourmets leur passion mais aussi leur savoir-faire. Au programme, la vente d'ail blanc sous toutes ses formes, en vrac, en panier, en tresse..., et de nombreuses animations telles que concours, ateliers culinaires pour les plus jeunes, expo-ventes de produits du terroir ou artisanaux, jeux pour enfants et bien sûr un repas gourmand ! Une belle fête populaire à ne pas manquer !

FÊTE DE LA CERISE

Rue du Commerce
CÉRET
✆ 04 68 87 00 53
www.vallespir-tourisme.fr/
Pendant 2 jours, en mai.

Depuis plus de 20 ans, quand arrive la fin mai ou le début juin, Céret « la capitale de la cerise » fait la fête autour de son fruit emblématique. Durant 2 jours une joyeuse ambiance règne en ville avec le grand marché de la cerise sur les boulevards, des bandas qui rythment la fête, ainsi que de nombreuses animations : représentation de castellers, concours de dénoyautage, concours de cracher de noyaux, manèges pour les enfants, repas en plein air... et surtout, les restaurateurs cérétans qui proposent leurs menus avec la cerise de l'entrée au dessert, un régal !

FÊTE DES VINS DES COTEAUX DU QUERCY

Route de Castelnau - **MONTPEZAT-DE-QUERCY**
✆ 05 63 63 59 66
www.vins-coteaux-quercy.fr
Début août. Gratuit. Pass Dégustation : 5 €. Restauration sur place, buvette, animations.

La Fête des vins de Coteaux de Quercy rassemble les vignerons des Coteaux de Quercy afin de promouvoir leurs vins dans une ambiance conviviale. Vous êtes invité à dégustation des crus locaux et, après l'intronisation des nouveaux membres par la Confrérie, vous pourrez profiter en famille des animations proposées : démonstration de métiers anciens, tir à l'arc, ateliers pour enfants, jeux géants et traditionnels en bois, jeux gonflables, atelier culinaire et finir avec l'apéro-concert !

ESTIVALES DU CHAPEAU

CAUSSADE
✆ 06 35 10 27 43
www.chapeau-caussade.fashion
Juillet 2023.

Caussade est une cité chapelière. Il n'est donc guère étonnant de voir la ville se placer tous les ans sous le signe du chapeau ! Le festival a lieu en juillet et rend hommage au couvre-chef sous toutes ses formes. Des modistes se rassemblent à cette occasion pour montrer leur savoir-faire. Des expositions de chapeaux sont également organisées pour donner à tous l'envie de s'acheter un bibi. Ne manquez pas non plus le concours et les soirées musicales qui participent de l'évènement. Un rendez-vous devenu au fil des années, un incontournable en Occitanie !

FÊTE DE L'AIL ROSE

20, rue du Mercadial
LAUTREC
✆ 05 63 75 90 31
www.ailrosedelautrec.com
Août.

Organisé par les Jeunes Agriculteurs du Tarn, ce grand rendez-vous met à l'honneur toutes les productions du terroir. Chaque année, les premiers vendredi et samedi du mois d'août, plus de 10 000 gourmands se réunissent pour célébrer la tradition lautrécoise. Au programme : un marché professionnel, dégustations et expositions, mais aussi danse folklorique, concours de la meilleure tarte à l'ail, randonnée de l'ail rose, jeu de piste et diverses animations enfants sans oublier un grand bal. Une fête populaire et joyeuse qui en met plein les yeux et les papilles.

FÊTE DE LA CHARCUTERIE

LACAUNE
✆ 09 85 15 58 02
www.salaisons-lacaune.fr

En juillet. Restauration. Défilé.

Fin juillet, la fête des Charcutiers-salaisonniers anime Lacaune ! De nombreuses animations rythment la journée, à commencer bien sûr dès le matin par la mise en cuisson des fameux jambons à la broche, avant la découpe traditionnelle du cochon (appelé aussi « Masèl ») et le défilé des confréries venues de toute la France. On y célèbre saint Antoine, patron des charcutiers, on visite la Maison de la charcuterie et les entreprises locales spécialisées dont Oberti, participe à la foire aux produits du terroir et de la charcuterie... Une découverte très gourmande.

LA FÊTE DES VINS DE GAILLAC

Avenue Dom Vayssette
GAILLAC
www.vins-gaillac.com/fete-des-vins

Début août. Entrée entre 6 et 15€ selon les heures et les jours. Pass week-end : 30€ les 3 soirs ou 25€ les 2 soirs.

Tous les ans, pendant la première ou seconde semaine d'août, cette grande fête des vins se déroule au sein du parc de Foucaud. Au programme : rencontre avec les vignerons, dégustation et vente, apéritif-concert à l'ombre des arbres centenaires, déjeuner paisible, jeux en bois pour les plus jeunes, messe des vignerons et soirée festive et feu d'artifice... Tout le monde s'y amuse ! Un beau week-end pour découvrir le magnifique vin de Gaillac et ses alentours.

LES TARNIVORES EN FÊTE

Place du vigan - **ALBI**
✆ 05 31 81 65 70
www.saveursdutarn.fr

2 jours à la mi-juin. Marché 100% produits locaux, animations, pétanque, apéros concerts, restauration sur place.

Artisans et producteurs tarnais vous font découvrir leurs délicieux produits lors de la Fête des Tarnivores à Albi ! Ces deux jours de festivité au cœur de la ville sont l'occasion de mettre en lumière le travail de tous ces passionnés, mais aussi de goûter les meilleurs produits du terroir : vins, bières, charcuteries et viandes, fromages, pâtisseries, pains, confitures, plats cuisinés... Il y en a pour tous les goûts ! Ne ratez pas non plus les concours de pétanque, les ateliers autour du vin ainsi que les concerts gratuits... L'ambiance est au rendez-vous !

PASSEPORT

POUR ALLER PLUS LOIN

L'Occitanie vous a fasciné, régalé, transporté, dépaysé et fait vivre des émotions fortes ? Si vous souhaitez en découvrir encore plus, vous êtes au bon endroit ! Le Petit Futé vous propose de découvrir les associations qui font rayonner la culture, la gastronomie, le sport ou encore les traditions occitanes et catalanes en Occitanie. Dans les prochaines pages, vous allez aussi vous familiariser avec les radios et les chaînes de télévision locales, découvrir les émissions en occitan et en catalan, ainsi que les journaux que lisent avec fierté les habitants au quotidien. Enfin, vous pourrez partir à la rencontre des acteurs du livre dans la région, entre auteurs, éditeurs, librairies, bibliothèques, associations ou même musées, qui œuvrent tous à préserver la langue, la culture et la littérature occitane et catalane à travers leurs métiers. Un voyage culturel en Occitanie qui finit en beauté !

LES ASSOCIATIONS

Afin de continuer à faire rayonner la culture, la gastronomie, le sport ou encore les traditions occitanes et catalanes, l'Occitanie est fière de compter de nombreux bénévoles et professionnels engagés à travers des associations. Si vous souhaitez en découvrir plus sur la nature en Occitanie et ses coins de pêche, jetez un œil aux fédérations départementales de pêche. Peut-être voulez-vous entreprendre une partie du chemin de Saint-Jacques-de-Compostelle ou de Stevenson, en Occitanie ? Vous trouverez les adresses utiles pour votre voyage. Vous découvrirez également dans cette partie de nombreuses informations sur diverses associations de restaurateurs et de promotion des produits gourmands, ainsi que des associations culturelles et sportives.

ASSOCIATION DES POTIERS D'ARIÈGE

6, rue Philippe de Lévis
MIREPOIX
✆ 06 63 82 35 28
https://potiersdariege.fr/
Annuaire des potiers adhérents sur le site Web.

L'Association des potiers d'Ariège a été créée en 1995, suite au premier marché des potiers de Mirepoix en 1992, avec pour objectif la promotion des métiers d'art en céramique. Avec ses 14 membres potiers ariégeois et sa douzaine d'ateliers, elle a permis d'étoffer les prestations de démonstration des savoir-faire des potiers au cours du marché de Mirepoix et du Festibol, grâce aux soutiens des instances locales et régionales. À retrouver lors des événements artisanaux de la région !

GRANDE CONFRÉRIE DU CASSOULET DE CASTELNAUDARY

1, Avenue Maréchal de Lattre de Tassigny
CASTELNAUDARY ✆ 04 68 23 66 73
www.confrerieducassoulet.com
Informations complètes sur la confrérie, le cassoulet et la fête du cassoulet sur le site web.

Depuis 53 ans, la philosophie de la Grande Confrérie du Cassoulet n'a pas changé : servir le prestige du Cassoulet, diffuser et défendre sa renommée et veiller au respect de la qualité. Et pour maintenir les recettes de cette tradition culinaire, la Confrérie organise des manifestations, festives et inégalables, autour du cassoulet : le Grand Chapitre au printemps et la Fête du Cassoulet en été ! Sur leurs conseils, découvrez également la route gourmande du Cassoulet en Pays Cathare.

VINS AOC DU LANGUEDOC ET IGP SUD DE FRANCE

6, place des Jacobins - **NARBONNE**
04 68 90 38 30
www.languedoc-wines.com
Liste des vins AOP et des vignobles, informations œnotourisme.

La filière viticole d'Occitanie propose à travers leur site, la découverte des vins du Languedoc et des riches territoires, patrimoines remarquables et inspirateurs de saveurs. Une carte interactive permet de découvrir les différentes AOP, et les caractéristiques de chaque vignoble. Des idées d'escapades découvertes sont proposées aux internet. L'engagement des acteurs des vins du Languedoc est transmis à travers des différents projets mis en place par ces derniers.

AMIS DU MUSÉE SOULAGES

1, place Adrien Rozier
RODEZ
http://amisdumuseesoulages.com
Adhésion dès 25 €.

Les Amis du Musée Soulages participent à la vie et au développement du musée du célèbre artiste Pierre Soulages. Très dynamique, elle organise plusieurs événements par mois : conférences, voyages, manifestations culturelles, soirée privées et nuit du musée. L'association propose aux amateurs d'art de devenir Ami du Musée Soulages et d'ainsi, pouvoir profiter de nombreux avantages, comme par exemple le droit de vote à l'AG, une entrée gratuite à l'ensemble des conférences ou encore une invitation à un vernissage privé pour les expositions temporaires.

ASSOCIATION BOEUF FERMIER AUBRAC

Carrefour de l'Agriculture - **RODEZ**
✆ 05 65 73 78 39
www.boeuffermieraubrac.fr
Liste des points de vente des produits labellisés, disponible sur le site web.

En 1996, un groupe d'éleveurs de vaches Aubrac a décidé de créer l'association Bœuf Fermier Aubrac. Regroupés au sein du Label Rouge, les éleveurs de l'association partagent la même passion du métier. Ils produisent une viande de qualité en conciliant, traditions, bien être animal, valorisation des territoires et respect du consommateur. L'association a pour objectif de promouvoir la race Aubrac et d'avoir une production de qualité permettant de mettre le consommateur en confiance.

DERRIÈRE LE HUBLOT

Maison du parc de Capèle - **CAPDENAC-GARE**
✆ 05 65 64 70 07
www.derrierelehublot.fr
Billetterie et agenda des manifestations en ligne. Scène conventionnée d'intérêt national - art en territoire.

Créée en 1996 à Capdenac-Gare, Derrière Le Hublot est une association qui œuvre au quotidien depuis l'Aveyron et le Lot sur des territoires ruraux afin d'inventer et partager un projet artistique et culturel avec des artistes pluridisciplinaires, des partenaires locaux et des habitants. Celui-ci puise sa matière première dans l'échange, la rencontre, l'accessibilité aux découvertes et pratiques artistiques mais aussi la participation à une dynamique culturelle de territoire. Retrouvez en ligne le programme d'activités et des festivals, de mai à septembre.

ENTREPRISE DU PATRIMOINE VIVANT

5, rue de Bruxelles - **RODEZ**
✆ 05 65 59 59 12
www.epvoccitanie.com
Listes des entreprises d'Occitanie au label EPV sur le site Web.

En Occitanie, de nombreuses entreprises sont distinguées par le label EPV pour l'excellence de leurs savoir-faire et le soin apporté à leur transmission, leur innovation et la confrontation vertueuse qui en découle entre tradition et modernité. Véritable gage de qualité, On trouve derrière chaque EPV des hommes et des femmes, des compétences et de l'amour du travail, une éthique et un ancrage territorial qui sont de véritables plus-values pour l'économie régionale et nationale.

FÉDÉRATION DES FOYERS RURAUX DE L'AVEYRON

2, Rue des Fauvettes - **ONET-LE-CHÂTEAU**
✆ 05 65 78 03 73
www.foyersruraux12.org
Liste des Foyers en Aveyron sur le site web, ainsi que l'actualité et l'agenda des évènements.

La Fédération Départementale des Foyers Ruraux est une structure de coordination, de soutien et de représentation, un espace de réflexion et d'élaboration pour soutenir et développer la vie associative. En plus d'être un lieu de rencontre, d'expression et d'échanges, chaque Foyer Rural en Aveyron participe au développement culturel, festif et sportif des territoires ruraux grâce aux différentes pratiques sportives, au théâtre, à la musique et au chant ou encore au voyage.

INTERPROFESSION DU VEAU D'AVEYRON ET DU SÉGALA

Carrefour de l'agriculture - **RODEZ**
✆ 05 65 73 78 04
www.veau-aveyron.fr
Agenda des évènements en ligne. Listes des fermes à visiter et des producteurs sur le site web.

Le Veau d'Aveyron et du Ségala est un veau fermier, né et élevé sur la ferme dans des étables spacieuses, dans une région de grande tradition d'élevage : le Ségala. Ce territoire situé au nord de l'Occitanie, est à cheval sur l'Aveyron, le Tarn, le Lot, le Tarn-et-Garonne et le Cantal. L'association, répondant aux exigences du Label Rouge et IGP, rassemble les éleveurs de la filière au savoir-faire unique et ancestral. Retrouvez leurs viandes dans de nombreux points de vente en France.

ASSOCIATION ATELIER ART VIVANT

29, boulevard Frédéric Mistral
VILLENEUVE-LÈS-AVIGNON
✆ 04 90 25 27 16
www.atelierartvivant.fr
Programme, agenda et tarifs en ligne.

Pour les adultes, l'association propose de s'initier au choix entre la peinture, le dessin, la sculpture ou encore la photo. Pour les enfants, des cours sont proposés toute l'année afin de les éveiller à la pratique des arts plastiques et les aider à développer leurs idées. Vous pouvez aussi offrir un anniversaire artistique ! Durant cette journée, les enfants pourront confectionner des marionnettes ou des personnages extraordinaires en peinture ou modelage !

ASSOCIATION GARD AUX CHEFS

600, route de Saint-Bruno - **PUJAUT**
www.gardauxchefs.fr
Tous les chefs membres de l'association et leurs établissements disponibles en ligne. Magazine gratuit.

Créée en 2015 sous l'impulsion de cinq chefs étoilés du Gard, l'association Gard aux chefs regroupe trente acteurs de la gastronomie, chefs et producteurs, artisans du goût et vignerons. Tous passionnés par leur terroir, ils se sont associés pour partager et promouvoir leurs savoir-faire et l'identité culinaire locale. L'association représente le Gard lors de sa présence sur de nombreux événements tels que le Salon de l'agriculture ou encore le festival Piano Piano à New York.

FÉDÉRATION FRANÇAISE DES TRUFFICULTEURS

2, rue Joseph Lacroix
UZÈS
www.fft-truffes.fr

Fondée en 2015, la Fédération Française des Trufficulteurs regroupe plusieurs structures professionnelles de trufficulteurs français. La fédération pose les bases de la politique professionnelle des trufficulteurs, assure le développement des plantations truffières, engage la promotion et la défense de la truffe. Le site présente les caractéristiques de cette pépite noire, donne accès aux réglementations concernant cette culture, et diffuse les dates des événements liés à la truffe.

FÉDÉRATION DES VINS IGP DU GARD

575, chemin du Chai
NÎMES
✆ 06 59 13 39 09
www.igpvins.fr
Liste des producteurs et agenda des manifestations en ligne.

Bordée par la mer Méditerranée, les montagnes des Cévennes et le fleuve Rhône, lieu de rencontre entre le Languedoc et la Provence, le département du Gard sait profiter de ses nombreuses richesses culturelles. La vigne est indissociable des oliviers, de la culture taurine et des fêtes réputées comme les férias. La Fédération gardoise des vins à IGP représente, valorise et défend l'IGP cévennes, l'IGP coteaux-du-pont-du-gard et les vins labellisés IGP gard.

LE GARD, MILITANT DU GOÛT

176, boulevard du Président Salvador Allende
NÎMES
✆ 08 00 20 55 88
www.gard.fr
Informations sur le label sur le site de la CCI du Gard.

La marque garantit aux consommateurs l'origine et la qualité des produits. 600 adresses, parmi lesquelles 200 agriculteurs, 110 artisans, et de nombreuses boutiques de terroir, étaliers des Halles de Nîmes et d'Alès et cavistes se sont engagés depuis 2002 dans la démarche Le Gard, militant du goût. En plus de valoriser le patrimoine gastronomique gardois, cette marque vise à renforcer l'économie locale et les circuits-courts et à encourager les actions respectueuses de l'environnement.

FÉDÉRATION FRANÇAISE DE LA COURSE CAMARGUAISE

485, rue Aimé Orand - **NÎMES**
✆ 04 66 26 05 35
www.ffcc.info
Informations complètes sur le calendrier des courses, les classements et les arènes sur le site web.

Dans une partie de l'Occitanie, la Course Camarguaise est bien plus qu'un sport traditionnel extrême à haute intensité émotionnelle, technique et artistique. Il s'agit surtout d'un art de vivre et d'une tradition à préserver, par la richesse de sa culture et la force de son histoire. La Fédération Française de la Course Camarguaise vous invite à découvrir ce sport aux nobles valeurs dans les arènes de la région durant la saison des courses et surtout, à y vivre une expérience unique !

PRODUCTEURS DE CHÂTAIGNE DES CÉVENNES

4B, chemin des Caves - **SAINT-PRIVAT-DES-VIEUX**
✆ 04 66 30 54 17
www.chataignedescevennes.com
Ouvert du lundi au vendredi de 8h30 à 12h et de 13h à 16h30.

AOC depuis septembre 2020, la Châtaigne des Cévennes est officiellement reconnue en AOP depuis le 16 janvier 2023. Une formidable reconnaissance pour les castanéiculteurs qui, depuis plus de 50 ans, travaillent à la sauvegarde du verger traditionnel et s'attachent à la défense et à la promotion des variétés locales. Depuis 2001, l'association agit pour l'amélioration des techniques de production et la valorisation économique de la production et des produits qui en sont issus.

BUREAU NATIONAL INTERPROFESSIONNEL DE L'ARMAGNAC

11, place de la Liberté - **EAUZE**
✆ 05 62 08 11 00 - www.armagnac.fr
Carte interactive, annuaire, expériences œnotourisme, histoire et informations.

Le Bureau National Interprofessionnel de l'Armagnac regroupe l'ensemble des professionnels de la filière (producteurs en caves particulières ou en caves coopératives, négociants, distillateurs..) avec pour missions d'assurer la promotion collective de l'armagnac et d'apporter à tous ses professionnels, une assistance technique et pratique. Ils œuvrent aussi à vérifier la qualité des eaux-de-vie produites et offertes à la vente et veillent à l'application des règles découlant de l'AOC.

BOUILLON CUBE

La Grange - **CAUSSE-DE-LA-SELLE**
✆ 04 67 71 35 42
https://bouilloncube.fr
Programme détaillé sur le site Internet.

Depuis 2006, l'association Bouillon Cube œuvre pour le développement culturel en milieu rural. Situé dans une commune de moins de 400 habitants, à 40 km de Montpellier, ce lieu atypique est un pôle d'activités culturelles bouillonnant qui, à travers les actions menées, se fait outil d'éducation populaire. Ancien corps de ferme, le lieu-dit La Grange se tourne vers l'enfance, en proposant un large choix de loisirs quotidiens et un festival jeune public annuel. Ce tiers-lieu associatif dynamise le territoire en accueillant également des résidences artistiques ainsi qu'une programmation variée de concerts et spectacles, particulièrement riche en été.

FÉDÉRATION DES FOYERS RURAUX DU GERS

44, rue Victor Hugo
AUCH
✆ 05 62 05 69 25
www.foyersruraux-gers.org
Agenda des compétitions sur le site web.

Grâce à de nombreux acteurs gersois, le palet gascon, longtemps oublié, connait une seconde vie dans les années 80. C'est alors que le premier Championnat du Monde de Palet Gascon est organisé à Lialores en 1990, avec à la clé, une dotation impressionnante de produits du terroir ! Une section « palet gascon » est enfin créée au sein de la Fédération Départementale des Foyers Ruraux en 1994 pour réglementer le jeu, gérer le calendrier des concours et organiser les épreuves annuelles.

FOIE GRAS DU GERS

Route de Mirande
AUCH
✆ 05 62 61 77 40
www.foie-gras-gers.com
Adresses des points de vente sur le site Internet.

Le site Internet de « Foie Gras du Gers » renseigne les points de vente locaux afin de vous approvisionner directement à la source. Vous y trouverez également des conseils sur la façon de déguster le foie gras et des recettes pour épater vos convives. L'association gersoise pour la promotion du foie gras se charge de mettre en valeur les qualités des produits à base de canard et d'oie : foie gras certes, mais aussi aiguillettes, magrets, confits, gésiers, et le «Figuigers», une recette unique où le canard est engraissé avec des figues, puis farci avec son foie.

LABEL LES TABLES DU GERS

Place Jean David
AUCH
✆ 05 62 61 62 25
www.lestablesdugers.fr
Label. Liste des restaurants adhérents sur le site Web.

Créé à l'initiative de la CCI du Gers, le label « Tables du Gers » regroupe un réseau de restaurateurs qui partagent les mêmes valeurs culinaires et travaillent main dans la main avec des producteurs du département. Les 33 restaurants labellisés et 75 producteurs gersois partenaires sont alors tous engagés dans une démarche de qualité, locale et responsable. Ce label permet d'offrir aux touristes et à la clientèle de proximité une meilleure visibilité sur l'offre de restauration de qualité, cuisinée à partir de produits du terroir et locaux.

VIGNERONS INDEPENDANTS DE GASCOGNE

37, avenue des Pyrénées
EAUZE
✆ 05 62 08 15 10
Ouvert du lundi au vendredi de 8h30 à 12h30 et de 14h à 17h30 (17h le vendredi).

Ils sont 195 vignerons, le *must* du Gers, qui produisent les gascognes, le floc, l'armagnac, le Saint Mont, le madiran et le pacherenc. Afin de bâtir une image forte autour de leurs produits, la fédération a lancé la charte du vigneron récoltant : celui-ci s'engage à travailler sa vigne, vinifier et distiller son vin, mettre en bouteille ses propres produits, ne commercialiser que sa production, accueillir et prendre plaisir à présenter le fruit de son travail lors de la dégustation.

AGENCE FRANÇAISE DES CHEMINS DE COMPOSTELLE

4, rue Clémence-Isaure - **TOULOUSE**
05 62 27 00 05
www.chemins-compostelle.com
Ouvert le lundi de 14h à 17h ; du mardi au jeudi de 9h à 13h et de 14h à 17h ; le vendredi de 9h à 13h et de 14h à 16h.

L'ACIR Compostelle réunit plus de 150 adhérents, collectivités locales, associations et hébergeurs et a pour objet de transmettre l'héritage culturel des chemins de Saint-Jacques-de-Compostelle ainsi que de favoriser le développement d'un tourisme durable. Elle délivre tous les renseignements inhérents au pèlerinage (conseils pratiques, annuaire des hébergeurs, passeport du pèlerin…) afin d'aider pèlerins et touristes à accomplir le parcours sans difficultés.

D'ARTS ET D'OC

3, rue Roquelaine
TOULOUSE
https://ostaldoccitania.fr
Informations complètes sur le site de la Maison de l'Occitanie.

L'association Arts et d'Oc a pour but de récolter des subventions afin de faire venir des artistes qui s'expriment en occitan ou sur la culture occitane. Avec les fonds, elle peut organiser des spectacles, ateliers et concerts dans les lycées, les collèges et les écoles et ainsi répondre aux sollicitations des professeurs d'occitan. Ces ateliers sont proposés en priorité aux collégiens étudiant l'occitan en Haute-Garonne. L'association a à cœur de soutenir les enseignants d'occitan et ceux qui souhaitent sensibiliser les élèves à la langue occitane.

ASSOCIATION MARBRE ET ARTS

Avenue Gallieni
SAINT-BÉAT
06 71 02 77 42
www.marbre-et-arts.fr
Agenda des expositions, des stages et du festival sur le site Web.

Les bénévoles de l'association Marbre et Arts de Saint-Béat organisent chaque année au mois de juillet et pendant trois semaines le festival de la Sculpture et du Marbre. Depuis quelques années, le festival prend également place à Luchon et Saint-Bertrand-de-Comminges. Durant l'année, des stages sont aussi organisés pour s'initier ou se perfectionner aux techniques de la sculpture sur céramique, pierre, marbre ou bronze, et repartir avec son œuvre personnelle !

BOLEGADIS

11, rue Malcousinat
TOULOUSE
05 61 22 13 31
https://ostaldoccitania.fr
Plus d'informations auprès de la Maison de l'Occitanie.

Les membres de Bolegadis, du milieu associatif, politique et de la société civile, travaillent afin de contribuer à créer, autour des cultures occitanes et catalanes, un cercle vertueux économique et culturel au sein de la région Occitanie. Depuis fin 2016, Bolegadis a contribué à faire avancer les projets de frise historique de la région Occitanie, d'un label produit en Occitanie, de la mise en place de péniches autonomes sur le Canal du Midi ainsi qu'un travail sur la rémunération au milieu rural en Occitanie. Un engagement majeur pour la région !

CADRES CATALANS DE TOULOUSE

11, rue Malcousinat - **TOULOUSE**
06 62 44 85 62
https://ostaldoccitania.fr
Informations complètes sur le site web de l'Ostal d'Occitania (Maison de l'Occitanie) ou sur place.

Les Cadres Catalans de Toulouse souhaitent promouvoir la Catalogne nord (le département des Pyrénées-Orientales) à Toulouse, autant sur le plan économique et social que culturel. Pour eux, Catalans et Occitans ont le même combat : défendre leur langue menacée de disparaître. Ils perpétuent également la tradition catalane en organisant conférences, repas, expositions et fêtes comme la Fête Benvengut ou l'Arrivée de la flamme du Canigou pour les fêtes de la Saint Jean de Toulouse.

COMEDIA OCCITANA TOLZANA

11, rue Malcousinat
TOULOUSE
06 17 50 03 63
https://ostaldoccitania.fr
Informations auprès de la Maison de l'Occitanie.

Si vous souhaitez découvrir le théâtre en occitan, cette troupe se produit à Toulouse et dans le Lauragais. Elle fait de la lecture de textes historiques et modernes ainsi que des spectacles en occitan, et l'une des fiertés de l'association est la réalisation d'*Antigone* de Sophocle ainsi que de nombreuses pièces de Molière, le tout traduit en occitan. Vous parlez occitan et vous avez une âme d'acteur ? N'hésitez plus ! L'association recherche en permanence des acteurs de théâtre parlant occitan ! Toutes les informations auprès de l'Ostal d'Occitania.

INTERBIO

2, avenue Daniel-Brisebois
CASTANET-TOLOSAN
✆ 05 61 75 42 84
www.interbio-occitanie.com
Annuaire des entreprises bio régionales, informations, agenda et partenaires sur le site Web.

Interbio est l'association interprofessionnelle régionale au service des opérateurs bio d'Occitanie. Il s'agit d'organiser au mieux et de développer les filières bio, de promouvoir l'agriculture biologique régionale, de conseiller les entreprises et suivre leurs projets, représenter et informer les adhérents. Si vous vous intéressez au bio, n'hésitez pas à faire un tour sur leur site Internet où vous découvrirez de nombreuses informations intéressant au premier chef les consommateurs que vous êtes, dont l'annuaire des entreprises et l'agenda des événements locaux.

LES QUALIVORES D'OCCITANIE

Institut Régional de la Qualité Agroalimentaire Occitanie
CASTANET-TOLOSAN
✆ 05 61 75 26 19
https://qualivores.fr/
Liste des producteurs membres et des produits labellisés en ligne.

Le saviez-vous ? La région Occitanie produit de très nombreux biens agricoles de grande qualité. Né à l'initiative de l'IRQUALIM, le petit club des Qualivores rassemble près de 7000 membres autour des 247 produits identifiés par un label, une indication géographique ou une appellation, garantissant leur qualité et leur origine. Les Qualivores sont des gastronomes et des amateurs de bonne chère particulièrement fiers de ces beaux produits qui naissent dans la région Occitanie !

LA RAMPE - TEATRE INTEREGIONAL OCCITAN

450, rue Alexander Fleming
SAINT-JEAN-DE-VÉDAS
✆ 04 67 58 30 19
www.larampe-tio.org
Plus d'informations auprès de la Maison de l'Occitanie.

Avec ses 70 créations et 7 000 représentations publiques, le Théâtre Interrégional Occitan pose la langue et la culture occitanes au cœur de sa démarche artistique. La compagnie développe des créations originales à contre-courant des formats existants, apportant un regard singulier sur le monde et affirmant son engagement pour la transmission et le développement de projets au service des nouvelles générations. Elle soutient d'autres compagnies de théâtre occitan dans leur diffusion.

LES TOILES D'OC

11, rue Malcousinat
TOULOUSE
✆ 06 30 52 62 15
https://ostaldoccitania.fr
Informations complètes auprès de la Maison de l'Occitanie.

L'association Les toiles d'oc a pour objet la production, l'animation, les prestations techniques et artistiques ainsi que la formation pour des projets concernant l'audiovisuel et le cinéma dans l'espace culturel occitan. Elle peut ainsi produire des vidéos, des films, des événements et des spectacles en occitan ou liés à la culture occitane. L'association peut également dispenser des formations ainsi que proposer des productions à des diffuseurs. N'hésitez pas à contacter l'Ostal d'Occitania (la Maison de l'Occitanie) pour en savoir plus.

LA MAISON DE L'OCCITANIE

11, rue Malcousinat
TOULOUSE
✆ 05 61 22 13 31
www.ostaldoccitania.net
Ouvert du lundi au mercredi et le vendredi de 9h à 17h ; le jeudi de 10h à 17h.

Située dans l'hôtel capitulaire de Boysson, la Maison de L'Occitanie (l'Ostal d'Occitània) est un lieu culturel associatif géré par l'association Convergéncia Occitana. Il accueille dans ses locaux de nombreuses associations liées à la culture occitane : diffusion et promotion de la culture occitane, organisateurs d'événements culturels, centre de formation, collectifs artistiques ainsi qu'une radio associative. Vous pouvez y retrouver des cours, stages et ateliers hebdomadaires d'occitan, de chant et de danse ainsi qu'une programmation culturelle régulière.

TOULOUSE À TABLE !

Marché d'Intérêt National Toulouse
TOULOUSE
✆ 06 80 14 39 24
Grands événements, invitations gourmandes et « GénéRose » attitude. Agenda en ligne.

Depuis 2013, l'association Toulouse à table ! s'est lancé un défi : favoriser et créer du lien social autour de la table. Elle permet aux acteurs partenaires, professionnels et citoyens, de communiquer, de se rassembler, de partager autour du patrimoine gastronomique de l'Occitanie, des produits régionaux et des valeurs à destination du grand public. L'association organise des événements grand public tout au long de l'année dans les valeurs de convivialité, de générosité et de partage, dont la fameuse fête populaire toulousaine, le festival Toulouse à table !.

LES COMPAGNONS DE MAGUELONE

Domaine de Maguelone
VILLENEUVE-LÈS-MAGUELONE ✆ 04 67 50 63 63
https://compagnons-de-maguelone.org
Ouvert du lundi au vendredi de 9h à 12h et de 14h à 17h. Missions médico-sociale, culturelles et patrimoniale.

Les Compagnons de Maguelone, situés sur le site historique de la presqu'île de Maguelone, préserve et met en valeur depuis 1969 ce site exceptionnel, avec sa cathédrale, classée monument historique, et son environnement insulaire, classé Natura 2000. Les autres principales missions : accompagner des personnes en situation de handicap dans leur projet professionnel et proposer annuellement des festivals de musique ainsi que des événements culturels (expositions, œnotourisme…).

FEDERATION DES CINE-CLUBS DE LA MEDITERRANEE

5, passage Jean-Magrou
BÉZIERS
✆ 04 67 31 27 35
www.lafccm.org
Liste des cinémas adhérents en ligne.

Comme à l'époque, la Fédération des cinéclubs de la Méditerranée propose de faire venir le cinéma à vous ! D'octobre à juin, les communes de Lignan, Bassan, Espondeilhan, Gignac, Magalas, Neffiès et Roujan, accueillent des séances de cinéma. Pour connaître la programmation et les dates, il suffit de se renseigner auprès des mairies concernées. Des activités sont aussi organisées, des formations et des festivals comme la rencontre cinéma de Pézenas.

FÉDÉRATION FRANÇAISE DE JEU DE BALLE AU TAMBOURIN

100, Chemin Marc Galtier - **GIGNAC**
✆ 04 67 42 50 09
https://ffsport-tambourin.fr/
Liste des clubs, agenda et résultats des compétitions sur le site web.

Né dans l'Hérault, le jeu de balle au tambourin est un véritable sport de compétition ancré dans la culture et le patrimoine languedocien. Ce sport traditionnel était pratiqué lors de fêtes ou à l'occasion de défis dans les années 1860 et le premier concours fut créé à Pézenas en 1909. Aujourd'hui, le sport a évolué avec des règles et du matériel spécifiques. La Fédération a à cœur de promouvoir le jeu, ses différents clubs en France et ses compétitions. Un sport à découvrir !

L'OASIS CITADINE

87, Rue de la Mogère - **MONTPELLIER**
✆ 07 52 86 97 77
oasiscitadine.fr
Ferme citadine. Agenda des événements, ateliers et animations culturelles et sportives en ligne ou sur Facebook.

L'association Oasis citadine rassemble des jardiniers novateurs qui vous apprennent, d'une manière ludique et conviviale, à cultiver vos propres fruits et légumes. Elle a développé un concept de location de potagers clés en main pour les urbains sans jardin. De nombreux événements et ateliers sont organisés toutes les semaines ; vous pouvez prendre part à des cours de qi gong ou de yoga, des ateliers apiculture, création d'objets en bois ou initiation à la permaculture, des visites guidées de la ferme, et bien sûr participer au nettoyage quotidien du poulailler.

QUALITE TOURISME OCCITANIE SUD DE FRANCE

✆ 04 99 64 29 29
qualite-tourisme-occitanie.fr
Informations sur le label en ligne.

L'Occitanie impulse la mise en place d'un dispositif qualité régional avec son propre référentiel, basé sur un audit externe et un système de traitement de la satisfaction clients. Qualité Sud de France est reconnu au niveau national par le Plan Qualité Tourisme, qui fédère sous un même symbole les démarches qualité pour la satisfaction des clients. Les adhérents s'engagent à garantir la satisfaction de leur clientèle et intègrent la valorisation d'éléments spécifiques de la région.

LES TABLES GOURMANDES DU LANGUEDOC

59, Avenue Albert 1er - **BÉZIERS**
✆ 04 67 30 06 28
Ouvert du lundi au vendredi de 9h à 12h et de 14h à 17h. Liste des établissements adhérents sur le site Web.

Créée en 1990, l'association regroupe restaurateurs et artisans du département, passionnés de gastronomie, afin de promouvoir leur métier et leur savoir-faire, et de mettre en avant les produits du terroir et la cuisine française. Elle travaille également sur un guide gustatif, tous les deux ans, mettant en lumière les établissements membres et leurs chefs cuisiniers. Puis, rendez-vous lors du « dimanche à la campagne », un événement convivial organisé pour la sortie du guide.

TOURISME GOURMAND EN OCCITANIE

PÉROLS
✆ 07 88 98 77 24
www.tourismegourmandenoccitanie.fr
Offres et liste des membres acteurs du tourisme gastronomiques disponibles sur le site Web.
L'association Tourisme gourmand en Occitanie permet aux visiteurs de découvrir un produit, un territoire, un métier, une passion à travers des visites chez les exploitations agricoles et les entreprises agroalimentaires de la région. Les entreprises membres réunies défendent des valeurs fortes d'ancrage territoriale, d'échange et de partage. L'association a édité un catalogue destiné aux autocaristes, organisateurs de voyages de groupes et de séminaires, pour faciliter les visites.

SYNDICAT DES PRODUCTEURS DE FROMAGES ROCAMADOUR

430, avenue Jean-Jaurès
CAHORS
✆ 05 65 23 22 05
www.aop-rocamadour.com
En 1996, le fromage « pur chèvre » lotois si particulier a rejoint le « club » des AOC (appelations d'origine contrôlée), puis est devenu AOP (protégée). Les petits palets exclusivement élaborés à base de lait cru entier sont de fait une des fiertés gastronomiques du Lot. Texture fondante. 16 000 chèvres élevées. 30 millions de rocamadours produits par an. L'aire d'appellation est basée dans le Lot, mais comprend quelques zones limitrophes en Dordogne ou dans l'Aveyron, notamment.

COMITE DE PROMOTION DES PRODUITS DU LOT

430, avenue Jean Jaurès
CAHORS
✆ 05 65 23 22 21
grandsterroirslot.com
Organisme qui recense tous les produits labellisés et les marchés des producteurs de pays.
Promotion des produits lotois identifiés en AOC, AOP, IGP, Label rouge, AB et les produits emblématiques : l'agneau fermier du Quercy ; le veau sous la mère ; le fromage de chèvre Rocamadour ; les vins de Cahors, des Coteaux du Quercy, des Côtes du Lot et Coteaux de Glanes ; le melon du Quercy ; la noix et huile du Périgord ; le canard à foie gras du Sud-Ouest ; le safran du Quercy ; la truffe noire du Quercy, etc. Liste des marchés des producteurs de pays sur le site.

ASSOCIATION SUR LE CHEMIN DE STEVENSON

Rue des écoles
PONT DE MONTVERT - SUD MONT LOZÈRE
✆ 04 66 45 86 31
www.chemin-stevenson.org
Informations sur l'organisation de la randonnée. Boutique en ligne.
L'association permet aux randonneurs de préparer leur séjour dans les moindres détails. De la découverte de l'itinéraire à travers ses quatre territoires typiques à l'organisation logistique permettant de choisir hébergement, cartes et topoguides, faire suivre les bagages, l'association se révèle d'une aide précieuse. Elle élargit son réseau vers les territoires où l'écrivain écossais a vécu ou voyagé en France, en Belgique, en Ecosse et en Angleterre.

SAFRAN DU QUERCY

Route de Sarlat - **SOUILLAC**
✆ 05 65 23 22 11
www.safran-du-quercy.com
Informations complètes sur le site web. Fête du Safran du Quercy à Cajarc fin octobre.
L'Association des safraniers du Quercy rassemble les producteurs souhaitant contribuer au développement de la production de cette épice dans le cadre d'une démarche qualité. La fleur de safran est cultivée, cueillie à la main (comptez 200 000 fleurs pour 1 kg de safran sec), émondée et séchée en Quercy selon un savoir faire ancestral. L'association a alors développé une large gamme de produits au safran du Quercy comme des sirops ou des condiments. Vous pourrez aussi retrouver l'association, les producteurs et leurs produits lors de la fête du safran à Cajarc !

ACADÉMIE DES CONFRÉRIES DU LANGUEDOC ROUSSILLON

SALSES-LE-CHÂTEAU
Un site dédié aux confréries du Languedoc-Roussillon. Vous trouverez en ligne toutes les informations, les coordonnées, les noms des responsables des confréries. Accessible également via ce site, la charte des Confréries où sont exposées toutes les valeurs et la belle diversité de ces diverses confréries. Mieux connaître le rôle et le rayonnement de chacune de ces 35 confréries du Languedoc-Roussillon sont des éléments mis en avant par ce site. Un agenda recense les manifestations.

ASSOCIATION AIRE NOU

BAHO

✆ 06 09 81 23 87

www.airenou.cat

Agenda des manifestations et activités en ligne.

Crée 1995 à Baho, en Catalogne du Nord, l'association Aire Nou a pour objectif de protéger et de faire connaître le patrimoine culturel de Bao et Riberal. Elle souhaite également promouvoir et défendre activement la langue et la culture catalane, en proposant de nombreux événements et activités : concours de castelles, correfoc, danse, bals traditionnels, jeu de cartes, Festa Major, Diades Aire Nou de Bao, castanyada, calçotada, rifla, « acampada » et voyage annuel… Tout l'agenda est à retrouver (en catalan !) sur le site Internet de l'association.

TOQUES BLANCHES ROUSSILLON OCCITANIE

www.toques-roussillon.fr

Liste des établissements sur le site Web.

L'association des Toques Blanches du Roussillon-Occitanie fête ses vingt ans. Elle regroupe 40 chefs cuisiniers des Pyrénées Orientales dont les objectifs sont de dynamiser l'art culinaire du département. Ils s'évertuent à maintenir et diffuser la cuisine et les savoir-faire culinaires des Pyrénées Orientales, promouvoir l'apprentissage et stimuler les jeunes de la profession, faire connaître et assurer la promotion des produits régionaux. Liste de ces magiciens est sur le site Web.

ASSOCIATION ROSÉE ET VEDELL DES PYRÉNÉES CATALANES

Espace Alfred Sauvy

PRADES

✆ 04 68 96 61 82

http://roseedespyrenees.fr

Ouvert du lundi au vendredi de 8h30 à 18h. Liste des éleveurs en ligne.

La rosée des Pyrénées catalanes est un veau élevé en totale liberté, au lait maternel et à l'herbe des estives. Il s'agit d'un produit que l'on trouve de juin à décembre seulement, de haute qualité gustative et qui porte le nom de la couleur de sa viande, rosée ! Plus de 40 éleveurs de la Coopérative catalane des éleveurs produisent cette viande et organisent chaque année pour les curieux des balades en estive à la découverte de leur troupeau en pleine montagne.

ASSOCIATION ARTS, TERRE, COULEURS EN SORÈZOIS ★

BP - 80008 - **SORÈZE**

✆ 06 80 38 21 50

www.salon-automne-soreze.com

Calendrier des manifestations en ligne. Salon d'automne et expositions estivales

L'association de Gerard Grandazzi est un véritable moteur de la vie artistique du département. Elle a pour but de promouvoir l'art sous toutes ses formes et dans chacun de ses domaines. Aussi, elle organise tout au long de l'année des expositions en divers endroits où l'on peut venir admirer des œuvres picturales, des sculptures et bien d'autres expressions artistiques, le but étant d'offrir une vitrine aux nouveaux talents. Les manifestations organisées sont toujours très variées.

CONFRÉRIE DU GRENAT DE PERPIGNAN

www.grenat-de-perpignan.fr

Informations sur le label et liste des artisans bijoutiers agréés disponibles sur le site web. Boutique en ligne.

Unique et précieux, le Grenat de Perpignan, pierre mythique des Catalans, est un symbole des Pyrénées-Orientales, à la fois par son ancrage historique et ses teintes, reflets des couleurs catalanes. Le Grenat de Perpignan bénéficie d'un label Indication Géographique qui protège le savoir-faire de la fabrication traditionnelle des plus grands bijoutiers du département, rassemblés au sein de la vénérable Confrérie, afin de se protéger de la concurrence des fabrications en série.

LA BRIGADE DU GOÛT

53, Avenue Gambetta - **MONTAUBAN**

✆ 05 63 22 26 26

www.brigadedugout.fr

Liste des chefs, restaurateurs et producteurs sur le site web. Agenda des évènements en ligne.

Cette confrérie a pris soin de présenter dans chaque localité importante du département une adresse gastronomique incontournable. L'héritage culinaire du Tarn-et-Garonne, prolixe et généreux, multiplie les trésors savoureux comme le fumet des champignons conjugué aux volailles bien dorées ou encore la délicatesse des foies gras sublimés par la truffe. Tous ces délices sont sublimés par les chefs des restaurants de la Brigade du Goût. Ils sont rassemblés dans cette association afin de pouvoir échanger sur leurs pratiques respectives et valoriser leurs cuisines.

LES MÉDIAS

Afin de vous immerger encore plus dans la culture occitane et catalane, dans les langues et le quotidien des habitants d'Occitanie, le Petit Futé vous propose les meilleures adresses de médias locaux. Durant votre voyage sur les chemins de la région, du Gers au Gard, de l'Aveyron aux Pyrénées-Orientales, vous découvrirez des petites antennes de radio locales qui proposent des rendez-vous musicaux et des émissions aux thématiques diverses, vous tomberez sur des journaux hebdomadaires d'ici et des chaînes de télévision aux programmes en occitan et catalan. Vous ne manquerez évidemment pas les radios renommées dans la région ou les journaux et magazines incontournables que lit chaque Occitan ! Et si vous souhaitez améliorer votre accent et votre compréhension de l'occitan, vous retrouverez dans ces pages les nombreuses émissions de télévision, programmes de radio et web TV en français et en occitan !

GRAND SUD FM

✆ 04 68 65 03 61
www.grandsudfm.com
Carcassonne : 95.3 / Perpignan : 96.1 / Narbonne et Béziers : 92.5 / Corbières, Minervois : 98.8 / Lézignan : 87.6

Avec ses 5 fréquences, Grand Sud FM couvre aujourd'hui l'ensemble du département de l'Aude et propose des programmes d'informations locales, régionales et nationales, de la musique et des jeux. Grand Sud FM, avec un programme musical de tubes des années 70, 80, 90, 2000 et de nouveautés, a renforcé sa politique rédactionnelle pour satisfaire aussi bien les auditeurs audois que catalans. Pour ne rien manquer sur l'Aude et le Roussillon, vous pouvez accéder en direct et en replay aux émissions sur le site Internet ou télécharger les Podcasts.

RADIO TOTEM

✆ 05 65 71 33 30
www.radio-totem.net
88.1 à Rodez. 96.3 à Cahors. 105.8 à Figeac et 107.4 à Gourdon. Voir sur le site web pour d'autres fréquences

Cette radio régionale basée dans l'Aveyron est leader du Sud Massif-Central, couvrant notamment tout le Quercy-Rouergue jusqu'à la Corrèze, la Haute-Loire mais aussi l'Hérault, le Gard et la Lozère. Fidèle à sa punchline «Totem, tous les tempos de la radio», le média propose un large registre musical et se distingue par son traitement de l'actualité locale et ses émissions, dont certaines font désormais partie du paysage radiophonique. Son site internet permet de retrouver podcasts des émissions et les informations en quelques clics.

CENTRE PRESSE

8-10, avenue Victor-Hugo
RODEZ
✆ 05 81 19 12 00
www.centrepresseaveyron.fr
Journal quotidien local (Rodez et nord de l'Aveyron).

Tiré à plus de 20 000 exemplaires, *Centre Presse* est le quotidien départemental de l'Aveyron et le journal le plus vendu en semaine. Davantage plebiscité dans le Nord et le Centre du département, il offre un traitement complet de l'actualité locale grâce à une équipe de journalistes professionnels et de correspondants répartis sur tout le territoire. Particulièrement proactif et dynamique, le quotidien a développé le supplément L'Aveyronnais, qui met en avant la trajectoire personnelle ou professionnelle d'Aveyronnais à Paris ou ailleurs dans le monde.

LE JOURNAL DU GERS

www.lejournaldugers.fr
Journal d'information en ligne, sans abonnement, consultation gratuite.

Avec une diffusion uniquement en ligne, *Le Journal du Gers*, créé par d'anciens correspondants du quotidien *Sud-Ouest*, est le partenaire d'une information en temps direct et réactive par ville et par village. Politique, faits divers, sports, économie, culture : il est assez complet pour assurer une vitrine efficace de l'actualité de la Gascogne tout en proposant quelques articles d'envergure nationale. On apprécie surtout son esprit micro-local. Idéal pour ne rien manquer de ce qui se passe sur le lieu de vos vacances, cliquer c'est s'informer !

RÀDIO PAÍS

www.radiopais.fr

FM : Tarbes 101.5 FM, dans le Gers : 90.8 FM.

Animée par des bénévoles et des professionnels et gérée par une fédération d'associations, Radio País est diffusée dans le Sud-Ouest, en Bigorre, dans le Béarn et dans le Gers. Elle émet également en ***streaming*** sur Internet et a pour volonté d'étendre sa zone d'écoute dans les Landes et le bas Adour. Cette radio indépendante et bilingue veut promouvoir la langue et la culture d'oc en Gascogne, en essayant d'être en phase avec la diversité des usages de l'occitan. Vous pourrez y écouter des émissions d'actualité, de société et, évidemment, de la musique.

LA DÉPÊCHE DU MIDI

Avenue Jean-Baylet - **TOULOUSE**

✆ 05 62 11 33 00

www.ladepeche.fr

Quotidien. Abonnement numérique + papier : à partir de 24,75 €/mois. En kiosque : 1,20 € (1,80€ le dimanche).

La Dépêche du Midi, c'est le quotidien régional par excellence, ouvert à tous les horizons d'Occitanie, d'Agen à Carcassonne, en passant par Foix, Cahors et Tarbes. Le premier numéro est sorti des presses de l'imprimerie Sirven en 1870. Il fallait donner des nouvelles des soldats partis au front ! Depuis, il donne les dernières informations, les résultats du Stade Toulousain et l'actualité culturelle. En édition papier ou sur Internet, *La Dépêche du Midi* fait partie du paysage toulousain. Pour en savoir plus, sachez que le site de production du journal se visite !

100% RADIO TOULOUSE

54, boulevard de l'Embouchure - **TOULOUSE**

✆ 05 61 10 01 01

https://centpourcent.com

Toulouse 90.5 / Cahors 103 / Carcassonne 98 / Foix 91.6 / Auch 106.9 / Perpignan 98.8 / Albi 89.8 / Montauban 103.7

100% Radio est une radio régionale de grande envergure qui comprend le Sud-Ouest. Créée il y 20 ans, elle peut être captée en Occitanie et en Nouvelle-Aquitaine, de Pau à Perpignan, de Cahors à Font-Romeu ! Au-delà, vous pourrez l'écouter via son site Internet, riche d'informations locales et de renseignements sur les diverses manifestations de la région. L'esprit de 100% se veut familial et divertissant, avec une programmation classique : une matinale orientée actualités, puis des émissions qui traitent de sujets de société, sans oublier la musique, bien sûr !

DÈTZ TV

1, rue Malcousinat

TOULOUSE

http://ostaldoccitania.fr

Informations auprès de la Maison de l'Occitanie.

Dètz TV est une émission en occitan créative, populaire et décalée, créée par le Collectiu Dètz en 2010. Une dizaine de jeunes créateurs ont décidé de prendre à bras-le-corps le problème de l'audiovisuel occitan en changeant de stratégie : le collectif se concentre alors sur l'expérimentation de formats, d'écritures, de genres pour le Web, pour les festivals et pour les nouveaux réseaux de diffusion auprès d'un jeune public, le tout autour de la langue et de la culture occitanes.

BOUDU TOULOUSE

www.boudu-toulouse.com

Bonnes adresses et des belles expériences à vivre à Toulouse et sa région. À suivre également sur les réseaux sociaux

Boudu est un webzine créé par trois jeunes Toulousains dynamiques, qui partagent en ligne leurs bons plans toulousains et leurs idées venues d'ailleurs. Incontournable dans le paysage de la ville rose, avec un ton léger, souvent décalé et plein d'humour, vous y retrouverez des rubriques classiques autour de Toulouse, bars, cafés, restos, boutiques... et une rubrique «Escapades en Occitanie» pour partager le plaisir de voyager... Découvrez ce petit guide en ligne, qui vous fait parcourir différemment les trésors cachés de la ville rose !

ESPRIT OCCITANIE

TOULOUSE

www.espritoccitanie.fr

Webradio à écouter sur Internet. Podcasts.

Jacques Lavergne, président fondateur d'Esprit Occitanie, s'est donné pour mission d'apporter à ses auditeurs des pistes de réflexion et d'offrir d'autres perspectives plurielles autour de notre société mouvante, sans en oublier des moments de plaisir et de détente. Qualité et créativité, tels sont les maîtres mots qui guident le travail de cette radio. On y écoute des émissions aux thèmes variés – économiques, sociaux, philosophiques, sociétaux, historiques, politiques, médicaux, littéraires, musicaux… – afin d'aiguiser la curiosité de tous et de nous enrichir.

FABRIQUÉ EN OCCITANIE

22, Bd du Maréchal Juin
TOULOUSE
www.fabrique-en-occitanie.fr

Un site destiné au grand public, et aux professionnels. Une initiative associant la Région Occitanie, la Chambre de Métiers et de l'Artisanat de Région Occitanie, et bien sûr les professionnels, pour mettre en lumière les savoir-faire et les talents des entreprises de cette vaste région. «Fabriqué en Occitanie» est une signature de reconnaissance qui distingue les entrepreneurs et les artisans engagés dans l'économie régionale et les responsabilités environnementales. Les professionnels peuvent adhérer en ligne, et le public s'informer des filières concernées.

FRANCE BLEU OCCITANIE

78, allée Jean-Jaurès
TOULOUSE
✆ 05 34 43 31 31

Fréquences FM : Toulouse - 91.8 MHz / Montpellier - 100.6 MHz. Voir sur le site web pour les autres fréquences.

Référence dans la région, France Bleu Occitanie vous accompagne dès le matin, à Toulouse, Montpellier et partout ailleurs en Occitanie : information et état du trafic dans votre agglomération, puis diffusion de 25 rendez-vous d'actualités locales au cours de la journée. Pour les amateurs de rugby à Toulouse, vous êtes bloqué loin d'un téléviseur un soir de match ? Un moyen efficace pour se mettre dans le bain toulousain, France Bleu le retransmet en direct ! Bien entendu, elle diffuse également de la musique, des jeux et des magazines.

LA GAZETTE DU MIDI

48, allées Jean-Jaurès
TOULOUSE
✆ 05 34 41 34 00
https://gazette-du-midi.fr/

Parution le lundi. 2 € le numéro. Disponible en ligne.

Depuis la fin du XIXe siècle, la *Gazette du Midi* opère pour diffuser des informations à caractère économique et juridique dans l'agglomération toulousaine et dans toute sa région. Vous trouverez sur les pages de cette gazette qui paraît chaque lundi, comme sur le Web, des informations utiles sur les entreprises, les projets dans la région et les collectivités locales ainsi qu'une rubrique «Hommes et chiffres», «Politique» ou encore «Europe». Petit plus, cette gazette est habilitée à diffuser les annonces judiciaires et légales de la Haute-Garonne.

LO DIARI

11, rue Malcousinat - **TOULOUSE**
✆ 09 62 56 09 91
https://lodiari.com

Informations littérature, musique, langues, société, arts, sports et événements sur le site Web. Journal papier : 2 €.

Lo Diari en occitan, c'est le journal journalier, le quotidien. Cette présence, cette existence quotidienne de la langue et de la culture occitanes constituent le sens et l'essence du projet *Lo Diari*. À l'origine, le journal associatif est édité (toujours d'ailleurs) par l'IEO de la région Occitanie-Pyrénées-Méditerranée. Il est devenu au fil du temps un véritable magazine culturel en occitan, proposant une variété de rubriques : littérature, musique, cinéma, langue et société, arts, sport, nouvelles technologies… avec une thématique centrale pour chaque numéro.

MIDI OLYMPIQUE

Avenue Jean-Baylet - **TOULOUSE**
✆ 05 62 11 36 70 - www.midi-olympique.fr

Le numéro rouge lundi : 2,40 €. Le numéro vert vendredi : 1,80 €. Abonnement numérique à partir de 13,90€ par mois.

En 2019, Midi Olympique a soufflé ses quatre-vingt-dix bougies. Une longévité qui place le journal comme l'un des plus anciens hebdomadaires français après *Le Canard enchaîné*. Rattaché au groupe de presse de la Dépêche, ce bi-hebdomadaire entièrement consacré au rugby sort le lundi pour sa version «rouge» et le vendredi en «vert». C'est un peu la référence suprême pour les amoureux du ballon ovale. Vous y trouvez toutes les infos sur les championnats, les transferts, les scores, Top 14, Pro D2, Tri-nations, tournoi des 6 nations, Heineken cup, tests-matchs…

ÒCTELE

✆ 05 47 41 48 93
www.octele.com

Web TV en occitan avec des directs et de nombreux programmes en replay. À visionner sur le site Web.

Depuis 2013, ÒCtele fait vivre la langue et la culture occitane à travers sa web TV. Sur le site internet bilingue, vous profiterez des émissions et des programmes 100% en occitan. Il y en a pour tous les goûts : documentaires, reportages, jeux télévisés, magazines culturels, sportifs, sociétaux, musique, films et dessins animés doublés en occitan... Rendez-vous alors entre 18h30 et 22h30 pour assister aux émissions en direct mais si vous avez loupé votre programme favoris, vous le retrouverez facilement en replay sur le site web.

LE PETIT JOURNAL

1300, route d'Ardus - **TOULOUSE**
05 63 20 80 00
www.lepetitjournal.net
Disponible en papier dans 10 départements d'Occitanie. 1,50 €. Disponible sur internet.

Le Petit Journal est présent dans de nombreux départements du Sud-Ouest, de l'Hérault au Gers, en passant par le Lot, les Hautes-Pyrénées, l'Aveyron, le Tarn, l'Aude, l'Ariège et la Haute-Garonne bien sûr. L'édition toulousaine, qui s'étend jusqu'au Lauragais, est riche en actualités et en informations générales. Vous retrouverez des rubriques classiques pour un hebdo local, telles que les faits divers, les naissances et mariages, des idées de sortie et des petites annonces. Vous pouvez vous abonner à la version 100% numérique, ou à la version complète.

LE PETIT TOU

Association Le Petit Tou - TBS Education
TOULOUSE 06 34 90 82 26
www.lepetittou.com
City-guide de Toulouse, à récupérer gratuitement à l'office de tourisme et dans d'autres lieux partenaires. Réductions.

Le Petit Tou est un city-guide gratuit de Toulouse. Créé en 2003 par une association étudiante de TBS Éducation, ce sont 55 étudiants bénévoles qui s'investissent en testant et en donnant leur avis sur les différents établissements de la ville rose, intégrant les meilleurs à l'édition papier du guide, arrivée aujourd'hui à sa quatorzième édition. À l'intérieur, surtout des bons plans ! Au début du guide, décrochez votre carte de réduction, qui vous permettra de bénéficier de près de 350 réductions dans de nombreux établissements toulousains !

PYRENÉES FM

05 61 44 00 00
www.pyreneesfm.com
Fréquences : Andorre 90.7 ; Ariège 90.7 et 107.5 ; Aude 97.1, 104.1, 107.5 ; Haute-Garonne 107.5.

Pyrénées FM est une radio régionale qui diffuse ses programmes sur une grande partie des Pyrénées, la région toulousaine, l'Aude, l'Ariège, les Pyrénées-Orientales, l'Andorre et prochainement en Nouvelle-Aquitaine, à Pau et Bayonne. Grâce à une programmation musicale variée où se mêlent informations nationales et locales, la Radio a su conquérir un public d'environ 100 000 auditeurs réguliers. Média de proximité, elle favorise un contact permanent avec les acteurs économiques et culturels sur sa zone d'écoute. Un média incontournable de la région.

RADIO MON PAIS 90.1

19, place Saint-Sernin
TOULOUSE
05 62 27 23 23
www.radiomonpais.fr
Fréquence FM 90.1.

« Des idées plein les ondes » : voilà le slogan de Radio Mon Pais ! Ancienne radio pirate au début des années 80, cette station 100 % toulousaine est une radio qui s'engage. Elle propose de nombreuses émissions thématiques portant sur le syndicalisme, la société, les enjeux de la diversité, la pluralité culturelle... 8 rendez-vous quotidiens d'information sociale sont proposés, avec une centaine de bénévoles pour assurer la grille en continu ! Radio Mon Pais n'en oublie pas pour autant la programmation musicale : rock, jazz, chanson française, blues, reggae...

RADIO OCCITANIA 98.3

05 61 80 40 40
www.radio-occitania.com
Fréquence FM 98.3 en région toulousaine. Comminges sur 89.4. Lauragais Nord Ariège sur 106.1. Rouergue sur 93.6.

Pour se familiariser avec la culture occitanes, écoutez Radio Occitania, une radio associative créée en 1981. Elle diffuse en pays Tolosan, Comminges, Lauragais Nord Ariège et Rouergue. Même si l'identité locale est mise en avant, la grille des programmes n'est que partiellement en occitan. Les sujets sont variés : histoire, culture, sciences, nouvelles technologies... et l'actualité se décline à travers une dizaine de rendez-vous quotidiens euro-régionaux, nationaux et internationaux, faisant vivre au cœur du monde actuel la langue des troubadours !

TOULÉCO

05 52 15 12 10
www.touleco.fr
Offre d'abonnement «mixte» web et papier : 60 €.

Touléco est un quotidien d'information sur l'économie toulousaine. Ses informations en ligne sont complétées par l'édition trimestrielle d'un magazine papier, disponible en kiosque. La version numérique se décline en plusieurs médias, qui s'adressent à des cibles différentes : Toulemploi.fr, Touléco-green.fr, Touléco-Tarn et Touléco.tv. L'idée est ainsi de déployer en différentes versions des actualités économiques locales et régionales. La ligne éditoriale propose des news, des dossiers, un agenda mais aussi des articles relatifs à des entreprises à suivre.

TOULOUSE FM 92.6

99, route d'Espagne - **TOULOUSE**
✆ 05 62 20 30 40
www.toulouse.fm
Fréquence FM sur Toulouse 92.6, Saint-Gaudens 93.6, Pamiers 102.9, Ax-les-Thermes 95.6 et Auch 88.6.

Écoutez Toulouse FM ! Au programme : info de proximité, bonne humeur, jeux avec de nombreux cadeaux à gagner, le plein de hits et tous les bons plans pour vivre et sortir dans la région. Toulouse FM, toujours plus proche de vous, livre chaque semaine de succulentes chocolatines sur le lieu de travail d'un auditeur et organise chaque année la Journée Mondiale de la Chocolatine ! Écoutez TLSE FM à Toulouse 92.6, Pamiers 102.9, Ax-les-Thermes 95.6, St-Gaudens 93.6, Auch 88.6 mais également via l'application mobile, le site internet et la radio numérique avec le DAB+.

VIÀOCCITANIE.TV

Avenue Jean Baylet
TOULOUSE
www.viaoccitanie.tv
BOX/FAI : canal 30. TNT : Montpellier et Toulouse : canal 31. Pays gardois et catalan : canal 33.

ViàOccitanie est une chaîne de télévision locale dédiée à la région Occitanie. Toute l'année, le support vous permet de suivre l'actualité politique, judiciaire, culturelle, sportive et économique, de votre région. Côté information : le journal télévisé est réactualisé toutes les 30 minutes, un flash info apparaît tous les quarts d'heure et le rappel des titres défile sur un bandeau déroulant en bas d'écran. Quarante journalistes couvrent le territoire de Mende à Toulouse et de Foix à Uzès. Suivez également ViàOccitanie sur les réseaux sociaux.

LA SERIA

Série de 5 épisodes de 40 min disponible gratuitement sur le site web des replays de la plateforme France TV.

À 25 ans, Thomas se voit confronté à un constat accablant : l'occitan meurt, et le monde s'en fout. Ce jeune homme fantasque décide alors de moderniser la langue en créant la première série audiovisuelle en occitan. Il doit convaincre le réalisateur Matthieu Verlhaguet de le suivre dans cette aventure. L'histoire vous intrigue ? Découvrez les cinq épisodes de cette série fascinante autour de l'occitan, entre Toulouse, l'Aveyron et Barcelone, qui vous embarquera dans une aventure et une amitié improbable ! Disponible gratuitement sur France TV.

LA MONTAGNE DES HAUTES-PYRÉNÉES

10, rue René-Cassin
BAGNÈRES-DE-BIGORRE
✆ 05 62 95 27 03
Hebdomadaire départemental, parution vendredi, vendu en kiosque 0,80 €. Abonnement annuel : 16 €.

S'il est le plus petit en terme de pagination, il n'est pas le moindre des journaux d'info : *La Montagne* propose l'essentiel de l'actualité de Bagnères-de-Bigorre et de Tarbes. Tous les vendredi, vous pouvez retrouver les temps forts de la semaine ainsi que des portraits et sujets variés de micro-locale. Sa spécialité demeure les annonces légales et judiciaires. Vendu dans les points de vente de presse. Pour tout abonnement, contactez la direction.

LA NOUVELLE RÉPUBLIQUE DES PYRÉNÉES

✆ 05 62 44 05 05
www.nrpyrenees.fr
1€ en kiosque. Abonnement journal papier + numérique : 22,90€/mois.

Des quotidiens d'informations départementales, il est sûrement le plus ancien et c'est pour cela que ses lecteurs le surnomment familièrement la NR. Ce journal met l'information de proximité à l'honneur. Actualités départementales mais aussi celles des principales villes : si vous souhaitez tout savoir de la politique à l'économie en passant par les faits divers ou les sorties, lisez la *NR* ! Pointu sur le sport, le titre rassemble les résultats des rencontres de chaque week-end.

FRANCE 3 OCCITANIE

10, allée John-Napier
MONTPELLIER
✆ 08 90 71 10 00
France 3 Occitanie

Chaque jour, la chaîne diffuse un journal thématique selon la localité. Culture, sport, politique, scène associative, les sujets traités sont divers et couvrent avec intégrité l'actualité du moment. Ainsi, les éditions locales consacrées à la région Occitanie et ses principaux départements attirent chaque jour les locaux et les touristes intéressés par l'agenda de la semaine et les informations locales. Si celles-ci couvrent souvent des univers légers et festifs, elles touchent aussi la scène politique, judiciaire et économique.

WWW.TOURISME-OCCITANIE.COM

✆ 04 30 63 84 20

www.tourisme-occitanie.com

Informations sur la destination, agenda, idées de séjour et d'activité sur le site Web. Autre adresse à Montpellier.

C'est le portail du comité régional de tourisme d'Occitanie. L'occasion d'un bon repérage et pour se faire une idée de l'étendue et de la diversité du territoire. Et c'est le relais pour plus de 400 offices de tourisme de terroir. Vous avez des onglets thématiques pour réserver un hébergement, découvrir un terroir, consulter l'agenda des festivités et des expositions. Un riche prologue pour votre séjour dans le Sud-Ouest, des Pyrénées à la Méditerranée.

RÀDIO LENGA D'ÒC

✆ 04 67 58 30 47

www.radiolengadoc.com

Fréquences : Montpelhièr / Lodèva / Alès / Sèta : 95.4Milhau : 106.1 Mende : 91.0 St-Africa : 88.5

Cette radio associative a fait le choix de la couleur occitane depuis sa création il y a une vingtaine d'années. En effet, la station diffuse « del diluns al dimenge » des programmes en langue occitane (aussi appelée langue d'oc) et propose ainsi à ses auditeurs une grille unique et insolite. Dès le petit matin, les animateurs éveillent leur public avec des émissions riches et un accent des plus poétique. Tout au long de la journée, les sons emblématiques de la langue d'oc viennent embellir des chroniques, reportages et émissions thématiques axés sur le local.

LAREGION.FR

22, boulevard du Maréchal Juin - **TOULOUSE**

201, avenue de la Pompignane - **MONTPELLIER**

✆ 3010 (service et appel gratuit)

www.laregion.fr

Hôtel de Région à Toulouse et Montpellier ouvert du lundi au vendredi de 8h30 à 18h. Ou en ligne 24h/24.

La Région partage avec les autres collectivités locales la charge de la mise en valeur de la culture, du sport et du tourisme. Afin de rendre disponible son expertise sur ces multiples sujets, l'entité a mis en place une plateforme internet très complète. Cette dernière rend compte des actualités locales, présente les différents atouts du territoire, trace les contours de son paysage, met en lumière ses acteurs les plus importants… C'est une source d'information inestimable qui permet d'appréhender le territoire de manière efficace et diverse.

ANTENNE D'OC

✆ 05 65 53 68 07

www.antenne-d-oc.fr

Fréquences : 88.1 à Cahors/Figeac / 89.0 à Cahors Ouest/St Céré / 100.3 à Souillac / 105.3 à Gourdon. Ou sur internet.

Antenne d'Oc est une radio locale associative qui émet depuis 1993. Vous pouvez capter les ondes d'Antenne d'Oc au 88.1 MHz à Cahors et Figeac, au 93.7 MHz à Prayssac et au 105.3 MHz à Gourdon. Antenne d'Oc est une radio associative, sans publicité, très prisée par la jeunesse lotoise. Elle diffuse des infos locales, des émissions sur la littérature ainsi que de la musique. C'est une fréquence basée sur l'amour de l'occitan et qui œuvre à ce que la langue se perpétue grâce à de nombreuses émissions en langue d'oc. Une radio incontournable de la région !

MIDI LIBRE

SAINT-JEAN-DE-VÉDAS ✆ 04 67 18 35 35

www.midilibre.fr

Quotidien papier : 1€30. Format numérique disponible dès 6h. Abonnement : à partir de 1€ par mois. Application mobile.

Chaque jour en kiosque, le quotidien *Midi Libre* garde le cap d'une information de proximité. Le site Internet apporte une réactivité sur les événements, une relation avec les lecteurs en ligne et des commentaires « bloggés ». *Midi Libre*, c'est aussi une page Facebook, un compte Twitter et des applications pour rester connecté. L'été, le journal s'adapte et concocte un guide dédié aux animations touristiques et aux bonnes adresses de la région. Pour obtenir les éditions dès leurs sorties, le mieux est encore de prendre un abonnement numérique ou papier.

DIRE LOT

✆ 06 88 93 67 17

direlot.fr

Abonnement 1 an 6 numéros + hors série 45 €.

Créé à l'automne 1987 par Guy Pautis, un des pionniers de la presse magazine de territoire, *Dire Lot* est un bimestriel aujourd'hui dirigé par Vincent Besserve, qui l'a repris depuis 2011. Magazine de valorisation du patrimoine lotois. Les sujets sont variés et traités avec un regard toujours singulier. Vie économique, politique, culturelle, patrimoniale, gastronomique, ou encore environnementale, *Dire Lot* s'attache à aborder le Lot dans toute sa diversité. Dire Lot sort plusieurs hors séries par an. Une version internet est désormais en ligne.

48 FM

✆ 04 66 31 59 68

www.48fm.org

Radio FM locale sur 94.1 à Mende, 98,3 à Marvejols, 95,0 à Langogne et sur internet.

Média associatif, 48 FM est la radio locale par excellence, avec plusieurs journaux d'informations territoriales, diffusés tout au long de la matinée. Le reste de la programmation se décline en émissions musicales et magazines thématiques sur le sport, la culture... Une large place est laissée aux associations locales, qui sont invitées sur la grille : le CIDFF et l'ADIL animent notamment une chronique. 48FM s'écoute sur le 94.1 à Mende ; 98.3 à Marvejols ; 95.0 à Lagogne ; ou en streaming sur Internet : 48fm.org, où sont compilés tous les podcasts.

RÀDIO ARRELS

46, rue des Augustins

PERPIGNAN

✆ 04 68 35 47 48

www.radioarrels.cat

FM : Vallespir 88.2 ; Conflent 95.5 ; Capcir 93.1. Webradio et podcasts disponibles en ligne.

Ràdio Arrels est une radio en langue catalane des Pyrénées-Orientales, née au printemps des radios libres, en 1981. Elle diffuse à la fois de la musique, des infos, des programmes thématiques et le trafic en direct. Entre proximité, identité, terroir et ouverture sur les autres pays catalans et le monde, on peut y découvrir une programmation musicale éclectique, pour tous les goûts ! Si vous avez manqué une émission ou que vous n'avez pas de poste de radio, rendez-vous sur la Webradio en ligne, où vous trouverez aussi les podcasts.

FRANCE BLEU ROUSSILLON

✆ 04 68 51 90 00

www.francebleu.fr/roussillon

Fréquences : 101.6 à Perpignan. 102.8 secteur Port-Vendres 100.7 à Cerbère. Écoute en ligne.

France Bleu Roussillon remplit à merveille sa mission de radio de service public. Partenaire de tous les évènements locaux, elle aborde toutes les thématiques et développe des valeurs de proximité avec le public et les auditeurs. À l'antenne, de 6h à 19h, France Bleu Roussillon diffuse une programmation musicale éclectique, ponctuée de flashs et chroniques consacrés à l'information locale et nationale. La radio propose aussi des billets d'humeur, des magazines sportifs, une rubrique bons plans, des rubriques et émissions thématiques et des jeux.

LA SEMAINE DU ROUSSILLON

www.lasemaineduroussillon.com

En kiosque au tarif de 2 €. Abonnement mensuel version numérique et abonnement numérique + papier 7,50€

Tout comme votre guide Futé préféré, la Semaine du Roussillon est extrêmement bien documentée. Elle paraît en kiosque tous les mercredis et est l'hebdomadaire le plus vendu dans les Pyrénées-Orientales. Très ancré dans son terroir, ce journal développe chaque semaine des sujets inhérents au Pays Catalan. Désormais, le côté sud de la Catalogne est traité par un jeune journaliste talentueux qui vous proposera des sorties, expos et randonnées de l'autre côté des Pyrénées. Chaque semaine, un dossier singulier est traité sur 4 pages ainsi qu'un portrait reportage.

LITTORAL FM

✆ 04 68 08 17 18

www.littoralfm.com

Fréquences : Perpignan 102 mhz - Narbonne 95.9 mhz - Font-Romeu 101.8 FM, ou sur internet.

1ère radio locale privée du département et de Perpignan. Sur 102.0 FM, de la musique, du sport, de l'actu locale et d'ailleurs, des jeux... Littoral FM est une radio bien implantée dans son terroir et ça se sent ! Le matin, des rendez-vous quotidiens avec le sport, les concerts, l'histoire et les jeux avec des cadeaux à gagner tout au long de l'année. L'après-midi, musique continue au rythme des tubes et de l'info. Une programmation très vivante avec des plateaux en direct, des interventions d'auditeurs et de la musique live avec des groupes et chanteurs locaux.

LES LIVRES

L'Occitanie compte de nombreux acteurs de la vie littéraire qui font vivre les métiers du livre dans la région. Auteurs, éditeurs, librairies, bibliothèques, associations, musées et même village du livre et des arts... Tous sont engagés pour continuer à faire rayonner la littérature occitane et catalane. La Région soutient aussi particulièrement les projets littéraires autour des langues occitanes et catalanes. Le *Petit Futé* vous propose également de partir à la découverte d'Occitanie Livre et Lecture, une structure créée par la Région et qui offre un annuaire complet des professionnels du livre et des ouvrages, des auteurs et éditeurs en Occitanie. En librairie, en ligne ou encore lors des journées et manifestations littéraires, le *Petit Futé* vous emmène à la rencontre d'hommes et femmes passionnés par la littérature de leur région, et qui défendent les ouvrages en occitan et catalan, important héritage et patrimoine culturel.

IEO - AUDE

79, rue Trivalle
CARCASSONNE
✆ 04 68 25 19 78
http://occitan-aude.over-blog.com/
Actualités et informations sur les sites web.

Comme ses IEO voisines, l'Institut des Études Occitanes de l'Aude propose de nombreuses animations et activités à travers les associations alliées afin de promouvoir et développer la culture et la langue occitane. Concerts, conférences, contes, expositions, lectures publiques, projections de films, visites historiques et patrimoniales, cours, ateliers et stages de langues, de chant ou de danse... Il y en a pour tous les goûts ! L'IEO de l'Aude, à travers son pôle Édition, a publié 86 ouvrages dans la collection Vendémias, et 40 dans la collection Farfadet.

MONTOLIEU - VILLAGE DU LIVRE ET DES ARTS

39, rue de la Mairie - **MONTOLIEU**
✆ 04 68 24 80 04
www.montolieu-livre.fr
Liste complète des quinze librairies du village et des animations sur le site Internet.

En 1990, le relieur carcassonnais Michel Braibant souhaite transmettre la mémoire des métiers du livre en accueillant le public chez les artisans. Il ouvre le musée des Arts et Métiers du Livre en 1991 et Montolieu devient alors connu comme le village du livre, avec ses 15 librairies de livres anciens, neufs ou d'occasion. Son association propose des rencontres et pratiques artistiques et culturelles tout au long de l'année afin de faire rayonner et de pérenniser l'activité du village.

TRÒBA VOX EDITIONS

MONTSÉRET
https://trobavoxeditions.com/
Discographie et bibliographie disponible en ligne.

Situé dans l'Aude, Tròba Vox est un éditeur et un label indépendant dont les publications discographiques, bibliographiques et vidéographiques sont consacrées à la poésie, aux chants et aux musiques de tradition et de création en Méditerranée en lien avec la valorisation patrimoine. Ils proposent un répertoire médiéval occitan des troubadours jusqu'à un répertoire contemporain d'auteurs et de compositeurs vivant, pour la plupart, en Occitanie. Les curieux pourront découvrir les artistes qu'ils ont produits, à travers la discographie disponible sur le site web.

LO GRELH ROERGÀS

17, boulevard de la République
RODEZ
Ouvert le dernier mercredi du mois, de 14h à 16h30. Informations en ligne. Abonnement + adhésion : 25 €/an.

L'association Le Grelh Roergàs, en tant qu'éditeur, propose une première collection de 1966 à 1987 avec 41 titres (référencés Anciana Collecion). La collection actuelle (référencée Grelh Novèl depuis 1991) perdure avec deux ou trois nouveaux titres par an et une grande variété d'ouvrages : romans, autobiographies, témoignages, contes, recueils de textes et de poésie, ainsi que de nombreux ouvrages de vulgarisation thématiques. Vous trouverez également des ouvrages de recherche sur la langue occitane, le vocabulaire, une traduction des *Entremeses* de Cervantès.

EDITIONS A L'ASARD BAUTEZAR

37, chemin de la Tuilerie
MONTFAUCON
https://alasardbautezar.com/
Catalogue en ligne. Agenda des expositions et des rencontres sur le site web

Les éditions A L'Asard Bautezar est une association basée dans le Gard. Elle a pour but de faire partager et connaître la culture provençale avec tous ses aspects littéraires, artistiques et historiques. Pour cela l'association contribue par des réunions, des manifestations, des expositions et publications, à la découverte de la culture et de la langue occitane. Rendez-vous sur leur site web pour découvrir tout l'agenda des rencontres littéraires ainsi que les expositions locales.

LETRAS D'ÒC

7, allée des Platanes
PÉCHABOU
www.letrasdoc.org
Boutique et commande en ligne possible.

Les éditions Letras d'Òc publient des œuvres d'auteurs contemporains en occitan ou bilingue français-occitan : romans, nouvelles et récits, contes, poésie, théâtre… ou encore traductions et livres pour le jeune public. Attachés à la qualité littéraire du texte ainsi qu'à l'authenticité du dialecte, elles publient aussi des textes littéraires d'auteurs de l'époque moderne, inédits ou introuvables aujourd'hui. Vous pouvez trouver sur son catalogue toutes les nouveautés ainsi que les livres à paraître, et même commander en ligne.

EDITIONS L'AUCÈU LIBRE

800, chemin de la gare
SALINELLES
https://lauceulibre.com
Catalogue en ligne, renseignement sur les commandes et les évènements culturels sur le site web

Les éditions L'Aucèu Libre défendent, publient et diffusent de la culture, de la littérature et de la poésie de langues provençale, languedocienne, catalane et occitane. Nées en 2003, ces éditions ont aujourd'hui publié plus de soixante-dix titres. Cinq à six titres sont prévus tous les ans. En 2009, les éditions de L'Aucèu Libre ont publié leur premier texte inédit. Vous pouvez découvrir leurs auteurs et le catalogue complet en ligne, mais aussi les retrouver lors des fameuses Rencontres Littéraires de Salinelles au mois de juin.

LIBRAIRIE OCCITÀNIA

46, Rue du Taur - **TOULOUSE**
✆ 05 61 21 49 00
https://librairie-occitania.fr/
Ouvert du mardi au vendredi de 10h à 12h et de 13h30 à 18h30. Le samedi de 10h à 12h et de 13h30 à 18h.

Située en plein cœur de Toulouse, cette librairie est spécialisée dans la vente de livres en français et en occitan depuis 60 ans. Les étagères étaient d'abord remplies par des ouvrages généralistes, vendus par correspondance, avant que ne se rajoute un rayon occitan autour du régionalisme, de l'histoire, de la littérature et des livres de collection. En 2000, Jérôme Thourel a repris la librairie familiale, et dans le rayon Occitan ne cesse de se rajouter du matériel pédagogique, des livres jeunesse, des contes ou encore de la poésie.

LIBRAIRIE OCCITANE

1, Rue Albert André - **BAGNOLS-SUR-CÈZE**
✆ 04 66 89 58 27
Ouvert du mardi au vendredi, de 9h30 à 12h30 et de 14h30 à 19h. Ouvert le samedi de 9h30 à 12h30 et de 14h à 18h30.

À Bagnols-sur-Cèze, Emmanuel et Pierre vous accueillent à la Librairie Occitane. Créée en 1967 par Ève Resserre, jeune diplômée de la faculté de lettres de Montpellier, elle est reprise plusieurs fois avant d'être gérée par Emmanuel en 2019, souhaitant participer au développement culturel de la ville. Avec ses nombreuses sections, vous y trouverez forcément votre bonheur. La librairie accueille régulièrement des auteurs et des conférenciers pour des rencontres-dédicaces, vous pouvez être tenu au courant des manifestations sur la page Facebook de la librairie.

RECLAMS

LANDORTHE
✆ 06 87 80 28 60
www.reclams.org
Liste des librairies et boutique en ligne.

Reclams est un éditeur palois, spécialisé dans la langue occitane. On trouve au catalogue de Reclams des ouvrages en dialecte Gascon ou Languedocien avec tous les genre sreprésentés : jeunesse, littérature, roman policier, Histoire, Beau Livre... L'édition Reclams propose également une catalogue mais aussi une revue littéraire de langue occitane qui paraît deux fois par an depuis 1896. Au fil des pages, vous y trouverez de la prose mais aussi de la poésie, des essais et des critiques. Vous pouvez découvrir leur catalogue et commander sur la boutique en ligne.

TERRA NOVA

18, rue Gambetta
TOULOUSE
✆ 05 61 21 17 47
www.librairie-terranova.fr
Du lundi au samedi de 10h à 19h.

Dans la librairie Terra Nova, on fouille, on flâne... Cette librairie située dans une des rues incontournables du cœur de Toulouse est le lieu idéal pour les amoureux de la littérature et de la culture. Dans les rayons, vous avez un large choix de références en littérature étrangère, littérature française, littératures non traduites (espagnol, italien), sciences humaines, jeunesse... Et surtout, vous y retrouverez des livres sur la culture occitane en fouinant parmi les rayons. Un espace café vous attend également au milieu des livres !

IEO - ERAU

15, avenue Alphonse Mas
BÉZIERS
✆ 06 65 17 40 85
https://ieo-erau.com/
Ouvert le mardi de 10h à 16h. Boutique en ligne.

L'Institut des Études Occitanes de l'Hérault développe et promeut la langue occitane et sa culture dans le département. Avec une trentaine d'associations rattachées, lui permettant une présence sur presque tous les cantons de l'Hérault, l'IEO peut proposer des cours de langue occitane pour les adultes, des initiations en milieu scolaire et de nombreuses animations culturelles diverses telles que des conférences, des cafés Òc, des expositions, ou encore des ateliers de danse traditionnelle et de théâtre en occitan. Vous y trouverez également une librairie-boutique.

LA TUTA D'ÒC

11, rue Malcousinat
TOULOUSE
✆ 05 61 12 30 53
De 11h à 13h le mercredi, le jeudi et le samedi (10h). De 14h à 18h30 les mardi, mercredi, jeudi, vendredi, samedi (18h)

Au sein de l'Ostal d'Occitania, la Tuta d'Òc est une librairie entièrement spécialisée dans la culture et la langue occitane. En français ou en occitan, vous y trouverez des livres tout public (roman, pédagogie, histoire, livres pour enfants...), des CD (musique traditionnelle et moderne, chants polyphoniques...), des DVD (fictions, dessins animés, humour, documentaires...) et des produits dérivés (autocollants, T-shirts...). La librairie propose également des rencontres avec les auteurs, les artistes, les acteurs de la vie culturelle et littéraire occitane.

LIBRAIRIE SAURAMPS

Allée Jules Milhau
MONTPELLIER
✆ 04 67 06 78 78
www.sauramps.com
Du lundi au samedi de 10h à 19h.

Sauramps est la plus grande librairie indépendante au niveau régional et l'une des plus grandes librairies indépendantes en France. Fondée en 1920 à La Rochelle et installée depuis 1946 à Montpellier, elle compte plusieurs boutique au cœur de Montpellier et à Alès. Vous y trouverez plus de 70 000 références disponibles en magasin et plus de 2 millions sur le site internet. Sauramps organise également de nombreux ateliers culturels, événements et rencontres dans les libraires. Vous y trouverez aussi des recueils en occitan ou liés à la culture occitane.

EDITIONS JORN

✆ 04 67 96 64 79
www.editions-jorn.com
Catalogue des ouvrages en ligne. Ouvrages disponibles chez nombreux libraires de la région, dont Sauramps à Montpellier.

Dans l'Hérault à Montpeyroux en 1981, les éditions Jorn ont commencé par publier, jusqu'en 1986, une revue dont les quatorze numéros ont largement contribué au renouveau de l'écriture littéraire en occitan. En 1995, les trois écrivains Jean-Paul Creissac, Jean-Claude Forêt et Philippe Gardy vont continuer à publier les plus grands noms de la poésie occitane contemporaine : Max Rouquette, Bernard Manciet, Robert Lafont, Bernard Lesfargues... afin de faire connaître de nouvelles voix et talents méconnus de la région à travers l'hexagone.

OCCITANIE LIVRE ET LECTURE

47, quai du Verdanson
MONTPELLIER
✆ 04 67 17 94 69
www.occitanielivre.fr
Pour les professionnels du livre seulement et sur rendez-vous.

L'Occitanie offre un maillage dense d'acteurs du livre avec plus de 1 200 auteurs et traducteurs, 280 maisons d'édition, 250 librairies indépendantes, 1 000 bibliothèques et archives et 330 médiateurs du livre. Avec une équipe répartie entre Montpellier et Toulouse, l'agence a pour objectif de rassembler tous les professionnels du livre pour un développement harmonieux de la filière dans la région et donne accès à des ressources, anime des réseaux et conseille les professionnels.

PRESSES UNIVERSITAIRES DE LA MÉDITERRANÉE

Route de Mende - **MONTPELLIER**
✆ 04 99 63 69 23
www.pulm.fr
Catalogue de la collection et boutique en ligne. Espace « ouvrages numériques », revues et et coéditions.

Les Presses universitaires de la Méditerranée (PULM) accompagnent au plus près les auteurs dans le processus de publication, de manière à produire une édition de qualité et des publications réalisées avec le plus grand soin. Sur leur site Web, on vous invite à découvrir leurs dix-neuf collections d'ouvrages ainsi que les sept revues publiées. Leur catalogue, fort de 250 ouvrages, compte une collection en occitan ainsi que de nombreux ouvrages numériques.

CORDAE - LA TALVERA

23, grand rue de l'horloge - **CORDES-SUR-CIEL**
✆ 05 63 56 19 17
https://talvera.org
Catalogue et boutique en ligne. Agenda des expositions et documentation disponible sur le site Web.

Créée en 1979, l'association œuvre à la conservation et à la valorisation du patrimoine culturel occitan. Recherche, sauvegarde et documentation, édition et diffusion (dont la collection « Mémoires sonores » qui compte aujourd'hui plus de soixante-dix parutions bilingues en cassettes, livres, disques et films vidéo), formation (conférences, expositions, animations pour les enfants, stages de formation autour de la langue occitane, danses, chant, instruments de musique) et création, les activités de l'association sont vastes.

EDITIONS TRABUCAIRE

4, rue des pêcheurs
PERPIGNAN
✆ 04 68 61 02 82
www.trabucaire.com
Catalogue et boutique en ligne. Agenda des évènements sur le site web.

Créées en 1985 à Perpignan, les Éditions Trabucaire ont pour objectif de promouvoir et de diffuser la culture et la création nord catalane dans sa spécificité linguistique, historique, culturelle. Avec plus de 400 titres au catalogue publiés en trois langues (catalan, occitan et français), cette maison d'édition propulse une centaine d'auteurs talentueux avec une moyenne d'une dizaine de titres par an. Une attention particulière est portée à l'apprentissage ou à la découverte de la langue catalane avec des dictionnaires et ouvrages pédagogiques.

IEO DIFUSION - IEO EDICIONS

Rue des Anciens Combattants
PUYLAURENS
✆ 05 34 44 97 11
www.ieo-difusion.com
Tous les éditeurs sont à retrouver sur leur site Internet.

IEO Difusion et IEO Edicions appartiennent à l'Institut d'études occitanes et assurent à la fois l'édition de livres en occitan ou sur la langue et la culture occitane, mais aussi la diffusion de nombreux éditeurs occitans. La maison d'édition participe à la socialisation de la langue occitane en soutenant la création en occitan des livres sur la langue et la culture occitanes par ses publications variées dédiées à l'ensemble du lectorat à travers tout le sud de la France.

LLIBRERIA CATALANA

7, place Jean-Payra
PERPIGNAN
✆ 04 68 34 33 74
www.llibreriacatalana.cat
Ouvert du mardi au samedi de 9h30 à 12h30 et de 14h à 19h.

La seule librairie du département spécialiste des livres en catalan et sur les Pays catalans, autrement dit la référence dans le domaine, est à Perpignan depuis plus de 30 ans. Joan-Miquel, féru de culture catalane et libraire, vous renseignera sur les deux Catalognes. Sa vitrine et son petit espace catalanophone présente 7 000 titres par an en langue catalane et en français. En boutique et en ligne, vous trouverez de nombreux ouvrages bilingues, français et catalans, des dictionnaires et ouvrages d'apprentissage, des CD, DVD, vinyles et jeux.

VENT TERRAL

45, avenue Pierre Souyris
VALENCE-D'ALBIGEOIS
✆ 05 63 56 46 87
https://vent-terral.com
Catalogue des ouvrages et boutique en ligne.

Vent Terral, en langue d'oc, signifie le mistral, le vent de terre. Cette association culturelle occitane est née en 1973 dans le Ségala, par une initiative d'auteurs désireux d'y vivre l'aventure de la création, à la rencontre des genres et des langues. Avec un parti pris d'enracinement et d'ouverture, la maison d'édition qui, grâce à l'implication de tous ses membres, a permis la publication d'une centaine de titres dans différents domaines : poésie, romans, contes, récits, nouvelles, essais, linguistique, histoire, philosophie…

INDEX

D

E

F

© MARC ANDREU - STOCK.ADOBE.COM

Parc naturel régional des Pyrénées ariégeoises.

M

N / O

P

Q / R

S

T

U

V / W

EDITION

Directeurs de collection et auteurs : Dominique AUZIAS et Jean-Paul LABOURDETTE
Auteurs : Samantha ROCHER, Delphine TABARY, Jean-Paul LABOURDETTE, Dominique AUZIAS et alter
Directeur Editorial : Stéphan SZEREMETA
Rédaction France : Briséis TEMPLE-BOYER, Audrey VEDOVOTTO, Marie VIGNERON, Nicolas WODARCZAK, Mélanie PEILLET
Rédaction Monde : Laure CHATAIGNON, Morgane VESLIN, Pierre-Yves SOUCHET, Natalia COLLIER, Julie BEZ

FABRICATION

Maquette et Montage : Romain AUDREN, Julie BORDES, Delphine PAGANO
Iconographie et Cartographie : Anne DIOT, Julien DOUCET

WEB ET NUMERIQUE

Directeur Web : Louis GENEAU DE LAMARLIERE
Technical Project Manager : Hervé MARION
Développeurs : Guillaume BARBET, Adeline CAUX
Intégrateur Web : Mickael LATTES, Antoine DION
Webdesigner : Caroline LAFFAITEUR
Community Traffic Manager : Alice BARBIER, Noémie LE SAUX
Content Manager : Aliénor de PERIER

DIRECTION COMMERCIALE

Directeur commercial : Guillaume VORBURGER
Coordinatrice des Régies commerciales : Manon GUERIN
Account Manager Marketplace : Leila ROUGEOT
Responsable Régies locales : Michel GRANSEIGNE
Responsables Développement régie inter : Jean-Marc FARAGUET et Guillaume LABOUREUR et Camille ESMIEU
Assistante commerciale Régie internationale : Leila ANTRI-BOUZAR
Chefs de Publicité Régie nationale : Caroline AUBRY, François BRIANCON-MARJOLLET, Perrine DE CARNE MARCEIN et Jonathan TOUTOUX

DIFFUSION ET PROMOTION

Directrice des Ventes : Bénédicte MOULET assistée d'Aissatou DIOP
Responsable des ventes : Jean-Pierre GHEZ assisté de Nelly BRION
Relations Presse-Partenariats : Jean-Mary MARCHAL

ADMINISTRATION

Président : Jean-Paul LABOURDETTE
Directeur général : Louis AUZIAS
Directrice des Ressources Humaines : Dina BOURDEAU assistée de Sandra DOS REIS et Eva BAELEN
Directrice Administrative et Financière : Valérie DECOTTIGNIES
Comptabilité : Guillaume PETIT, Aminata BAGAYOKO, Jeannine DEMIRDJIAN, Adama DIABY
Recouvrement : Fabien BONNAN assisté de Sandra BRIJLALL
Responsable informatique : Elie NZUZI-LEBA

PETIT FUTÉ PATRIMOINE VIVANT ET CULTUREL D'OCCITANIE

LES NOUVELLES EDITIONS DE L'UNIVERSITE
18, rue des Volontaires - 75015 Paris.
✆ 01 53 69 70 00 - Fax 01 42 73 15 24
Internet : www.petitfute.com
SAS au capital de 1 000 000 € - RC PARIS B 309 769 966
Couverture : Le canal du Midi près de la ville de Toulouse © yvon52 - stock.adobe.com
Impression : IMPRIMERIE CHIRAT - 42540 Saint-Just-la-Pendue
Achevé d'imprimer : septembre 2023
Dépôt légal : 01/10/2023
ISBN : 9782305088730

Pour nous contacter par email, indiquez le nom de famille en minuscule suivi de @petitfute.com
Pour le courrier des lecteurs : info@petitfute.com

IMPRIMÉ EN FRANCE

COLLABOREZ
À LA PROCHAINE ÉDITION